天

Borderless

下

天下，在乎正义和你

天 Borderless 下

行政裁量治理研究

——一种功能主义的立场

第二版

The Governance of the Administrative Discretion:
A Functionalism Perspective

周佑勇 著

法律出版社
LAW PRESS · CHINA
北京

图书在版编目（CIP）数据

行政裁量治理研究：一种功能主义的立场 / 周佑勇著. -- 2版. -- 北京：法律出版社，2023（2024.1重印）
ISBN 978-7-5197-8063-0

Ⅰ. ①行… Ⅱ. ①周… Ⅲ. ①行政法－研究－中国
Ⅳ. ①D922.104

中国国家版本馆CIP数据核字（2023）第118118号

行政裁量治理研究：一种功能主义的立场（第二版）
XINGZHENG CAILIANG ZHILI YANJIU: YIZHONG
GONGNENG ZHUYI DE LICHANG (DI-ER BAN)

作　　者：周佑勇
责任编辑：王　珊　王雅楠
装帧设计：鲍龙卉
出版发行：法律出版社
编辑统筹：学术·对外出版分社
责任校对：王晓萍　王语童
责任印制：陶　松
经　　销：新华书店
开　　本：710毫米×1000毫米　1/16
印　　张：20.75
字　　数：317千
版　　本：2023年8月第2版
印　　次：2024年1月第2次印刷
印　　刷：涿州市星河印刷有限公司
书　　号：ISBN 978-7-5197-8063-0
定　　价：99.00元

销售电话：010-83938349　客服电话：010-83938350　咨询电话：010-63939796
地　　址：北京市丰台区莲花池西里7号(100073)
网　　址：www.lawpress.com.cn
投稿邮箱：info@lawpress.com.cn
举报盗版邮箱：jbwq@lawpress.com.cn
凡购买本社图书，如有印装错误，我社负责退换。电话：010-83938349

作者简介

周佑勇

法学博士、教授，全国人大社会建设委员会委员，中国法学会行政法学研究会副会长。全国十大杰出青年法学家，教育部“长江学者奖励计划”特聘教授，享受国务院政府特殊津贴专家，入选“百千万人才工程”国家级人选、全国文化名家暨“四个一批”人才、国家“万人计划”哲学社会科学领军人才。历任武汉大学法学院教授、博士生导师，东南大学法学院院长、社会科学处处长，东南大学党委常委、副校长，教育部学位管理与研究生教育司副司长，中央党校（国家行政学院）政治和法律教研部主任、研究生院院长。主持承担国家社会科学基金重大项目、国家科技重点研发计划等科研项目。在《中国社会科学》《法学研究》《中国法学》等刊物发表论文300余篇。出版《行政法原论》《行政法基本原则研究》《行政裁量治理研究：一种功能主义的立场》《行政裁量基准研究》《行政不作为判解》《中国式民主及其法治保障》《智能时代的法律变革》《现代城市交通发展的制度平台与法律保障机制研究》《工程法学》《行政规范研究》《行政刑法的一般理论》等著作。成果入选国家哲学社会科学成果文库，获首届钱端升法学成果奖、第八届全国高校人文社会科学优秀成果奖一等奖等重要奖励。

第二版说明

岁月不居，时节如流。转眼之间，本书自 2008 年初版至今已 15 年。

这 15 年间，我国依法行政全面推进，行政法治建设快速发展，裁量权规范化程度不断深入。2008 年，国务院印发《关于加强市县政府依法行政的决定》，专门强调要“规范行政执法行为”，首次从国家层面明确要求“对行政裁量权予以细化，能够量化的予以量化，并将细化、量化的行政裁量标准予以公布、执行”。2009 年，广州市、湖南省人民政府分别出台《广州市规范行政执法自由裁量权规定》《湖南省规范行政裁量权办法》，在全国率先以政府规章的形式统一规范行政裁量权的行使。2010 年，国务院印发的《关于加强法治政府建设的意见》规定：“建立行政裁量权基准制度，科学合理细化、量化行政裁量权，完善适用规则，严格规范裁量权行使，避免执法的随意性。”随后，全国各省、自治区、直辖市人民政府或以规章或以规范性文件的形式都发布了关于规范裁量权的办法、规定或指导意见，并以此指导各地建立健全行政裁量权基准制度。

在党中央决策部署层面，2013 年党的十八届三中全会提出，“完善行政执法程序，规范执法自由裁量权”。2014年党的十八届四中全会提出:“建立健全行政裁量权基准制度,细化、量化行政裁量标准,规范裁量范围、种类、幅度。”2019年党的十九届四中全会提出:“严格规范公正文明执法,规范执法自由裁量权。”2021年1月,中共中央印发的《法治中国建设规划(2020—2025年)》提出:“全面推行行政裁量权基准制度,规范执法自由裁量权。”2021年8月,中共中央、国务院印发的《法治政府建设实施纲要(2021—2025年)》进一步要求:“全面落实行政裁量权基准制度,细化量化本地区各行政执法行为的裁量范围、种类、幅度等并对外公布。”为贯彻落实党中央、国务院的这一重大决策部署,2022年7月国务院办公厅印发《关于进一步规范行政裁量权基准制定和管理工作的意见》,第一次从国家层面对建立健全行政裁量权基准制度作出专门、系统的规定,为深入推进行政裁量权的法治化治理提供了重要指引。2022年,党的二十大报告再次强调要“健全行政裁量基准”。

在国家立法层面,2021年修订的《行政处罚法》新增第34条,规定“行政机关可以依法制定行政处罚裁量基准,规范行使行政处罚裁量权”,首次将行政裁量基准纳入国家法律的规定中,极大推进了我国裁量基准法治化进程。2014年修正的《行政诉讼法》以“明显不当”代替“显失公正”一词,将其增列为一项独立的行政裁量审查标准,并在审查范围上明显超越了1989年《行政诉讼法》规定的行政处罚“显失公正”的范围,而扩展到了所有可诉类型的行政行为,由此形成了“明显不当”与“滥用职权”相并列的两项独立的行政裁量审查标准。那么,在司法实践中,法院应如何对这两项审查标准加以区分并准确适用,以保证各项审查标准之间的独立性、严整性和客观性,也就成为了司法适用过程中所需解决的难题。

为积极回应行政裁量法治实践的发展及其引发的新问题,进一步深化相关理论研究,本书有必要作一次全面的修改完善。当然,这15年间,笔者从未放弃过对行政裁量问题的研究。尤其是聚焦裁量基准的体系化构建，出版了《行政裁量基准研究》（中国人民大学出版社2015年版）一书；围绕裁量权司法审查的研究，发表了《司法审查中的滥用职权标准——以最高人民法院公报案例为观察对象》（载《法学研究》2020年第1期）、《司法审查中的行政行为“明显不当”标准》（载《环球法律评论》2021年第3期）等论文。以这些研究为基础，笔者重点修订了本书中关于“作为规则之治的裁量基准”和“对裁量的司法制衡”这两个部分，对其内容进行了重新改写。此外，结合近年来一些新的研究成果，对书中其他问题亦作出了修改，譬如裁量“一元论”抑或“二元论”、裁量治理模式选择、功能主义的范式、和解制度构建等。同时，更新了一些资料，对语言文字也作了推敲，尽可能表达更精准一些。

在本书初版的写作过程中，时为我的博士研究生的伍劲松、邓小兵、尹建国、钟芳等提供了多方面的协作和帮助。在此次修订过程中，尚海龙、熊樟林、刘启川、周乐军、钱卿、史艳丽等阅读了本书修订稿，提出了诸多细致入微的意见和建议。还有许多刊物杂志的编辑及学界同仁也提出过很多宝贵意见，均已不同程度地吸收在本书的修订之中。法律出版社的王珊编辑对本书的出版作出了精心策划。在此一并表示由衷感谢。

周佑勇

2023年3月于北京大有庄

序　言

在现代社会,裁量已成为行政法的最核心部分。它作为公共行政的典型特征,完全渗透到了行政法领域的每一个角落。很大程度上讲,行政的生命在于裁量,行政法的中心任务就在于通过法治的方式有效解决行政裁量问题。某种意义上也可以说,行政法就是规范行政裁量权的法,而行政法学则是专门探究行政裁量权的艺术和事业。然而,行政裁量问题是如此复杂广泛而又令人揣摩不定,如何在保持行政裁量灵活多变的风格以适应现代社会发展需要的同时,又能够采取有效的治理方案防止裁量权的恣意和滥用,堪称行政法领域的"哥德巴赫猜想"。无疑,实现行政法对裁量问题的有效治理,必定是一项十分宏大而艰巨的系统工程,也是一个值得行政法学去认真而理性对待的重大课题。

本书从分析行政裁量与法治的关系入手,以一种功能主义的立场,围绕行政裁量的治理模式选择,以及作为行政裁量法治化治理模式的四个环节即"作为规则之治的裁量基准""实体上的利益衡量""过程中的利益沟通""对裁量的司法制衡"展开研究,旨在通过科学创建行政裁量的法治化治理框架及其运行规则体系,勉力构建系统而成熟的行政裁量理论体系,探求切合中国特色、符合中国实际、解决中国问题的行政裁量治理方案。

第一,行政裁量的治理模式。考察以英美为代表的西方国家,其关于解决行政裁量问题的治理模式已从传统主流的规范主义控权模式拓展到功能主义的建构模式。在我国,着眼于全球化的视野和我国当下社会变革的要求以及未来法治发展的趋势,应当着力倡导一种以“原则”为取向的功能主义建构模式,即在法定、均衡和正当等行政法原则的统制之下,通过行政规则、利益衡量、意志沟通和司法审查等功能因素的有效发挥达到行政裁量的最佳建构,以实现行政裁量的法治化治理。

第二,作为规则之治的裁量基准。现代法治背景下,伴随着行政裁量治理转型而大量涌现的裁量基准,日益成为一种普遍的行政法现象,也是近年来在我国基层执法实践中自发生成并逐步发展起来的一种新兴制度。作为一种执法实践创新,行政裁量基准植根于中国本土实践,凝聚了中国基层社会治理的经验和智慧,并“自下而上”、迅速成为中国法治推进中最具价值和生命力的一种新型裁量治理模式。考察各地推行的裁量基准实践,裁量基准在性质上兼具“行政自制”和“规则之治”的双重品质,应当定位为一种裁量性的行政自制规范,或者说是一种自制型的裁量性行政规范,旨在通过设定一种规则化的裁量权行使标准,来加强对裁量权的自我拘束,确保裁量权行使的统一性、平等性和适当性。就其权力来源的合法性而言,这种规则治理的正当性基础直接源于限制性授权理论的发展,是一种合宪性机制。然而,严格规则之下无裁量。裁量基准作为一种“规则化”的“行政自制”,亦存在固有的内在局限性,必须通过对其效力范围及制度边界的合理界定来保证其正当性的实现。在效力界定上,裁量基准不仅对内具有拘束力,也具有一定的对外效力;但是,只要说明正当的理由,执法机关仍可以逸脱裁量基准的边界,根据个案的具体情况作出处理决定,以实现个案正义。在裁量基准的技术构造、利益衡量、程序设计等制度构建中,必须充分把握三个方面的制度平衡,即在羁束与裁量之间的平衡、在规则与原则之间的平衡以及自制与他制之间的平衡。

第三,实体上的利益衡量。利益衡量作为一种基本的法解释方法论,已被日益广泛地运用于行政法领域之中,并构成了行政裁量的核心内涵。行政裁量实际上就是一种利益衡量的过程,它通过对裁量过程中所涉及的各种不同利益的博弈、协调和权衡,来实现各利益之间共同"最大化",并最终达成其实体内容的"均衡合理"。为实现这一目标,行政裁量中的利益衡量必须以具体案件的事实情节为基础,充分而全面地考虑具体个案中可能会影响裁量结论的种种法定事实情节与酌定事实情节,而不能脱离具体的情节去抽象和泛泛地空谈所谓的公平与正义。同时,行政裁量中的利益衡量侧重于追求"事情的本质",但这绝不意味着裁量主体可以忽视"既存法规及法律",而仅凭纯粹的"自由心证"得出最终的结论。现代法治虽然允许行政主体在裁量过程中,尽可能地发挥主观能动作用,但依然强调行政活动应在"立法框架"内进行,行政裁量的利益衡量必须是在充分考虑立法规范、行政惯例、公共政策等规范因素基础上的"缘法之治"。因此,这里所倡导的是一种均衡性的利益衡量理论,它通过对裁量过程中所涉及的事实情节、法律规范、行政惯例、公共政策等各种实体影响因素的全面考察和权衡,来实现对行政裁量实体内容的最佳建构。

第四,过程中的利益沟通。利益均衡需要通过利益沟通的过程来实现。沟通是协调利益关系、统一不同利益、保护各种合法利益以达致利益均衡的有效途径。在行政裁量中引入利益沟通机制,对解决行政裁量滥用带来的公正与效率的矛盾以及对社会秩序的危害,实现行政的民主化,促使形式法治走向实质法治等都具有重要的价值。为实现对行政裁量的过程建构,有必要在行政正当原则的统领下,进一步完善现有的参与、听证和公开的利益沟通方式,并构建新型的契约、磋商、和解、调解等实质性利益沟通方式。尤其是和解在行政裁量过程中的引入，能够切实实现行政过程的利益沟通价值，已成为行政裁量权有效运作的一种重要制度选择，亟待构建我国行政裁量的和解制度，推动我国行政诉讼和解的制度改革。

第五，对裁量的司法制衡。对于法治国家而言，法院是最终确定"法律是什么"的地方，司法审查是自由和正义的最后一道防线。重塑行政裁量的治理模式，并不意味着司法审查的退出。相反，对裁量的司法制衡，已成为现代法治的基本标志。但是，伴随着行政裁量治理模式的转型，司法制衡的策略不再仅仅是一种严格的法律控制，而应当秉承着一种"司法尊重与严格审查相并存"的司法态度，以在保证行政的必要灵活性的同时又能够有效制约可能出现的行政专断问题。司法制衡的路径也不再仅仅是追求一种单纯的"规则至上"，而应当从规范主义走向功能主义，按照对裁量权的"原则之治"与"裁量基准之自制"的功能主义立场，通过对裁量基准的审查、法律原则的适用以及由此形成的判例制度，来寻求一种相对客观的审查标准，并以此厘清"滥用职权"和"明显不当"作为行政裁量实质性审查标准的裁判逻辑与适用技术，更加有效地发挥司法对行政裁量的能动性制衡功能。

目　录

第一章

行政裁量及其治理模式

裁量权及其治理问题,无论在大陆法国家还是在英美法国家一直都是行政法备受关注的中心议题。在我国,行政裁量是一个"舶来品",需在辨析考证域外行政裁量概念之演变和反思我国关于行政裁量理论研究现状的基础上对其内涵和外延作出科学界定,认真厘清行政裁量是否存在"自由"及其与"不确定法律概念"的关系,究竟采取宽泛的"一元论"还是严格的"二元论"等问题。从分析行政裁量的法治逻辑而言,我们既要看到行政裁量的存在是现代法治所要求的行政能动性的必然结果和实现个案正义的最佳途径,也应当警醒裁量权的危险性或危害性,深刻认识到在现代法治社会,任何裁量都应当受制于法律的治理。问题的关键是,我们应当如何选择最适合中国国情、最为恰当的治理方案。在以英美为代表的西方国家,治理模式已从传统主流的规范主义控权模式拓展到功能主义的建构模式。在我国,着眼于全球化的视野和中国的现时状况及未来使命,应当倡导一种以"原则"为取向的功能主义建构模式,即通过在法律原则约束下的行政裁量系统内部各种功能要素的自我合理建构,在保障裁量权正当行使的同时,充分激发其内在的能动性与自我调节功能,以达到对行政裁量运行系统的最佳建构,实现对行政裁量的法治化治理。

一、域外行政裁量理论之考察

行政法的精髓在于裁量,美国威廉玛丽学院的查尔斯·H. 科克(Charles H. Koch)教授甚至说,"行政法被裁量的术语统治着"[①]。无论是德、奥等大陆法国家还是英美法国家都十分重视行政裁量问题的理论研究。在我国,如同其他的许多社会科学概念一样,行政裁量是一个"舶来品"。但是由于我国学者在"拿来"这一概念时欠缺科学的梳理与借鉴,因而直接导致我国行政法学界长期以来对这一概念的误读、泛化,甚

① Charles H. Koch, *Judicial Review of Administrative Discretion*, The George Washington Law Review, Vol. 54, p. 469(1986).

至滥用。由此不仅使得我国行政裁量的理论研究一直处于"无所作为"的状况,而且极大地制约了行政裁量功能的有效发挥,无法满足行政法实践的现实需要。有鉴于此,我们首先有必要对域外行政裁量理论之演变加以梳理与考证,以求正本清源、统一话题,并指导我们的理论与实践。

(一)德国法中的行政裁量学说溯源

从世界范围内来看,行政裁量学说与德、奥等大陆法国家行政诉讼制度的发展息息相关。根据我国台湾地区学者翁岳生教授的考证,"行政裁量"一词源于德国学者梅耶(F. F. Mayer)之首创,后经奥地利学者特茨纳(F. Tezner)等人的发展而将"不确定法律概念"从行政裁量中分离出来;"二战"后的德国在继受这一学说的基础上进一步作出了更加精细化的研究。

1. 德国学者梅耶与奥地利学者特茨纳对行政裁量学说的贡献

德国学者梅耶在其1862年出版的《行政法之原则》一书中最早表述了行政裁量学说。他在该书中,从裁量与法律的关系出发,将行政裁量分为两种,即纯行政裁量与法律适用裁量。前者如行政机关管理国家财产,以及公法上形成权的行使等;后者乃是一种弹性法条的适用问题,行政机关对具体案件有较大斟酌及较多的考虑。此种分类是其最重要的一项贡献,成为后来"自由裁量"与"羁束裁量"概念的区分,以及"自由裁量"与"不确定法律概念"区分的滥觞。但是由于缺少实务经验,梅耶尚未能从本质上说明行政裁量的必要性及分类的科学依据,由此也误导了后世学者的研究,如对"自由裁量权"一词的使用。另外,由于客观原因,当时并没有建立行政诉讼制度,因此该理论完全未考虑法院对行政裁量审查的问题,而是代之以上级行政机关的审查,不过他所列举的具体审查标准为后世提供了研究路径。①

如果说梅耶是行政裁量学说的创造者,那么奥地利学者特茨纳则是有关"不确定法律概念"学说的开拓者。特茨纳主要贡献是主张将"公益""合目的性""必要性""公共安宁与秩序"等不确定概念视为法

---

① 翁岳生:《论"不确定法律概念"与行政裁量之关系》,载翁岳生:《行政法与现代法治国家》,台北,祥新印刷有限公司1990年版。

律概念从行政裁量中分解出来,可以由法院审查。“自由裁量”与“不确定法律概念”则不同,“自由裁量”只有在法律使行政机关对各种不同执行的可能性有“选择的自由”时才有意义,而行政机关由法律授权对各种执行可能性进行选择时,法院不得加以审查。① 特茨纳关于“不确定法律概念”的学说对其后德国法学者研究行政裁量与不确定法律概念产生了重大的影响,并为德国行政法院所接受。

2. 战后德国学者对行政裁量学说的发展

“二战”后,基于对行政的不信任和对法治的渴望,德国法学者对行政裁量问题进行了激烈的探讨,并比较一致地认为,从严格限制行政自主性出发,应当将行政裁量与不确定法律概念明确区分开来。如平特纳教授认为,“裁量是在已确定事实要件的情况下,法定地确定法律效果的酌量余地;而在不确定法律概念的解释或判断活动范围内,相反仅涉及对法定事实要件或活动方式的理解和认定。一般在裁量中可具有多个正当的决定,只有行政机关有权进行选择,法院不得变更;相反,对不确定法律概念的解释,法院可进行全面审查”②。

德国另一位著名学者哈特穆特·毛雷尔教授则对行政裁量与不确定法律概念进行了更为细致的区分。他认为,裁量是指行政机关处理同一事实要件时可以选择不同的处理方式,具体表现为两种情况:一是行政机关决定是否采取某个法定措施,此之谓决定裁量;二是在各种不同的法定措施中,行政机关根据案件的具体情况选择哪一个,此之谓选择裁量。裁量并没有给予行政机关自由或任意,“自由裁量”是不存在的,只有“合义务的裁量”或者“受法律约束的裁量”。裁量与不确定的法律概念具有严格的区别,裁量的客体是法律后果(“法律后果裁量”“行为裁量”),而不确定的法律概念和判断余地的客体是法定事实要件。③

---

① 翁岳生:《论“不确定法律概念”与行政裁量之关系》,载翁岳生:《行政法与现代法治国家》,台北,祥新印刷有限公司 1990 年版。

② [德]平特纳:《德国普通行政法》,朱林译,中国政法大学出版社 1999 年版,第 56 ~ 57 页。

③ [德]哈特穆特·毛雷尔:《行政法学总论》,高家伟译,法律出版社 2000 年版,第 124 ~ 132 页。

根据巴霍夫在1955年提出的判断余地理论，行政机关通过适用不确定的法律概念获得了一种判断余地，即独立的、法院不能审查的权衡领域或判断领域；行政法院必须接受在该领域内作出的行政决定，只能审查该领域的界限是否得到遵守。毛雷尔却认为："不确定的法律概念可以并且必须受到全面的司法审查。只有在情形或者事务特殊、不可能审查或者不可能全面审查，即遇到不可逾越的事实界限及与其相应的法律界限的情况下，例外才是适法的。司法提出的例外也只有在这种条件下才是正当的。有关行政机关终局裁决的法律授权本身是不充分的，只有在设定特别条件的例外情况下，对行政机关的终局裁决授权才符合宪法，才可以适用。判断余地或者——从规范授权理论中发展出来的——判断余地授权只有在具体案件适用不确定法律概念（涵摄）时才予以考虑。对扩大不确定法律概念抽象理解的做法应当予以反对，因为这种做法可能造成法律的支解或者不确定，而消除或者阻止这种不确定性正是法院的任务之一。"①所以在德国，直到毛雷尔这儿，行政裁量行为与不确定法律概念才有了更为清晰的区别，并且更多地从司法审查的角度对其进行了探讨。

由此可见，德、奥等大陆法国家对行政裁量的研究，一直奉行的是一种较为保守的裁量"二元论"立场，即坚持把裁量问题与法律问题作为各自独立的二元来理解，从而将不确定法律概念逐步从裁量理论中排除，重点研究行政裁量与司法审查的关系。

（二）英美法中对行政裁量的认识

英美法国家因其不成文法的特征，行政裁量与不确定法律概念等问题，并未在学界引起激烈的探讨。这些国家，对于有关行政裁量问题，概以越权或者权力滥用的法理处理。因此，在研究视点上，英美学者与德国学者不同，英美学者往往从行政裁量与法治的关系着眼，以越权原则为出发点，以是否接受司法审查为标准研究行政裁量的具体权限，而不像德国学者更多地从逻辑的角度出发去探讨行政裁量的范围

---

① ［德］哈特穆特·毛雷尔：《行政法学总论》，高家伟译，法律出版社2000年版，第134～147页。

及其分类。

1. 关于行政裁量与法治的关系

在英国传统法治(the rule of law)概念中,裁量权被认为是专断权力的集中体现而被完全否定。这一观念源于戴雪(A. V. Dicey)对法治的经典界定。戴雪认为,"英国人依法,而且只依法进行统治",任何实质性的自由裁量行为,都是与专制联系在一起的,都构成对个人自由的威胁,因而决不允许政府享有任何方面的自由裁量权。① 戴雪的这种法治观是19世纪资本主义自由放任政策的反映。到了20世纪,由于资本主义社会经济的发展,英国人的法治观念开始发生变化,戴雪这种将"专断"(arbitrary)与"行政裁量"(discretionary)相提并论而加以全面排斥的法治观,受到了现代英国著名宪法学家詹宁斯(W. Ivor Jennings)的猛烈抨击。詹宁斯认为,在英国,"事实上,公共机构的确拥有广泛的自由裁量权",但"专断"并不等于"广泛的自由裁量权",适应社会需求的广泛的自由裁量权与同样适应社会需求的法治并不冲突。② 另一位英国著名的行政法大师威廉·韦德(William Wade)持同样的观点。他认为,"过去,人民通常认为,广泛的自由裁量权与法不相容,这是传统的宪法原则。但是这种武断的观点在今天是不能被接受的,确实它也并不含有什么道理。法治所要求的并不是消除广泛的自由裁量权,而是法律应当能够控制它的行使"③。

英国还有一位重要的学者、西方自由主义的杰出代表人物哈耶克,他对行政裁量与法治的关系也作过重要的研究。他曾经在1944年出版的《通向奴役之路》一书中宣称:"一个自由国度与一个专制政府统治下的国度之间的最明显区别,莫过于前者遵循着被称为法治的这一伟大原则",并将"法治"这个"伟大的原则"解释为"政府的一切行动都受制于先前确定并宣布的规则"④。这个保守的法治观念显然有些过于极

① A. V. Dicey, *Introduction to the Study of the Law of the Constitution*, 10th ed., Macmillan Education Limited, 1959, p. 202 - 203.

② [英]W. Ivor 詹宁斯:《法与宪法》,龚祥瑞、侯健译,生活·读书·新知三联书店1997年版,第38页。

③ [英]威廉·韦德:《行政法》,徐炳等译,中国大百科全书出版社1997年版,第54页。

④ F. A. Hayek, *The Road to Serfdom*, The University of Chicago Press, 1944, p. 54, 72.

端了。但随后他在1960年出版的《自由秩序原理》一书中的态度变得温和得多,他说道:

> 任何人都不会否认这样一个事实,即政府为了有效地运用它所拥有的手段或资源,就必须行使大量的自由裁量权。但是需要重申的是,在法治之下,私人公民及其财产并不是政府行政的对象,也不是政府为了实现其目的而应加以运用的手段。因此,只是在行政干涉公民私域的时候,自由裁量权的问题才与我们的讨论相关。法治原则实际上意味着行政机关在这方面不得享有任何自由裁量权。的确,行政机构在法治下行事,也常常不得不行使自由裁量权,正如法官在解释法律时要行使自由裁量权一般。然而,这是一种能够且必须受到控制的自由裁量权,而控制方式便是由一个独立的法院对行政机构经由这种自由裁量权而形成的决定的实质内容进行审查。①

总之,戴雪的法治观历经詹宁斯、韦德等学者的批判以及哈耶克等学者的反思,已在英国形成一种新的法治观,即强调法治对行政裁量的控制而不是否定行政裁量,这已成为英美法的共识。

2. 关于行政裁量定义的描述

在英美法国家,行政裁量已经被普遍认为是保证行政机关实现公共利益的一个有价值的工具。但究竟何谓行政(自由)裁量,则并没有明确的界定,而往往只作一种比较宽泛的事实性描述。例如,伽利根(D. J. Galligan)把自由裁量的中心含义描述为,官员在运用权力作出决定时,对确定该权力赖以行使的理由和标准以及据此作出某些决定所拥有的自由空间。② 目前在行政裁量的含义上,英美学者比较一致的看

---

① [英]弗里德利希·冯·哈耶克:《自由秩序原理》(上),邓正来译,生活·读书·新知三联书店1997年版,第271页。

② D. J. Galligan, *Discretionary Powers: A Legal Study of Official Discretion*, Clarendon Press, 1986, p. 21; Lord Pearce, Beatson & M. H. Matthews, *Administrative Law: Cases and Materials*, 2nd ed., Clarendon Press, 1989, p. 165.

法是戴维斯(K. C. Davis)所下的定义:“一个公共官员所能享有的裁量权就是对其权力进行有效约束后所留下的在各种可能性中作为或者不作为的自由选择权。”①他认为,行政裁量并不仅限于实体的选择,而是扩展到程序、方法、形式、时间、强调的程度以及许多其他的次要因素等方面。一个官员通常在以下三个方面决定作为或者不作为:一是寻找事实;二是适用法律;三是在事实和法律都已经知晓的情况下决定什么才是适宜的做法。在上述三个职能中,第三个就是通常所说的“行使自由裁量权”,也是戴维斯所要论述的主旨。②

可见,从概念上来说,英美法国家行政裁量所包括的范围要比德国法宽泛。前述德国通说的观点坚持裁量“二元论”立场,不承认行政机关对不确定法律概念的适用具有裁量权,而将行政裁量仅限于法律效果方面的裁量,并不包括法律要件方面的裁量。而英美法学者多数则采取一种较为宽泛的行政裁量界说,认为行政机关在解释与适用法律时也具有裁量权,行政法规范中所运用的不确定法律概念意味着其授予行政机关裁量权。这种裁量观念,与对裁量本质认识上的“一元论”是相关联的,即认为裁量问题与法律问题并非各自独立,“所有的行政裁量都是法律授权的结果,根本不存在不受法律拘束的自由裁量”③。但是,也有相当多的英美学者将行政裁量限于法律效果方面的选择权,即是否采取某种行为及采取何种行为的选择权,至于法律要件方面存在的一些具有开放结构的不确定法律概念,例如“公共利益”,或者使用的一些主观性的语言,例如大臣“认为适当”(thinks fit)或者“满意”(is satisfied)等,则不属于行政裁量的范畴。④ 即使是上述采用广义行政裁量界说的戴维斯,也承认行政机关决定采取何种行为是行政裁量最主要的部分。特别是在涉及法院对行政裁量的司法审查范围与强度时,英美法国家更多还是以狭义行政裁量为中心,或者将法律要件方面的

---

① K. C. Davis, *Discretionary Justice: A Preliminary Inquiry*, University of Illinois Press, 1971, p. 4.

② K. C. Davis, *Discretionary Justice: A Preliminary Inquiry*, University of Illinois Press, 1971, p. 5.

③ 王天华:《从裁量二元论到裁量一元论》,载《行政法学研究》2006 年第 1 期。

④ H. W. R. Wade & C. F. Frosyth, *Administrative Law*, 9th ed., Oxford University Press, 2004, p. 35; Paul Craig, *Administrative Law*, 3rd ed., Sweet & Maxwell, 1994, p. 384.

裁量与法律后果方面的选择权更加审慎地加以区别。[①]

二、我国对行政裁量的研究状况

在我国,台湾地区学者一直注重对行政裁量的精细研究,但大陆学者长期以来对“自由裁量权”的理解过于泛化,处于“无所作为”的状态,直到近年来才有了逐步深入的研究。

(一)台湾地区学者的研究

台湾地区学者研究行政裁量,深受德国学者影响,典型的特点就是将行政裁量与不确定法律概念进行区分研究。翁岳生所编《行政法》中明确提到不确定法律概念与行政裁量。他认为:不确定法律概念是指未明确表示而具有流动的特征之法律概念,其包含一个确定的概念核心以及一个多多少少广泛不清的概念外围。此种不明确的概念,多见于法规之构成要件层面,亦有见于法规之法律效果层面。一般将不确定法律概念分为两种:经验(或叙述)概念以及规范(或需要填补偿值的)概念。经验概念乃涉及实际的标的、事件,亦即涉及可感觉的或其他可体验的客体(如黎明、夜间、危险、干扰等)。反之,规范概念则缺乏此种实际的关系,而必须经由评价态度始能阐明其意义,此种评价态度不可避免地内含主观的因素。“行政机关在法律规定的构成要件实现时,得选择不同的行为方式,亦即法律规定和构成要件相连接的,不是单纯一个法律效果,其中该决定至少有两种甚或数种可能性或者被赋予某种程度的行为自由,此即所谓行政裁量。”“行政机关行使裁量权,并非不受任何拘束之自由裁量,其行政裁量除应遵守一般法律原则外,也应符合法令授权之目的,并不得逾越法定之裁量范围。”此外,该书将行政裁量分为决定裁量与选择裁量。“决定裁量”是指法律授权行政机关得决定是否想要做成某一个合法的处置(决定采取措施与否),例如,我国台湾地区“民法”第 34 条规定,“法人违反设立许可之条件者,主管

① 杨伟东:《行政行为司法审查强度研究——行政审判权纵向范围分析》,中国人民大学出版社 2003 年版,第 164 页。

机关得撤销其许可”，至于是否作成撤销许可处分，主管机关享有决定裁量权。而“选择裁量”是指行政机关得就数个不同的合法的处置中，选择作成某一个处置。此外，另有行政程序的裁量或程序形成的裁量，亦即如法规无特别规定者，行政机关对行政程序的履行与形成，具有裁量权限，唯行政程序之实行，应力求简单、迅速、经济、高效，并合乎目的之要求。①

但是，“由于不特定法律概念，必须由法律规范适用者确定其意义，因此，不特定法律概念事实上是给与法律规范适用者一个判断的活动范围”。也就是说，“裁量与不特定法律概念，都是在于给行政机关相当的弹性，使其能针对具体情况而为适当的行为”②。一方面，台湾地区“‘行政法院’于使用不确定之法律要件，原则上认为系法规裁量之问题，‘法院’得审查其违法性”；但是另一方面，“行政法院之判例，实际上已采纳不确定法律概念之理论，实务上之判例与疑义，亦唯有以不确定法律概念与新近之裁量学说，始能加以合理之解决”③。从这里我们可以看出，我国台湾地区学者更多的是直接继承了德国学者的“二元论”观点。

（二）大陆学者的认识

在我国大陆，1983 年出版的统编教材《行政法概要》即已提出有关行政裁量的定义，该书在对行政措施进行分类时指出：“凡法律没有详细规定，行政机关在处理具体事件时，可以依照自己的判断采取适当的方法的，是自由裁量的行政措施。”④这实际上是大陆学者对行政自由裁量权概念的最早表述。由于该书是改革开放后第一本行政法学专门教材，此后出版的各种教材中的行政自由裁量权概念受其影响颇深。例如，1996 年罗豪才主编的《行政法学》在行政行为的分类中，直接以行

① 陈清秀：《依法行政与法律的适用》，载翁岳生编：《行政法（2000）》，中国法制出版社 2002 年版。

② 黄異：《行政法总论》（增订版），台北，三民书局 1996 年版，第 71 页。

③ 翁岳生：《论“不确定法律概念”与行政裁量之关系》，载翁岳生：《行政法与现代法治国家》，台北，祥新印刷有限公司 1990 年版。

④ 王珉灿主编：《行政法概要》，法律出版社 1983 年版，第 113 页。

政行为受法律规范拘束的程度为标准，分为羁束行政行为和自由裁量行政行为，“羁束行政行为，是指法律规范对其范围、条件、标准、形式、程序等作了较详细、具体、明确规定的行政行为”，“自由裁量行政行为，是指法律规范仅对行为目的、行为范围等作一原则性规定，而将行为的具体条件、标准、幅度、方式等留给行政机关自行选择、决定的行政行为”①。1999 年姜明安主编的《行政法与行政诉讼法》主张，“以法律是否对之严格拘束，是否给行政主体留有选择、裁量余地为标准，行政行为可分为羁束行政行为与自由裁量行政行为。羁束行政行为是指行政主体对行政法规范的适用没有或较少有选择、裁量余地的行政行为；自由裁量行政行为则是指行政主体对行政法规范的适用具有较大选择、裁量余地的行政行为”②。2004 年应松年主编的《行政法学新论》“按行政执法受法律拘束的程度”将行政执法行为分为羁束裁量与自由裁量，“羁束的行政执法行为是指行政机关必须严格按法律法规明确、具体的规定执行。这种法律法规往往有十分明确的规定，自由裁量的余地极小。自由裁量的行政执法行为是指法律法规虽有规定，但规定的范围、种类、数额等有一定选择余地或一定幅度，行政主体在执行时可以根据具体情况，作出适当决定”③。

总体而言，早期我国大陆学者对行政裁量问题的界定“大同小异”。“大同”表现在：（1）行政自由裁量权是行政主体便宜行事的权力；（2）行使这种权力的前提是缺乏羁束性规范；（3）这种权力在行政主体的权限范围之内。④ “小异”则表现在：（1）对这种权力的行使前提表述略有不同。有人明确指出，只有在法律、法规明确规定的前提下，行政主体才能行使这种权力；⑤有人认为，这种权力除法律明确授权外，在法律“消极默许”的情况下也可行使；⑥也有人指出，这种权力还可以根据“法律

---

① 罗豪才主编：《行政法学》，北京大学出版社 1996 年版，第 82 页。

② 姜明安主编：《行政法与行政诉讼法》，北京大学出版社、高等教育出版社 1999 年版，第 145 页。

③ 应松年主编：《行政法学新论》（第 3 版），中国方正出版社 2004 年版，第 162 ~ 163 页。

④ 司久贵：《行政自由裁量权若干问题探讨》，载《行政法学研究》1998 年第 2 期。

⑤ 姜明安：《论行政自由裁量权及其法律控制》，载《法学研究》1993 年第 1 期。

⑥ 于绍元、傅国云：《论行政自由裁量权的合理运行》，载《政法论坛》1994 年第 3 期。

的目的"而行使;[①]还有人从否定方面表述,认为自由裁量权在"法律无详细规定"的前提下行使。[②] (2)对自由裁量权的范围表述有异。有人明确指出,自由裁量权限于执法领域,或限于行政管理中的行政决定行为,或限于具体行政行为;[③]有的则没有这样明确的限定。[④] 但是无论如何"不同",在多数学者的理论中,法律后果裁量和事实要件裁量往往被混同在一起,统称为"自由裁量"。另外,这些研究还有一个明显的特征,就是通常将行政裁量称为"行政自由裁量",进而对其持批判的态度,似乎行政权的滥用,都是"行政自由裁量权"惹的祸。由此,对行政裁量问题的研究几乎采取了这样一种千篇一律的模式:必要性—滥用—控制。这种僵化的研究模式,只会使研究裹足不前,很难有突破性的进展。

当然,晚近以来我国大陆学界对行政裁量问题的研究逐渐走向深入,出现了一些很有价值的论著。[⑤] 在这些研究中,前述英美法与德国法的裁量观念都不乏支持者。总体来看,英美法国家基于实用主义路径而建构起来的裁量"一元论"的观点,似乎获得了更多学者的支持,认为"无论是法律要件之中对不确定法律概念的解释和对案件事实的评价,还是法律效果中决定的作出和措施的选择等,均存在着裁量"[⑥],而且,"无论从要件的认定上探讨是否存在裁量的余地,还是在其要件得以满足的情况下探讨是否存在不作出处理决定(或者作出拒绝处理决定)的裁量余地等问题,都具有重要的实践价值和理论意义"[⑦],因此,

---

① 袁曙宏:《行政处罚的创设、实施和救济》,中国法制出版社1994年版,第75页。

② 胡肖华:《再论行政处罚"显失公正"》,载《湘潭大学学报(哲学社会科学版)》1993年第3期。

③ 游振辉:《论行政执法中的自由裁量权》,载《中国法学》1990年第5期。

④ 胡建淼:《有关行政滥用职权的内涵及其表现的学理探讨》,载《法学研究》1992年第3期。

⑤ 如余凌云:《行政自由裁量论》,中国人民公安大学出版社2005年版;朱新力主编:《法治社会与行政裁量的基本准则研究》,法律出版社2007年版;徐晨:《权力竞争:控制行政裁量权的制度选择》,中国人民大学出版社2007年版;王贵松:《行政裁量的构造与审查》,中国人民大学出版社2016年版;等等。

⑥ 王贵松:《行政裁量的内在构造》,载《法学家》2009年第2期。

⑦ 杨建顺:《论行政裁量与司法审查——兼及行政自我拘束原则的理论根据》,载《法商研究》2003年第1期。

“我国的行政法学应以我国政府当下面临的主要行政任务为切入点,选择包含不确定法律概念的‘统一裁量理论’”①。但是,亦有学者坚持认为应该效仿德国经验,将行政裁量范围仅仅限于法律效果上,反对要件裁量的提法,认为行政裁量的核心是关于行为方式(包括作为、不作为以及怎样作为)的选择,虽然在事实认定和法律适用上有某种选择的余地,但非通常所说的行政裁量。即便承认在事实或标准上有某些类似选择的现象,但与我们所说的裁量上的选择也有着形式上的不同。因此,“在事实与标准问题上谈选择似乎是不恰当的,我更愿意认为在事实与标准问题上只存在着判断,而把选择留给裁量”②。

三、行政裁量的理论界定

所谓行政裁量,即法律赋予行政机关的可以选择的权力。那么,这种选择是否为“自由”的,是否包括对“不确定法律概念”的判断,在对裁量本质认识上究竟采取宽泛的“一元论”还是严格的“二元论”呢?对行政裁量的科学界定,必须厘清这些问题。

(一)是否存在“自由”裁量的问题

我国学界多将裁量称为“自由裁量”或“自由裁量权”。按照依法行政原则的要求,所有的行政活动都必须受到严格的法律约束,而行政机关通过裁量的授权则可以获得一定的独立活动空间,从而导致了法律约束的“松动”。③ 但是,行政裁量真的是“自由”的吗?根据法治的一般原理,“自由”只能是针对公民权利而言的,“法无禁止即自由”;对国家公权力而言,则是“法无授权皆禁止”。显然,“自由裁量”或“自由裁量权”这种提法是值得商榷的。

首先,从“自由”的本身含义而言,它不应该作为行政裁量的修饰

---

① 郑春燕:《取决于行政任务的不确定法律概念定性——再问行政裁量概念的界定》,载《浙江大学学报(人文社会科学版)》2007 年第 3 期。

② 余凌云:《行政自由裁量论》,中国人民公安大学出版社 2005 年版,第 35 页。

③ [德]哈特穆特·毛雷尔:《行政法学总论》,高家伟译,法律出版社 2000 年版,第 124 页。

语。“自由”一词，尽管如法学中的公平、正义等其他许多概念一样具有不确定性和争议性，但是按照通常的观念，自由指的是作为公民或者个人的自由。例如，孟德斯鸠认为：“自由的主要意义就是，一个人不被强迫做法律所没有规定要做的事情；一个人只有受民法的支配才有自由。因此，我们自由，是因为我们生活在民法之下。”①约翰·密尔在其《论自由》一书中指出：“唯一实称其名的自由，乃是按照我们自己的道路去追求我们自己好处的自由，只要我们不试图剥夺他人的这种自由，不试图阻碍他们取得这种自由的努力。”②哈耶克在其《自由秩序原理》一书中亦是这样描述“自由”：“自由意味着，也只能意味着，我们的所作所为并不依赖于任何人或任何权威机构的批准，只能为同样平等适用于人人的抽象规则所限制。”③所以，自由的主体只能是公民，而不能是国家机关，相反，对自由的侵犯则往往来自国家机关任意或武断的干涉。因此，作为行政权力行使方式的裁量，并非行政的自由或任意。

其次，即使存在国家机关的自由，这种自由亦如哈耶克所言系“法治下的自由”，其自由裁量本身必定是合法的。但事实是，并非所有的行政裁量行为都合法，也并非所有的行政裁量行为都不接受司法审查，至少滥用行政裁量权就属于典型的违法形态，应接受司法审查。正如毛雷尔所言，裁量并没有给予行政机关自由或任意，“自由裁量”（尽管这种误导性的措辞至今仍然不时出现）是不存在的，只有“合义务的裁量”或者更好一些的“受法律约束的裁量”。他进一步指出，关于这一点，德国《联邦行政程序法》第40条及其相应的规范中明确规定：行政机关应当（有义务）“根据授权目的行使裁量权，遵守法律规定的裁量界限”。行政机关不遵守这些约束，其活动就是“有裁量瑕疵的”，因而构成违法。行政法院有权监督裁量（法律）约束的遵守。④ 所以从这个角

---

① ［法］孟德斯鸠：《论法的精神》（下册），张雁深译，商务印书馆1963年版，第194页。

② ［英］约翰·密尔：《论自由》，程崇华译，商务印书馆1959年版，第13页。

③ ［英］弗里德利希·冯·哈耶克：《自由秩序原理》（上），邓正来译，生活·读书·新知三联书店1997年版，第193页。

④ ［德］哈特穆特·毛雷尔：《行政法学总论》，高家伟译，法律出版社2000年版，第129页。

度讲，即使存在不受司法审查的自由裁量权，这种裁量也不应当成为一个一级概念，涵盖所有的裁量形态，而只能作为二级概念，与接受司法审查的行政裁量并存于行政裁量这个一级概念之下。

我国学者对"行政自由裁量（权）"这一术语的使用，究其原因，也许源自对英文中"discretion"翻译的误解。在哈耶克的《法律、立法与自由》的中译本中多次出现"自由裁量权"一词，如书中提到："这些组织规则还必须建构一个有关命令的等级体系，并根据这个等级体系来确定不同的办事机构的职责以及它们各自享有的自由裁量权（discretion）的范围。"[①]也就是说，译者直接将"discretion"一词翻译成了"自由裁量权"。但是，《朗文英汉双解词典》对"discretion"的解释只是"谨慎、审慎"或"判断（力）、辨别（力）"[②]，并没有包含"自由"的语义。其他一些词典的解释亦同。[③] 而在德语中，与自由裁量权对应的是一个词组："d. freie Ermessen"[④]。也就是说，"Ermessen"（裁量权）必须有"freie"（自由）的修饰才能完整构成"自由裁量"的意思，而这种搭配起来形成自由裁量的提法也已经受到毛雷尔等的批判。所以，从词源学的角度讲，我们也不宜使用"自由裁量"这个术语，而应该直接称为行政裁量。

可见，行政裁量并不是"自由"的裁量，而是法律授权范围内的行为。尽管裁量权的存在，意味着可以获得一定自主判断选择的权力，但是这种判断选择并非任意的，必须严格限制在法律授权的范围之内，并符合授权的目的，没有所谓的"自由"裁量权。事实上，裁量权的存在，是社会分权或分工的产物。按照分权理论，权力机关行使立法权，行政机关行使执法权，审判机关行使司法权。正如孟德斯鸠所言："当立法权和行政权集中在同一个人或同一个机关之手，自由便不复存在了。"[⑤]

---

① ［英］弗里德利希·冯·哈耶克：《法律、立法与自由》（第一卷：规则与秩序），邓正来等译，中国大百科全书出版社2000年版，第199页。

② 《朗文英汉双解词典》，外语教学与研究出版社1992年版，第339页。

③ ［日］小川芳男编：《实用英语词源辞典》，孟传良等译，高等教育出版社、笛藤出版图书有限公司1994年版，第166页；吴光华主编：《英华大词典》，上海科技文献出版社1997年版，第382页。

④ ［德］奥托·迈耶：《德国行政法》，刘飞译，商务印书馆2002年版，第104页。

⑤ ［法］孟德斯鸠：《论法的精神》（上册），张雁深译，商务印书馆1961年版，第156页。

因此,制定法律的权力和执行法律的权力,必须分别由立法机关和行政机关行使。但是立法机关制定的法律具备概括性、抽象性的特点,不可能针对每一种现实情况都指出具体而唯一的处理结果,只能够留待行政机关去权衡、抉择,并作出最终决定。其目的在于使行政机关在行政权的行使过程中能够根据个案的具体情况作出最佳的选择决定,以实现个案的正义,并发挥行政的能动性。因此,只要存在行政权与立法权的分权或分工,行政裁量权的存在就是必然的,且广泛存在于一切行政权领域之中。

(二)裁量"一元论"抑或"二元论"

行政裁量的研究史表明,如何看待行政裁量与不确定法律概念的关系问题,是科学界定行政裁量范围的关键。前已述及,不确定法律概念的产生要晚于裁量概念,是从裁量概念中分离出来的,但是这并不意味着不确定法律概念就是我们在研究行政裁量过程中创造出来的。正如战后德国行政法学者瑞斯(Hermann Reuss)所说的,不确定法律概念与裁量之间,有固定不变之差异,不确定法律概念的理论史,并不是概念构造上的变化史,而是进步的法律认识的历史。① 也就是说,不确定法律概念是在研究行政裁量的过程中发现的,是一个客观存在的法律现象。那么,究竟是否应当将不确定法律概念纳入行政裁量的研究范畴呢?这与对裁量本质认识上的"一元论"抑或"二元论"之争紧密关联。

在德日行政法上,对于行政裁量的范围界定,历来存在是否区分要件裁量与效果裁量的"一元论"与"二元论"之争。② "二元论"主张将法律要件与法律效果加以区分,裁量仅限于其中的效果裁量,而并不包括要件裁量;"一元论"则主张不应当将两者加以区分,无论是法律要件的认定还是法律效果的选择都存在裁量。对此,可以从法律规范的逻辑

---

① 翁岳生:《论"不确定法律概念"与行政裁量之关系》,载翁岳生:《行政法与现代法治国家》,台北,祥新印刷有限公司1990年版。

② [日]盐野宏:《行政法总论》,杨建顺译,北京大学出版社2008年版,第81页以下;[日]盐野宏:《行政法》,杨建顺译,法律出版社1999年版,第90页以下;[日]室井力主编:《日本现代行政法》,吴微译,中国政法大学出版社1995年版,第90页。

构成及其法律适用过程来加以具体分析。

从逻辑构成上看,一项完整的法律规范必须具有两个方面的内容:一是法律要件,二是法律效果。一旦法律要件具备,就产生相应的法律效果。典型的样式就是"如果—那么"的公式。将法律规范运用到具体个案中,其适用过程依次包括如图 1.1 所示的四个阶段:①

(1)调查和认定案件事实:发生了什么事实,存在哪些证据?

(2)确定和解释法律要件的内容:法律要件具体包括哪些内容?

(3)涵摄:案件事实是否与法定的事实要件相符?

(4)确定法律效果:如何处理?(内含两个环节:是否处理?如何处理?)

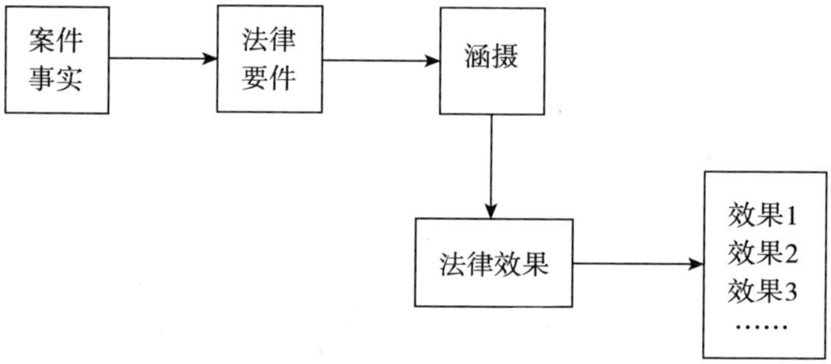

图 1.1 法律规范适用过程

在这里,行政机关在法律效果处理的两个环节都具有裁量权,一个是决定裁量(决定是否作为),另一个是选择裁量(在作为的情况下进一步选择何种效果)。按照"一元论"的观点,除这种效果裁量之外,法律要件的认定也存在判断的余地即要件裁量,也应当将其统一纳入裁量的范畴。"二元论"则认为,应当将裁量问题与法律问题区分开来,裁量仅限于效果裁量,并不包括法律要件的认定,后者只涉及其中"不确定法律概念"的解释,如同其他的法律解释一样,归属于法律问题,不属于裁量问题。因而,法律要件与法律效果之区分,实际上便是不确定法律

① [德]哈特穆特·毛雷尔:《行政法学总论》,高家伟译,法律出版社 2000 年版,第 123 页。

概念与行政裁量的分界标记,[①]裁量的客体是法律后果,而不确定法律概念的客体是法定事实要件。[②]

裁量和不确定法律概念虽然都赋予行政机关以判断选择的余地,但是它们之间存在较大的差别。首先,性质不同。由于不确定法律概念存在于法律要件之中,对于不确定法律概念的解释即阐明其意义,如同其他的法律解释一样,归属于法律问题,其目的是探求客观存在的法律规定,本质属一种主观的认知问题,即探求立法原意的认识过程,而非主观的意志问题,行政机关在解释不确定法律概念时不能掺杂自身的主观意志。因此对不确定法律概念虽有多种解释或者判断的可能,但原则上只有一种是正确的,不允许不同的解释者存在不同的认识结果。而行政裁量则是法律赋予行政机关通过主观意志而获得一定自行活动的空间,允许存在符合立法授权目的的多种选择结果。其次,司法审查的密度不同。既然对不确定法律概念的解释属于法律问题,而解释法律和适用法律是法院的职权和专业领域,那么作为法律专家的法院应具有完全审查决定行政机关对法律的解释正确与否的最终权力,即适用全面审查的标准;而对于裁量行为,法院一般只审查其合法性,即适用有限审查的标准。[③] 由此,前述德国学者和法院将不确定法律概念与行政裁量明确区分开来,仅仅将行政裁量限定在法律后果上,否认法律要件可以裁量。在日本,"效果裁量论"亦有压倒"要件裁量论"的趋势。[④] 另外,即使是采取比较宽泛的裁量观念的英美国家,在涉及司法审查的范围及其界限时,也需要将法律要件方面的裁量与法律后果方面的选择权进行区分,前者应为判断余地,理应遵从判断规则的约

---

① 翁岳生:《论"不确定法律概念"与行政裁量之关系》,载翁岳生:《行政法与现代法治国家》,台北,祥新印刷有限公司1990年版。

② [德]哈特穆特·毛雷尔:《行政法学总论》,高家伟译,法律出版社2000年版,第132页。

③ [德]平特纳:《德国普通行政法》,朱林译,中国政法大学出版社1999年版,第65页;翁岳生:《论"不确定法律概念"与行政裁量之关系》,载翁岳生:《行政法与现代法治国家》,台北,祥新印刷有限公司1990年版;刘鑫桢:《论裁量处分与不确定法律概念》(第2版),台北,五南图书出版公司2005年版,第90页;高家伟:《论德国行政法的基本观念》,载《比较法研究》1997年第3期。

④ [日]盐野宏:《行政法》,杨建顺译,法律出版社1999年版,第90~94页;[日]室井力主编:《日本现代行政法》,吴微译,中国政法大学出版社1995年版,第90页。

束,尽管对此不同的决定者可能得出不同的结论,但就其唯一目的是得出真正反映现实的事实或法律论断而言,其是唯一的、客观的;而后者才是所谓的真正裁量。[①] 正如我国台湾地区学者翁岳生所言,如承认法规适用之非裁量性,将裁量概念限于法律效果中行为之选择,不确定法律概念之理论,始能取代法规裁量之学说;亦始能使概念澄清,使法学理论符合心理学与伦理学之法则。并且实务上,因法规裁量与自由裁量之区分,缺乏理论根据与明确界限而引起之困惑,亦始能逐渐得到解决。[②] 可见,将行政裁量与不确定法律概念分开来研究,符合理论发展的主流趋势,避免造成"自由裁量"概念的泛化,也有利于司法审查的迅速介入,避免司法审查范围及其界限的模糊化。

通过以上分析,笔者认为,行政裁量主要应当定位为一种效果裁量,并不包括要件裁量,后者可以留给不确定法律概念及法律解释理论去解决。从这个意义上讲,所谓行政裁量是指行政机关对同一事实要件产生的法律效果作出处理决定的权力,并不包括对该事实要件的评价判断。然而,任何个案中的裁量决定都必然会涉及对各种事实情节的综合考量,建立在权衡各种利益关系的基础上,其实是一个复杂的利益衡量过程。对事实要件的认定,为处理决定的裁量奠定了基础。裁量者必须将目光在事实与效果之间来回穿梭。而个案裁量中的这种对"事实要件的认定"涵摄在法律规范之"要件—效果"的逻辑结构中,也就是对"法律要件的判断补充",其必然面临着对法律要件中不确定法律概念作出解释和具体化。尽管我们将法律要件中对"不确定法律概念的解释"排除在裁量范畴之外,但是对于法定事实之外的那些影响法律效果选择的其他事实情节的判断补充和细化,毕竟为法律效果的选择提供了前提和基础,因此也应当包含在裁量的范畴之中。从这种意义上讲,所谓行政裁量,就是行政机关在对法律要件中的事实情节作出判断补充后对法律效果所作出的决定。由此可以得出这样一个公式:裁量 = 情节补充 + 效果选择。只不过,这里的"情节"并非法定构成事

① Francis Bennion, *Distinguishing Judgment and Discretion*, Public Law, Sweet & Maxwell and Constributors, 2000, p. 368 – 373.

② 翁岳生:《论"不确定法律概念"与行政裁量之关系》,载翁岳生:《行政法与现代法治国家》,台北,祥新印刷有限公司 1990 年版。

实的要件，而是除此之外的影响效果裁量的其他事实情节，可以称之为"裁量情节"。这里的效果选择包括两个方面的层次：一是作为与不作为的行为选择，即决定裁量；二是在作为的情况下对有关行为内容、程序和时间的选择，即选择裁量。这两个层次的裁量过程，实际上是行政机关实施行政行为的整个过程，可以说行政机关实施行政行为的过程就是行政裁量的过程。这说明，行政裁量权广泛存在于行政权的行使过程之中，是政府实施行政活动必不可少的一种重要工具和手段。"如果政府不能行使裁量权的权力，那么政府就将无法运作。"①可以说，没有无裁量的行政，只是裁量空间的大小不同而已。

（三）行政裁量的存在形态

对行政裁量的界定还必须进一步准确把握行政裁量的存在形态，即对行政裁量进行科学的分类。目前较有影响的分类，除德日学者划分的"决定裁量"与"选择裁量"之外，还有学者划分的羁束裁量（或法规裁量）、自由裁量（或便宜裁量），并且认为既然是自由的，就当然应该排除在司法审查之外，即"自由裁量行为不能成为行政审判的对象"②。我国有学者还提出一种三分法，即按裁量"对象"分为三类：针对行政行为的事实不确定、程序不确定及结果不确定的三种可能，行政自由裁量权相对应地表现为自行判断行为条件、自行选择行为程序、自由作出行政决定三种形式。③

但是这些分类都存在一定程度的局限性。首先，关于羁束裁量的提法。日本学者盐野宏在《行政法》一书中指出："在从前的行政裁量论中，经常进行如下分类，即首先将行政行为分为羁束行为和裁量行为，然后将后者分为羁束裁量（法规裁量）和便宜裁量（自由裁量）。在这种情况下，羁束裁量（法规裁量）所指为何的判断是法的裁量，被认为是法院能够审查的对象。在这种意义上，作为认识论暂且不论，作为法道

① ［美］理查德·J. 皮尔斯：《行政法》（第5版）（第3卷），苏苗罕译，中国人民大学出版社2016年版，第1197页。

② ［德］奥托·迈耶：《德国行政法》，刘飞译，商务印书馆2002年版，第137页。

③ 郭润生、宋功德：《论行政自由裁量权》，载《山西大学学报（哲学社会科学版）》1997年第3期。

具概念,我认为创立羁束裁量(法规裁量)的概念是没有意义的。并且,用语的语法也不一定正确。所以本书不使用这样的概念。"[①]这种说法颇有道理。事实上,羁束裁量这种提法以及与此有关的分类标准根本不具有科学性。"羁束"需要严格地遵守法律,"裁量"则表现为自行判断、自行选择、自行决定的心理过程,两者是互不相容的;另外,按其分类标准,羁束裁量是指行政机关必须严格按法律法规明确、具体的规定执行。这种法律法规往往有十分明确的规定,自由裁量的余地极小。既然存在自由裁量余地,其大与小就是一个客观上不易把握的问题,需要又一次的裁量,实践中很难操作。因此"羁束"是与"裁量"相对应的一种概念,"羁束行政行为"与"裁量行政行为"是对行政行为进行的一种分类。承认这种分类前提,我们才好对"裁量行政行为"进行更细的分类。

其次,"决定裁量"与"选择裁量"倒是比较容易区别。但是正如日本学者盐野宏所言:"行政行为中的裁量,是指法院在审查行政行为时,能够在何种程度上进行审查的问题,即法院在何种程度上必须以作出行政行为的行政厅的判断为前提来审理的问题。从另外的角度来看这个问题的话,就是是否存在法律作为行政权的判断专属事项委任的领域乃至其范围的问题,裁量实际上成为问题的,是以法院对行政行为的审查范围的形式出现的。"[②]分类是为了科学地说明对象,没有分类就没有科学。离开了司法审查这个环节进行的任何的分类,显然缺乏应有的适用价值。

为此,在总结上述分类的基础上,可以试图建立一个综合的分类模型,如图 1. 2 所示。

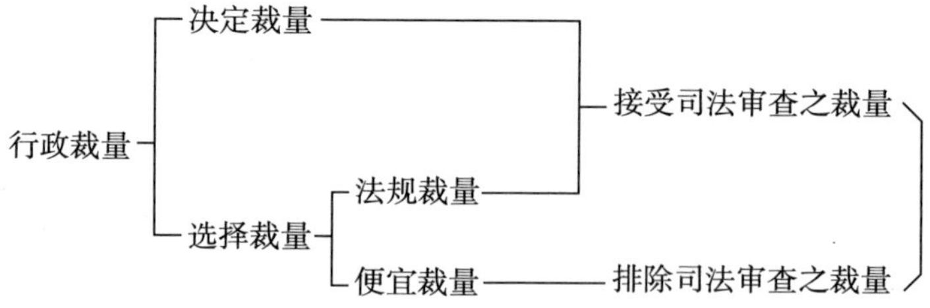

图 1. 2 行政裁量的类别

① [日]盐野宏:《行政法》,杨建顺译,法律出版社 1999 年版,第 93 页。

② [日]盐野宏:《行政法》,杨建顺译,法律出版社 1999 年版,第 90 页。

也就是说,行政裁量包括两大类,分别是决定裁量与选择裁量;选择裁量又分为两小类,分别为法规裁量与便宜裁量;最后将上述一级、二级分类总括为两种,即接受司法审查之裁量与排除司法审查之裁量,前者包括了决定裁量与法规裁量。这种分类法,既符合理论界对行政裁量研究的共识,也符合我国当前行政诉讼的司法实践。即使将来《行政诉讼法》作出修改,否定现行的“合法性审查”标准,也仍然能够适用。

具体而言,所谓决定裁量,是行政机关是否决定采取某个法定措施,即是否作为的裁量;所谓选择裁量,是行政机关在决定采取某个法定措施的情况下,具体选择作出决定的内容、程序和时间。根据裁量的拘束程度及其与司法审查的关系,选择裁量分为法规裁量(强拘束弱裁量)与便宜裁量。根据裁量的对象,选择裁量还可以分为内容裁量、程序裁量和时间裁量。内容裁量,即选择作出决定所采取的具体种类、范围、标准或幅度等;程序裁量,即选择作出决定所采取的具体方式、步骤和顺序等;时间裁量,即在法定的时间范围内选择作出决定的具体时间。

四、行政裁量的法治逻辑

法治以客观的规则为标志,而裁量作为“人类对事物考虑之内部心理意识的过程”①,却更多呈现出行为者的主观意志,满怀“人治”的色彩。那么,在逻辑上,两者是互为排斥抑或相互补充?在经历了早期形式主义法治完全排斥裁量权的时期之后,人们逐步接受并肯定了行政裁量是对法治的补充和要求。实践证明,行政裁量不仅是现代法治所要求的行政能动性的必然结果,而且也是在形式法治状态下实现个案正义的最佳途径。

(一)实质法治与行政的能动性

在人类历史上,“法治”(the rule of law)无论是作为一种理论学说,

① 翁岳生:《论“不确定法律概念”与行政裁量之关系》,载翁岳生:《行政法与现代法治国家》,台北,祥新印刷有限公司1990年版。

还是作为一种治国方略都是一个源远流长的话题。随着社会的发展，“法治”理论经历了一个从形式主义法治到实质主义法治的转变过程。相应地，行政裁量学说也经历了一个从“法治排斥裁量”到“法治承认裁量”的历史过程。可以说，行政裁量是形式主义法治走向实质主义法治的必然结果。

在20世纪初以前的早期自由资本主义时期，资产阶级为巩固反对封建专制的成果，奉行的都是严格的形式主义法治原则，即要求行政必须受到严格的法律限制。法治被机械地理解为“无法律即无行政”，因而完全排斥任何形式的行政裁量权。这一理念的代表通常被认为是英国有影响力的学者戴雪。他在1885年出版的《宪法研究导论》(*Introduction to the Study of the Law of the Constitution*，又译作《英宪精义》)一书中明确提出“法的统治”(the rule of law)的原则，强调为了抑制恣意性的权力，保障公民权利不受侵犯，行政部门必须严格遵守议会制定的正规法律。在他的概念中，“(法治)意味着作为专制权力对立面的正式的法的绝对优势地位或优越，它排斥政府任何方面的专断、特权和广泛的裁量权”①。

早期资本主义社会出现以形式主义法治排斥行政裁量的理论，主要是由于资本主义处于自由竞争时期，政府所扮演的仅仅是“守夜人”角色，当时的公共行政仍处于消极阶段，因此这种观点能够得到大多数人的赞同。但是，当西方国家在20世纪初逐步进入垄断资本主义时期以后，政治经济形势发生了巨大的变化，尤其是“二战”以来，国家主动干预社会经济生活，政府管理社会经济事务的职能不断扩大。正因如此，行政行为的技术性、专业性大大增强，行政活动的多样性、复杂性更加明显。在这种形势下，法律已经不可能对全部行政活动的各个方面都作出详尽的规定以作为行政机关行动的准则，不得不容许行政机关具有适度的裁量权，以使之适应复杂多变的社会生活。洛克曾说，“有许多事情非法律所能规定，这些事情必须交由握有执行权的人自由裁

① A. V. Dicey, *Introduction to the Study of the Law of the Constitution*, 10th ed., Macmillan Education Limited, 1959, p. 202.

量,由他根据公众福利和利益的要求来处理”①。不过在这里,洛克与前述戴雪的观点一样,将“自由裁量权”看作与法不相容的东西。在当代,这种传统的广泛裁量权的存在与法律不相容的观念已被否定,取而代之的是“法治所要求的并不是消除广泛的自由裁量权,而是法律应当能够控制它的行使。现代统治要求尽可能多且尽可能广泛的自由裁量权”②。法治与人治相对立,它排除权力行使者的专横、武断和凭个人意志行事的方式,但是法治并不排除执法人员的主动精神,法治应允许执法人员发挥创造性、主动性和积极性,根据选择判断以最佳的方式达到法律目的的实现。因此,行政裁量权的确定,不仅不与法治相冲突,相反还是法治的要求和补充。

事实上,裁量已成为现代行政的典型特征,“它通过行政活动的所有过程,涉及一切行政领域”③。对此,王名扬教授在《美国行政法》中,详细分析了现代行政为何要被授予广泛的裁量权。他指出:

> 法律授予行政机关自由裁量权力出于下列原因:第一,现代社会变迁迅速,立法机关很难预见未来的发展变化,只能授权行政机关根据各种可能出现的情况作出决定;第二,现代社会极为复杂,行政机关必须根据具体情况作出具体决定,法律不能严格规定强求一致;第三,现代行政技术性高,议会缺乏能力制定专业性的法律,只能规定需要完成的任务或目的,由行政机关采取适当的执行方式;第四,现代行政范围大,国会无力制定行政活动所需要的全部法律,不得不扩大行政机关的决定权力;第五,现代行政开拓众多的新活动领域,无经验可以参考,行政机关必须作出试探性的决定,积累经验,不能受法律严格限制;第六,制定一个法律往往涉及不同的价值判断。从理论上说,价值判断应由立法机关决定,然而由于议员

---

① [英]洛克:《政府论:论政府的真正起源、范围和目的》(下篇),叶启芳、瞿菊农译,商务印书馆1964年版,第99页。

② [英]威廉·韦德:《行政法》,徐炳等译,中国大百科全书出版社1997年版,第55页。

③ [日]室井力主编:《日本现代行政法》,吴微译,中国政法大学出版社1995年版,第26页。

> 来自不同的党派，议员的观点和所代表的利益互相冲突，国会有时不能协调各种利益和综合各种观点，得出一个能为多数人接受的共同认识，为了避免这种困难，国会可能授权行政机关，根据公共利益或需要，采取必要的或适当的措施，例如为了管理无线电广播事业，可以考虑的价值包括：言论自由，社会安全，广播质量，企业的利益，其他可能涉及的观念和利益。国会不能作出决定时，只能授权行政机关根据公共利益，批准、限制或取消广播许可证，制定管理规则。①

可见，在现代法治国家，虽然其成立的最基本要素仍为“依法行政”，即行政须受法的拘束，但亦非百余年前形式法治主义仅仅强调的“依法律行政”。现代法治已经从形式主义法治走向实质主义法治，现代行政已从机械行政走向能动行政，从消极行政走向积极行政。面对复杂万变的现代社会生活，立法者不可能制定出详尽无遗的法律以满足行政的需要，而完全忽视行政裁量的作用。如果用法律对行政进行过于严格、广泛的限制，很可能使行政陷于瘫痪的状况，有时一些对社会有益的、积极的行政措施很可能被法律所禁止。② 从行政裁量在美国行政法上的历史发展看，“19 世纪，美国政府的工作重点几乎完全集中在那些旨在限制行政范围的法律约束之上。行政中的自由裁量范围也不可避免地被缩小到了一种无可奈何的地步。……20 世纪，尤其 20 世纪 30 年代，人民的倾向开始倒向另一边。大量担负着监督管理经济和社会生活各个领域的行政机构接连不断地涌现了出来。因此，产生了这样一种趋势，即取消或削弱对这些机构的行动所施以的司法检查。19 世纪对行政权力的低估，在 20 世纪初已被人们对行政权力在诸多方面带来的好处的高度赞扬所替代”③。

由于行政具有主动、积极的特性，负有形成公共事务及实现公共利益的职责，因此“行政固然须法律的拘束，但行政本身的机动性，亦须加

① 王名扬：《美国行政法》（第 2 版），中国法制出版社 2005 年版，第 546 页以下。

② 李传敢等：《依法行政的理性探索》，对外经济贸易大学出版社 1998 年版，第 45 页。

③ ［美］E. 博登海默：《法理学：法律哲学与法律方法》（修订版），邓正来译，中国政法大学出版社 2004 年版，第 368 页。

以维护”①。而唯有行政机关拥有一定的裁量空间，具有灵活机动的选择余地，而非只是单纯的“执法机器”，才能充分发挥行政权的主动性、创造性和形成性，才能更加有效地实现法律的实质正义，从而积极主动地促进社会的发展。同时，行政裁量不仅为充分发挥行政权的能动性提供了现实可能性和施展的空间，也为行政权能动地发挥作用提供了合理的标准和合法性的保障。② 行政权唯有在行政裁量的法定目的和空间范围内行使，才能保证其能动性的合理运用，并防止其能动性的失控。

（二）形式法治与个案的正义性

立法者制定法律的目的，乃在于实现正义公平，追求实质法治与形式法治的统一。根据形式法治的要求，③立法者所制定的法律首先追求的是形式的合理性或公正性，即对任何人和事都必须一视同仁，具有平等的普遍的约束力，故立法者透过法律仅能作抽象的、一般的规范，而无法决定个案情况。然而，正义的另一重要内容是“个案正义”，即在法律适用过程中，根据个案情况的需要作出公正适当的决定或裁判。显然，抽象的、一般的规范并非当然可以满足个案正义的要求。这是因为“所有规范都是内在的不确定的”，而且，“说一个规范是显而易见的，仅仅意味着它已经被公平地论证过了；只有这个规范的公平运用，才导致一个案例的有效判决。普遍规范的有效性还不能保证单个案例中的正义”④。而唯有借助行政裁量，才能将法定的目的与具体个案结合起来，从而缩小法律之下的形式公正与个案正义之间的距离。

从某种意义上讲，立法机关之所以授予行政机关裁量权，最根本的原因就在于裁量权能够在形式法治状态下更大限度地满足法律适用中对个案正义的要求，这在现代社会看来，几乎已成为一条公认的法治原

---

① 翁岳生：《行政的概念与种类》，载翁岳生编：《行政法（2000）》（上册），中国法制出版社 2002 年版，第 19 页。

② 胡延广：《现代社会中的行政裁量》，载《理论月刊》2005 年第 9 期。

③ 尽管 20 世纪的法治已从形式法治走向实质法治，但形式法治所体现出的法律所固有的形式公正却仍然是法治社会的标志之一。

④ ［德］哈贝马斯：《在事实与规范之间：关于法律和民主法治国的商谈理论》，童世骏译，生活·读书·新知三联书店 2003 年版，第 267 ~ 268 页。

理和裁量定律。一方面，由于立法者在设定法律规范的构成要件时，往往无法充分考量到实现个案正义所需要顾及的具体情况与特殊情节，特别是在相关规范所涉及的个案情节复杂而多变时，尤其无法预设明确的行为规则，由此，“于法律中授予行政机关一定的活动与决定余地，以满足个案正义与衡平性的要求，便显得理所当然而且必要”①。另一方面，即使立法者能够制定明确的规则，行政机关在适用法律的过程中，也需要有一定相对独立的自治空间。因为，行政机关的任务在于将立法者所制定的普遍性规则适用于具体的个案之中，但是社会事务是纷繁复杂的，个案的情况又是千变万化的。行政机关在面对不同个案的情况下就不能只适用同一法律规则，或者机械地将普遍性的规则不加区别地适用于具体的个案之中，而应当具体问题具体分析，区别不同情况予以不同对待，否则就会用形式公正掩盖实质上的不公正，无法实现形式公正状态下的个案正义。为了满足个案正义的要求，法律亦须授予行政机关在个案中根据具体情况独立作出选择判断的权力。立法机关授予行政机关裁量权的功能之一，“乃在于避免因普遍的平等所造成具体个案的不正义，亦即追求具体个案的正义”②。

当然，我们并不否认在法律适用中对已知规则的需要。毕竟，已知的制定法规则能够带给我们一定程度的确定性和预期性，何况追求规则的形式正义也是法治社会的基本标志之一。但是，“法条有尽，事情无穷”，立法机关“为每一种详细的事态制定精确的法规是不可能的”③。所以，任何制定法规则都有可能因追求这种形式的公正性而衍生出诸多难以克服的局限性，具体表现为不合目的性、不周延性、模糊性和滞后性。④ 而要克服成文法的这些局限性，尤其是克服法律规则由于其过于僵硬而对社会环境的适应能力差的缺陷，缩小法律与社会生

---

① 李建良：《论行政裁量之缩减》，载翁岳生教授祝寿论文编辑委员会编辑：《当代公法新论》(中)，台北，元照出版公司2002年版。

② 刘鑫桢：《论裁量处分与不确定法律概念》(第2版)，台北，五南图书出版公司2005年版，第590页。

③ [美]罗·庞德：《通过法律的社会控制·法律的任务》，沈宗灵、董世忠译，商务印书馆1984年版，第97页。

④ 徐国栋：《民法基本原则解释——成文法局限性之克服》，中国政法大学出版社1992年版，第137页。

活的距离，一个重要的法律技术就是“引入人的因素来弥补规则的不足”，“将规则因素与人的因素结合起来，兼顾确定与灵活”①。也就是说，当规则的适用出现不明确、有漏洞或者拘泥于制定法字面含义将导致个案中不能容忍的明显不公时，行政机关就必须通过行政裁量充分发挥其主观能动性，“既要按照法定目的考虑（法律目的、合理性），又要考虑案件的具体情况，从而找出适当、合理的解决办法”②。唯有如此，才能实现真正意义上的个案正义。如果行政机关仅仅是机械地适用法律规则，那么法律规则就必须是确定的，否则任何规则所固有的模糊性、滞后性就会暴露无遗。而只要法律规定有空白或者模糊不清的地方，就存在行政裁量运用的可能性和必要性，试图排除所有事项中的任何裁量是绝对愚蠢的。

从另外一个角度讲，没有裁量就不可能有创新，尤其是对规则的补充和创新。长期以来，人们普遍固守着这样一种“规则中心主义”的形式法治观念，即将法律仅仅理解为由国家机关制定的、形成于纸上的条文，将法律仅仅等同于一系列“法律规则”的总称，“一个法律体系就是一个规则体系”③，进而将法律的实施活动仅仅限于“条文的法律适用”。无论是司法适用还是行政执法，都被认为只能“适用法律”，而不能创造法律。要想完善法律、发展法律，只有不断地制定和修改法律条文。无论是法官还是行政人员，永远只能是照章办事的机器。显然，这种“规则中心主义”走到了一个极端，变成了一种绝对的形式主义法治。它奉规则为法律的唯一构成要素，试图建立一个包罗万象、严密周详的规则体系，力图完全从法律适用过程中排除行政人员和法官的任何裁量权，彻底否定他们的自主创造性，其结果只能是：使法律陷于僵化而不能满足社会生活的需要，并最大限度地使法律实施成为机械适用法律的过程，从而牺牲了个别正义。

事实上，无论是立法者制定法律的活动，还是执法者和司法者实施

---

① 徐国栋：《民法基本原则解释——成文法局限性之克服》，中国政法大学出版社 1992 年版，第 198、203 页。

② ［德］哈特穆特·毛雷尔：《行政法学总论》，高家伟译，法律出版社 2000 年版，第 127 页。

③ ［英］哈特：《法律的概念》，张文显等译，中国大百科全书出版社 1996 年版，第 83 页。

法律的活动，都是运用裁量权进行创新性思维的活动。“如果没有运用裁量权，将没有政府机关——没有一个立法主体、行政机关、法院或一个机构——可以创制新的政策或法律”①。固然，我们需要通过立法对规则进行创造，但是最难的创造性的思想一般是通过执法者或行政机关对特别问题的解决形成的。当立法机关遇到问题却不知怎么解决时，它只能把权力委托给执法者或行政机关去解决这种问题。被委托者通过对个案的思考和对问题的琢磨，更有可能创造性地为问题的解决找到正确思考的突破口，从而找出解决问题的方法。一个新的规则往往就是在这种创造性的执法活动中形成的，进而被立法者上升为正式的法律规则。法律就在这种不断的创造性活动中得到创新和发展。在这个过程中最关键的一点则是具有创造力的裁量权。如果没有裁量权在特别案件裁定过程中的创造，我们永远都不可能产生新的规则。

可见，裁量权在服务于法律适用中的个案正义的同时，也在通过个案的裁定活动实现法律或规则的不断创新和发展，真正成为沟通形式公正与个案正义、耦合形式法治与实质法治之间的桥梁。正如 K. C. 戴维斯指出的，“裁量是实现个别正义不可缺少的一种工具。历史上所有政府都是实行法治和人治的政府，单独依靠未经裁量调节的规则是不能应对现代政府和现代正义的复杂性的。裁量是在政府和法律中创新的基本源泉”②。在现代社会，唯有合理承认并充分发挥行政裁量的作用，我们的法治才能随着时代的发展而与时俱进，否则，从形式主义法治走向实质主义法治就成为了一句空话。

（三）行政裁量的治理难题

在当代，行政裁量的广泛存在已成为了一个不争的事实，“对于各级政府的所有行政机关来说，裁量权都是不可或缺的”③。而且，它作为

---

① K. C. Davis, *Discretionary Justice: A Preliminary Inquiry*, University of Illinois Press, 1971, p. 21.

② K. C. Davis, *Discretionary Justice: A Preliminary Inquiry*, University of Illinois Press, 1971, p. 25.

③ ［美］理查德·J. 皮尔斯：《行政法》（第5版）（第3卷），苏苗罕译，中国人民大学出版社2016年版，第1197页。

行政能动性的体现和实现个案正义所必需的一种政府工具,也为现代法治所不可缺少,国家因其存在的合理性内核而必须加以肯定和承认。然而,“每一种被推崇的裁量都有危险的事实相随”①,裁量权因较少受到像“形式法治”那样严格的“法的约束”,又最容易被滥用。这种滥用同样广泛存在于行政权的行使过程之中,既包括逾越裁量权的情形,也包括裁量怠慢或不作为、内容不合理、程序或时间不当等滥用裁量权的情形。因此,在当代行政法领域,我们既要强调对裁量权的需要,也应当警醒裁量权的危险性或危害性。一方面,“所有的自由裁量权都可能被滥用,这仍是个至理名言”②。另一方面,尽管必要的裁量权是实现个别正义不可缺少的一种政府工具,但过度的或不必要的裁量权则构成对个别正义的一种潜在的威胁或直接的危害。显而易见,这些问题的存在又是与法治背道而驰的。因此,我们的任务并不是要去反对或拒绝行政裁量的广泛存在,而是要去对这些问题加以治理,以剔除那些不必要的裁量,并对那些可能或者已经被滥用的裁量权加以防御和控制,从而使其符合法治的价值和目的,真正发挥其应有的促进社会发展的积极作用。可以说,在现代法治社会,任何裁量都应当受制于法律的治理。问题的关键是如何实现对行政裁量问题的有效治理,这无疑是一个值得行政法学去认真对待的重大课题。尤其是,如何将裁量权控制在适度范围以保证必要的裁量权而又不至于偏离法治的轨道,就成了裁量治理所必须面对和解决的一大难题,堪称“行政法领域的哥德巴赫猜想”。

在我国,针对行政裁量有可能被滥用的事实和我国法治现状,多数学者主张应当加强对行政裁量权的“法律控制”,主要包括立法控制、行政控制和司法控制。而在目前我国司法审查十分有限而立法又相形见绌的情况下,加强对行政裁量的立法控制又成为人们普遍强调的重点。有人认为,我国目前滥用行政裁量权的现象之所以得不到有效遏制,其根本原因在于作为国家权力体系中心的立法权没有很好地承担起用立法规制行政权的责任,因此我国现阶段必须下大力气通过细致而严密

---

① K. C. Davis, *Discretionary Justice: A Preliminary Inquiry*, University of Illinois Press, 1971, p. 25.

② [英]威廉·韦德:《行政法》,徐炳等译,中国大百科全书出版社 1997 年版,第 70 页。

的立法抑制行政裁量权的泛化。[①] 甚至有人断言,“立法宜粗不宜细的时代已经成为历史”,目前我们应当努力加强立法统制,以从立法上尽量缩小行政裁量的范围。[②]

诚然,行政权力过去在国家权力体系中处于支配地位,立法地位相对低下,尤其欠缺法律对行政权力的可操作性的全面调整,进而导致对行政裁量的法律控制明显不足,甚至处于空白地带。在这种情况下,人们不可避免地对“严格规则主义”的理想存在一种理所当然的期盼,立法、行政和司法机关也都或多或少存在“规则至上”,并予以简单和机械适用的倾向。然而,不可否认的是,经过最近40多年的改革和发展,中国社会已进入现代化的转型期,法治已成为治国的基本方略。而且,以市场经济改革为推动力,无论是政治、法律还是社会文化等各个领域都呈现出多层面和不同程度的发展,整个社会正在日益趋向于多元化和复杂化。这些新的社会变革以及由此带来的政府角色的重新定位,无疑都对行政裁量的治理提出了更深层次的挑战。在这种情况下,我们没有理由不去更加理性地重新审视和对待行政裁量的治理问题。

为此,笔者认为,在对待行政裁量的治理问题上,我们既要考虑中国时下的现实情况及未来发展的需要,也要充分借鉴西方国家的经验。也许,具有说服力的观点是,任何试图洞悉并运用某个单一行政法模式的努力,都具有潜在的扭曲作用,而且它可能会分散我们对世界复杂性的注意,阻碍我们去发展解决所面对的各种问题的现实主义方案。[③] 所以站在更加全面的视角,可能的确需要建立一个包括立法、行政、司法等在内的“多管齐下”的裁量监控体系。但笔者以为,在我国的现实状况下,仅仅呼吁建立这样一个形式上的治理框架还远远不够,更重要的是对治理内容和方式作出更加深层次的填补和完善。这就需要我们进一步着眼于全球化的视野,对西方国家关于解决行政裁量问题的治理模式进行深入细致的考察,并在此基础上对行政裁量的中国治理模式作出理性选择。

---

① 闫国智、周杰:《论行政自由裁量权的泛化及其立法防范》,载《政法论丛》2000年第5期。

② 杨建顺:《行政裁量的运作及其监督》,载《法学研究》2004年第1期。

③ Handler, *Controlling Official Behavior in Welfare*, California Law Review, Vol. 54, p. 480–482(1966).

五、英美行政裁量的治理模式

考察西方主流公法思想的基本风格,我们可以将以英美为代表的西方国家对行政裁量问题的治理模式概括为规范主义的控权模式和功能主义的建构模式两种基本类型。

(一)规范主义的控权模式

规范主义是西方传统主流公法思想的一种基本类型或风格。依马丁·洛克林所言,"公法中的规范主义风格的根源在于对分权理想以及使政府服从法律的必要性的信念。这种风格强调法律的裁判和控制功能,并因此而关注法律的规则取向和概念化属性"①。规范主义风格的智识源泉主要是保守主义和自由主义这两种政治意识形态或思想形式。前者的主要信条是尊崇传统、关注权威,并视个人为社会秩序的有机组成部分;后者则以"个人自治"为理论预设,主要关注的是自由权。两者虽有区别但在设计公法形象——处理法律与政府之间的关系上,它们的核心价值都是强调个人自由的首要性和法治原则运作之下的有限政府的必要性。

在规范主义看来,裁量是行为人将自己的意志强加给他人并强制对方接受的一种政治权力。为使法治得到维护,任何一种权力都必须受到其他权力的严格制约和控制。这是因为,"一切有权力的人都容易滥用权力,这是万古不易的一条经验。有权力的人们使用权力一直到遇到有界限的地方才休止"②。因此,"任何权力都应当受到法定的限制"③,凡是不受限制的权力必将导致专制。就行政裁量而言,它作为一种重要的政治权力,必须受到来自行政系统之外的立法权和司法权的控制。而且这种权力控制都是以立法机关制定的"法律规则"或"立法指令"为取向的,是一种"法律控制"。对行政裁量的立法控制,主要在

① [英]马丁·洛克林:《公法与政治理论》,郑戈译,商务印书馆2021年版,第85页。

② [法]孟德斯鸠:《论法的精神》(上册),张雁深译,商务印书馆1961年版,第154页。

③ H. W. R. Wade & C. F. Frosyth, *Administrative Law*, 9th ed., Oxford University Press, 2004, p. 35.

于运用立法手段为行政裁量提供尽可能详尽的“法律规则”或“立法指令”；而对行政裁量的司法控制，则主要侧重于对行政裁量的“合法性”审查，以确保行政机关在立法机关授予的法定权限内行事，由此形成一个内在封闭的以立法为取向并严格服从于法律规则的裁量权控制体系。

受保守主义和自由主义这两种思想形式的影响，规范主义控权模式十分推崇这样一种形式主义的法治理念：政府只有依据事先知晓的一般性规则，不偏不倚地适用，才被允许侵入受保护的重大私人领域。① 以戴雪为代表的早期保守规范主义者，更是极端地主张一种绝对的形式主义法治观念，即认为议会的最高立法权或议会主权原则是“我们政治制度的首要特征”②，支持法律的至上性，行政部门必须严格地限定在法律的疆界之内。在戴雪看来，任何实质性的自由裁量行为，都超越了这种法律的疆界，而与“专制”联系在一起，都构成了对个人自由的威胁，由此他将行政裁量视为形式法治的“敌人”，认为法治原则无法容忍广泛的行政裁量权，因而绝对地予以排斥。相应地，立法机关通过严格的“禁止授予立法权原则”或者“法律保留原则”以从源头上压制行政裁量权的生长空间，而法院则扮演着“红灯”的角色，它的存在完全就是为了确定行政权力是否严格遵循了“禁止授予立法权原则”。

直到 19 世纪末，随着社会经济的高速发展和行政权的迅猛扩张，行政裁量权的广泛存在已成为一个事实并逐步得到承认。尤其在美国，为了解决工业迅速发展而引起的一系列社会经济问题，美国建立了大量独立管制机构(independent regulation agency)，这些独立管制机构集行政权、准立法权和准司法权于一体，对私人商业行为产生了十分普遍而深入的影响。为了协调这种新兴的政府权力主张与长期存在的对私人自由的关怀，一系列原理和技术得到发展，以使这种协调所使用的各种控制方式既限制这种权力又使其合法化，由此逐渐形成了美国行政法的“传统模式”。斯图尔特等人将这一传统模式归纳为四个基本的

---

① F. A. Hayek, *The Constitution of Liberty*, University of Chicago Press, 1960, p. 206.

② A. V. Dicey, *Introduction to the Study of the Law of the Constitution*, 10th ed., Macmillan Education Limited, 1959, p. 34.

组成因素:(1)针对私人行为的强制性决定必须由立法机关授权,并且根据禁止授予立法权原理(doctrine against delegation of legislative power),立法机关必须通过颁布规则、标准、目标或某个“可理解的原则”来指引行政权力的行使;(2)行政机关所依循的决定程序必须确保其准确地、不偏不倚地、合理地将立法指令适用于特定案件或各类案件;(3)司法审查必须确保行政机关严格遵从上述一般性立法指令和公正的决定程序;(4)行政机关的决定程序必须使司法审查是可以获得的,足以使法官根据其合理确信,去判明立法指令是否在每个案件中得到了遵循。①

可见,这种行政法的“传统模式”仍然将行政机关设想为一种纯粹的“传送带”(transmission belt),行政机关的职责仅仅是对立法指令的执行。按照这种法律控制模式,只要行政机关受命于立法机关的立法指令,其拥有的裁量权就具有合法化的来源。但与此同时,它也为司法审查提供了一个法定依据。为把行政机关禁锢于立法机关所颁发的指令范围内,法院对行政机关的裁量行为具有最终的司法审查权。这说明,在这一时期,裁量权的控制体系已由最初以立法为中心转变为以司法为中心。但这种司法控制仍然是以“立法指令”为导向,旨在确保裁量权符合立法旨意,因此无疑还是一种规范主义的控权模式。

(二)功能主义的建构模式

功能主义是西方主流公法思想的另一种基本类型或风格。如果说规范主义基本上反映了一种“法律自治”的理想,相反,功能主义则体现了一种政府“进化式变迁”(progressive evolutionary change)的理想。“这种功能主义风格不是把法律当作一种与政制完全不同的东西,而是将其视为一种作为政制机器的一部分的工具”,并认为“这部政制机器乃是用来实现一套特定目的的。这些目的就是与能动型国家(positive state)的目标紧密相关的目的”,“并且凝聚在这样一种观念之中:政府

---

① Stephen G. Breyer et al., *Administrative Law and Regulatory Policy: Problems, Tex, and Cases*, 5th ed., Aspen Publisher, 2002, p. 20 – 21;另见[美]理查德·B. 斯图尔特:《美国行政法的重构》,沈岿译,商务印书馆2021年版,第6~10页。

是一种促进进步的进化式变迁的机构”。[①]

如果说规范主义风格的根源在于保守主义和自由主义,功能主义的这些独具特色的观念则充分体现在社会实证主义、进化论社会理论和实用主义的学说之中。[②] 受这些思想的影响,功能主义逐步设计出这样一种公法形象:从总体上说,公法应当确保一种法律框架,在这种框架中,有效运作的政府可以提供一种有效和公正的结构来促进公共福利,这正是国家的积极职能旨在推进的目标。从这个角度来看,委任立法和行政裁判都不是专制权力的征兆,而是体现了国家角色的转变。因此,框架性立法的使用和委任立法的实践都被看作有效分配立法任务的方法。一方面,这是为了减轻议会关注细节的负担,以使其得以专注于重要的政策事项;另一方面,在目前这个科学化和专业化的年代,具有专业素养的行政部门比议会更有能力处理复杂而又细节繁多的技术性事项。同时,这种功能主义的进路还强调应当建立一套新的行政审判体系,即“由新的人员组成的新机构来为我们的时代发展出一套新的法律理念”[③]。这是因为,普通法院并不具备相应的专业素养或技术性知识,在程序上也无法胜任这一工作;而且,普通法方法所凭借的那种意识形态对现代政府的积极目标怀有敌意,司法机构在审查行政行为的时候,显示出一种哲学、文化或政治上的偏见。正如米切尔所说:

> 法院在思想上是如此地将自己隔绝于行政过程之外,以至于它们的方法在许多方面都变得不合时宜。它们所能利用的控制工具是如此的生硬,以至于很难加以使用,而它们所采

① [英]马丁·洛克林:《公法与政治理论》,郑戈译,商务印书馆2021年版,第187页。

② 在社会实证主义中,许多人相信:“社会进步是可能的,社会组织可以在理性原则的指导下获得重构”;在19世纪英国最显赫的社会学家、社会有机体论的创始人赫伯特·斯宾塞(Herbert Spencer)看来,任何成文法的干预都扼杀了自由,并且导致了僵化和整齐划一,“社会这个不断成长的生命体,一旦被置于一个了无生气的、呆板的和机械化的格式化样板之中,就难免受到挤压和牵绊”;而实用主义者们更加激进地认为:“法律并非抽象逻辑的事务,而是一种社会工程的实践演练”,“法律的生命不是逻辑,而是经验”。所有这些思想在塑造功能主义风格的过程中都有着非常特殊的价值。[英]马丁·洛克林:《公法与政治理论》,郑戈译,商务印书馆2021年版,第147~191页。

③ [英]马丁·洛克林:《公法与政治理论》,郑戈译,商务印书馆2021年版,第235~236页。

用的技术又使得它们的控制只能针对形式，而无法触及实质。①

可见，在公法中的功能主义看来，由于福利国家的出现和积极行政的生长，原有的议会和法院仅仅通过严格的规则对这种服务型政府及其能动性裁量权进行的机械法律控制已不再有效，行政法必须从控制和权利转向功能和效率，以有效发挥行政裁量权的自身能动性和促进社会发展的积极功能，这已成为时代的必然。

对此，美国行政法的发展作出了有力的回应。形成于20世纪前60年的美国行政法的传统模式，因其基本上符合当时美国经济的发展和政府管制的时况而发挥了对行政裁量权过于庞大的有效控制作用，并为人们所广泛接受。但是，自20世纪中期以来，“福利国家已经征服了美国法律，正如已在社会其他领域发生过的情况一样。亚当·斯密无形的手已经被政府及其机构所确定的日益增多的‘公共利益’所取代”②。在已经变化了的社会条件下，传统模式“这种卓有成效的协调已经趋于失灵”，并因其出现的“系统性偏见问题”，以及明显无力矫正行政机关的某些“失败”问题而受到人们激烈的批评，由此“自由裁量权问题再度兴起”③。为了解决再度兴起的行政裁量问题，人们提出了一系列可替代性解决方案。④ 其中，戴维斯提出的塑造行政裁量之合理建构的方案以及法院通过司法审查发展起来的以多元主义的合法化理论

---

① J. D. B. Mitchell, *Constitutional Law*, 2nd ed., Edinburgh Press, 1968, p. 62.

② [美]伯纳德·施瓦茨：《美国法律史》，王军等译，中国政法大学出版社1989年版，第205～206页。

③ 所谓系统性偏见问题，即传统模式将其保障范围仅仅局限于以往所公认的自由和财产利益，而对于已被政府行政权力广泛渗入的国民福利领域内的私人利益却无法加以有效保护；行政机关“失败”问题主要是指许多行政机关失于履行各自维护公共利益的职责，往往“为了受管制企业和受保护企业(client firms)之私人利益而暗中破坏了公共利益”，而传统模式明显无力矫正行政机关的这些“失败”。[美]理查德·B.斯图尔特：《美国行政法的重构》，沈岿译，商务印书馆2021年版，第20～29页。

④ 这些方案有：放松管制和撤销管制机关；贯彻实施禁止授予立法权原理；要求行政机关通过制定标准而使其自由裁量权的行使具体化；采用资源配置效率(allocational efficiency)作为衡量行政决定的一个实体标准。[美]理查德·B.斯图尔特：《美国行政法的重构》，沈岿译，商务印书馆2021年版，第31页。

为基础的利益代表模式，引起了人们的广泛关注。

为了在最大限度内避免宽泛的制定法所引起的危险，实现高质量的"裁量正义"，戴维斯基于"专家知识"理论提出，应当由行政机关自身通过行政规则等手段重塑行政裁量行使的合理结构，即要求行政机关通过制定"规则"(rule-making)而使其裁量权的范围具体化，以替代要求立法机关制定具体细致的立法；并且要求行政人员将每一个行政裁量所涉及的规范目的、事实认定、说明理由、公正程序等要素系统化，不仅要使这些要素组成有机的结构，以建构起一定的内部秩序，而且要"使每一个裁量权的每一个方面都得到最佳程度的建构"，以使他们作出的影响个人利益的裁决更为公正。[①] 而面对看起来难以处置的行政裁量问题，法院也已经在改革和拓展传统模式的过程中通过司法审查发展起来了一种实用的利益代表模式。它要求在行政决定的过程中把正式参与的权利人扩展到更大范围的利害关系人，并适当考虑所有参与行政政策决定者的利益，以"确保所有受影响利益在行政机关行使其被授予的立法权力过程中得到公平的代表"[②]。戴维斯的观点强调法律应当赋予行政机关一定立法性裁量权力，通过自己的行为，设计出行政裁量行使的合理结构；而后一种方案则强调行政机关在行政过程中对不同利害关系人的利益评估和实体政策上的利益调和。可见，这两种模式虽各具特色但在本质上都明显趋向于功能主义的建构模式。

(三)两种模式之比较

规范主义的控权模式在本质上主要是一种规则之治。这种治理模式对于协调行政裁量与法治的关系，保证行政裁量严格受制于法治原则，有着重要的作用。但是，这种模式往往片面追求形式法治，而忽视了实质法治。它在对裁量进行治理的动因上，更多关注的是行政裁量广泛存在并可能被滥用的外在事实，而忽视了行政裁量的主观能动性和实现个案正义的内在品质；在影响裁量的因素上，更多考虑的是立法

---

① K. C. Davis, *Discretionary Justice: A Preliminary Inquiry*, University of Illinois Press, 1971, p. 97 - 99.

② [美]理查德·B. 斯图尔特：《美国行政法的重构》，沈岿译，商务印书馆2021年版，第67页。

意图这个单一的规范因素,而欠缺对具体个案中各种事实因素的综合考虑。因而,这种模式在治理方式的设计上,更多强调的是通过规则对裁量进行一种外在的权力控制,而轻视对行政裁量内在自我调节功能的充分发挥和自我生长规律的应有尊重,其结果只能是压制了行政裁量的生长空间及其个性的自主发展。功能主义的建构模式则旨在弥补这一局限性。

与规范主义的控权模式主要属于一种"法律自治"的进路相比,功能主义的建构模式则主要是一种"政府自治"的风格。它通过行政裁量运行系统的自我合理建构,来充分展现行政裁量内在固有的能动性和个案性的品质。因此,这种模式在充分发挥行政裁量的内在功能、提高行政效率、促进个案正义的更好实现等方面具有极大的优势。但是,主张这种模式的人往往又过分强调了行政机关制定行政规则的作用以及形式上的过程建构。显然,对行政裁量的建构,如果不关注其实质内容上的利益均衡和利害关系人对行政过程的实质性参与,那么就会出现与规范主义的控权模式一样的弊端,即过于依赖规则和要求形式公正,其所追求的个案实质正义就要大打折扣。同时,过分依赖行政机关的"自治"或大量授予行政机关立法性裁量权,很可能会耗费大量的行政成本,而且会导致一种新的"专制"。为此,这种"自治"仍然必须被置于"框架性立法"之下,服从于一般性的立法规则或"法律原则",并接受变化了的司法审查。可见,从本质上讲,功能主义的建构模式应当是一种"原则"之治。它既反对绝对意义上的"规则至上",也非不受任何法律制约的"政府自治",而是在法律原则主导下的行政自我治理。唯有如此,它才能够既保证行政的必要灵活性又有效制约行政专断这种技术性问题。①

六、行政裁量的中国治理模式选择与构建

很显然,在对待行政裁量的治理问题上,西方国家行政法的焦点已

① Phillip J. Cooper, *Public Law and Public Administration*, 2nd ed., Prentice Hall, 1988, p. 103.

经逐渐从“规则之治”转向了“原则之治”,从“外部控制”转向了“内部建构”,从“规范主义”转向了“功能主义”。而在我国,如前所述,由于长期受西方“规则中心主义”的影响,学理上主要采取的仍然是一种规范主义控权模式的思路,在宏观上都逃脱不了立法、行政和司法“三重控制”的传统固有模型。当然,近年来来自我国行政法学理论界的研究也在不断加强,且在主导模式的选择上都有所侧重。有学者将其归纳为四种模式,即规则命令控制模式、原则指导控制模式、程序竞争控制模式和监督审查控制模式。[①] 毋庸置疑,无论选择哪种模式,对于行政裁量的控制而言都是有意义的。但是,我们所面对的裁量问题是如此复杂广泛而又令人揣摩不定,并非一个简单的控制问题。任何试图通过严格控制来将裁量权这头“洪水猛兽”困住的做法,其实际效果都是不理想的,反而压制了裁量权固有的能动性,只会将其困死而已。要想从根本上彻底解决裁量问题,就必须超越这种单纯的裁量权控制,去思考一个更加宏大的话题,那就是行政裁量的治理理论。从未来的使命上讲,我们也不应简单地试图去补上西方国家曾经采取但被证明已过时的规范主义控权模式这一课,而应当着眼于全球化的视野,倡导一种以“原则”为取向的功能主义建构模式,即通过在法律原则约束下的行政裁量系统内部各种功能要素的自我合理建构,在保障裁量权正当行使的同时,充分激发其内在的能动性与自我调节功能。具体而言,功能主义建构模式的要求是,在法定、均衡和正当等行政法原则的统制之下,[②]通过事前行政机关内部的规则制定、事中个案的利益衡量和意志沟通以及事后的司法审查等方面功能要素的有效发挥,来达到对行政裁量运行系统的最佳建构,由此形成一种新的治理框架和运行规则体系。

(一)功能主义建构模式之提倡

尽管功能主义被广泛应用于社会科学诸门类,但是功能主义首先

---

① 王锡锌:《行政自由裁量权控制的四个模型——兼论中国行政自由裁量权控制模式的选择》,载《北大法律评论》2009 年第 2 期。

② 这些原则的提出及其具体内容的展开,参见周佑勇:《行政法基本原则研究》(第 2 版),法律出版社 2019 年版,第 96 ~ 241 页。

是一种社会学理论，用以解释和分析社会的运作机制。其核心理念可以归纳为以下三点：一是“功能观”。功能，简言之就是对需要的满足。功能的概念在功能主义的理论体系中居于核心的位置。无论是早期功能主义的有机体功能类比，还是人类学功能学派对文化现象的功能分析，以及结构功能主义对功能分析框架的构建和拓展，功能分析的理念和方法始终是功能主义所坚持和强调的基本立场。二是“系统观”。功能主义并不主张孤立地进行功能分析，而是首先将各要素置于“系统”之中来具体考察其功能。这就决定了功能主义一方面特别强调整体，“各部分只有在同整体相联系，在系统内发挥一定功能时才有意义”①。另一方面特别强调“结构”，组成系统的诸要素之间具有一种相对稳定的相互联系和相互作用方式，即“结构”，功能定位于结构之中，结构本身亦蕴含着功能的实现。三是“整合观”。功能主义亦不主张机械地进行功能分析，而是强调各组成要素功能之间的联系与互动，由此形成“一个功能统一体”②，在各部分功能整合、协同合作的基础上进行着有秩序的运转。

功能主义思想家们的初衷在于寻求一种解释社会运行机制的宏观理论，但功能主义同时亦是一种方法论意义上的分析范式。正如美国学者金斯利·戴维斯(Kingsley Davis)所说的，“功能主义根本就是一切社会科学所使用的方法，无论他是否自称为功能主义者”③。将功能主义从社会学的理论转换为社会科学的建构范式，以此作为行政裁量规制系统的分析框架和模型，可以分为如下四个步骤：

第一步，明确系统之目的。目的，亦可称为目标，是一个系统安身立命的根本和一以贯之的灵魂，决定着系统的组成和运转，统摄着各要素功能的定位和整合。因此，明确系统之目的，是系统建构的出发点也是归宿。对于行政裁量治理而言，“裁量正义”构成了行政裁量规制系

① ［英］艾伦·斯温杰伍德：《社会学思想简史》，陈玮、冯克利译，社会科学文献出版社1988年版，第238页。

② ［英］A. R. 拉德克利夫－布朗：《原始社会的结构与功能》，丁国勇译，中国社会科学出版社2009年版，第191页。

③ Kingsley Davis, *The Myth of Functional Analysis as a Special Method in Sociology and Anthropology*, American Sociological Review, Vol. 24, p. 757(1959).

统的目的。一方面，行政裁量的精髓在于个案正义(individualized justice)的实现。行政裁量权的授予和行使，旨在克服成文法所固有的在制定时的局限性和在适用中的僵化性，使行政机关能够因事制宜、能动执法，“乃在于避免因(法律适用)普遍的平等所造成具体个案的不正义，亦即追求具体个案的正义”①。另一方面，个案正义并不是肆意突破规则或滥用规则的挡箭牌，而是建立在公正对待(fair treatment)的底线和前提之上，不符合公正对待要求的个案正义就不是正义。因此，行政机关在运用裁量权追求个案正义的同时，在实体内容上应遵守平等原则和比例原则的要求；在程序事项上也要恪守避免偏私、行政参与和行政公开等正当程序原则的要求，以公正的程序、形式和方式来实现个案正义。所以，在这个意义上可以得出结论：裁量正义 = 个案正义 + 公正对待。据此，一个设定科学、运行合理的行政裁量规制系统，应当定位于在个案正义与公正对待之间进行平衡与调和，以最大限度地促成裁量正义的完整实现。这就意味着行政裁量规制的构建既要坚守公正对待的底线，确保行政裁量运行在法治的阳光下，又要促成个案正义的实现，为必要的裁量预留合理的空间，在技术上有张有弛、松紧有度，把握好规范与能动、羁束与裁量之间的平衡。与此相对应，行政裁量之规制在实践中应当避免出现“过”与“不及”这两个极端：或是过于机械和僵化，完全剥夺了个案裁量的空间，使执法者“蜕化”为类似于自动售货机的执法机器；或是缺乏明确具体的规制内容和切实有效的适用机制，而使得对裁量的监控流于空泛化和形式化。

第二步，界定系统之要素。系统是同类事物按一定关系组成的整体，要素即系统的组成部分和单元。在确定系统目的之后，即要筛选和界定组成系统的要素。在此阶段不宜作功能分析和价值取舍，而应全面地囊括所有可能的要素。不仅梳理要素本身，还要关注要素之间的结构关系，初步构建起系统的框架。基于上述达致裁量正义的系统目标，本着开放的视野和积极的立场，一切有助于该目标之实现的多元化和多样化的规制要素，都可以作为要素纳入行政裁量规制系统的构建

① 刘鑫桢：《论裁量处分与不确定法律概念》(第2版)，台北，五南图书出版公司2005年版，第50页。

之中。一方面,立法、司法和社会等外部主体对于行政裁量的规制可以也应当发挥出积极的作用,因而都是裁量规制系统不可或缺的构成要素。另一方面,行政自制在行政裁量规制系统中有着重要地位,在坚持对行政裁量的外部他制的同时,亦要重视行政主体在行政内部对裁量施以的自我规制。无论行政裁量规制的理念和实践如何变迁,“规则之治”永远是从行政法的视角、运用法治原则来规制行政裁量的核心进路,只不过这种“规则之治”不再是封闭和僵化的,而是开放和能动的。同时,个案裁量中的利益衡量和意志沟通,也是至关重要的核心功能要素。

第三步,分析要素之功能。在组成系统的要素确定之后,就需对各要素进行功能分析。要全面地分析和把握各构成要素的功能,不仅要考察“显功能”和“正功能”,而且要研究“潜功能”和“负功能”。同时,注意这些不同功能状态与性质在一定条件下的变动和转化,功能不是抽象的、静态的,而是具体的、动态的。行政裁量规制系统的构建,亦并不是简单地把各个规制要素罗列和组合在一起,相反,各个规制要素之间应得到有效的整合,在系统之下各尽其能、相互协作。以法律规范与行政规则这对规制要素为示例,在行政裁量规制的视野下,两者有着各自的功能优势和劣势。从制定主体来看,法律规范由立法机关制定,立法机关由民选的民意代表组成,理论上代表着全体选民的意志,相对具有民意基础上的优势,对于裁量而言,立法体现的是一种“他制”,规制者与被规制者相分离;而行政规则则由行政机关制定,行政机关由专职的公务人员组成,一般具有专业上的技能与特长,相对具有专业技术上的优势,对于裁量而言,它体现的是一种“自制”,规制者与被规制者相重合。就制定的程序而言,法律规范根据极为正式的立法程序制定,其优点在于审慎和严谨,能够保证规则的质量,且制定程序的透明度较高,公众以及各方利益主体的参与较为充分,缺点在于程序烦琐、成本高昂,以及不易修改,应变能力略显迟缓。而行政规则根据相对非正式的行政程序制定,其优点在于简便、快捷、灵活,成本低廉,便于随时调整,缺点在于审慎性不足,规则质量参差不齐,且制定程序的透明度不高,往往缺乏其他主体的有效参与而可能沦为“黑箱操作”。法律规范经公布始能生效,对外公开度较高,而行政规则下达即能生效,但对外公开状况不理想。从制定的内容来看，法律规范基于民意基础，立法机关有权通过法律授予行政机关裁量权；而行政规则基于法律优先和法律保留的原则，行政机关不得通过行政规则自我授予裁量权。就各自的任务而言，法律规范的任务在于限定行政裁量的运行范围，明确裁量行使的基本原则和准则；而行政规则的任务则是在法律所设定的裁量范围内，结合具体情况对裁量行使进一步作细化的规制。当然，所谓的优势和劣势是相对的而不是绝对的，但这并不妨碍我们看到两者之间优劣的相互对应和相互弥补，以及由此决定两者进行功能整合、相互衔接的必要性和可行性。

第四步，整合要素之功能。在系统目标之下、系统结构之中和功能分析的基础之上，整合系统各要素之功能，是决定系统构建成效最为关键的一步。这就需要根据要素与要素、要素与系统之间的互动函数关系，建立相应的调适和整合机制，使各要素在系统之下能够发挥最大的功能优势，实现“1 +1 >2”的效果，最终达成一个结构完整、功能均衡、自我调解、相互支持的系统。行政裁量规制要素之间的功能整合，既要“各尽其能”，又要“互补其短”。一方面，各个规制要素应在系统之中得到正确的功能定位，扬己之长而避己之短，发挥出自己的功能优势。另一方面，不同的规制要素要相互衔接和相互协调，取彼之长补此之短，使得单一的规制要素的功能劣势最小化而系统的整体功能最大化。以作为行政自制的裁量基准为例，其在本质上是一种行政机关通过设定行政规则来自我规制裁量权的进路。裁量基准在实务中取得了极大的成效，但是同时也不可避免地存在一些制度性缺失，例如裁量基准偏重于行政系统内部化的生成和运行模式而导致过于“内向”，欠缺来自立法和司法等其他规制要素的监督制衡抑或支持协助。要想发挥出更为积极的规制功效，就必须重视裁量基准与立法规制和司法规制等其他规制要素之间的衔接和协调。譬如裁量基准应凸显其在专业技术上的功能优势，因地制宜和因事制宜，提高规则制定的质量和可接受性，而不应僭越法律的职能，自行设定裁量权或是超越法定的裁量界限。在对待裁量基准的司法审查上，司法机关应秉持一种积极审查和有限尊重的态度，将裁量基准的审查作为裁量决定审查的前置环节，亦即“在审查裁量处分时，若发现行政机关系按行政裁量规则而作出决定时，应对于该行政裁量规则作间接司法审查，若不合法或违宪时即不予以适用；再就具体个案审查是否有裁量滥用（裁量怠惰）之情事”[①]。

（二）通过规则的行政自制

我们已经看到，必要的裁量可以保持行政的能动性，最大限度地实现个案正义，但是，当裁量太宽或过度时，公正也可能被专断和不平等所侵害。我们所要做的并不是去反对那些与政府承担的工作相当的裁量权，而是去反对超出这些工作需要的裁量权，剔除那些不必要的裁量权。尽管我们应当力图让立法机关穷尽一切法律细节来详细地确定所授出裁量权的范围，但是这种理想状态已被实践证明往往很难实现。而如前所述，美国学者戴维斯所倡导的通过行政机关制定规则（rule-making）来建构裁量的理论，则明显趋向于一种功能主义的建构模式，体现了裁量治理模式从规范主义向功能主义的转型，已备受人们关注。他指出："对裁量权的限定，并不能将期望寄予法律的颁布，而在于比法律更为广泛的行政规则的制定。"[②]由此强调行政机关应当通过自己的行为而设计出裁量权行使的具体化规则，以替代要求立法机关制定具体细致的立法。

伴随这种裁量治理转型而在我国实践中大量涌现的"裁量基准"，就是这样一种确定如何行使裁量权的行政规则。在限定过度的裁量权方面，通过行政机关制定具体化的行政规则即裁量基准，无疑是一种非常有效的办法。它不仅可以弥补基于模糊的立法授权而导致的裁量权过宽的问题，限缩行政裁量行使的空间，而且它作为沟通普遍性法律与个案裁量之间的一个桥梁，比立法授权更贴近社会生活和事实真相，更切合行政裁量的实际需要。同时，通过规则化的裁量基准，还可以防止行政裁量中可能出现的"同案异判"和违反平等对待而造成对个案实质正义的损害，从而有效地实现行政机关的自我约束。正因如此，在西方，理论上已逐步冲破"禁止授予立法权原理"的禁区，使行政机关事实

① 刘鑫桢：《论裁量处分与不确定法律概念》（第2版），台北，五南图书出版公司2005年版，第264页。

② K. C. Davis, *Discretionary Justice: A Preliminary Inquiry*, University of Illinois Press, 1971, p. 56.

上已拥有广泛的立法性裁量权；在实践中，各国行政规则的数量也日益增多，并获得不同程度的司法尊重。[①] 在我国，由于并不存在西方分权理论和禁止授予立法权问题的障碍，甚至宪法直接授予了政府立法权，所以从中央到地方，各级各类行政机关都有权制定不同效力层级的行政规则。这些行政规则包括创制性的、指导性的和解释性的规则，[②]也包括裁量性的行政规则即裁量基准。

所谓“裁量基准”，是指行政机关为实现对裁量权的自我控制，在法定授权范围内通过情节细化和效果格化的技术，以规则的形式设定的一种具体化的裁量权行使标准。也就是说，裁量基准以规则的形式表现出来，但这种规则在技术上又不同于立法性规则。裁量基准使用的技术是“情节的细化”与“效果的格化”，即根据作为利益载体的情节之轻重来选择不同的法律效果，其实质上就是一个利益衡量的功能建构过程，与个案裁量中的利益衡量并无实质区别，属于一种裁量性行政规则。从表面上看，行政机关设定裁量基准只是为裁量权的行使提供一种具体的判断标准，但是如果欠缺这种标准，就可能导致裁量权的滥用或不当，因此设定裁量基准的内在目的是对裁量权的正当行使形成一种自我约束，在控权逻辑上体现的是行政机关内在的自我控权即“行政自制”，而并非一种纯粹“规则细化”的外部立法控制。可见，裁量基准作为一种特殊的“规则之治”，其实就是将个案中的利益衡量加以规则化和制度化，从而更加有效地建构裁量权的行使，是行政机关对裁量权的行使进行自我约束、自我规制的一种重要制度创新。从这个意义上讲，“裁量基准”在功能主义所倡导的整个裁量治理体系中处于核心地位，甚至可以说就是它的浓缩版。透过“裁量基准”，可以延展出功能主义建构模式的整个画面，精妙地演绎出对裁量权治理的一整套自我控制技术。[③]

然而，严格规则之下无裁量。裁量基准作为一种规则化的行政自制，力图用普遍的规则统一裁量的标准，仍然存在“过度”规则化而导致

---

① See Foster H. Sherwood, *Judicial Control of Administrative Discretion 1932 - 1952*, The Western Political Quarterly, Vol. 6, p. 750(1953).

② 叶必丰、周佑勇：《行政规范研究》，法律出版社 2002 年版，第 78 页。

③ 周佑勇：《行政裁量基准研究》，中国人民大学出版社 2015 年版，第 3 页。

无法实现个案裁量正义的可能性和局限性。而且,通过裁量基准的制定这种行政自制也潜藏一定的危险性,“当立法权和行政权集中在同一个人或同一个机构之手,自由便不复存在”①,过分依赖行政自制亦可能导致一种新的“行政专制”。对此,裁量基准的设定必须严格依据授权法的旨意,以法律原则为取向,受到来自法律原则的约束。一方面必须将裁量基准限制于行政法定原则之内,以协调这种行政自制与依法行政之间可能发生的冲突,并防止出现新的“行政专断”。根据法律保留和法律优先原则的要求,凡属法律保留范围的事项,行政机关非经法律的明确授权不得自创规则;而凡是在法律已有规定的情况下,行政机关制定的规则都必须与之相一致,不得与之相抵触。只有这样,通过裁量基准这种自制性行政规则限缩行政裁量的空间才具有合法性。另一方面为了避免裁量基准的“过度”规则化,裁量基准的制定作为一个利益衡量的过程,还必须严格遵循比例、平等对待、信赖保护等利益衡量的一般原则。只有这样,才能从根本上克服裁量基准自身固有的局限性,有效发挥其作为自制性规范对行政裁量的自我约束和自我规制的功能。

(三)通过均衡性利益衡量的实体建构

从本质上讲,行政裁量就是这样一个利益衡量的过程:“对受行政政策影响的各种私人利益之间相互冲突的主张进行调节的过程”②。因此,持利益代表理论的多元主义者针对行政机关在其裁量的政策选择中所出现的偏见,要求“行政官员还必须广泛考虑各种各样相关的利益,这些利益会因为可能的不同政策选择而受到不同的影响”③。面对现代社会日趋多元化和复杂化的利益关系,试图通过统一和确定的标准加以调节和处理显然是不可能的,行政决定的作出必然会成为一个

---

① ［美］汉密尔顿、［美］杰伊、［美］麦迪逊:《联邦党人文集》,程逢如、在汉、舒逊译,商务印书馆 1980 年版,第 248 页。

② ［美］理查德·B. 斯图尔特:《美国行政法的重构》,沈岿译,商务印书馆 2021 年版,第 22 页。

③ ［美］理查德·B. 斯图尔特:《美国行政法的重构》,沈岿译,商务印书馆 2021 年版,第 138 页。

逐案权衡各种利益关系的过程。[①] 因此，在现代社会，行政裁量涉及各种不同利益的博弈、协调和权衡，其实质是一种利益衡量的过程。而通过利益衡量对行政裁量的建构，是为了实现其实体内容的"均衡合理"，体现个案实质正义。也就是说，在此所倡导的是一种均衡性的利益衡量理论，需要遵循行政均衡的法律原则。

根据行政均衡原则的要求，行政机关在对各种利益权衡时，应当综合衡量各种利益因素，充分协调各种利益关系，使之有机地统一起来，在尽可能的范围内保护各种合法利益。不能借口某种利益重要而牺牲其他利益主体的利益，即使必须在相冲突的利益之间作出选择，也应将牺牲减到最低的程度，补偿利益牺牲者的损失。总之，"利益衡量的结果应当促使各种利益尽可能最大化"[②]。因此，行政均衡原则全面涵盖着均衡各种利益关系的准则，具体包括平等对待、禁止过度和信赖保护等原则。[③] 根据这些原则的要求，行政机关在个案裁量中，必须对裁量过程所涉及的事实情节、法律规范、行政惯例、公共政策等各种可能影响到利益均衡和结果选择的事实和法律因素，都予以全面考虑和权衡，并使其相互有机地联系在一起，从而达到实体内容上的最佳效果和最适当的建构。

(四)通过实质性利益沟通的过程建构

利益均衡需要通过利益沟通的过程来实现。沟通是协调利益关系、统一不同利益、保护各种合法利益以达致利益均衡的有效途径。在行政裁量中引入利益沟通机制，对于解决行政裁量滥用带来的公正与效率的矛盾以及对社会秩序的危害，实现行政的民主化，促使形式法治走向实质法治等都具有重要的价值。因此，为实现对行政裁量的法治化治理，除在行政均衡原则的指导下，通过各种利益衡量的方法实现对行政裁量的实体建构外，还必须在行政正当原则的统领下通过构建各种利益沟通方式，以实现对行政裁量的过程建构。

---

① Daniel J. Gifford, *Decisions, Decisional Referents, and Administrative Justice*, Law & Contemporary Problems, Vol. 37, p. 3(1972).

② Paund, *A Survey of Social Interests*, Harvard Law Review, Vol. 57, p. 14(1943).

③ 周佑勇：《行政裁量的均衡原则》，载《法学研究》2004 年第 4 期。

通过利益沟通进行行政裁量的过程建构，首先必须遵循行政正当原则。行政正当原则作为行政权力运行必须符合的最低限度的程序公正标准，具体包括避免偏私、公平听证和行政公开三项内容。① 参与、听证和公开是行政正当原则的基本要求，也是目前行政裁量过程建构中主要的利益沟通方式。比如行政公开就是这样一种沟通机制，它通过政府的开诚布公与行政的持久开放，公众对政府信息的了解与对行政活动的参与，以及双方积极的协商、交流与对话，使双方对事实与法律的认识得以交融，使相对人能够更加有效地表达自己的愿望和要求，使行政机关有可能采纳和吸收相对人的意志，从而有利于实现相互间的信任，增进相互间的合作，并达成利益均衡的决定。同时，"公开是专横独断的天敌，也是反抗不公正的天然盟友"②，因此，将行使行政裁量权的依据、标准、条件、决策过程和选择结果予以公开，已成为世界各国行政程序法典中较有普遍性的内容。其次，沟通作为一种民主的机制，意味着公民有序的政治参与。在行政裁量的运行过程中也是如此。只有受行政裁量权运行结果影响的利害关系人有权参与行政裁量权的运行过程，表达自己的意见，才能对行政裁量权运行结果的形成发挥有效的沟通作用。而作为"参与"之核心要求的行政听证，通过行政主体与相对人之间的质证和辩论，使双方对事实的认识得以交融、对法律的认识得以沟通，使相对人有机会表达自己的愿望和要求，使行政主体有可能采纳和吸收相对人的意志，从而有利于促进公共利益与个人利益关系的一致性。

除现有的参与、听证和公开等利益沟通方式之外，我们所倡导的还应当是一种新型的实质性利益沟通理论。因为，即使是将参与听证的权利人扩大到所有的利害关系人，也未必能够真正实现行政过程的利益沟通价值。尽管现代行政法已将行政行为作为一个意志沟通的过程，而不再将其仅仅当作一个纯粹单方面的最终决定，但这种意志沟通仍旧被认为只是行政意志与相对人意志的相互融合，在法律上起支配

---

① 周佑勇：《行政法的正当程序原则》，载《中国社会科学》2004 年第 4 期。

② K. C. Davis, *Discretionary Justice: A Preliminary Inquiry*, University of Illinois Press, 1971, p. 97.

力的只能是行政意志。[①] 显然,这样的意志沟通并不能实现行政相对人对行政裁量过程的有效参与。在这个过程中,相对人的意志并不能对行政意志的形成起到制约的作用,相对人只是形式上的参与而已,最终的决定还是行政机关说了算。一个实质性的利益沟通不仅要充分发挥相对人在事实认定和理由说明中的参与作用,还应当强调相对人对行政决定的作出具有实质意义上的影响。而要达此目的,就必须在行政裁量过程中进一步强化实质性利益沟通的方式,如行政契约、和解、磋商等交往协商方式。唯有如此,才能使行政裁量真正地从一个行政机关主导性的权力控制过程转变为一个交往协商式的利益沟通过程。

(五)司法审查技术的跟进与完善

对于法治国家而言,法院是最终确定"法律是什么"的地方,司法审查是自由和正义的最后一道防线。重塑行政裁量的治理模式,并不意味着司法审查的退出。相反,"(司法)复审自由裁量权是法治制度的基本特征","我们可以用来衡量行政法制度有效性的可靠标准是允许法官复审自由裁量权的程度"[②]。上述对裁量权的行政自我管制和内在秩序建构,既需要获得一定的司法尊重,也需要施以严格的司法控制,法院应当适应变化后的治理模式,对司法审查技术作出相应的调整与完善。

对行政裁量的司法审查,首先遇到的一个问题是司法审查的权利保护范围,因为它与行政过程参与权利的拓展联系紧密。既然在行政裁量的过程构建中,正当程序保障的利益范围得到进一步扩展,相应地就应当降低行政起诉的"门槛",让更多参与行政过程的利害关系人取得起诉的资格。也就是说,只要特定的相对人因公共利益而使事实上所享受的利益受到行政行为的侵害即属于法律上的利害关系,具有作为行政第三人起诉的资格,这也是现代公权理论发展的必然趋势。[③]

另一个更加重要的问题是司法干预的边际。在我国,《行政诉讼法》很好地把法院对行政的干预边际限定在"合法性审查"之内,较为恰

---

① 叶必丰:《行政行为的效力研究》,中国人民大学出版社 2002 年版,第 50 页。

② [美]伯纳德·施瓦茨:《行政法》,徐炳译,群众出版社 1986 年版,第 567 页。

③ 王和雄:《论行政不作为之权利保护》,台北,三民书局 1994 年版,第 51 页。

当地反映了法院与行政机关之间的基本关系。以此为基调，该法第70条进一步将司法审查的标准分为两类：一是形式合法性审查标准，包括“主要证据不足”、“适用法律法规错误”、“违反法定程序”和“超越职权”；二是实质性审查标准，包括“滥用职权”和“明显不当”。而这其中，除形式合法性审查是一种“确定性”的评价标准之外，“滥用职权”“明显不当”等涉及对裁量权的实质性审查的标准则过于模糊和不确定。问题是，行政裁量作为行政机关带有明显主观色彩的判断选择活动，司法机关如何尽可能找出相对客观的审查标准，尽量避免用法院的主观判断来代替行政机关的判断，以在两者之间真正形成一种既相互合作又相互竞争的良好的权力关系。

也许，站在功能主义的立场上，解决这个问题的方案有两种，一种方案是遵循功能主义所倡导的“裁量基准之自制”，通过对作为过程的裁量基准进行审查。裁量基准，事实上就是以规则化的形式提前公开了裁量权行使过程中的判断选择标准。如果欠缺这个标准，就构成裁量权的滥用，因此法院可以将作为行使裁量权依据的裁量基准是否合法作为审查该裁量权是正当或滥用的标准。另一种方案是倡导对裁量权的“原则之治”，谋求法院和行政机关都能够遵循的共同、相对客观的标准，即法定、均衡和正当原则，并将它们分别适用于对行政裁量的不同建构之中。就作为裁量依据的行政规则而言，本着对行政规则既予以一定司法尊重又有一定司法约束的原则，只需要求行政规则遵循法定原则即可，否则才可以“不予适用”该行政规则。就对行政裁量实体内容的利益衡量来说，应放弃学界长期提倡的“合理性”这一主观色彩浓厚的标准，而采取平等、比例、信赖保护等客观性较强的均衡原则。对行政裁量的过程建构，则以避免偏私、公平听证和行政公开等正当性原则作为审查标准。

此外，法律原则在司法审查中的适用，有赖于案例或判例的确认。在我国，尽管现有司法实践中存在的案例编纂制度和正在进一步推行的“案例指导制度”，都对全国法院审判工作具有重要的指导、参考作用，①但是

① 周佑勇：《作为过渡措施的案例指导制度——以“行政[2005]004号案例”为观察对象》，载《法学评论》2006年第3期。

在人们的观念中，法仍然仅仅局限于宪法、法律、法规、规章等由国家机关制定的、形成于纸上的制定法条文。在我国法院判决中真正起作用的也只能是这些“法定依据”。显然，这种传统的司法观念需要制度变革的洗礼。为了充分发挥法官的司法能动性，判例制度在我国司法实践中的引入和建立亦当属必然。

当然，无论建立何种制度，都不应当是扼杀行政裁量权，而应当是以肯定行政裁量权服务并促进社会发展的积极作用为前提，以有利于行政裁量权功能的充分发挥、有利于行政裁量权在法治原则之下的正常运作为目标。无疑，要完成这一伟大的历史使命，未来中国行政裁量问题的治理必将是一项十分宏大而艰巨的系统工程。

第二章

作为规则之治的裁量基准

现代法治背景下，伴随着行政裁量治理转型而大量涌现的裁量基准，日益成为一种普遍的行政法现象，也是近年来在我国基层执法实践中自发生成并逐步发展起来的一种新兴制度。它植根于中国的本土实践，是一种“自下而上”来自中国基层社会治理中的典型经验和实践创造。考察各地推行的裁量基准实践，裁量基准在性质上兼具“行政自制”和“规则之治”的双重品质，应当定位为一种裁量性的行政自制规范，或者说是一种自制型的裁量性行政规范，旨在通过设定一种规则化的裁量权行使标准，以加强对裁量权的自我拘束，确保裁量权行使的统一性、平等性和适当性。就其权力来源的合法性而言，这种规则治理的正当性基础直接源于限制性授权理论的发展，是一种合宪性机制。然而，严格规则之下无裁量。裁量基准作为一种“规则化”的“行政自制”，亦存在固有的内在局限性，必须通过对其效力范围及制度边界的合理界定来保证其正当性的实现。在效力界定上，裁量基准不仅对内具有拘束力，也具有一定的对外效力；但是，只要说明正当的理由，执法机关仍可以逸脱裁量基准的边界，根据个案的具体情况作出处理决定，以实现个案正义。在裁量基准的技术构造、利益衡量、程序设计等制度构建中，必须充分把握三个方面的制度平衡，即在羁束与裁量之间的平衡、在规则与原则之间的平衡以及自制与他制之间的平衡。

一、裁量基准在中国的本土实践及研究课题

我们已经看到，通过必要的裁量不仅可以保持行政的能动性，而且能够最大限度地实现个案正义。然而，现代法治实践证明，当裁量太宽或过度时，公正也可能被专断和不平等所侵害，从而构成对个案正义的一种潜在的威胁，甚至直接的危害。我们所要做的并不是去反对那些必要的裁量权，而是要限定那些太宽或过度的裁量权，剔除那些不必要的裁量权，以防止裁量权的恣意和滥用。尽管我们应当力图让立法机关穷尽一切法律细节来详细地确定所授裁量权的范围，但是，这种理想

状态已被实践证明往往很难实现。因此，"对裁量权的限定，并不能将期望寄予法律的颁布，而在于比法律更为广泛的行政规则的制定"①。伴随这种裁量治理转型而出现的裁量基准，就是这样一种确定如何行使裁量权的行政规则，它通过设定一种规则化的裁量权行使标准，以加强对裁量权的规范和自我约束，确保裁量权行使的统一性、平等性和适当性。

事实上，设定规则化的裁量基准，在国外已成为行政机关对裁量权实行自我拘束的一种较为常见的行政法现象。其包括规则、指南、指令、标准、准则、备忘录、信件、通知、会议纪要、公务员手册以及培训材料等多种多样的表现形式。② 这些裁量基准的各种形式，在法国被概称为"指示"或"指示制度"，③是指"具有自由裁量权的行政机关，事先为自己及下级机关规定一个标准，作为行使自由裁量权的指导，但仍然保留根据每个案件的具体情况，决定是否适用这个标准的权力"，旨在将"行政处理的普遍性和特殊性辩证地结合起来"④；在德国法上，其被归属于"行政规则"⑤，其中确定行政机关如何行使法定裁量权的规则被称为"裁量准则"⑥或"裁量基准"⑦；在美国法上，则被归属于"非立法性规则"(non-legislative rule)⑧或"解释性规则"(interpretative rule)⑨。

---

① K. C. Davis, *Discretionary Justice: A Preliminary Inquiry*, University of Illinois Press, 1971, p. 56.

② Lorne Sossin & Charles W. Smith, *Hard Choices and Soft Law: Ethical Codes, Policy Guidelines and the Role of the Courts in Regulating Government*, Alberta Law Review, Vol. 40, p. 867, 871(2003).

③ [法]让·里韦罗、[法]让·瓦利纳：《法国行政法》，鲁仁译，商务印书馆 2008 年版，第 498 页。

④ 王名扬：《法国行政法》，中国政法大学出版社 1988 年版，第 181～183 页。

⑤ [德]汉斯·J. 沃尔夫、[德]奥托·巴霍夫、[德]罗尔夫·施托贝尔：《行政法》(第 1 卷)，高家伟译，商务印书馆 2002 年版，第 365 页。

⑥ [德]哈特穆特·毛雷尔：《行政法学总论》，高家伟译，法律出版社 2000 年版，第 594 页。

⑦ [日]盐野宏：《行政法总论》，杨建顺译，北京大学出版社 2008 年版，第 67 页。

⑧ Michael Asimow, *Nonlegislative Rulemaking and Regulatory Reform*, Duke Law Journal, Vol. 2, p. 426(1985).

⑨ Richard J. Pierce, *Distinguishing Legislative Rules from Interpretative Rules*, Administrative Law Review, Vol. 52, p. 552－557(2000).

日本、韩国的行政程序法也都规定了裁量基准及其公布机制。①

在我国，随着2004年国务院《全面推进依法行政实施纲要》②的颁布，各级行政机关为了贯彻“取信于民、执政为民”的理念，亦纷纷推出各种裁量基准，以谋求行政裁量的正当化和理性化。在中国本土实践中，最早成功推行裁量基准的是浙江金华。作为裁量基准实践的先行者，金华市公安局于2004年2月率先在全国推出了《关于推行行政处罚自由裁量基准制度的意见》，并陆续出台了对赌博、卖淫嫖娼、偷窃、无证驾驶、违反互联网营业场所规定等常见违法行为的行政处罚裁量基准。其后，全国各地各级行政机关在执法实践中纷纷推出各种裁量基准，并且“自下而上”，引起了国务院的高度重视。国务院2008年发布的《关于加强市县政府依法行政的决定》和2010年发布的《关于加强法治政府建设的意见》都明确要求建立行政裁量权基准制度，以细化、量化裁量权。③ 在国务院的推动下，裁量基准在全国范围内已呈现出多种类、多领域和多层次的发展态势。在规制类型上，裁量基准不仅限于行政处罚，而且涉及行政许可、行政强制、行政征收、行政规划等其他类型的行政行为；④在规制事项上，裁量基准也从治安管理拓展到工商、税务、卫生、环保等行政领域。在制定层次上，更是从政府职能部门到政府，从基层行政机关到市级、省级行政机关再到中央政府各部门，“自下而上”，几乎各级各类行政机关都相继制定了自己的行政执法裁量基准

---

① 日本《行政程序法》（1993年）第5条第1款规定：“行政厅为了依据法令的规定判断是否给予申请请求的许认可等，应制定必要的基准。”该法第12条第1款规定：“行政厅对于根据法令的规定判断是否作出不利益处分或作出怎样的不利益处分，必须努力制定必要的基准且予以公布。”韩国《行政程序法》（1996年）第20条第1款亦规定：“行政机关应依处分之性质，将必要之处分基准尽可能详细地决定并公告之。变更处分基准时亦然。”

② 2004年3月22日，国务院国发〔2004〕10号发布，自发布之日起施行。

③ 国务院《关于加强市县政府依法行政的决定》（国发〔2008〕17号）规定：“要抓紧组织行政执法机关对法律、法规、规章规定的有裁量幅度的行政处罚、行政许可条款进行梳理，根据当地经济社会发展实际，对行政裁量权予以细化，能够量化的予以量化，并将细化、量化的行政裁量标准予以公布、执行。”国务院《关于加强法治政府建设的意见》（国发〔2010〕33号）规定：“建立行政裁量权基准制度，科学合理细化、量化行政裁量权，完善适用规则，严格规范裁量权行使，避免执法的随意性。”

④ 截至2022年7月，在31个省（自治区、直辖市）中，有20个对行政处罚裁量权基准作了规范，有11个对行政处罚、行政许可、行政强制、行政确认、行政征收、行政给付等裁量基准作了规定。

或出台了关于制定裁量基准的相关文件。[①] 特别值得关注的是，2008年湖南省人民政府出台的、也是我国第一部地方性行政程序立法的《湖南省行政程序规定》[②]，专门对“裁量权基准”的定义及其制定机关、程序、效力及依据等内容作出了明确的规定。2009年，广州市和湖南省率先在全国出台了《广州市规范行政执法自由裁量权规定》[③]《湖南省规范行政裁量权办法》[④]这两部专门规范裁量权的规章，浙江省2015年4月还以政府规章的形式专门出台《浙江省行政处罚裁量基准办法》[⑤]，对裁量基准的制定作出了统一规范。目前，各省、自治区、直辖市人民政府或以规章或以规范性文件的形式都发布了关于规范裁量权的办法、规定或指导意见，对各地推行裁量基准制度作出了统一要求。[⑥]

在经历了十余年的地方实践探索和积累之后，2021年修订的《行政处罚法》[⑦]首次将行政处罚裁量基准纳入法治轨道。该法新增第34条规定：“行政机关可以依法制定行政处罚裁量基准，规范行使行政处罚裁量权。行政处罚裁量基准应当向社会公布。”《行政处罚法》的这一新增条款，标志着裁量基准正式进入我国的国家法律规定中，对于推进我国裁量基准法治化进程具有重大的理论和实践价值。2022年7月29日国务院办公厅印发《关于进一步规范行政裁量权基准制定和管理工作的意见》，第一次从国家层面对建立健全行政裁量基准制度作出全面、系统的规定，为行政裁量基准的制定提供了统一的、根本的和全方位的指引。

---

① 截至2022年7月，省级政府部门制定的本系统（领域）行政裁量权基准有1000多个，设区的市人民政府及其部门制定的本行政区域内行政裁量权基准有1200多个，区（县）人民政府及其部门制定的行政裁量权基准近3000个。

② 2008年4月9日湖南省人民政府第4次常务会议通过。2022年10月8日湖南省人民政府令第310号修改，自2022年10月8日起施行。

③ 广州市人民政府令第18号。

④ 湖南省人民政府令第244号。

⑤ 浙江省人民政府令第335号。

⑥ 截至2022年7月，31个省（自治区、直辖市）人民政府都发布了指导制定行政裁量权基准的文件，其中有14个省（自治区、直辖市）以政府规章形式发布指导制定行政裁量权基准的制度，有17个省（自治区、直辖市）以规范性文件形式发布指导制定行政裁量权基准的制度，国务院有关部门以规范性文件的形式也发布了相关文件。

⑦ 1996年3月17日第八届全国人民代表大会第四次会议通过，2021年1月22日第十三届全国人民代表大会常务委员会第二十五次会议修订。

透过裁量基准在中国本土实践中的制度生成及其复杂多元的发展态势，可以发现，裁量基准作为一种特殊的“规则之治”已经取得了巨大成效，并迅速成为中国法治推进中最具价值和生命力的一种新型裁量治理模式，被视为我国行政改革与政府再造的一个重要符号，以及公共行政领域科学化、民主化、公正化的重要制度创新。然而，行政裁量基准作为一种新兴制度，也不可避免地存在许多难以克服的局限，理论上对此亦存在众多的质疑和争议。究竟应当如何对裁量基准进行合理的制度定位，从理论上去解决裁量基准的正当性问题，并在此基础上构建科学合理的裁量基准制度，是中国行政法学研究和行政法治创新的重要课题。

二、裁量基准的法律性质

究竟什么是裁量基准，为什么需要裁量基准？对此，理论上主要存在“规则化裁量基准观”和“具体化裁量基准观”两种不同的认识。按照“规则化裁量基准观”，裁量基准是行政机关行使“行政立法权”制定的具有法律效力并为司法所直接适用的一种立法性规则，其目的是通过“规则细化”甚至“量化”的方式来压缩甚至消灭自由裁量。[①]“具体化裁量基准观”则认为，裁量基准是行政执法机关对其所执行的行政法律规范的具体化，其目的在于为行政机关行使裁量权提供一种具体的判断标准，并不构成具有法律拘束力的规则。[②]

观察我国各地推行的裁量基准实践，我们发现，在裁量基准的制度生成中有两个不容忽视的客观事实或显著特色值得关注。一是裁量基准在中国本土实践中的制度生成，最初是源于我国基层社会治理的一种制度创新，是地方基层执法者对基层执法的典型经验总结与实践性创造。[③] 显然，这些由基层行政机关制定的裁量基准并不能构成一种立法性规则。二是我国裁量基准普遍采取的是事先制定规范性文件或规

---

① 王锡锌：《自由裁量权基准：技术的创新还是误用》，载《法学研究》2008 年第 5 期。

② 王天华：《裁量标准基本理论问题刍议》，载《浙江学刊》2006 年第 6 期。

③ 周佑勇、钱卿：《裁量基准在中国的本土实践——浙江金华行政处罚裁量基准调查研究》，载《东南大学学报（哲学社会科学版）》2010 年第 4 期。

则的设定方式，始终遵循着一种“规则之治”的逻辑进路。基于这两个方面的实践观察，笔者认为，裁量基准兼具“行政自制”和“规则之治”的双重品质，在性质上应当定位为一种裁量性的行政自制规范，或者说是一种自制型的裁量性行政规范。具体而言，所谓“裁量基准”，是指行政机关为实现对裁量权的自我控制，在法定授权范围内通过情节细化和效果格化的技术，以规则的形式设定的一种具体化的裁量权行使标准。根据这一界定，对裁量基准的理解，必须将技术、形式与功能三者有机地结合起来，综合把握它在这三个层面的法律属性。

（一）技术上的裁量性

裁量基准使用的技术是“情节的细化”和“效果的格化”。“目光在事实与法律规范间‘来回穿梭’，是法律适用的普遍特征。”①尽管行政裁量权是行政机关对同一事实要件产生的法律效果作出处理决定的权力，只存在于法律效果的处理之中，但是任何裁量决定都必然涉及对各种事实情节的综合考量，并建立在权衡各种利益关系的基础上，其实质是一个复杂的利益衡量过程。对事实要件的认定，为对处理决定的裁量奠定了基础。而在个案裁量中，这种对“事实要件的认定”反映在法律规范之“要件—效果”结构中，也就是对“法律要件的判断补充”。从这种意义上讲，行政裁量就是行政机关在对法律要件作出判断补充后对法律效果所作出的适当选择。因此，任何一个裁量基准的设定，都并不是单纯对法律效果的格次化，也包含着对引起该效果的事实情节的细化，两者共同构成了裁量基准对裁量规范中的“事实—效果”规定的一种完整补充。

例如，《城市公共汽电车客运管理办法》②第 36 条规定：“违反本办法规定，有下列行为之一的，由城市公共交通客运主管部门责令改正，并处以 500 元以上 3000 元以下罚款；造成损失的，依法承担赔偿责任：（一）损坏城市公共汽电车客运服务设施的；……”针对这一规

① ［德］伯恩·魏德士：《法理学》，丁小春、吴越译，法律出版社 2003 年版，第 296 页。
② 2005 年 3 月 23 日中华人民共和国建设部令第 138 号发布，2017 年 5 月 31 日废止。

定，《南京市城市客运管理类行政处罚自由裁量规则》[①]第38条设定了如下细则：

> 1、损坏城市公共汽电车客运服务设施，造成轻微损失的，责令改正，并处以五百元以上一千五百元以下的罚款；
>
> 2、损坏城市公共汽电车客运服务设施，造成车辆停驶的，责令改正，并处以一千五百元以上两千五百元以下的罚款；
>
> 3、损坏城市公共汽电车客运服务设施，造成线路中断运行的，责令改正，并处以两千五百元以上三千元以下的罚款。

这一细则将《城市公共汽电车客运管理办法》规定的"损坏城市公共汽电车客运服务设施的"这一事实要件细化为"造成轻微损失的""造成车辆停驶的""造成线路中断运行的"三种不同情节，并将前者规定的"500元以上3000元以下罚款"这一裁量范围格化为"500元以上1500元以下的罚款""1500元以上2500元以下的罚款""2500元以上3000元以下的罚款"，成为与之相对应的具体判断标准，从而构成一种典型的裁量基准。

从裁量基准所使用的"情节细化"和"效果格化"这两种技术来看，裁量基准实质就是一个利益衡量的过程，与具体个案裁量中的利益衡量并没有实质区别，都是根据作为利益载体的情节的轻重来选择不同的法律效果。在这里，它既没有创设新的权利、义务，也没有采取纯粹法律解释的方法，而是一种利益衡量的方法，因此不能归为立法性规则，也不完全是一种解释性规则，可以称为一种"裁量性"行政规则。

当然，"裁量基准与解释基准这两个概念在实践中往往浑然一体、无法截然分离"[②]，裁量基准中经常会包含有属于解释性行政规范的内容和要素。尤其是"情节的细化"往往就是对"法律要件"中不确定法律概念的一种解释，构成一种解释性规范或解释基准。但是，设定裁量标准的方式是进行"要件—效果"的补充规定，除"情节的细化"外，还

① 宁公法字〔2006〕246号。

② 王天华：《裁量标准基本理论问题刍议》，载《浙江学刊》2006年第6期。

必须有“效果的格化”与之相对应，才能构成一种完整的裁量基准。而且如前所述，这样一个根据各种细化后的情节进行“效果格化”的过程，实际上是一个利益衡量的过程，而并非一个单纯的法律解释过程。因此，即便是裁量基准的“情节细化”构成一种解释性规范或解释基准，也并不影响裁量基准与解释基准的区分，以及将裁量基准作为一种裁量性行政规范的整体定性。

（二）形式上的规则性

裁量基准以规则的形式表现出来，但在性质上并不属于法或者立法性规则的范畴，而是行政机关制定的一种内部行政规则。法或者立法性规则必须创设相对人的权利义务，具有普遍法律效力并为司法所统一适用。在我国，根据《立法法》《行政法规制定程序条例》《规章制定程序条例》的规定，行政机关制定的具有法源地位的立法性规则仅限于行政法规、行政规章和法定解释性行政规范。[①] 而裁量基准主要是通过对裁量权规范的情节细化和效果格化的技术，补充裁量权的判断标准，并不为相对人创设权利和义务，[②]不对相对人产生直接的法律效力，也不构成一种裁判性规范，不能为司法所直接适用。尽管裁量基准也可以通过其体现出的法律原则并在个案的反复适用中形成一种行政惯例而获得一种间接的法律效力，但是在承认行政惯例和法律原则具有司法适用效力并作为裁量基准的效力依据的前提下，作为行政规则的裁量基准本身也并不具有直接的法律效力，而仅仅只是行政惯例和法律原则的载体，因此并不直接构成对法院审判具有强制性和拘束力的依据。[③]

然而，行政裁量基准毕竟是以规范性文件或规则的形式而存在的，在性质上又应当属于行政机关内部制定的一种行政规则。“任何行政官员只要拥有裁量权，就必定拥有公开说明如何行使相关裁量的权力，

---

① 法定解释性行政规范即行政法规和规章的解释。《行政法规制定程序条例》第 31 条第 3 款规定，“行政法规的解释与行政法规具有同等效力”；《规章制定程序条例》第 33 条第 4 款规定，“规章的解释同规章具有同等效力”。

② 根据《行政处罚法》第 16 条关于“其他规范性文件不得设定行政处罚”的规定，行政机关所制定的裁量基准也无权为不特定相对人创设有关行政处罚的权利义务。

③ 周佑勇：《在软法与硬法之间：裁量基准效力的法理定位》，载《法学论坛》2009 年第 4 期。

而不管立法机关是否单独赋予该官员制定规则的权力”①,因此,设定裁量基准的权力源于立法授予行政机关的裁量权,它与裁量权的授予相伴而无须单独授予。但是,裁量基准一旦制定出来,其实施则依赖于行政机关上下级之间的层级指挥监督权。正是基于这种内部层级指挥监督权,裁量基准具有对内的拘束力,以保证其在行政系统内部得以贯彻执行,并成为一种自我拘束的内在机制。从这个意义上讲,裁量基准作为自我拘束机制,无论是它的设定还是运行都是在行政系统内部完成,体现的是行政系统内部的一种纵向科层制管理。

(三)功能上的自制性

从表面上看,行政机关设定裁量基准只是为裁量权的行使提供一种具体的判断选择标准,但是如果欠缺这种标准,就可能导致裁量权的滥用或不当。因此,裁量基准的设定并非纯粹为了通过“规则细化”甚至“量化”的方式而压缩甚至消灭裁量权,其内在目的在于保证裁量权的正当行使,或者说对裁量权的正当行使形成“自我约束”和“自我规制”,在功能上具有“自制性”。

当然,裁量基准的这种“自我约束”体现的仍然是“法的约束”。只不过这种“法的约束”主要来自授权法的旨意,包括立法的目的和基本的法律原则。比如《湖南省行政程序规定》第92条规定,行政机关制定裁量基准应当根据“所依据的法律、法规和规章规定的立法目的、法律原则”。由于裁量基准受到“法的约束”,实际上意味着整个裁量权的行使过程也就受到了法的约束。从这个意义上讲,裁量基准的设定只是法律对裁量权约束的一种继续。对裁量权的法律约束而言,尽管法的外部约束已经停止,但是法的内部约束并没有结束。只不过这种“法的约束”通过裁量基准的形式延伸到裁量权的整个判断选择过程之中,从而使裁量基准成为连接抽象的法律与具体的个案裁量之间的桥梁,既是对抽象的法律的具体化,又为下一步针对个案作出具体裁量决定提供一般化的行为模式,由此而具有沟通抽象性法律与个案裁量之特殊

---

① K. C. Davis, *Discretionary Justice: A Preliminary Inquiry*, University of Illinois Press, 1971, p. 68.

的结构功能优势。

从以上三个层面的法律属性可以看出，裁量基准作为特殊的"规则之治"，并不同于纯粹"规则化"的立法控制。虽然裁量基准本身是一种"规则"，但绝不同于"规则主义"中所表达的"规则"。严格意义上说，"规则主义"是利用外部力量规制权力的路径，而裁量基准仅仅是内部控权技术，不仅功能上表现为"自制"，而且制定技术上也不同于传统的"立法"技术。因此，"裁量基准"是一个不同于传统控权理论的特殊"规则之治"。从根本上说，裁量基准是行政系统内部的一种裁量性行政自制规范或自制型的裁量性行政规则，是行政机关对裁量权行使进行自我约束、自我规制的制度创新。通过将裁量基准作为行政自制规范的观察，不仅能够极大丰富功能主义行政自制理论的内容，也有助于推进中国行政法治的创新发展。

三、裁量基准的正当性基础

在限定过度的裁量权方面，通过行政机关设定一种具有规则性质的裁量基准无疑是"最实际、最有效的方法"①。一方面，它可以弥补基于模糊的立法授权而导致的裁量权过宽的问题，限缩裁量权行使的空间，具有将立法控制具体化的功能。另一方面，它作为沟通普遍性法律与个案裁量之间的一个桥梁，比立法授权更贴近社会生活和事实真相，更切合行政裁量的实际需要。更为重要的是，"裁量虽是在追求个案正义，但如遇相同或相似个案，如作出差异性过大的裁量决定，不仅违反宪法平等原则，亦与个案正义所追求的内容不相符合，因此行政机关为避免此不当情况出现，基本上会经由行政内部制定具有行政规则性质之裁量基准来作为所属公务员与下级机构为裁量权行使的标准"。② 可见，通过裁量基准还可以防止行政裁量中可能出现的"同案

---

① K. C. Davis, *Discretionary Justice: A Preliminary Inquiry*, University of Illinois Press, 1971, p. 68.

② 陈慈阳：《行政裁量及不确定法律概念——以两者概念内容之差异与区分必要性问题为研究对象》，载台湾行政法学会主编：《行政法争议问题研究》(上)，台北，五南图书出版公司2000年版。

异判”和违反平等对待而对个案实质正义造成的损害，有效地实现行政机关的自我约束。裁量基准的这种内在功能，构成了其正当性存在的现实基础。

透过裁量基准的实践，其存在的价值和现实功能已经毋庸置疑。然而，符合经验的并不一定就符合理性。裁量基准作为一种新兴的行政自制规范，对于其是否在一国宪制框架中获得接纳，仍然需要对其存在的正当性加以理性地追问。

基于比较法上的考察，作为一种立法性裁量权的运用，裁量基准在宪制框架内生存的正当性则直接源于西方“限制性授权理论”的发展。在西方国家，按照古典意义的分权学说，立法权专属于立法机关行使，非经立法机关的授权，行政机关不得为任何立法性事项，以限制政府通过立法手段谋求行政权力扩张的正当性，防止行政机关未经授权而对私人自治领域的侵入。这种限制性授权理论在大陆法系国家以法律保留为核心，在英美法系国家则直接表述为“禁止授予立法权原理”，而裁量基准作为一种规则化的行政自治制度，实际上就是拥有裁量权的行政机关在运用立法性裁量权，“这样做在某种程度上就是在制定法律”①。因此，只有从根本上冲破作为限制性授权理论的“法律保留原则”和“禁止授权原则”的禁区，裁量基准才能获得其在宪制框架下生存的正当性基础。

按照大陆法系国家传统上奉行的法律保留原则，特定范围之内的行政事项专由立法者规范，行政非有法律授权不得为之，否则将会受到违宪的指责。② 该原则是 19 世纪奥托·迈耶在君主立宪的背景下作为立宪主义的宪制工具而发展起来的，其初衷是在分权原则下，严格限定立法与行政两权的权限分配秩序，尤其是使立法权足以对抗行政权的边界侵犯。然而，随着时代的变迁，行政权力急剧扩张而立法机关的立法职能相对弱化，有关法律保留原则的适用范围随之不断发生变化，由

---

① K. C. Davis, *Discretionary Justice: A Preliminary Inquiry*, University of Illinois Press, 1971, p. 70.

② 陈新民：《行政法学总论》，台北，三民书局 1997 年版，第 52 页；苏嘉宏、洪荣彬：《行政法概要》，台北，永然文化出版公司 1999 年版，第 37 页；[德]哈特穆特·毛雷尔：《行政法学总论》，高家伟译，法律出版社 2000 年版，第 104 页。

此对传统的限制性授权理论造成了极大的冲击。在德国,联邦宪法法院在 1984 年“导弹部署案”中采纳了欧森布尔等人倡导的“功能结构取向方法”来重新解释法律保留的宪法理论依据,认为“权力的区分与不同功能配置不同机关,其主要目的无非在于要求国家决定能够达到‘尽可能正确’的境地,换言之,即要求国家的决定应由在内部结构、组成方式、功能与决定程序等各方面均具备最佳条件的机关来担当作成”①。立法权固然具有多元民主基础、烦琐、审慎及公开、透明决定程序等功能因素,由此导出重要国家事务仅能由立法者以法律规定,才能达成“尽可能正确”的结果,进而证成法律保留原则;然而,行政权也能根据行政之专业、灵活、弹性、快速、效率等功能因素,导出特定事项无须法律之授权,由行政自行以命令规范,反更能达到“尽可能正确”之境地的结论,从而证成职权命令合宪的存在。② 按照这种解释,凡法律保留范围内的事项应有法律授权的依据,凡不在法律保留范围内之事项则存在职权命令的空间,即行政机关可以无须法律授权而自行依法定职权制定命令规范。由此,上级行政机关凭借其指挥监督权为下级机关制定作为行政规则的裁量基准,就获得了合宪性依据。相应地,在德国行政法上,出现了侵害保留、全部保留、重要保留、国会保留等学说。③ 尤其是重要性保留理论的提出,为作为职权命令的裁量基准提供了极大的生存空间和正当性基础。

同时,为了提供更为彻底的理论基础,德国学者还曾于法律保留原则的另外一端另辟蹊径,创生了类似的“行政保留”学说。行政保留的基本含义是指在分权的基础上尊重和保障行政权的应有空间,这一空间是指“具有宪法效力的、避免国会干涉的、行政权得自己形成的领域”④。持行政保留观点者认为,我们应对行政力所能及之权限范围予以

---

① 许宗力:《论法律保留原则》,载许宗力:《法与国家权力》,台北,月旦出版股份有限公司 1995 年版。

② 许宗力:《职权命令是否还有明天?——论职权命令的合宪性及其适用范围》,载台湾行政法学会主编:《行政法争议问题研究》(上),台北,五南图书出版公司 2000 年版;盛子龙:《行政法上不确定法律概念具体化之司法审查密度》,台湾大学法律学研究所 1998 届博士学位论文,第 114 页。

③ 周佑勇:《行政法基本原则研究》(第 2 版),法律出版社 2019 年版,第 165 ~ 167 页。

④ 林锡尧:《行政法要义》,台北,三民书局 1998 年版,第 26 页。

尊重,因为“行政权自主地位之丧失,不仅与权力分立之精神相违背,与国家职能运作之实际情形亦不相符,且真正落实基本权利之保障者,主要依赖行政部门之具体措施,而非立法或司法部门”①。学者廖元豪认为,行政保留的范围包括“执行法律权”“组织权”“行政的规范制定权”“行政的补充权”等事项。其中所谓的“行政的规范制定权”作为行政机关特有的保留空间,能够为裁量基准的正当性提供直接的理论支撑。

与大陆法系国家注重法律保留的理论传统相对应,英美法系国家尤其是美国行政法的传统模式则是直接通过“禁止授予立法权原理”对立法性裁量权加以控制。该原理的前提性信念是基于“被授予的权力不能授出”这一法的普遍原理。② 根据这一原理,立法机关所拥有的立法权是宪法授予的,它不能将该项权力再次授予任何其他人或其他机关,③这就要求立法机关必须精确地表述其给予行政机关的指令,而不得授予其立法性的裁量权力。在早期的美国法律发展过程中,“禁止授予立法权原理”作为一种最严格的司法审查标准,得到了联邦最高法院判例的支持。首次明确宣称根据分权原则立法权力不能授出的案件是1892 年的“菲尔德诉克拉克案”(Field v. Clark)。在该案的判决中,最高法院虽然认为授予总统改变进口关税税率的权力是行政性的裁量权而非立法性的裁量权,但同时声称“国会不能将立法权授予总统,这是一项被公认的原则,它对维护依宪法而成立的政府系统的完整性至关重要”④。而在 1935 年的“巴拿马炼油公司诉瑞安公司案”(Panama Refining Co. v. Ryan)和“谢克特家禽公司诉美国案”(Schechter Poultry Corp. v. US)中,法院则以法律授权缺乏合适标准、范围过宽为由,分别判决国会的相应授权因违宪而无效。⑤ 但是,自 1935 年以后,由于社会生活的重大变迁,行政事务的不断扩张,国会不得不广泛授予行政机关

---

① 吴庚:《行政法之理论与实用》(增订 8 版),中国人民大学出版社 2005 年版,第 89 页。

② [美]伯纳德·施瓦茨:《行政法》,徐炳译,群众出版社 1986 年版,第 31 页。

③ Kischel, *Delegation of Legislative Power to Agencies: A Comparative Analysis of United States and German Law*, Administrative Law Review, Vol. 46, p. 216(1994).

④ Field v. Clark, 143 U. S. 649 (1892).

⑤ Panama Refining Co. v. Ryan, 293 U. S. 388(1935); Schechter Poultry Corp. v. US, 295 U. S. 495(1935).

立法性权力。法院虽然继续承认传统的“禁止授予立法权原理”,但除涉及人身自由等问题外,从未严格检查授权法中的标准或原则,也从未否认授权法的效力。① 特别是在 2001 年的“惠特曼诉美国卡车联合会案”(Whitman v. Am. Trucking Ass'ns, Inc.)中,法院明确指出“我们的回应不是去否定法律,而是给管制机构一个自行演绎出确定标准的机会”②。这意味着美国传统立法授权理论的重要变化,即面对现代行政事务的复杂性、专业性和技术性,法院不应当仅仅注重要求国会为授权立法规定明确的标准,转而应当要求行政机关自行制定具体标准以实现对行政裁量权的自我拘束。③

实际上,自 1984 年的“谢弗林诉自然资源保护委员会案”(Chevron U. S. A., Inc. v. Natural Resources Defense Council)以来,法院一直保持着对行政机关作出的各种解释性规则的尊重,只不过司法尊重的程度不同而已。现在,这一尊重态度在美国联邦最高法院已经成为一种标准,譬如“谢弗林诉自然资源保护委员会案”中确立的“谢弗林遵从”标准,④“克里斯滕森诉哈里斯县案”(Christensen v. Harris County)⑤和“美国诉米德公司案”(United States v. Mead Corp.)⑥中确立的“斯基德莫遵从”标准等。如今,美国联邦最高法院在有关区分行政、司法、立法之间权力界限的裁判中,均需考虑此类标准。对行政机关给予司法尊重的理由,除行政机关拥有专家知识的技术优势和较之法院更高的民主化决策程度外,主要是行政机关的规则制定权本身就伴随着裁量权的授予,⑦即在法律将某个方面的裁量权授予行政机关时,行政机关

① 王名扬:《美国行政法》(第 2 版),中国法制出版社 2005 年版,第 301 ~ 302 页。

② Whitman v. Am. Trucking Ass'ns, Inc., 531 U. S. 457(2001).

③ Cass R. Sunstein, *Nondelegation Canons*, University of Chicago Law Review, Vol. 67, p. 316 (2000).

④ 467 U. S. 837(1984). 在该案中,法院认为对于行政机关所作的法律解释,只要合理,均应予以尊重。因此“谢弗林遵从”所确立的是司法机关对于行政机关的一种高度尊重。Lindsay J. Nichols, *The NMFS's National Standard Guidelines: Why Judicial Deference May Be Inevitable?*, California Law Review, Vol. 91, p. 1375(2003).

⑤ 529 U. S. 576(2000).

⑥ 533 U. S. 218(2001).

⑦ K. C. Davis, *Discretionary Justice: A Preliminary Inquiry*, University of Illinois Press, 1971, p. 68.

就有权依据国会授权作出相应的解释性裁量基准，而无需国会单独授予。可见，在美国，通过司法判例对国会授权的重新解释，逐步冲破了“禁止授予立法权原理”的禁区，从而使行政机关事实上拥有广泛的立法性裁量权。裁量基准作为一种立法性裁量权的运用，在美国宪制体系中也由此获得了应有的正当性基础。

在我国，现行宪法所确立的是人民代表大会制度，而并非西方的宪制架构，因此并不存在上述“禁止授予立法权”问题的障碍。按照我国现行宪法体制，作为国家权力机关的全国人民代表大会以及地方各级人民代表大会并不拥有全部权力，而是由宪法设定不同的国家机关分别享有并行使各自不同的职权。[①] 在这种体制框架下，宪法并没有规定立法权专属于作为立法机关的全国人民代表大会，而是直接授予了政府立法权和规则制定权。所以在我国，从中央到地方，各级各类行政机关都有权制定不同效力层级的行政规则。这些行政规则既包括解释性的规则，也包括创制性的规则和指导性的规则。[②] 可见，无论是在宪法的规范层面还是现行宪制框架内，裁量基准作为一种行政规则而存在均具有正当性根据。

当然，尽管我国现有宪法体制并不否认裁量基准这类行政规则制定权的合法性，但这并不意味着其在任何情形下都可以作为合法形态而存在。对此，我国《立法法》第 11 条事实上亦起到了阻碍行政立法权过度扩张的制度功效，其往往被称为类似德国的“法律保留”条款。该法第 11 条规定：“下列事项只能制定法律：(一)国家主权的事项……”就形式而言，这或许是我国宪制体系能够阻碍裁量基准正当性的唯一依据。但是我们认为，《立法法》第 11 条仅能作为确认裁量基准是否合法的边界或立法性控制，而并不能据此否认裁量基准权力来源应有的合法性空间。这是因为：其一，如上所述，否定合法性的路径理应是从宪法规范中找到立法权专属人民代表大会的条款，但此条款在我国《宪法》中并不存在，相反，我国《宪法》第 89 条第 1 项和第 107 条都明文规定了行政机关享有行政立法权。其二，我国执法实践中的裁量基准并

① 邓世豹：《授权立法的法理思考》，中国人民公安大学出版社 2002 年版，第 204 页。

② 叶必丰、周佑勇：《行政规范研究》，法律出版社 2002 年版，第 78 页。

没有创设权利与义务，行政机关只是在其裁量权范围之内对法律予以细化，一般而言并不会超出上位法所赋予的权力空间，更加不会侵犯《立法法》第 11 条规定的禁止事项。何况该条所确立的法律保留主要是一种“重要保留”，即只有涉及国家主权、基本的政治制度和经济制度以及限制或剥夺公民自由和财产及重要权利等的事项才为立法机关所“法律保留”。凡是不在该法律保留范围内的事项，行政机关则可以依法定职权制定各类行政规则。因此，大量具有行政规则性质的裁量基准的出台，并不在《立法法》第 11 条的禁止范围之内，并非都要求有明确的法律依据和特别的法律授权，它作为一种职权命令亦属合宪性机制。

四、裁量基准的效力界定

既然裁量基准是一种合宪性机制，那么它的存在就获得了正当性基础。然而，严格规则之下无裁量。面对裁量基准这样一种“规则化”的行政自制规范，需要进一步追问的是，其究竟是否具有法律效力？如果具有法律拘束力，则很有可能因为严格拘束于“规则化”的基准而导致适用上的机械、僵化，犹如戴着脚镣跳舞，又怎能实现个案正义？若没有强制约束力，那它是否有存在的必要？这无疑是一个两难的问题。对此，需要在区分对内与对外效力的基础上，对裁量基准的效力范围加以合理的界定，以克服其制度上固有之“规则化”的局限性。

(一)对行政机关的内部效力

如前所述，裁量基准作为行政机关内部制定的一种行政规则，当然具有一种对内的拘束力，下级行政机关和执法人员对裁量基准应当严格遵照执行。裁量基准对内效力的根据主要源于行政系统内部的层级指挥监督权，即根据我国宪法和组织法的规定，行政系统内部的上级行政机关基于行政隶属关系对下级行政机关具有指挥监督权。同时，从行政体制上公务员的服从义务来看,我国《公务员法》[①]第 14 条第 4 项规定,“服从和执行上级依法作出的决定和命令”是公务员应当履行的法定义务;第 59 条第 5 项规定,公务员不得“拒绝执行上级依法作出的决定和命令”。裁量基准作为行政机关制定的一种内部性行政规则,本质上属于上级机关对下级机关发布的一种职权命令,因而对下级行政机关和行政执法人员具有当然的拘束力。这在我国裁量基准“规则化”推进的实践中,几乎得到了一致的认可。许多涉及裁量基准的规定中对下级行政机关及其公务员的执行和遵守都有明确的要求。譬如,《湖南省行政程序规定》第 91 条第 4 款明确规定,“行政机关应当遵守裁量权基准”。这意味着裁量权基准对制定机关和下级行政机关都具有拘束力,他们都应当遵守。有些涉及裁量基准的规定则在程序上明确要求“以规范性文件的形式”,具有与“规范性文件”同样的内部拘束力。如《山东省行政程序规定》[②]第 59 条第 1 款规定:“行政执法不得滥用行政裁量权。法律、法规、规章规定行政裁量权的,行政机关应当以规范性文件的形式,对行政裁量权的标准、条件、种类、幅度、方式、时限予以合理细化、量化。”从域外来看,日本学者几乎一致认为,裁量基准这类行政规则在行政组织内部具有拘束力。[③] 德国学者则认为,裁量基准这类行政规则本来就是一种内部规则,对行政机关及其工作人员的约束力是其作为法律上规则的法律特征;根据公务员法上的服从义务,有关机构成员应当遵守和适用行政规则。[④]

裁量基准对内的拘束力主要是基于行政机关的领导权或监督权而产生,但往往还需要借助于行政机关内部激励、评议考核和责任追究等自我约束机制来实现。正如有学者指出,“在行政机关体系中,上级行

---

① 2005 年 4 月 27 日,第十届全国人民代表大会常务委员会第十五次会议通过。2018 年 12 月 29 日,第十三届全国人民代表大会常务委员会第七次会议修订,自 2019 年 6 月 1 日起施行。

② 2011 年 6 月 22 日山东省人民政府令第 238 号公布,自 2012 年 1 月 1 日起施行。

③ [日]室井力主编:《日本现代行政法》,吴微译,中国政法大学出版社 1995 年版,第 69 页;[日]盐野宏:《行政法》,杨建顺译,法律出版社 1999 年版,第 72 页;杨建顺:《日本行政法通论》,中国法制出版社 1998 年版,第 344 页。

④ [德]哈特穆特·毛雷尔:《行政法学总论》,高家伟译,法律出版社 2000 年版,第 592、597 页。

政机关对下级行政机关的领导关系，通过内部的执法质量考评、执法监督检查、行政复议和信访等机制，通过系统内外的监督合作，足以使裁量基准‘令行禁止’，具有甚至比法律还强的、还有效的拘束力和执行力”①。透过目前裁量基准制度推行的实践来看，多数行政机关建立了相应的内部评议考核和责任追究制度，以保证裁量基准对内的拘束力。如《淄博市规范行政处罚自由裁量权工作实施方案》②在第四部分“主要任务”第5项中专门规定了“建立评议考核制度”。它规定：“按照市政府的依法行政考核办法，结合推行行政执法责任制，由市实施规范行政处罚自由裁量权工作领导小组办公室和各行政执法部门结合工作实际，分别制定市政府和各部门（系统）行政执法评议考核办法。将规范行政处罚自由裁量权工作纳入行政执法责任制及依法行政评议考核。不执行已经规范的行政处罚自由裁量权规定的，对行政执法人员的行为要记入档案并记分；对主管领导和分管领导，由行政监察机关依法给予行政处分”。重庆市质量技术监督局《关于依法行使行政处罚自由裁量权规定（试行）》③第9条第2款规定：“各行政执法机构行使行政处罚自由裁量权的情况纳入行政执法责任制内容进行年度考核、考评。对因行使行政处罚自由裁量权不当影响案件办理质量的，按照《重庆市质量技术监督行政执法过错责任追究办法》的规定追究有关行政执法机构及行政执法人员的过错责任”。《南京市文化局（市文物局）行政处罚自由裁量权规定》④第12条规定：“对违反本规定的，应当依据《南京市文化局（市文物局）行政过错责任追究规定》和《南京市文化局（市文物局）行政执法责任制规定》的规定，追究相关责任人的责任”。

当然，我国也有学者认为，“裁量标准是行政执法机关对其所执行的行政法律规范的具体化，对该行政执法机关有拘束力的是该行政法律规范本身；上级行政机关以规范性文件形式设定的裁量标准归根结底不过是一种行政内部规定。——这意味着违反上级行政机关以规范

① 余凌云：《游走在规范与僵化之间——对金华行政裁量基准实践的思考》，载《清华法学》2008年第3期。

② 山东省淄博市人民政府办公厅2005年10月31日发布。

③ 重庆市质量技术监督局2006年2月7日公布，自2006年3月1日起施行。

④ 南京市文化局（市文物局）2006年5月12日发布，自2006年6月1日起施行。

性文件形式设定的裁量标准作出具体行政行为并不必然导致该具体行政行为违法"[①]。笔者认为,尽管因为裁量基准是行政执法机关对其所执行的行政法律规范的具体化,所以该法律规范对行政执法机关具有拘束力,但是并不能因此而排除该裁量基准也具有拘束力。事实上,行政执法机关在适用裁量基准时,面临着法律规范与裁量基准的双重约束。而在法律位阶中,法律规范的效力明显会高于裁量基准,法律规范具有优先于裁量基准的地位。但是,"优先意味着发生冲突时上位阶的法律规范有效,应当予以适用,而与上位阶法律规范冲突的下位阶规范无效,不予以适用"[②]。据此,在裁量基准与法律规范发生冲突时,应该以法律规范的效力为准,优先适用法律规范。然而,效力的优先性并不同于适用的优先性。"位阶确立的是上阶位规范效力的优先性,而不是其适用的优先性。实践中往往是优先适用下阶位的规范","适用的优先性来自在各个规范更为具体、更可实施的法律的约束力"[③]。因此,尽管法律规范在位阶上的效力具有优先性,但具有更强操作性、更具体的裁量基准在适用上则具有优先性。在实践中,应该首先适用裁量基准,只有在裁量基准与法律规范相冲突的情况下才认为裁量基准违法,或者应该被撤销或者不予以适用。此外,对于不同级别行政机关制定的裁量基准之间的关系而言,应当优先选择适用低层级行政机关制定的裁量基准;在裁量基准发生变更的情况下,对裁量基准的选择适用应针对个案情形综合考量公共利益与相对人信赖利益保护之间的平衡,而不能简单套用法律规范的"从新从轻"等适用规则。[④]

(二)对内效力的例外:个别情况考虑义务

裁量基准对行政机关的内部拘束力,意味着行政机关和行政执法人员应当严格遵守裁量基准,完全适用裁量基准作出行政决定,而不得

---

① 王天华:《裁量标准基本理论问题刍议》,载《浙江学刊》2006 年第 6 期。

② [德]哈特穆特·毛雷尔:《行政法学总论》,高家伟译,法律出版社 2000 年版,第 70 页。

③ [德]哈特穆特·毛雷尔:《行政法学总论》,高家伟译,法律出版社 2000 年版,第 73 页。

④ 周佑勇、周乐军:《论裁量基准效力的相对性及其选择适用》,载《行政法学研究》2018 年第 2 期;周佑勇:《裁量基准的变更适用是否"溯及既往"》,载《政法论坛》2018 年第 3 期。

与之相违背，否则即构成违法。但是对于特殊情形，应该允许执法机关作出不同于裁量标准的规定的处理决定。[①] 在国外，亦如此认为，“行政法认可使用指导方针、指令和手册等的正当性，因为他们建构着裁量运作，但同时也要求决定的作出者应当根据个案的需要，去逸脱这些指导方针，以避免裁量受到束缚”[②]。这实际上涉及的是作为裁量基准效力例外的“个别情况考虑义务”或逸脱裁量基准的问题。

根据行政裁量的立法授权旨意，立法者授予行政机关裁量权的目的在于追求个案正义，要求行政机关在作出具体决定时必须综合考量个案具体情况。“当下级行政机关完全一律地适用裁量基准作成行政决定时，是否与立法者授予裁量权追求个案正义的本旨相违背，不无疑义。”[③]例如，根据《道路运输条例》第 69 条第 3 项的规定，客运经营者在运输途中擅自将旅客移交他人运输的，处罚标准为 1000 ~ 3000 元。2005 年《苏州市交通局交通行政处罚裁量标准（试行）》将其进一步细化为：初次违规处罚 1000 元，第二次处罚 2000 元，第三次或者以上处罚 3000 元。[④] 显然，该裁量基准仅以违规次数作为处罚的唯一依据。然而，倘若行政机关在个案中仅仅只是考虑有没有前科，而不再考量其他相关事项，如行为人违规情节轻重、造成损害大小、主观过错、悔改表现等因素，难以想象可以实现个案公正。因此，行政机关在行使个别裁量权过程中对于裁量基准并未予以揭示的考虑事项，仍然负有个别情况考虑义务，而不能机械、僵硬地适用裁量基准作成具体决定。也就是说，上级机关已经制定的裁量基准并不能当然地剥夺下级行政机关的裁量权，下级行政机关因考虑个案的特殊情况而逸脱该裁量基准的羁

① 王贵松：《行政裁量标准：在裁量与拘束之间》，载《法制日报》2005 年 6 月 13 日，第 6 版。

② Geneviève Cartier, *Administrative Discretion and the Spirit of Legality*: *From Theory to Practice*, Canadian Journal of Law and Society, Vol. 24, No. 3, p. 325 (2009).

③ 王志强：《论裁量基准的司法审查》，台湾东吴大学法学院 2005 届硕士学位论文，第 104 页。

④ 2008 年 6 月重新修订的《苏州市交通局交通行政处罚裁量标准（修订版）》将其修改为：初次处以 1000 元以上 1500 元以下罚款；两次处以 1500 元以上 2000 元以下罚款；三次及以上处以 2000 元以上 3000 元以下罚款。

束,并不必然意味着其违法。[①]

但是,这里的“个案的特殊情况”必须是构成逸脱裁量基准的正当理由,并遵循正当的说明理由程序。“不说明理由或理由不成立的行政处理是越权行为”[②]。从确保裁量权的公正行使、平等对待以及信赖保护等原则的要求来看,行政机关要作出与裁量基准不同的判断,也必须具有合理的理由。如果不能充分地说明理由,就有滥用职权之嫌疑,甚至产生违法的问题。[③] 实际上,根据现代法治的要求,任何裁量权的行使都必须有一定的判断标准,否则就会导致裁量权的滥用或不当。这种裁量判断标准即裁量权行使的正当化理由。裁量基准作为对裁量权行使判断标准的补充,只不过提前以规则的形式公开了这种判断标准,其实质就是裁量权行使或行政机关作出具体行政行为的依据或理由。当裁量基准符合授权法的授权目的和立法意旨时,行政机关依据该裁量基准作出具体行政行为,即属具有正当理由。因此,尽管根据立法授权旨意,行政机关基于个案特殊情况的考虑,可以逸脱裁量基准而作出不同于该裁量基准的行政决定,但该“个案特殊情况”必须构成不同于该裁量基准的其他正当理由,并负有说明义务。而该“个案特殊情况”是否正当,亦有赖于行政机关作出具体裁量决定之前,事先探求授权法的授权目的和立法意旨。只有当行政机关履行了个别情况考虑义务且该个别情况属于符合立法旨意的正当化理由时,其不按照裁量基准作出具体行政决定才属合法。

在行政裁量的司法审查中,法院在对待裁量基准适用过程的审查态度上,亦往往如此。对此,可以周文明诉文山县交警大队案为例来观察。该案案情如下:[④]

2007 年 8 月 2 日,周文明驾车行驶至云南省文山县境内

---

① 熊樟林:《论裁量基准中的逸脱条款》,载《法商研究》2019 年第 3 期。

② 王名扬:《法国行政法》,中国政法大学出版社 1988 年版,第 183 页。

③ [日]盐野宏:《行政法》,杨建顺译,法律出版社 1999 年版,第 76 页。

④ 陈娟:《驾驶机动车超速,究竟罚多少:云南省公安厅红头文件引争议》,载《人民日报》2008 年 4 月 2 日,第 15 版。

> 省道210线某处时，被文山县交警大队执勤民警拦下，告知其行驶速度为每小时90公里，已超出该路段每小时70公里的限速，并以该超速行驶不满50%处以罚款200元、记3分的处罚。而根据云南省公安厅制定的《云南省道路交通安全违法行为罚款处罚标准暂行规定》第九条第三十一款的规定，"机动车超过规定时速未到50%的，处50元以上100元以下罚款。"周文明据此认为交警罚款200元的处罚没有充分的法律依据，提起行政诉讼。一审法院经审理后判决交警罚款显失公正，变更罚款为80元。文山县交警大队对此不服提出上诉，并认为根据《道路交通安全法》第九十条的规定，对超速行驶不满50%的上限处罚为200元罚款，而近年来，文山县所发生的交通事故，主要原因就是超速行驶，鉴于严峻的道路交通安全形势，文山县交警一直对超速行驶实施该上限处罚。二审法院认为，云南省公安厅制定的该暂行规定仅属其内部下发的规范性文件，其效力低于法律、法规，原审法院适用规范性文件为依据变更上诉人适用法律规定作出的处罚内容于法无据，据此撤销一审判决，维持文山县交警大队2007年8月2日对周文明超速行驶作出的公安交通违章简易行政处罚决定书；驳回被上诉人周文明的诉讼请求。

本案中，一审、二审判决的结果截然不同，其争议的焦点是如何对待《云南省道路交通安全违法行为罚款处罚标准暂行规定》这一裁量基准的效力问题。一审法院认为该裁量基准具有法律约束力，行政机关行使裁量权应当受其约束，并适用该裁量基准作为审判的依据。二审法院则认为该裁量基准仅属行政机关内部下发的规范性文件，不属于1989年《行政诉讼法》第52条（2017年《行政诉讼法》第63条）规定的人民法院审理行政诉讼案件的审判依据，[①]因而据此撤销一审法院判

---

① 2017年《行政诉讼法》第63条第1款规定："人民法院审理行政案件，以法律和行政法规、地方性法规为依据。地方性法规适用于本行政区域内发生的行政案件。"

决。在这里，二审法院同时还维持了文山县交警大队逸脱该裁量基准而作出的具体决定，其判决背后所隐藏的理由是不言而喻的。因为本案中，文山县交警大队之所以没有适用《云南省道路交通安全违法行为罚款处罚标准暂行规定》这一裁量基准关于50～100元罚款的规定，而直接根据《道路交通安全法》规定的上限处罚作出决定，主要是考虑了这样一个个案的特殊情况，即严峻的道路交通安全形势，且导致文山县交通事故的主要原因是超速行驶。显然，二审法院经过审查认为该个案特殊情况符合立法授予裁量权的旨意，属于正当理由，故而维持文山县交警大队逸脱该裁量基准而作出的处罚决定。从本案二审法院的态度来看，下级行政机关在作出具体裁量决定时基于立法授权的旨意仍然负有个别情况考虑义务而无需僵化地适用裁量基准。也就是说，尽管裁量基准对行政机关具有法律效力，但是基于个别情况考虑，行政机关仍然可以逸脱裁量基准而直接依据法律规范作出决定。只不过该“个别情况”必须是构成逸脱裁量基准的正当理由，否则行政机关仍然应当严格遵守裁量基准，而不得与之相违背。可以说，让行政机关负有个别情况考虑义务，能够较好地划定裁量基准的效力边界。对此，国务院办公厅《关于进一步规范行政裁量权基准制定和管理工作的意见》规定，行政机关在适用“行政裁量权基准可能出现明显不当、显失公平”或“行政裁量权基准适用的客观情况发生变化”时，可以调整适用裁量基准。这赋予了行政执法机关根据个案的实际情况公平合理适用裁量基准的义务与职责，可以有效防止机械适用裁量基准、影响个案正义的问题。

（三）对行政相对人的外部效力

我们已经看到，裁量基准通过行政机关内部的自我约束机制而获得一种对内的拘束力，除非基于个别情况考虑才可以逸脱裁量基准的拘束。这里需要进一步追问的是：裁量基准能否获得一种对相对人的外部法律效力？对此，有学者认为“由上级行政机关以规范性文件形式设定的裁量标准也只是一种行政内部规定，并不是具有拘束力的规则”①。域外

① 王天华：《裁量基准与个别情况考虑义务——周文明诉文山交警不按“红头文件”处罚案评析》，载《交大法学》2011年第1期。

传统的行政法理论亦认为,裁量基准只是一种行政内部规则,其制定权在行政组织法上源于上级行政机关具有的指挥、监督权,其内容属于与公民的权利义务并无直接关系的内部行政事务,也不构成法院裁判的标准,因此它只具有内部效力,而与法院及国民无法之关联。[①] 然而,自20世纪后半叶以来,这类行政规则的功能日益扩大,外部化的趋势日益明显,从而使其直接或间接地具有了外部法律效力。因此,"现在普遍承认行政规则事实上的外部效果具有法律意义"[②]。

事实上,尽管裁量基准不属于一种立法性行政规则,并没有独立地创设相对人新的权利义务,不具有独立的新的法律效果,但是它"在构建裁量结构的过程中,难免要涉及相对人的行为,或作为裁量考量因素,或作为识别标准,或者希望通过指导相对人活动而形成行政机关和相对人之间的良好互动,无论哪种意图其效果必定会外溢到相对人,对规范相对人的活动也会产生积极的作用"[③]。因此,从其实践效力来看,裁量基准一旦制定颁布,便不仅成为行政机关执法的重要依据,具有内部适用效力,而且当执法人员将该裁量基准所规定的内容适用于相对人身上时,这种内部适用效力将进一步延伸至行政相对人,对相对人的权利义务产生重要影响,因而具有了外部效力。

不过,有学者仍然认为,"从实质性标准出发,行政规定如果不具有法律规范的性质,即不属于法规命令,那么从理论上而言,当行政规定对行政职权体系之外的私人发生作用时(如为具体行政行为提供依据),该行政规定起着执行或解释法律、法规或规章等法律规范的作用。因此,当其内容涉及相关利害关系人的权利义务时,这些行政规定的内容的规范性应该归结于其上位的法律规范,即行政规定自身不应该具

---

① [德]哈特穆特·毛雷尔:《行政法学总论》,高家伟译,法律出版社2000年版,第593页;[日]盐野宏:《行政法》,杨建顺译,法律出版社1999年版,第73页;[日]室井力主编:《日本现代行政法》,吴微译,中国政法大学出版社1995年版,第69页;陈春生:《行政规则外部效力问题》,载台湾行政法学会主编:《行政法争议问题研究》,台北,五南图书出版公司2000年版。

② [德]哈特穆特·毛雷尔:《行政法学总论》,高家伟译,法律出版社2000年版,第599页。

③ 余凌云:《现代行政法上的指南、手册和裁量基准》,载《中国法学》2012年第4期。

有外部的效果”[①]。也就是说,即使裁量基准的内容涉及相对人的权利义务,也应当归结于其上位法律规范本身产生的法律效果,裁量基准本身只是规范行政机关如何去适用该法律效果,并不具有独立的对外效果。但是笔者认为,既然裁量基准是对上位法律规范的具体化,相对人的权利义务事实上是按照裁量基准对法律规范具体化之后的规定予以实现的,那么相对人就必须遵守该裁量基准的规定,否则就会产生裁量基准所规定的后果。因此,尽管裁量基准对相对人权利义务的规范作用,只是对上位法律规范适用效力的一种当然的影射,但也正是这种影射使得裁量基准对相对人至少产生了一种事实上的反射效力,即间接的法律效力。

从法理上而言,裁量基准对外效力的正当化依据,源于其在个案中反复适用时所确立的行政惯例和所体现的法律原则的效力。也就是说,裁量基准尽管不具有直接的外部法律效力,但是可以通过其所确立的行政惯例和体现出的法律原则的适用效力而获得一种间接的法律效力。在德国,通行观点认为,“行政规则外部效果的根据是行政惯例和平等原则。行政规则通过稳定的适用确立了同等对待的行政惯例,据此约束行政机关自身。除非具有客观理由,不得同等情况不同等对待(所谓的行政自我约束)。行政机关在具体案件中无正当理由偏离稳定的、为行政规则确立的行政惯例,构成违反平等原则。在这种情况下,公民虽然不能诉称这种行为违反了只具有内部效果的行政规则,但可以诉称行政机关违反了基本法第 3 条第 1 款规定的平等原则,因为行政机关在本案中没有遵守已经实行的行政规则。如果行政规则调整的是给付的发放(助学金、补贴等),申请人还可以提出相应的分配请求权和给付请求权”[②]。裁量基准就是这样一类行政规则,它是行政机关在法律规定的裁量空间内,根据本地方本部门的实际情况和行政执法的经验总结,按照裁量涉及的各种不同事实情节,将法律规范预先规定的裁量范围加以细化而形成的一种相对固定的具体判断标准。如果行政

① 朱芒:《论行政规定的性质——从行政规范体系角度的定位》,载《中国法学》2003 年第 1 期。

② [德]哈特穆特·毛雷尔:《行政法学总论》,高家伟译,法律出版社 2000 年版,第 600 页。

机关据此对类似的个案反复适用，就形成了一种公平裁量的行政惯例或者行政先例，因此，按照平等原则和行政自我拘束原则的要求，[①]行政机关在以后遇到同样情况时，也要适用该裁量基准作出同样的处理，即对今后行政机关遇到相同情形的个案处理具有拘束力。如果行政机关逸脱该裁量基准对相同情形的个案作出不同处理，则可以根据平等原则和行政自我拘束原则认定该处理违法。同时，裁量基准的对外公布实施及其实施过程中形成的行政惯例对相对人还可能产生一种信赖利益，体现为"信赖保护原则"，行政机关在类似的个案处理中必须受到该原则的拘束，而不得逸脱该裁量基准，除非具有正当的理由。可见，"从裁量权公正行使之确保、平等处理原则及相对人之信赖保护等要求观点，与裁量基准为不同之判断，必须具有合理之理由，如果无法说明，则产生违法之问题。故裁量基准分类上虽非属法规命令，但在一定程度内，应认为具有外部效力"[②]。

当然，在承认行政惯例和法律原则具有司法适用效力并作为裁量基准的效力依据的前提下，作为行政规则的裁量基准本身也并不具有直接的法律效力，而仅仅只是行政惯例和法律原则的载体，因此并不直接构成对法院审判具有强制性和拘束力的依据。[③] 当裁量基准违法时，法院仅能在其所审理的个案中将依据违法的裁量基准所作出的行政决定撤销，而不能直接宣告该裁量基准无效。但是与法律规范不同，法院有权而且应当审查该裁量基准的合法性，而不是无条件地援引和适用。通过审查，如果认为该裁量基准是合法有效的，就以此作为衡量和判断行政行为是否合法的标准和尺度，并在判决书中予以引用；如果认为它是不合法的或者因其他正当理由而不予适用，则事实上就否定了它的法律效力。在司法审查裁量基准的范围上，法院对其制定是否逾越法律授权范围、程序是否合法以及有无滥用裁量权等情形都具有审查权，但一般不能及于其实质内容上的适当性审查。

在"上海商业会计学校诉上海市黄浦区劳动保障局工伤认定案"

---

① 周佑勇：《行政法基本原则研究》（第 2 版），法律出版社 2019 年版，第 190 页。

② 陈春生：《行政法之学理与体系（一）——行政行为形式论》，台北，三民书局 1996 年版，第 110 页。

③ 叶必丰、周佑勇：《行政规范研究》，法律出版社 2002 年版，第 100 页。

中，上海市黄浦区劳动保障局根据上海市劳动和社会保障局颁布的《关于特殊劳动关系有关问题的通知》，认定上海商业会计学校与陈老师之间存在特殊劳动关系，因此陈老师的伤属于工伤。上海商业会计学校则认为区劳动保障局认定其与陈老师存在特殊劳动关系所依据的该文件不属于法律、行政法规，对其合法性表示异议，在经过行政复议后向黄浦区人民法院提起了行政诉讼，要求撤销被告依据该文件作出的工伤认定。黄浦区人民法院经审查后认为：

> 《关于特殊劳动关系有关问题的通知》是上海市劳动和社会保障局在其行政职权范围内，针对本市劳动力市场的实际状况，为解决实际问题而作的规定。该规范性文件经上海市人民政府审查，认为符合相关行政法规、规章的基本精神，未创设新的法律关系，不违反法律规定，故对该规范性文件的合法性及在本案中的适用依法予以确认。①

本案中，法院对作为行政规则的上海市劳动和社会保障局《关于特殊劳动关系有关问题的通知》，从该规则制定的权限、依据和程序等方面进行了合法性审查，据此认定该行政规则合法，并作为衡量和判断上海市黄浦区劳动保障局工伤认定这一行政决定合法性的标准而进行了适用。

可见，裁量基准对相对人的适用效力需要借助于法院的司法审查才能最终得以确定，实际上是一种事实上的、可能的约束力，而并非类似法律那样具有当然的、必然的约束力。经过法院的司法审查，如果法院支持裁量基准作为行政决定的依据，则该裁量基准就具有了对相对人的约束力。而如果法院认为裁量基准不合法或者因其他正当理由而不予适用，那么该裁量基准就不会成为某项行政决定的依据，因此也不会对相对人的权利义务产生影响，事实上就失去了其对相对人的效力。也就是说，裁量基准对相对人的适用效力并非绝对的，而是相对的，是要受到一定条件限制的。一般而言，裁量基准要获得对相对人实质的

---

① 《2007 年十大劳动争议案件》，载《法制日报》2008 年 1 月 20 日，第 10 版。

适用效力,需要具备如下条件:首先,裁量基准不得超越法律规范本身的范围,不能规定法律规范本身没有规范的事项,不能设立法律规范本身没有的权利与义务;其次,行政机关享有一定的执法权限,具有事务管辖权;最后,裁量基准应遵守法定程序,如经过一定的会议讨论、审议或经过一定机关批准备案等,只有经过正当的法律程序,符合程序正义,才具有实质意义上的法律效力。这种对相对人效力上的相对性,进一步划定了裁量基准的效力边界。

五、裁量基准制度的构建

裁量基准作为一种自制型的行政规范,在制度上同时存在来自其固有的作为"规则之治"与作为"行政自制"两个方面的局限性。一方面,裁量基准作为"规则化"的行政自制,力图用普遍的规则来细化和统一裁量的标准,一定程度上延续了传统"规则中心主义"的进路,仍然存在与后者类似的局限性,即过分依赖严格的规则而导致裁量的过度规则化,进而丧失其应有的能动性,有损个别裁量权的正当性。另一方面,"当立法权和行政权集中在同一个人或同一个机构之手,自由便不复存在"①,过分依赖行政机关的"自制"或大量授予行政机关立法性裁量权,很可能会耗费大量的行政成本,而且会导致一种新的"行政专制"。要从根本上克服裁量基准作为规则化自制模式固有的局限性,必须诉诸一种正当化的制度设计,为其划定一个合理的制度边界,通过对其作出科学合理的制度构建来保障其正当性的实现,真正有效地发挥其内在的制度价值和功能。对此,在裁量基准的技术构造、利益衡量、制定程序等制度构建中,必须充分把握三个方面的平衡,即在羁束与裁量之间的平衡、在规则与原则之间的平衡以及自制与他制之间的平衡。

(一)作为技术的情节细化与效果格化

裁量基准作为一种特殊的"规则之治",在"律令—技术—理想"的

---

① [美]汉密尔顿、[美]杰伊、[美]麦迪逊:《联邦党人文集》,程逢如、在汉、舒逊译,商务印书馆1980年版,第248页。

法律模式理论中,[①]它更多体现的是一种“技术”——适用法律和规制裁量的技术。可以说,技术是裁量基准的灵魂,而技术的合理度和科学性也构成了评判裁量基准制度优劣的核心标准。在我国,受“统一裁量观”的影响,实践中裁量基准的技术构造呈现“情节细化”和“效果格化”的总体面貌。[②] 虽然裁量基准旨在通过规则来限制裁量,但是为了避免过度规则化而给裁量的个别正当性造成损害,必须在“情节细化”和“效果格化”的技术上充分把握在羁束与裁量之间平衡的要求。

首先,在效果的格化上,应当预留一定的裁量幅度。一般来说,裁量基准不宜采用直接指向单一固定的处理结果的“定额制”,它应把法律规定的裁量种类、幅度格化为相互衔接的“段”而不是孤立的“点”,使得执法者在基准之下仍能能动地根据不同个案的具体情况而选择效果与情节相当的最优结果,不至于完全剥夺个案裁量的空间而将裁量行为限制得过死,甚至变成了羁束行政行为。例如,杭州市旅委制定的《〈导游人员管理条例〉行政罚款裁量规则》[③]将《导游人员管理条例》第23条规定的“1000元以上3万元以下的罚款”格化为1000元、2000元和4000元这三个孤立单一的固定金额。这在实践中极易陷入粗糙和粗放的尴尬之境,并不能很好地体现个案正义的要求。同时,在划分具有幅度空间的处罚格次的基础上,格次之间应有升降的机制,格次之内亦应有增减的机制。例如,金华市公安局制定的《赌博违法行为处罚裁量基准(试行)》规定,具备特定的严重情节的,应提高一个档次处罚;而具备特定的酌情从轻情节的,则可考虑在同一裁量格次内降30%以下幅度裁量,此即格次之间的升降机制和格次之内的增减机制。这两个技术细节令基准对处罚的格化不再机械和呆板,而使各个处罚格次成为一个衔接有致、转换畅通和有机联系的整体,所以亦为裁量基准所应必备。

---

① 在美国法学家庞德(Roscoe Pound)看来,“法”是由律令、技术和理想三个要素构成的,其中,律令是指由规则、原则、概念、标准和学说组成的复杂体系;技术是指解释和适用法律的规定、概念的方法和在权威性法律资料中寻找审理特殊案件的根据的方法;理想则是指法律对社会所要实现的控制目的。张文显:《二十世纪西方法哲学思潮研究》,法律出版社1996年版,第370~373页。

② 周佑勇:《裁量基准的技术构造》,载《中外法学》2014年第5期。

③ 杭旅政法〔2008〕222号。

从对实践的观察情况来看，现阶段“效果格化”大体有“经验评估模式”“寻找基础值模式”“数学模式”三种类型。其中，常用的是“寻找基础值模式”。“基础值”也就是“基准点”，它的确定方法通常采取“中间线法”。中间线法来源于刑法学的量刑方法，主张把基础值“固定在法定刑幅度内的二分之一处，从重，在中线之上；从轻，在中线之下”①，即“凡从重处罚的应在平均值以上最高刑以下量刑；反之，则在平均值以下，最低刑以上量刑”②。在刑法学领域，有学者主张中间线法简单易行，有实定法依据，具有客观性和公正性，并经实践检验能起到良好的实际效果。③ 在行政法学中，有部分学者对这一方法表示认可，他们主张，“在行政处罚自由裁量基准的格次划分问题上，可以考虑采用‘中间线说’作为一般的适用方法，面对特异情势再作具体调适”④。采用“中间线法”作为一般的适用方法，符合比例原则的要求，亦可保障其实体内容上的客观性和公正性，且符合中国传统文化中的中庸思想，在刑法学上也已经有所实践。因此，“中间线法”在我国基准文本中十分常见。譬如，2013 年《海洋环境保护法》⑤第 32 条第 3 款规定：“拆除或者闲置陆源污染物处理设施的，必须事先征得环境保护行政主管部门的同意。”该法第 78 条规定：“违反本法第三十二条第三款的规定，擅自拆除、闲置环境保护设施的，由县级以上地方人民政府环境保护行政主管部门责令重新安装使用，并处一万元以上十万元以下的罚款。”对此，《嘉兴市环保局行政处罚自由裁量标准（修正）》⑥将其细化为：“违法行为情形和处罚基准：（一）情节较轻的，并处 1 万元以上 3 万元以下罚款；（二）情节较重的，并处 3 万元以上 7 万元以下罚款；（三）情节严重的，并处 7 万元以上 10 万元以下罚款。”很明显，《嘉兴市环保局行政处罚

---

① 李艳玲：《量刑方法论研究》，中国人民公安大学出版社 2007 年版，第 123 页。

② 李光灿主编：《中华人民共和国刑法论》（上册），吉林人民出版社 1984 年版，第 544 页。

③ 赵廷光：《量刑公正实证研究》，武汉大学出版社 2005 年版，第 29 ~ 31 页；娄银生、闵星：《江苏高院出台量刑指导规则》，载《人民法院报》2004 年 7 月 7 日，第 1 版。

④ 陈婴虹：《行政处罚自由裁量基准设定的适当性——以近年浙江省行政处罚自由裁量基准为观察点》，载《行政论坛》2010 年第 3 期。

⑤ 2013 年修正通过的《海洋环境保护法》，该法已于 2017 年第三次修正。

⑥ 嘉环发〔2008〕131 号，嘉兴市环保局 2008 年 12 月 18 日发布。

自由裁量标准(修正)》在处理"处一万元以上十万元以下的罚款"的裁量空间时,所采用的便是"中间线法",其以5万元为中线,做了"情节较轻""情节较重""情节严重"三个档次的格次划分。

实践中,"数学模式"同样得到了广泛青睐。但是必须科学运用这种方法,如果不能设计出科学的数学公式,则会适得其反。比如,《杭州西湖风景名胜区管理条例》①规定,风景区禁止饲养家禽家畜,违反者处以20~1000元罚款。针对这一罚则,杭州西湖风景名胜区管理委员会颁布的《〈杭州西湖风景名胜区管理条例〉行政罚款自由裁量权适用规则》②设定了如下"自由裁量权公式"(罚款公式):罚款数额=最低额(20元)+自由裁量度(1000元-20元)×(家禽数量/10只)×100%(10只以上按最高额处罚)。按照该公式,养1只鸡罚118元,多养一只鸡就要多罚98元,养10只鸡以上罚1000元。如此精细化的公式计算,实际上取消了个案裁量。以这一公式本身为参考,我们至少可以看到其存在以下不足:第一,这一公式仅仅将"家禽家畜数量"作为裁量考虑的情节,显然所纳入的参考变量过少,不能真实反映行为人的违法情节。譬如违法次数的问题,按照这一公式,第二次和第一次违法的处罚结果是一样的,这显然没有达到裁量正义的要求。第二,这一公式并不评估裁量情节的系数,仅仅将"家禽家畜数量"区分在1~10只之间,"10只以上按最高额处罚"显得过于简单,有违比例原则。譬如,如果当事人养了50只鸡,尽管按照这个公式得出的答案是5100元,但也只能按照1000元的最高额处罚,超出的家禽家畜数量似乎不在"加重"处罚的考量范围之内,显然也是不合理的。第三,即便仅仅按照以区分1~10只的"家禽家畜数量"作为参考变量所设计出来的上述罚款公式,也是欠缺科学性的。譬如,根据该参考变量,情节最轻微的情况为饲养1只,按照上位法规定的"20~1000元罚款"的裁量幅度,理应处以20元的罚款。但是,按上述罚款公式,当饲养数量为1只时,罚款额度为20元+(1000元-20元)×(1/10只)=118元,这样就并不是最轻微的处罚额度。

---

① 2003年12月19日杭州市第十届人民代表大会常务委员会第十四次会议通过,2004年5月28日浙江省第十届人民代表大会常务委员会第十一次会议批准,自2004年8月1日起施行。

② 杭西管〔2007〕372号。

当然,我们并不是要否定将“数学公式”运用到裁量基准之中,关键是如何科学运用“数学模式”。其实,数学不仅能指导自然科学,同样也能对包括法学在内的社会科学的发展起到不可或缺的作用。[①] 对此,笔者认为,毕竟“数学模式”并不直接出具效果格化的具体结果,而是依赖具体的裁量情节作出最终决定,因而裁量基准的制定者应该尽可能多地将各种裁量情节都归入数学公式中予以反映,并综合运用多种统计学中的数据统计分析方法,从而提高数学公式的科学水平,回应行政执法的实际需求。总之,在裁量基准效果格化模式的选取上,应该保持一种开放、多元的方法论立场,针对行政执法的实际情况,扬长避短,综合运用各种模式,制定出科学合理的裁量基准。

其次,在情节的细化上,应当预含有限的情节判断余地。情节判断余地,是指裁量者在情节的提取认定、判断比较和考量适用等方面所拥有的自主决定空间。赋予执法人员相应的情节判断余地,对于鼓励能动执法以追求个案正义、避免基准陷入僵化之虞来说,同样是极为必要的。一方面,执法人员对基准所列明的情节,根据其在具体个案中的重要程度,享有“具体个案具体决定”的判断余地,因为每项情节在特定个案考量中的相关度和重要性都是因案而异的,建立一个固化的统一判断标准其实是不利于个案裁量的。另一方面,执法人员对于基准所没有具体列举但又在个案中出现的情节,具有增加和补充的权力。基准对于裁量情节的细化规定,也会面临空间上的不周延性和时间上的滞后性,而情节细化的开放性设置可以最大限度地化解这种“成文病”。对此,在细化列举裁量情节时,应设定情节的兜底条款。例如,金华市公安局发布的《赌博违法行为处罚裁量基准(试行)》第 14 条第 6 项即设置了“其他情节严重情形”这样的兜底性规定。这样对执法实践中可能出现的第 14 条之外的其他严重情形,如为未成年人赌博提供条件,执法人员就拥有纳入情节考量范围的增补权,保证了最终的处罚结果能更好地符合个案正义的要求。

当然,这种情节的判断余地应该是有限的。对情节判断余地的限制,主要表现在如下两点:一是禁止情节考虑的恣意。正如德国联邦宪

---

① 何柏生:《数学对法律文化的影响》,载《法律科学》2000 年第 6 期。

法法院判例所言:"如果一个法律上之区别对待或相同对待不能有一个合乎理性、得自事物本质或其他事理上可使人明白之理由,简单地说,如果该规定被认为是恣意时,则违反平等原则。"①情节考虑的恣意是对基准所追求的平等对待的背离。对于执法者来说,应当禁止"不相关考虑",即考虑应当考虑的情节,而不考虑不应当考虑的情节,纳入考量范围的裁量情节应与个案事实之间具有合理的、充分的、实质性的联系和理由。二是情节的设置也不能过于宽泛。作为对法律规范的细化,基准本身应当尽量避免不特定法律概念和模糊语言的运用,而应设置明确具体而又丰富多元的情节。在现实中我们也看到某些裁量基准只把情节粗糙地划分为"情节较轻""情节一般""情节较重",或者"初次处罚""二次处罚""三次及以上处罚"。② 实际上,这样的基准在实践中能否有效地规制裁量是很值得怀疑的。正如有学者指出的那样,"当前,裁量基准制度的运用最直接的目标仍是在于控权,防止基准过于抽象,使其技术更为精细,(相对于防止基准的僵化)在任务上更为迫切"③。

最后,在基准的适用上,应当预设逸脱程序和例外条款。基于行政系统内部的层级指挥监督权,裁量基准具有一种对内的拘束力,下级行政机关和执法人员对裁量基准应当严格遵照执行。但是,立法者授予裁量权旨在追求个案的正义,行政机关在行使个别裁量权时对于裁量基准并未予以揭示的考虑事项,仍然负有个别情况考虑义务,而不能机械地、僵硬地适用裁量基准作成具体决定。对此,裁量基准应通过"授

---

① 张锟盛:《论析禁止恣意原则》,载城仲模主编:《行政法之一般法律原则(一)》,台北,三民书局1994年版。

② 例如,2005年《苏州市交通局交通行政处罚裁量标准(试行)》规定:"未取得道路运输经营许可,擅自从事道路运输经营的,情节较轻或危害性较小处罚3万元;情节较重或危害性较大处罚5万元;情节严重或危害性很大处罚10万元。""不符合从事客货运经营规定条件的人员驾驶道路运输经营车辆的,初次处罚500元;两次处罚1000元;三次及以上罚2000元。"不过,2008年6月重新修订的《苏州市交通局交通行政处罚裁量标准(修订版)》已将其修改为:"……情节较轻或危害性较小处以3万元以上5万元以下罚款;情节较重或危害性较大处以5万元以上7万元以下罚款;情节严重或危害性很大处以7万元以上10万元以下罚款。"

③ 朱新力、骆梅英:《论裁量基准的制约因素及建构路径》,载《法学论坛》2009年第4期。

权规定”预设逸脱程序,允许行使裁量权的机关根据个案情况逸脱裁量基准的边界,以实现个案正义。但也要对逸脱程序加以严格限制,如说明理由制度、集体会办制度和逐级报批制度等。也就是说,执法人员应当能够说明正当和充分的逸脱理由,并且严格遵守集体会办或逐级报批的程序要求,否则禁止逸脱基准的边界。根据国务院办公厅《关于进一步规范行政裁量权基准制定和管理工作的意见》的规定,调整适用本行政机关制定的行政裁量权基准,需“经本行政机关主要负责人批准或者集体讨论通过”;调整适用上级行政机关制定的行政裁量权基准,需“报请该基准制定机关批准”。此外,基准还应当设定例外条款,即明确法律法规、行政政策或者情势变更对于基准的优先适用效力。例如,《金华市公安局规范行政处罚自由裁量基准制度实施意见》规定,“行政处罚自由裁量基准与法律法规冲突的,应以法律法规为准;行政处罚自由裁量基准实施后,在实际操作中发现问题的,或当地社会治安形势发生重大变化,应及时进行修改”。

(二)裁量基准设定中的利益衡量

对裁量基准制度的建构,不仅要避免裁量基准的过度“规则化”,还要防止裁量基准成为一种新的“行政专断”。对此,在裁量基准设定中必须充分把握规则与原则之间的平衡。这是因为,法律原则以其所特有的抽象化特征而发挥着解决规则之间的冲突或者填补规则之漏洞的作用,并发挥着较之于行政规则更强的规范化预期作用。① 无疑,法律原则在保证行政的必要灵活性及有效制约行政专断这两个方面,都是有益的。② 从另外一个角度而言,裁量基准是立法对裁量权进行“法的约束”的一种延伸,这种“法的约束”主要来自法律原则,法律原则是设定裁量基准的法律依据。因此,裁量基准作为一种规则化的行政自制,并非一种绝对的“规则至上”,也非不受任何法律制约的“政府自治”,而仍然应当以法律原则为取向,定位为一种在法律原则主导下的行政

① [英]马丁·洛克林:《公法与政治理论》,郑戈译,商务印书馆2021年版,第355页。

② Phillip J. Cooper, *Public Law and Public Administration*, 2nd ed., Prentice Hall, 1988, p. 103.

自制。对此,一方面,必须将裁量基准限制于法律优先、法律保留等行政法定原则之内,以协调这种行政自我管制与依法行政之间可能发生的冲突,并防止出现新的"行政专断"。另一方面,裁量基准作为对裁量权行使的一种程序性实体约束,实际上就是一个利益衡量的过程,与个案裁量中利益衡量并无实质的区别,因此必须遵循作为利益衡量一般原则的比例、平等对待、信赖保护等行政均衡原则,[①]以保障其实体内容上的客观、公平、公正,使裁量的实体内容获得最佳建构。

在裁量基准设定的利益衡量中,最关键的是引入比例原则。根据比例原则的要求,行政机关行使裁量权应当符合法律目的,全面考虑各种因素,综合衡量各种利益关系,使其所采取的措施和手段与所追求的行政目的相适应、成比例。[②] 就行政处罚领域来说,《行政处罚法》第5条第2款规定了行政处罚应考虑的基本因素是"违法行为的事实、性质、情节以及社会危害程度"。据此,裁量基准的制定应当根据这些基本因素,并充分考虑各因素的主次情况、所占比重等,以综合评定的方式来将法律、法规、规章规定的量罚幅度,具体细化为若干裁量格次,并规定每个格次所基于的不同量罚标准,以求解量罚最佳适度点,确保"过罚相当",防止轻错重罚,重错轻罚。

比例原则是现代实质主义法治的典范。在裁量基准中引入比例原则,旨在透过形式正义到达实质正义。违反比例原则而制定的裁量基准,将丧失其存在的正当性。在我国台湾地区司法审查实务中,已有成案对不合比例原则的裁量基准作出了否定性的判决。如法院在违规营业罚锾案判决中认为:

> 惟依"行政程序法"第159条规定:"本'法'所称行政规则,系指上级机关对下级机关,或长官对属官,依其权限或职权为规范机关内部秩序及运作,所为非直接对外发生法规范效力之一般、抽象之规定。行政规则包括下列各款之规定:一、关于机关内部之组织、事务之分配、业务处理方式、人事管

① 周佑勇:《行政法基本原则研究》(第2版),法律出版社2019年版,第183页。

② 周佑勇:《行政法基本原则研究》(第2版),法律出版社2019年版,第197~201页。

理等一般性规定。二、为协助下级机关或属官统一解释‘法令’、认定事实、及行使裁量权，而订颁布之解释性规定及裁量基准。”行政机关基于行使裁量权之需要得根据其行政目的之考量而制定裁量基准，此种裁量基准可由行政机关本于职权自行决定无须“立法”者另行授权，然仍应遵循“立法”者授权裁量之意旨。故行政机关于订定裁量基准时，除作原则性，或一般性裁量基准之决定外，仍应作例外情形时裁量基准之决定，始符合“立法”者授权裁量之意旨，以为具体个案之正义。被上诉人2000年6月30日制定之“电子游戏场业违规营业罚锾金额标准”，关于违反“电子游戏场业管理条例”第17条第1项第6款者，一律处以250万元最高额罚锾，嗣于2001年4月3日修正，亦仅分为第一次处罚锾240万元，与第二次以上（含第二次）处罚锾250万元而已，虽较修正前略有改进，但与“电子游戏场业管理条例”第31条关于罚锾部分之“法定”范围50万元以上250万元以下，相去甚巨。且由附于原处分卷之该电子游戏场业违规营业罚锾金额标准观之，其仅作原则性，或一般性裁量基准之决定，并无作例外情形时裁量基准之决定，自未能达成具体个案之正义，无异于将“法定”罚锾数额下限提高为240万元，诚难认其符合“立法”者授权裁量之意旨。此部分之电子游戏场业违规营业罚锾金额标准，于“法”自有未合。被上诉人依上述标准，裁处上诉人罚锾240万元，其裁量显与“法”有违，诉愿决定及原判决递予维持，尚有未洽，上诉意旨执此指摘，并无理由，应由本院将原判决该部分废弃，并撤销该诉愿决定及原处分，由被上诉人依“立法”意旨，确实裁量，另未处分，以期适“法”。①

可见，行政机关基于行使裁量权的需要，有权根据其行政目的考量而订立裁量基准，但仍应遵循“立法”者授权裁量的旨意和目的。这里

① 我国台湾地区“最高行政法院”2004年判字第1127号判决，载 http://fyjud.lawbank.com.tw/list.aspx。引文略有改动。

的“立法”授权旨意和目的，主要体现在“法律原则”之中，包括比例、平等对待、信赖保护等原则。在上案中，被上诉人所定“电子游戏场业违规营业罚锾金额标准”，将“法定”罚锾数额下限提高为 240 万元（台币），法院认定其不符合“立法”者授权裁量之意旨，有违比例原则，从而作出了否定性的判决。

此外，平等对待和信赖保护原则还直接影响裁量基准的适用效力，要求行政机关对已经设定和公布的裁量基准必须适用并不得随意变更，如需逸脱或变更，都必须有正当理由，否则构成违法。

（三）裁量基准制定程序中的自制与他制

裁量基准作为一种行政自制的形式，在性质上主要是对裁量权的一种自律性约束，因此在没有“他制”的情况下，其有效性的发挥完全取决于主体自身的专业、技术和经验。尽管行政机关在这个方面具有极大的优势，但毕竟也是有局限的，完全依赖于这种技术专家式的自制，极有可能出现一种新的“行政专断”。因此，这种自律机制的设计必须依赖于他律因素的嵌入。对此，既需要适当引入行政系统外部的“他制”，也需进一步完备行政系统内部的“他制”。这些制度通常被设计为公众参与制度、公开制度以及行政系统内部的评议考核、责任追究、责令说明理由制度和报备审批程序等制度。当然，这里需要对这些制度作进一步的检讨。

首先，关于公众参与制度。鉴于实践中裁量基准的制定完全依托行政机关自身力量，纯粹采取一种“自下而上”的内部自我生成机制，笔者曾经建议，“为了保证裁量基准的民主性和规范化，行政主体应当尽可能为行政相对人提供参与裁量基准订立的各种条件和机会，透过立法引导与行政推进并举，保障民众广泛和直接参与裁量基准的制定过程”[①]。对此，有学者提出，“裁量基准是在立法授予的裁量空间中的再创造，而立法的民主性已然解决，在十分有限的授权空间中，民主元素添加与否，意义并不彰显，这种再创造将更多的依靠行政机关的经验、

---

① 周佑勇：《裁量基准的正当性问题研究》，载《中国法学》2007 年第 6 期。

技术和智慧"[①]。但是,笔者仍然坚持认为,尽管裁量基准制定的程序有别于立法程序,因为前者应当"既经济又有效率"[②],所以不必过分加入立法程序的民主元素而完全采取类似正式听证这样的公众参与形式,但是为了增强裁量基准的科学性和相对人的可接受性,必须适当引入具有"他制"元素的相对或有限的公众参与机制,如广泛征求、听取一线行政执法人员和相对人的意见。[③] 特别是一线执法人员的经验十分重要,基准实际上是执法经验的总结,其设定是否科学很大程度上取决于执法经验是否成熟。此外,让专家参与裁量基准的起草和论证,也有助于裁量基准的理性化和正当化。国务院办公厅《关于进一步规范行政裁量权基准制定和管理工作的意见》规定:"严格依照法定程序科学合理制定行政裁量权基准,广泛听取公民、法人和其他组织的意见,依法保障行政相对人、利害关系人的知情权和参与权。"

其次,关于裁量基准的公开制度。裁量基准作为行政系统内部的行政规则,严格来说对外并不具有拘束力,但由于它构成了裁量权的判断标准,对相对人权利义务也会产生实质性影响,因此目前理论上普遍坚持裁量基准"必须公开"的观念。如有观点指出:"唯有公开,方能接受公众的监督。行政机关也会在公众的监督之下自觉遵行既定的裁量基准作出行政裁量决定。"[④]"信息公开是保证裁量基准正当性、确保裁量基准具有约束力的关键所在"[⑤]。这种观念直接影响制度的设计,如《湖南省行政程序规定》第 91 条第 2 款规定:"……裁量权基准应当向社会公开。"《广州市规范行政执法自由裁量权规定》第 8 条规定:"行使行政执法自由裁量权应当坚持公开原则,自由裁量标准应当向社会

---

① 余凌云:《游走在规范与僵化之间——对金华行政裁量基准实践的思考》,载《清华法学》2008 年第 3 期。

② K. C. Davis, *Discretionary Justice: A Preliminary Inquiry*, University of Illinois Press, 1971, p. 65.

③ 如海南省人民政府办公厅《关于全面开展规范行政处罚自由裁量权工作的通知》(琼府办〔2009〕3 号)规定:"在细化过程中,应当广泛征求市、县相应行政执法部门的意见,同时要听取行政管理相对人的意见。""要在广泛征求、听取一线行政执法人员和行政管理相对人意见的基础上,科学划定行政处罚自由裁量阶次,列举与行政处罚阶次相对应的情形,确保行政处罚自由裁量细化基准具有可操作性。"

④ 王贵松:《行政裁量基准的设定与适用》,载《华东政法大学学报》2016 年第 3 期。

⑤ 郑雅方:《行政裁量基准创制模式研究》,载《当代法学》2014 年第 2 期。

公开……”国务院在2008年5月12日发布的《关于加强市县政府依法行政的决定》中,就明确提出了“将细化、量化的行政裁量标准予以公布、执行”的要求。2022年7月国务院办公厅印发的《关于进一步规范行政裁量权基准制定和管理工作的意见》规定:“行政裁量权基准一律向社会公开,接受市场主体和人民群众监督。”2021年修改的《行政处罚法》第34条亦作出了同样的规定:“……行政处罚裁量基准应当向社会公布。”根据这一规定,公开裁量基准是行政机关不可豁免的义务。然而,在对待裁量基准的公开性问题上,我国基层执法实践以及域外的态度都是相当谨慎的。例如,较早在我国推行裁量基准的金华市公安局在实践之初并没有做到完全的公开,而是采取“逐渐公开”的策略。[①]更有意思的是,《金华市规范行政处罚自由裁量权工作实施意见》只要求各行政执法机关将本机关制定的裁量基准“在办公场所”进行“公示”。

从域外情况来看,美国《联邦行政程序法》第552条规定,必须在联邦登记簿上公布“机关制定和采取的基本政策的说明和机关采取的普遍使用的解释的说明。然而,令人惋惜的是,事实上法院是很少强迫行政机关执行上述条款的”[②]。美国学者拉塞尔·韦弗(Russell L. Weaver)教授曾对此感叹道:“强制行政机关公开他们的解释具有多大的可能性呢?十分坦率地说,可能性不大。”[③]在美国,《联邦行政程序法》对诸如裁量基准之类的“非立法性规则”的基本态度是“可以免除通告、公布等环节”。同样,在日本,《行政程序法》对审查基准采取的表述是“必须”公开,而对“处分基准”却是“尽量”或“努力公开”。[④]另外,需要注意,日本《行政程序法》在裁量基准公开性问题上,亦区分了

① 余凌云:《游走在规范与僵化之间——对金华行政裁量基准实践的思考》,载《清华法学》2008年第3期。笔者于2009年7月23~25日赴金华市进行的专门实证调研也基本印证了这一事实。

② Russell L. Weaver, *An APA Provision on Non-legislative Rules*, Administrative Law Review, Vol. 56, p. 1187(2004).

③ Russell L. Weaver, *An APA Provision on Non-legislative Rules*, Administrative Law Review, Vol. 56, p. 1188(2004).

④ [日]恒川隆生:《审查基准、程序性义务与成文法化——有关裁量自我拘束的一则参考资料》,朱芒译,载《公法研究》2005年第1期。

"公布"与"公开"的不同含义,立法者采用的是"公开"而非"公布"。这一区分的重要意义在于"'公开'并不要求行政厅承担如'公布'那样广而告知的义务"①。从裁量基准的实践及域外在对待公开性问题上的这种"谨慎"态度来看,我们有必要对裁量基准"必须公开"的观念予以重新检讨。笔者认为,或许建构一种"相对公开"理念,更加能够与裁量基准控权原理予以融合。从裁量基准为一种自律技术来看,行政机关并不负有"必须公开"的义务,因此裁量基准的公开可以树立类似日本《行政程序法》对"处分基准"采取的基本态度——"努力公开"的立法表述。而即使是努力公开,在具体公开方式上,我们也并不苛以广而告之之任务,并不要求行政机关必须像行政立法程序那般严肃。实际上,"行政机关公开法律与政策的方式不一而足,有正式的也有非正式的。例如,工作人员的非正式谈话、行政机关成员的私下说明、行政机关代表的公开讲话、行政机关的新闻发布会、官方的政策说明等类似的形式。……所有这些沟通方式都是非常有益的,应当加以利用"②。无疑,"相对公开"的理论预设,能够较好地满足在"自制"与"他制"之间的平衡要求。此外,按照"相对公开"的理念,裁量基准的公开可以根据其成熟度来决定,对于已经成熟的裁量基准应当尽量公开,提前使之普遍化,而对于那些认为还不成熟的裁量基准,也可以在个案裁量中以说明理由的形式向特定相对人予以公开。这样,通过具体个案经验到典型个案经验的积累再到基准的普遍化,基准的科学性也会得以大大增强。

此外,在行政系统内部,为了确保裁量基准制度的有效运行,还必须建立相关的评议考核、责任追究、责令说明理由和报备审批程序等制度。这些制度的联动,相对于裁量基准制度而言也属于行政系统内部的"他律"因素。例如,山东省淄博市人民政府办公厅发布的《淄博市规范行政处罚自由裁量权工作实施方案》③第四部分第5项专门规定了

---

① 朱芒:《日本〈行政程序法〉中的裁量基准制度——作为程序正当性保障装置的内在构成》,载《华东政法学院学报》2006年第1期。

② K. C. Davis, *Discretionary Justice: A Preliminary Inquiry*, University of Illinois Press, 1971, p. 102.

③ 山东省淄博市人民政府办公厅2005年10月31日发布。

"建立评议考核制度";《南京市文化局(市文物局)行政处罚自由裁量权规定》[①]第12条规定,"对违反本规定的,应当依据《南京市文化局(市文物局)行政过错责任追究规定》和《南京市文化局(市文物局)行政执法责任制规定》的规定,追究相关责任人的责任"。《深圳市工商行政管理局行政处罚自由裁量规则(试行)》[②]第12条规定,对当事人依法从轻、减轻、从重或者免予行政处罚,相应法定情节必须有充分、有效的证据证明。第14、15条规定,逸脱裁量基准的案件在审批程序上要经过办案机构—核审机构—分管局长—局长办公会议的审查批复。这说明裁量基准的约束力是刚性的,公务员没有适当的理由和有效的证据以及履行逐级报请批准的程序就无法逸脱裁量基准的边界。

(四)对裁量基准的监督制约

"有权力必有制约",权力如果没有监督和制约,就容易出现偏差,甚至滥用。裁量基准作为一种立法性裁量权,同样还必须受到监督和制约。为了防止行政机关滥用裁量基准制定权,促使其合法有效地实施裁量基准的制定活动,从而使其发挥应有的广泛作用,必须建立健全包括行政监控、立法监控和司法监控在内的各种法律监控机制。

对裁量基准的行政监控,是指行政系统内部的上级行政机关基于行政隶属关系对下级行政机关制定的裁量基准所实施的一种经常性的监督和控制。由于上级行政机关具备了比其他国家机关更为熟悉某一专业领域行政管理的条件,对于某个裁量基准是否违法更加容易鉴别,因此实施监控应该更加有利和有力。但是,由于目前在我国还未建立一套完备而又科学的且具有强制性的对裁量基准的行政审查、备案及清理制度,很多上级行政机关在事先根本无法了解下级行政机关作出了一个什么样的裁量基准,即使在裁量基准实施后通过各种途径了解到,可能产生的消极作用也已经发生。并且上级行政机关袒护下级行政机关,不纠正、不撤销或改变违法裁量基准的情况不可避免地也会发生。因此,必须建立对裁量基准的备案审查制度、定期清理制度和完善

---

① 南京市文化局(市文物局)2006年5月12日发布,自2006年6月1日起施行。

② 深工商法字〔2005〕16号。

对裁量基准的复议审查制度，以进一步建立健全和完善对裁量基准的行政监控机制。对此，国务院办公厅印发的《关于进一步规范行政裁量权基准制定和管理工作的意见》规定，各地区各部门要通过行政执法情况检查、行政执法案卷评查、依法行政考核、行政执法评议考核、行政复议附带审查、行政执法投诉举报处理等方式，加强对行政裁量权基准制度执行情况的监督检查。要建立行政裁量权基准动态调整机制，行政裁量权基准所依据的法律、法规、规章作出修改的，或者客观情况发生重大变化的，要及时进行调整。行政裁量权基准制定后，要按照规章和行政规范性文件备案制度确定的程序和时限报送备案，主动接受备案审查机关监督。备案审查机关发现行政裁量权基准与法律、法规、规章相抵触的，要依法予以纠正。

对裁量基准的立法监控，即立法机关的监控，是作为国家权力机关的全国人大及其常委会和地方各级人大及其常委会对同级人民政府制定的裁量基准依法实施的监督和控制，这是一种重要的监控机制。我国《宪法》第 67 条第 7 项规定，全国人民代表大会常务委员会有权“撤销国务院制定的同宪法、法律相抵触的行政法规、决定和命令”；第 104 条规定，县级以上的地方各级人民代表大会常务委员会有权“撤销本级人民政府的不适当的决定和命令”。《地方各级人民代表大会和地方各级人民政府组织法》第 11 条第 11 项规定，县级以上的地方各级人民代表大会有权“撤销本级人民政府的不适当的决定和命令”；第 12 条第 1 款第 10 项规定，乡、民族乡、镇的人民代表大会有权“撤销乡、民族乡、镇的人民政府的不适当的决定和命令”；第 50 条第 1 款第 12 项规定，县级以上的地方各级人民代表大会常务委员会有权“撤销本级人民政府的不适当的决定和命令”。这些规定为国家权力机关对裁量基准的监控提供了法定的依据和方式。但是，权力机关的监督毕竟不是一种经常性的法律监控机制，专业性也不强，同时这种监督在具体操作上尚缺乏完备的机制。在实践中，行政机关制定一个裁量基准，往往既不提请权力机关进行审查，也没有普遍设立备案制度，从而导致随意性、短期性的情况时有发生。对此，权力机关应当设立或指定一个专门的委员会负责审查行政机关制定的包括裁量基准在内的各种行政规范，以及对裁量基准的备案审查制度，以从制度上加强和完善权力机关对裁量基准的监控机制,保证其监督的可行性。

司法监控即司法机关对裁量基准予以审查而实施的一种法律监控机制。相比较而言,国家权力机关由于工作方式的影响,对裁量基准的监督缺乏经常性和连续性;行政机关则由于潜在的无法克服的自我保护意识,由其自身进行监督难免有失公正性。所以,尽管权力机关的立法监控和行政机关系统内部的自我监控都是必要的,但这两种监控形式都有自身无法克服的缺陷。而法院的司法监控则不仅是一种经常性、连续性的监督,而且其监督的主体是依法独立行使审判权的法院,故比行政机关的监督更具有公正性。同时,法院在长期的司法实践中也已经积累了丰富的经验,故在法律适用和实践的操作上也有明显优势。可见,对裁量基准的司法审查有着其他监控机制不可替代的优势。

然而,裁量是法律赋予行政机关独立自主选择的权力,而司法审查则是对这种权力的一种司法介入,尤其是裁量基准作为一种立法性裁量权的运用,需要获得更大程度的司法尊重。因此,我国《行政诉讼法》第 13 条第 2 项明确规定:人民法院不受理公民、法人或者其他组织对“行政机关制定、发布的具有普遍约束力的决定、命令”提起的诉讼,这就将裁量基准明确地排除在司法审查的范围之外。当然,根据我国《行政诉讼法》的规定,法院对裁量基准具有一定程度的审查权,其主要表现为对被诉行政行为所依据的裁量基准是否合法有效的审查、认定和适用。通过审查,如果认为该裁量基准是合法有效的,就以此作为衡量和判断行政行为是否合法的标准和尺度,并在判决书中予以引用;如果认为它是不合法的,则不承认其效力,不予适用。但是,这种审查毕竟还只是一种间接的审查监督,而并不是直接予以撤销、变更或者废止。也就是说,当裁量基准违法时,法院仅能在其所审理的个案中将依据违法的裁量基准所作出的行政决定予以撤销,而不能直接宣告该裁量基准无效。而且,这种监督的一个最大不足在于缺乏监督的启动程序。

从域外法制来看,有些国家已经以一定的方式承认了行政规则的可诉性。在我国,无论行政诉讼法的立法发展如何,我们应当看到扩大司法审查范围已经成为一个必然的趋势。对裁量基准的监督来说,只有将裁量基准纳入司法审查范围,切实加强审判监督,才是最完全、最彻底的监督方式。尤其是当前在我国立法机关对裁量基准的法律控制相对弱化，行政机关的上下级行政控制易受“利益共同体”的影响而不能充分发挥作用的背景下，相对而言，法院应当通过个案审查来加大监督的力度。同时，扩大裁量基准的司法审查范围意味着行政权与司法权的权力再配置。从权力架构的层面看，这种制度设计实际上限制了行政裁量权的运作空间，从而能够更为有效地发挥法院对行政权的司法监控效能，最大限度地保护行政相对人、利害关系人的合法权益。

第 三 章

实体上的利益衡量

利益衡量作为一种基本的法解释的方法论，已被日益广泛地运用于行政法领域，并构成了行政裁量的核心内涵。行政裁量实际上就是一种利益衡量的过程，它通过对裁量过程中所涉及各种不同利益的博弈、协调和权衡，以实现各利益之间共同的“最大化”，并最终达成其实体内容的“均衡合理”。为实现这一目标，行政裁量中的利益衡量必须以具体案件的事实情节为基础，充分而全面地考虑具体个案中可能会影响裁量结论的种种法定事实情节与酌定事实情节，而不能脱离具体的情节去抽象和泛泛地空谈公平与正义。同时，行政裁量中的利益衡量侧重于追求“事情的本质”，但绝不是说裁量主体可以忽视“既存法规及所谓法律”，而仅凭纯粹的“自由心证”得出最终的结论。现代法治虽然允许行政主体在裁量过程中，尽可能地发挥主观能动作用，但依然强调行政活动应在“立法框架”内进行，行政裁量的利益衡量必须是在充分考虑立法规范、行政惯例、公共政策等规范因素基础上的“缘法之治”。因此，这里所倡导的是一种均衡性的利益衡量理论，它通过对裁量过程所涉及的事实情节、法律规范、行政惯例、公共政策等各种实体影响因素的全面考察和权衡，以实现对行政裁量实体内容的最佳建构。

一、利益衡量的必要性及其一般原则

在人类社会，利益作为人们自身某种物质或精神上的客观需求，从来都是制约人类行为选择和价值取向的根本力量，“人们奋斗所争取的一切，都同他们的利益有关”①。但是，由于社会、政治、经济、文化水准及地位的差异，社会个体和群体所关注和追求的利益并不一概相同，即便目标相同也往往囿于资源稀缺所限，利益冲突在社会个体与群体间以错综复杂之势广泛存在。而法律作为一种基本的利益调节机制，其目的就在于“尽可能合理地建筑社会结构，以有效地控制由于人的本性

① 《马克思恩格斯全集》（第 1 卷），中共中央马克思恩格斯列宁斯大林著作编译局编译，人民出版社 2001 年版，第 82 页。

而不可避免地出现的社会矛盾和冲突,以最小的阻力和浪费,最大限度地满足人类的利益”①。无论立法、司法还是行政,其实质都是一种利益衡量的活动,其共同的目标都是通过对各种利益冲突的权衡和估量,以促使各种利益尽可能最大化。由于人类社会各种利益冲突总是不可避免,利益衡量(balancing of interest)作为调整这些利益冲突的一种法律方法,也就必然会存在于所有立法活动之中,尤其是作为一种基本的法律解释方法,更是被日益广泛地运用于行政和司法活动的过程之中。

(一)利益衡量方法及其在行政裁量中的适用

追溯思想生成,利益衡量作为一种法解释方法,源于德国的自由法学及在此基础上发展起来的利益法学。该理论的提出,最重要的目的是弥补和匡正“概念法学”的不足和缺陷。按照“概念法学”的观点,法律的适用仅仅依形式的三段论法加以判断,即以法律规定作为大前提,以具体的事实作为小前提,由此自动地引出机械的、形式的结论,而不允许法律适用者就利益冲突的选择问题有丝毫的实质判断和利益衡量。显然,这种理论必须建立在这样一个假设的基础上,即立法者已将所有利益冲突的选择问题事先都通过法律条文作了明示。假设如此,则法律适用者自然只需要按照法条的指示去作这样三段论式的演绎推理就够了。然而,立法从来没有也不可能作出如此明确与周详的规定。在具体的法律适用过程中,适法者总是不可避免地要碰到各种各样的利益冲突而立法又对此保持沉默的情形。对此,法律适用者却不得“保持沉默”,“当法官面对众多的利益冲突,无法通过‘规范 + 事实 = 判决’的三段论演绎来得到答案,利益衡量方法的运用(就)成为必然选择”②。这种利益衡量的思维方法与“概念法学”正好相反,它要求“法官在阐释法律时,应摆脱机械规则之束缚,而探求立法者于制定法律衡量各种利益所为之取舍……若有许多解释可能性时,法官自须衡量现行环境及各种利益之变化,以探求立法者处于今日之立法时,所可能表

① 张文显:《二十世纪西方法哲学思潮研究》,法律出版社1996年版,第123页。

② [德]卡尔·拉伦茨:《法学方法论》,陈爱娥译,商务印书馆2003年版,第279页。

示之意思,而加取舍”[①]。这不仅有利于改变“概念法学”僵化的思维模式,而且从技术的层面也提供了一种价值判断的方法论。同时,这种思维方法与重视社会效果的法社会学思维方法是一致的,也与 20 世纪社会、经济、政治全面发展在法学理论上的一种回应基本吻合,是可取的。[②] 鉴于利益衡量的理论价值和实务效果,该理论自 20 世纪 90 年代被引入我国后,逐渐被广泛适用于一系列的司法审判领域。有法官甚至认为:“法官在进行法律解释时,不可能不进行利益衡量。利益衡量处于法律方法当中的最高境界,整个司法裁判可被视为一个利益考量和价值权衡的过程。”[③]

利益衡量理论不仅可以适用于司法审判领域,其在行政领域中同样适用,并构成了行政裁量的核心内涵。在一定意义上,行政裁量之精义就在于利益衡量,其“实质上就是法律赋予行政主体在权衡各种利益关系的基础上作出选择判断的权力”[④]。对此,王名扬先生在《美国行政法》中指出,法律授予行政机关裁量权力的重要原因之一就在于“协调各种相互冲突的利益”,这是因为“制定一个法律往往涉及不同的价值判断。从理论上说,价值判断应由立法机关决定,然而由于议员来自不同的党派。议员的观点和所代表的利益互相冲突,国会有时不能协调各种利益和综合各种观点,得出一个能为多数人接受的共同认识,为了避免这种困难,国会可能授权行政机关,根据公共利益或需要,采取必要的或适当的措施”[⑤]。在西方,持利益代表理论的多元主义者针对行政机关在其裁量的政策选择中所出现的偏见,同样提出“行政官员还必须广泛考虑各种各样相关的利益,这些利益会因为可能的不同政策选择而受到不同的影响”[⑥]。

强调行政裁量中的利益衡量,也是适应现代行政多元化的需要。

---

① 杨仁寿:《法学方法论》,中国政法大学出版社 1999 年版,第 175～176 页。

② 梁上上:《利益的层次结构与利益衡量的展开——兼评加藤一郎的利益衡量论》,载《法学研究》2002 年第 1 期。

③ 羊震:《利益衡量:穿行于冲突与衡平之间》,载《人民法院报》2006 年 9 月 26 日。

④ 周佑勇:《行政裁量的均衡原则》,载《法学研究》2004 年第 4 期。

⑤ 王名扬:《美国行政法》(第 2 版),中国法制出版社 2005 年版,第 546 页。

⑥ [美]理查德·B. 斯图尔特:《美国行政法的重构》,沈岿译,商务印书馆 2021 年版,第 138 页。

现代行政既有公权力行政与私经济行政(国库行政)之分,还有干预行政、给付行政和计划行政等。[①] 多元化的行政,必然体现多元化的利益及利益关系。正如我国台湾地区学者董保城所表述的那样:

> 过去以干预行政为导向的行政管制,最多也仅涉及行政机关与单一私人,在公益与私益衡量二元化对立之讨论,如今,行政法律关系转趋多样化、多元化,如大型工厂、垃圾掩埋场等设立除涉及设立申请人与主管行政机关之外,还包括相邻之居民、其他利害关系人、环保团体与其他相关主管机关,行政机关所面临(的)不再是单一的私人,而是复杂多元的当事人与利害关系人。[②]

这就是说,在行政行为的实施过程中,除在行政主体与行政相对人之间发生公共利益与个人利益的关系外,还可能因行政权的行使而在不同的行政相对人间发生个人利益与个人利益的关系。在这些利益关系中,无论是公共利益还是个人利益,都应受到法律的保护和尊重。"任何权利主体的正当利益,无论是个人利益,团体利益还是公共利益,都必须受到社会的尊重和法律的保护。任何主体以非法形式侵害了其他主体的正当利益,都必须承担起相应的法律责任"[③]。但是,这些利益关系往往都表现为冲突与矛盾。就公共利益与个人利益的关系而言,两者虽然具有一定的一致性,但两者间的关系更多地表现为一种差异性。勒内·达维曾说过,"把公共利益和私人利益放到同一个天平上是无法保持平衡的"[④]。博登海默则将利益分为个人利益和社会利益两类,并认为,法理学并不需将"所有利益都视为必定是位于同一水

① 吴庚:《行政法之理论与实用》,台北,三民书局1996年版,第10页。

② 董保城:《行政程序法基本法理之初探》。转引自杨解君:《走向法治的缺失言说——法理、行政法的思考》,法律出版社2001年版,第321页。

③ 郑成良:《权利本位说》,载《政治与法律》1989年第4期。转引自张文显:《法学基本范畴研究》,中国政法大学出版社1993年版,第95页。

④ [法]勒内·达维:《英国法和法国法》,舒扬、刘晓星译,西南政法学院法制史教研室1984年版,第94页。

平上的"[①]。可以说，行政裁量过程中，公共利益与个人利益间的冲突和矛盾是普遍存在的。个人利益之间的关系，是社会成员相互之间的利益，"在不涉及公共利益的前提下，对个人利益的追求是自由的，是不受干涉的，否则社会的发展就会缺乏动力和活力。（但是）……当某一社会成员与另一社会成员就个人利益发生关系而涉及公共利益时，则除了这种个人利益外又形成了另一种性质的利益关系即公共利益与个人利益的关系。这时，个人利益就不是'自由'的，是受公共利益制约的"[②]。这就是说，在行政裁量过程中，个人利益之间因为公共利益的制约，也必然存在相互冲突的关系。例如，在房屋拆迁行政裁决案件中，拆迁人与被拆迁人之间的利益冲突本身属于个人利益间的冲突，但由于其还涉及城区改造、经济发展、社会稳定等公共利益，故行政主体在行使裁决裁量权时，不得不综合考虑上述种种利益类别。

可见，行政裁量的过程涉及各种错综复杂的利益冲突，行政主体在实施行政裁量行为时必须运用利益衡量的方法，以综合权衡各种利益关系从而作出最佳选择。行政裁量实际上就是一个利益衡量的过程。

（二）行政均衡：利益衡量之一般准则

在行政裁量过程中运用利益衡量的方法，其最终的目的是实现各种利益之间的"均衡"，以保证行政决定实体内容的"合理"，体现个案的实质正义，因此必须以"行政均衡原则"作为利益衡量的一般准则。该原则要求，行政机关在权衡各种利益时，应当综合衡量各种利益因素，充分协调各种利益关系，使之有机地统一起来，在尽可能的范围内保护各种合法利益。不能借口某种利益的重要性而牺牲其他利益主体的利益。即使必须在相冲突的利益之间作出选择，也应将牺牲减少到最低的程度，并补偿利益牺牲者的损失。总之，"利益衡量的结果应当促使各种利益尽可能最大化"[③]，这正是行政均衡原则作为利益衡量之一般准则存在和运用的意义之所在。

---

① ［美］E. 博登海默：《法理学：法律哲学与法律方法》（修订版），邓正来译，中国政法大学出版社2004年版，第414～415页。

② 叶必丰：《行政法的人文精神》，北京大学出版社2005年版，第125～126页。

③ Paund, *A Survey of Social Interests*, Harvard Law Review, Vol. 57, p. 14(1943).

在公共利益与个人利益的关系上,无法否认的是,“公共利益超过个人利益”[①],“个人的眼前利益要服从集团的利益”[②]。但是,行政裁量的利益衡量,绝非不加考虑地片面维护公共利益、粗暴抛弃个人利益的简单过程。尽管原则上应坚持公共利益高于个人利益的“衡量标准”,但在维护公共利益时,应尽可能地充分考量、尊重和保护个人利益。以行政违法行为为例,行政违法行为本身是一种具有“公害”的行为,是对公共利益的破坏与侵害,理论上来说所有的违法行为都应一律撤销,但具体涉及某一行政违法行为时,立法和实务均强调还必须充分权衡该行为与个人利益间的相互关系。例如德国《联邦行政程序法》(1997年)第48条规定:对于某些授益的违法行政行为(给受益人提供金钱或可分物给付),如受益人已信赖行政行为的存在,且其信赖依照公益衡量在撤销行政行为时需要保护,则不得撤销;违法行政行为得撤销的,行政机关须依相对人申请,赔偿有关财产不利,“该财产不利是因相对人相信行政行为的确定力而生,但以其信赖依公益需要保护为限”[③]。所以,公共利益高于个人利益虽是一项基本准则,但其并不能成为行政主体漠视个人利益的绝对理由。在权衡公共利益与个人利益间关系的基础上,还应注重进一步权衡和比较不同的个人利益关系。如对于涉及多方利益主体的授益性行政行为,原则上应更多地考虑行政行为的利害相关人。“对行为的相对人来说是授益的,然而对第三人则构成权益的侵害,反之,对相对人来说是负担的,然而对第三人则构成利益,在这种所谓双重效果的行政行为的情形下,有必要进一步对相对人的权益与第三人的权益进行比较与衡量。而且在第三人的权益被认为处在优越的情形下,应撤销前者的行为,而撤销后者的行为,原则上要受到限制”[④]。因此,“行政均衡原则”应当全面涵盖上述两个方面的法律规则。

---

① [法]马里旦:《人权和自然法》,倪建民译,载法学教材编辑部《西方法律思想史编写组》编:《西方法律思想史资料选编》,北京大学出版社1983年版。

② [苏]尼·布哈林:《历史唯物主义理论》,李光谟等译,人民出版社1983年版,第179页。

③ 应松年主编:《外国行政程序法汇编》,中国法制出版社1999年版,第182页。

④ [日]室井力主编:《日本现代行政法》,吴微译,中国政法大学出版社1995年版,第107页。

在均衡不同个人利益之间关系方面，应当遵循平等对待原则。平等对待要求行政机关“同等情况同等对待，不同情况区别对待或按比例对待”，具体又可导出禁止恣意、行政自我拘束两项子原则。[①] 禁止恣意原则不仅禁止行政机关的故意恣意行为，而且禁止任何客观上违反宪法基本精神以及事物本质的行为。但是，该原则并非要求行政机关对所有客观情况，应机械地、无条件地、不容一丝差别地进行“平等对待”，而是容许通过客观的衡量，结合“事物的本质”，进行合理限度内的差别对待。只有“过度”或“过早”、超过合理限度的差别对待，才构成“恣意”。例如，在“蒋韬诉中国人民银行成都分行录用身高歧视案”中，[②] 中国人民银行成都分行在录用过程中，以蒋韬身高不足 168 厘米为由，拒绝其参加招考报名。成都分行的这种“含有身高歧视”的具体行政行为就超过了合理限度的差别对待，构成了禁止恣意原则所不允许的差别对待情形，蒋韬可基于此向人民法院起诉，以保障自身要求平等对待的权利。行政自我拘束原则则要求行政机关在作出行政裁量决定时，若无正当理由，应受行政惯例或者行政先例的拘束，对于相同或同一性质的事件作出相同的处理。该原则系由宪法上平等原则所衍生之一项重要的行政法原则。诚如我国台湾地区学者林国彬先生所讲：

> 行政机关因适用行政规则及其他的法律或命令处理行政事务而形成行政惯例，往后个案若无正当理由，对于相同情形的个案，行政机关应作出相同的处理；若行政机关无实质之正当理由而作不同的处理，即违反行政机关因适用行政规则等而生之行政惯例，而可认为违反平等原则。[③]

在均衡公共利益与个人利益之间关系方面，应当遵循比例和信赖

---

① 周佑勇：《行政裁量的均衡原则》，载《法学研究》2004 年第 4 期。

② 周伟：《宪法基本权利司法救济研究》，中国人民公安大学出版社 2003 年版，第 270 页。

③ 林国彬：《论行政自我拘束原则》，载城仲模主编：《行政法之一般法律原则（一）》（第 2 版），台北，三民书局 1999 年版。

保护原则。比例原则，又称“禁止过度原则”，[①]具体包括必要性原则与合比例性原则。前者要求行政机关在有多种适合达到行政目的的手段可供选择时，应选择对相对人利益限制或损害最少的手段；后者要求行政机关对相对人合法权益的干预不得超过所追求的行政目的的价值。上述原则对行政裁量行为的影响和调整，在一系列典型的行政案件中均有充分体现。例如，在曾引起广泛关注的“兰州姜云春枪击案”中，[②]在宣称自己“怀揣炸药包”的姜云春离开债务人房间走入小院中央，其人身危险不至再达到危害公共安全和其他公民生命安全程度的情形之下，警察机关依然对其采用了“当场击毙”这种做法，便违反了必要性原则。警察机关在该案中的利益衡量，超过了必要限度，没有选择对相对人利益限制或损害最少的恰当手段，其“枪击”行为明显是不正当的。再如，在被媒体称为“史上最牛钉子户”的杨某房屋拆迁案中，[③]重庆市九龙坡区房管局在是否强制拆除杨某房屋的裁量过程中，也需充分权衡一对相互对立的冲突利益：一方面是杨某的私人利益，即杨某所享有的合法私有财产权；另一方面是公共利益，即掺杂了开发商商业目的的城区改造所带来的公共利益。房管局最终认定，不能以房屋拆迁带有商业目的便否认其符合公共利益之本质，并认为强制拆迁所保护的公共利益超过了对私人合法权益可能造成的损害，两者并不违反比例原则，遂向法院提起了要求强制拆迁的申请。虽然该案最终以和解的方式结案，但房管局的行政行为体现了其运用比例原则权衡公共利益与个人利益时所持有的基本立场、态度和方法。

根据信赖保护原则的要求，政府实施的行政行为对相对人产生了值得保护的信赖利益后，不允许政府随意变更或者撤销该行政行为，即使为了公共利益的需要而必须改变原行为，也应当对受到特别损害的当事人给予相应的补偿。信赖保护原则是诚信原则在行政法中的具体

---

① 陈新民：《德国公法学基础理论》，山东人民出版社 2001 年版，第 374 页；吴庚：《行政法之理论与实用》，台北，三民书局 1996 年版，第 57 页。

② 陶晓春、田海珠：《一男子怀揣炸药包讨债被警方狙击手击毙》，载《兰州晨报》2004 年 9 月 27 日。

③ 尹建国：《重庆“史上最牛钉子户拆迁案”的法治思考》，载《人民法院报》2007 年 4 月 10 日。

运用,“诚信原则属于一种利益均衡原则的范畴,是对行为主体在实施某种行为时必须具备诚实、善意的一种‘内心状态的要求’”①。“在我国目前某些法律权威不足、人们对某些法律和政府部门缺乏足够的信心和信赖的情况下,在行政法中确立诚信原则至为必要和迫切”②。对此,我国《行政许可法》第 8 条和第 69 条作出了明确规定,要求行政机关实施行政许可必须遵守信赖保护原则,不得擅自变更已经生效之行政许可。该原则在行政裁量利益衡量过程中的作用及价值,亦体现于实务中的大量案例。例如,在“田永诉北京科技大学拒绝颁发毕业证、学位证行政诉讼案”中,田永对学校便存在一种“信赖利益”,并且该种信赖值得保护,因此学校不得随意变更、撤销自己的行政行为,也不得拒不履行职责,而应当依法向田永颁发学位证。③ 可见,行政比例和信赖保护作为行政法的基本原则,对行政裁量的利益衡量均发挥着各自重要的指引和导向作用。

在实务中,还可能涉及上述各项均衡原则的综合适用。相应的利益衡量过程,是各原则共同作用、综合调整的繁复过程。例如,在河南新郑县“华夏第一祖龙”事件中,开发商耗资数亿,拟兴建全长 21 公里的“水泥巨龙”。但该工程位于始祖山国家级森林公园内,开建 5 年也未取得相关部门的合法审批,反而被当时的国家环保总局和林业总局认定为破坏环保的典型违法建设项目,被勒令停建。④ 对于一个如此明显的“违章建筑”,在拆与不拆的问题上,当事人各方包括社会各界展开了异常激烈之争论,个中缘由系与该案涉及多方利益相关。对建设方而言,该项目已投资近 3 亿元,兴建 5 年,当地各级行政机关多年来基本上采取的是一种“默许”的态度,而且该项目的建设还有当地旅游局、发改委、环保局等部门签署的三份“原则上同意建设”的“红头文件”保

---

① 徐国栋:《民法基本原则解释——成文法局限性之克服》,中国政法大学出版社 1992 年版,第 79 页。

② 杨解君、肖泽晟:《行政法学》,法律出版社 2000 年版,第 65 页。

③ 何海波:《通过判决发展法律:评田永案件中行政法原则的运用》,载罗豪才主编:《行政法论丛》第 3 卷,法律出版社 2000 年版。

④ 成希、刘小乎:《谁是“华夏第一祖龙”幕后支持者?》,载《南方周末》2007 年 3 月 29 日;刘毅等:《“华夏第一祖龙”面临各方审查》,载《人民日报》2007 年 3 月 30 日;《祖龙之谜大起底》,中央电视台“经济半小时”栏目 2007 年 4 月 5 日播出;等等。

驾护航。“祖龙”建成后,预计每年平均纯利润达6.177亿元,对当地经济及招商引资均将带来巨大收益。但是,从社会公益角度考虑,“祖龙”的建设将极大地破坏保护区的自然景观,对环保将构成巨大摧残,而且违法建筑若不厉行拆除,将产生无法估量的负面示范效应。此时,拆与不拆成为摆在当地政府及环保部门面前的一个“两难”选择。为妥善处理该案,行政主体就必须运用上述多项利益均衡原则,对该案所涉各种利益进行充分、全面的考量和权衡。具体而言,在裁量过程中,行政主体必须考虑以下问题:相对人对当地各级行政机关的“默许”及旅游局、发改委、环保局等部门的“红头文件”的信赖,是否构成了一种值得保护的信赖利益,相对人的利益是否满足信赖保护原则的要求?不拆除“祖龙”,以破坏环保、牺牲法律的权威为代价换取相对人及城市的商业利益是否值得?拆除“祖龙”所换取的对环保等社会公共利益的保护,是否超过了对相对人及当地政府经济利益限制和损害的总和?除全部拆除手段外,是否还有兼顾公共利益与个人利益的变通做法?例如,已建部分保留、在建部分拆除、待建部分停止,待通过已建部分经营收回建设成本后,再行全部拆除,并责令恢复原状。这些考虑集中体现了信赖保护原则、必要性原则、合比例性原则等在个案裁量中的具体运用。可见,适用均衡原则的利益衡量过程,将会直接决定最终的行政裁量结论。

(三)均衡性利益衡量的实现

“目光在事实与法律规范间‘来回穿梭’,是法律适用的普遍特征”①。无论是行政执法还是司法,都需要依照法定程序“认定事实和适用法律”②。按照毛雷尔的分析,行政主体在行政执法过程中的法律适用,依次包括以下四个阶段:(1)调查和认定案件事实:发生了哪些案件事实,有什么证据?(2)解释和确定法定事实要件的内容:法定事实要件具体包括哪些内容?(3)涵摄:案件事实与是否符合法定事实要

① [德]伯恩·魏德士:《法理学》,丁小春、吴越译,法律出版社2003年版,第296页。

② 孔祥俊:《法律解释方法与判解研究:法律解释·法律适用·裁判风格》,人民法院出版社2004年版,第35页。

件？(4)确定法律后果：如何处理？上述四个阶段并非相互孤立，而是相互联系的：对案件事实的调查应当按法定事实要件进行；解释法律应当考虑具体的案件事实及其各个方面的影响。适用法律不仅是寻求逻辑结果的过程，而且也是一个判断性的认识过程。①

尽管行政裁量是指在法律授权的情况下，行政机关对同一事实要件的处理根据具体情况进行选择的权力，②但是从整个行政裁量的执法过程来看，对处理决定的裁量，必须以对各种事实情节和法定事实要件的综合考量为前提和基础，上述法律适用的各个阶段实际上都包含在整个裁量过程之中。因此，行政主体在作出裁量行为时亦务必将眼光"流转往返于事实与规范之间"③，以期在全面、客观了解案件事实的基础上，准确地解释、适用法律，从而得出合法、合理之裁量结论。

通过前述论证，我们已经看到，以行政均衡原则为指导，倡导一种均衡性的利益衡量理论，是行政机关在行政裁量过程中进行利益衡量的必要前提和客观基础。而根据平等对待、比例和信赖保护等各项均衡原则的具体要求，对事实情节、法律规范、行政惯例、公共政策等各种可能影响利益均衡和结果选择的事实和规范因素，都应当予以全面考虑，并使其相互有机地联系在一起，从而达到利益衡量的最佳效果，实现行政裁量实体内容上的最适当建构。

二、裁量的情节与适用

所谓"情节"，是指事情变化和经过的各种情形与环节。行政裁量中的情节即裁量情节，作为裁量个案所涉各类利益的最直观表现，意指那些对裁量最终处理决定具有直接影响和作用的各种主客观事实情况。在行政裁量过程中，只有在全面考虑此类案件事实情节的基础上，才能运用利益衡量的方法达到行政均衡的最佳效果。为了客观、全面地界定和评价裁量个案中的各类利益，实现各种利益关系间的均衡，首

① [德]哈特穆特·毛雷尔：《行政法学总论》，高家伟译，法律出版社2000年版，第123页。

② 周佑勇、邓小兵：《行政裁量概念的比较观察》，载《环球法律评论》2006年第4期。

③ [德]卡尔·拉伦茨：《法学方法论》，陈爱娥译，商务印书馆2003年版，第160页。

要的前提必须是对裁量个案的事实情节作出准确的认定和适用。

(一)裁量情节的体系及其影响

裁量情节是一个复杂多元的体系。以裁量情节是否具有明确、具体的法律规定为标准,可以将其划分为法定情节和酌定情节。

所谓法定的裁量情节,是指法律、法规和规章等明文具体规定的,行政主体作出行政裁量行为时必须考虑的各种事实情节。法定情节具体又可区分为以下两类:第一,法定从严情节。例如,《治安管理处罚法》第20条规定,违反治安管理有下列情形之一的,从重处罚:有较严重后果的;教唆、胁迫、诱骗他人违反治安管理的;对报案人、控告人、举报人、证人打击报复的;6个月内曾受过治安管理处罚的。第二,法定从宽情节。例如,《行政处罚法》第30条规定,不满14周岁的未成年人有违法行为的,不予行政处罚,责令监护人加以管教;已满14周岁不满18周岁的未成年人有违法行为的,应当从轻或者减轻行政处罚。第32条规定,当事人有下列情形之一的,应当从轻或者减轻行政处罚:主动消除或者减轻违法行为危害后果的;受他人胁迫或者诱骗实施违法行为的;主动供述行政机关尚未掌握的违法行为的;配合行政机关查处违法行为有立功表现的;法律、法规、规章规定其他应当从轻或者减轻行政处罚的。第33条规定,违法行为轻微并及时改正,没有造成危害后果的,不予行政处罚;初次违法且危害后果轻微并及时改正的,可以不予行政处罚;当事人有证据足以证明没有主观过错的,不予行政处罚。法律、行政法规另有规定的,从其规定。《治安管理处罚法》第19条规定,违反治安管理有下列情形之一的,减轻处罚或者不予处罚:情节特别轻微的;主动消除或者减轻违法后果,并取得被侵害人谅解的;出于他人胁迫或者诱骗的;主动投案,向公安机关如实陈述自己的违法行为的;有立功表现的。第14条规定,盲人或者又聋又哑的人违反治安管理的,可以从轻、减轻或者不予处罚。

概括而言,根据《行政处罚法》《治安管理处罚法》《行政许可法》《税收征收管理法》等法律文件的规定,在我国行政管理领域(尤其是行政处罚领域),能够影响行政裁量利益衡量的法定情节主要包括:(1)行政相对人是未成年人、盲人、聋哑人的;(2)教唆、胁迫、诱骗他人从事违法行为的;(3)对报案人、控告人、举报人、证人打击报复的;(4)一定期间内再犯的;(5)主动消除或者减轻违法后果,并取得被侵害人谅解的;(6)主动投案的;(7)有立功表现的;(8)出于他人胁迫或者诱骗从事违法行为的;(9)违法行为没有造成危害后果或造成严重后果的;等等。这些法定的裁量情节,可以彼此独立地影响利益衡量的过程和结果,也可能相互结合而产生综合影响。例如,在文某治安处罚案中,①文某因举报有功即具有"立功表现"这一法定"免于处罚"的从宽情节而被公安机关免于治安处罚,否则根据《治安管理处罚法》第66条的规定,文某的行为至少可处以5日以下拘留或者500元以下罚款。② 而在刘某治安处罚案中,③公安机关则是在综合考虑了"结伙作案"这一从重情节和刘某作案时"未满18周岁"、系"聋哑人"这两项法定从轻、减轻处罚情节的基础上,对刘某处以行政拘留10日,而并没有选择拘留15日。

所谓酌定的裁量情节,则是指客观上能对行政裁量利益衡量产生实际影响,但又未在正式的行政法规范中得到明文具体规定的,行政主体在进行裁量时可斟酌考量、灵活适用的事实情节。酌定情节是行政执法人员基于行政管理的需要,根据立法目的、行政惯例、公共政策等,结合实务经验所总结的事实情节。酌定事实情节是对法定事实情节的有益补充,两者共同影响行政主体的利益衡量行为。

以行政处罚、行政许可、行政征收、行政裁决等典型行政行为的立法规定及实际案例为例,我们可以将影响行政裁量利益衡量的酌定事实情节归纳为以下几点:第一,行政相对人主体方面的酌定事实情节。具体包括:主体是偶犯、初犯或者是惯犯;主体的一贯表现和品性状况;主体的职业状况、教育背景、行为技能、经济状况和自我控制力;主观方面是故意还是过失;主体的心理状态是复仇、义愤、打抱不平还是其他;

---

① 《高中生嫖娼后帮卖淫女举报发廊被免于治安处罚》,载雅虎新闻网,http://cn.news.yahoo.com/070107/1012/2hzau.html。

② 《治安管理处罚法》第66条第1款规定:"卖淫,嫖娼的,处十日以上十五日以下拘留,可以并处五千元以下罚款;情节较轻的,处五日以下拘留或者五百元以下罚款。"

③ 该案的事实为:17岁的聋哑人刘某与同伙在武汉市洪山区盗窃他人诺基亚手机一部,被处以行政拘留10日。参见武汉市公安局洪山分局洪公珞决字[2006]第1444号公安行政处罚决定书。

主体的行为目的、动机及主观恶性大小；是明知而为还是认识错误；悔过态度等。第二，行为客体方面的酌定事实情节。具体包括：行为对象；与行为对象的关系；行为结果和危害结果；是否采取措施消除或减轻行为的消极后果；是否主动采取补救措施及所犯错误客观上是否可补救等。第三，行为过程方面的酌定事实因素。具体包括：危害行为的发生时间和持续时间；行为地点；行为手段和方法；是单独行为还是结伙行为等。

上述事实情节，一定程度上也均会对行政主体的裁量行为产生影响。例如，上海某航道工程承包公司在其海洋倾倒许可证期满的情况下，未经海洋行政主管部门批准，继续数月向海洋临时倾倒区违法倾倒疏浚物 20 多万方。根据《海洋倾废管理条例》第 6 条、第 14 条、第 20 条之规定，我国东海海监总队对该公司作出了罚款 6 万元的从重处罚。根据《海洋倾废管理条例》的规定，对本案当事人法定处罚幅度为 2 万元以上 10 万元以下。而据执法人员称，该案之所以最终确定罚款数额为 6 万元，是基于以下几个原因：（1）当事人明知故犯，这种心理状态较之疏忽大意的过失心理状态具有更大的主观恶意；（2）违法行为危害性较大，表现在倾倒数量大、持续时间长两个方面；（3）当事人恶意寻求规避，向海事部门提出倾倒作业的申报，但却不向海洋行政主管部门提出倾倒申请，无视海洋管理制度和海洋行政主管部门的权威。① 可见，在该案中，行政主体在行政裁量中所考量的事实情节主要表现在行为人主观心态、行为时间、标的大小几个方面。执法人员在裁量过程中考虑的三项原因中，第（1）项和第（3）项属于典型的酌定事实情节，该案例有力地证明了酌定情节对利益衡量具有举足轻重的影响作用。而且，相对于法定事实情节而言，酌定事实情节分布的范围更广，其适用也更灵活。在某种程度上甚至可以说，行政裁量的利益衡量主要是根据酌定事实情节而非法定事实情节作出的。例如，笔者曾在对武汉市公安局洪山区分局 2006 年 3 月至 5 月的 42 件盗窃治安行政处罚案件进行调研分析后发现，公安机关的执法人员在决定对相对人是给予拘

① 庄莉：《依法行政和自由裁量——上海某航道工程承包公司未经批准擅自向海洋倾倒废弃物案》，载《中国海洋报》2001 年 3 月 13 日。

留还是罚款处罚及确定具体量罚幅度时，所考虑的案件情节集中体现在“是否聋哑”“是否有前科”“年龄”“是否结伙作案”“标的价值”“作案地点”“作案时间”“是否备有专用作案工具”“执行能力”“认罪态度”等方面，各情节具体考量情况如表3.1所示。

表3.1　武汉市公安局洪山区分局2006年3～5月42件盗窃治安行政处罚案件中情节因素被考量次数的分布状况

项目	是否聋哑	是否有前科	年龄	是否结伙作案	标的价值	作案地点	作案时间	是否备有专用作案工具	执行能力	认罪态度
被考量次数	2	5	6	16	10	5	1	2	5	1

在上述所有的情节因素中，除了“是否聋哑”、“年龄”及“标的价值”适宜纳入法定的裁量情节范畴外，其他均为酌定的裁量情节。而其他诸如《四川省质量技术监督局行政处罚自由裁量实施标准（试行）》（四川省质量技术监督局2009年4月10日发布）、《河南省公安机关治安管理处罚裁量标准》（豫公通〔2009〕239号）、《湖北省公安机关行政处罚裁量权细化标准》（鄂公安规〔2015〕5号）等有关行政裁量基准的细则性文件，也主要根据酌定情节而制定裁量标准。因此，酌定情节不仅是法定情节的一种有益补充，而且在一定程度上，其对利益衡量的影响甚至更为直接、具体，是行政裁量中影响利益衡量的一项关键事实因素。

当然，无论是法定情节还是酌定情节，都属于对裁量个案中的利益衡量与处理决定具有直接影响和作用的各种事实情况，是行政机关行使裁量权作出行政决定应当全面考虑的因素，而对于与之无关的因素则不得予以考虑。否则，就属于“不相关考虑”而有悖于立法授权的真实意图，违背了行政裁量的均衡原则，从而导致行政决定的违法或不合理。就事实情节而言，“不相关考虑”或“违反相关性”具体表现为两个方面：一是忽视了相关的因素，或者说没有考虑应当考虑的事实情节；二是考虑了不相关的因素，或者说考虑了不应当考虑的事项。

“黄金成等25人诉成都市武侯区房管局划分物业管理区域行政纠纷案”中,就存在行政机关忽略行政裁量应当考虑的法定情节。该案的案情如下：

> 黄金成等25人系“中央花园清水河片区”内业主。该住宅区位于成都市草金公路以北、清水河以南,按开发时间顺序和规格分为一期、二期、三期、精装版一区、二区、沿河别墅和临河别墅等楼群,共有207幢5726套。不同楼群间有围墙、道路分割为相对独立的院落,院落间有些市政公共通道,其中一期楼群所处地域属甲社区居委会,其他属乙社区居委会。该小区有部分供电设备为小区自管,共用设施、设备及其他物业管理用房未作法定权属界定。2003年11月24日该市武侯区房管局发出通知,将“中央花园清水河片区”分为A、B、C、D、E五个物业管理区域,对各区域物业管理用房进行了划分,并请业主成立相应业主大会及选举产生业主委员会。原告黄金成等25人不服被告武侯区房管局将该住宅区划分为五个物业管理区域的行政行为,向该市武侯区法院提起行政诉讼。①

明确划分物业管理区域是开展物业管理的基础。《物业管理条例》②第5条第2款规定：“县级以上地方人民政府房地产行政主管部门负责本行政区域内物业管理活动的监督管理工作。”武侯区房管局作为武侯区内物业管理活动的行政监督管理部门,具有在辖区内进行物业管理区域划分的行政职权。但是,为保护业主合法权益不受损害,《物业管理条例》第9条第2款进一步规定,物业管理行政主管部门在划分物业管理区域时,“应当考虑物业的共用设施设备、建筑物规模、社区建设等因素”。同时,物业管理区域内共用设施的调整和分割,属于重大

---

① 案情详见《最高人民法院公报》2005年第6期。

② 2003年6月8日国务院令第379号颁布,2003年9月1日起施行;2018年3月19日根据国务院《关于修改和废止部分行政法规的决定》修订。

事项,应由业主大会讨论决定。由于区域的划分不可避免地涉及共用设施的调整和分割,因此物业管理区域的划分必须通过业主大会的讨论才能决定。在划分物业管理区域时如不考虑共用设施设备的权属、使用与维护等因素,就可能会对物业、业主的合法权益造成损害。而在本案中,武侯区房管局没有以证据证明,其在对“中央花园清水河片区”进行物业管理区域的划分时,考虑了除物业管理用房以外的其他共用设施设备等因素,忽视了《物业管理条例》第9条第2款规定的行政机关在作出行政决定时应当考虑的法定情节。据此,二审法院判决撤销武侯区房管局作出的该行政决定。在这里,尽管法院是从证据的角度以“主要证据不足”为由来作出判决的,但却借助证据的表象更深层次地审查了行政机关对法定情节的考虑。正是由于行政机关在作出决定时忽视了法定情节的考虑,才影响到裁量的公正性,从而导致最终决定的违法。

在“‘广控’公司诉某市国土资源局违法撤销土地使用权变更登记案”中,则涉及行政机关考虑了不相关的事实因素,从而导致行政决定违法。该案的案情如下:

> 2000年6月26日,第三人“裕丰”房地产开发有限公司因无力开发在某市的房地产项目,与原告“广控”公司签订《合作协议》,约定合作开发项目,并由“裕丰”公司申请将其所享有的30余亩土地的使用权变更到“广控”公司名下。2000年10月,经某市人民政府批准,被告国土资源局同意该宗土地使用权的变更,并向“广控”公司颁发了国有土地使用证。后经被告国土资源局调查得知,“裕丰”公司与“广控”公司曾于2000年6月23日参与签订了《抵债协议》,约定抵债的是同宗土地。被告国土资源局由此认定原告提供的变更资料虚假,遂于2005年4月1日以此为由作出撤销其土地使用权变更登记的决定。原告不服向某市中级人民法院提起行政诉讼。[1]

① 案情详见湖北省荆州市中级人民法院行政判决书,(2006)鄂荆中行初字第2号。

在该案中,被告作出"撤销土地使用权变更登记决定"的理由是原告提供的"变更登记资料虚假",其考虑的唯一事实情节是《抵债协议》,即被告仅仅根据《抵债协议》来认定原告提供的《合作协议》为虚假材料。显然,这一事实依据是不充足的。第一,《合作协议》是"广控"公司与"裕丰"公司基于双方同意而签订的合法协议,并在协议签订后都在积极履行各自的约定义务,不存在任何"虚假"之处。第二,《抵债协议》是为了解决债务纠纷,而《合作协议》是为了合作开发,两者之间并无内在必然联系。对于这两个相互独立的协议,原告既有权选择执行其中的任何一个协议,也有权选择执行的先后顺序。无论如何,被告都不能以其中的一个协议(《抵债协议》)来否定另外的一个协议(《合作协议》),更不能因原告没有执行《抵债协议》就主观推测《合作协议》是"虚假"的。第三,原告申请土地变更登记只需提供《合作协议》即可,而没有必要提供《抵债协议》,所以也不能因原告没有提供《抵债协议》就认为原告提供的变更登记资料是"虚假"的。总之,被告在认定事实上考虑了不应该考虑的因素,构成了不相关的考虑。这种不相关的考虑直接影响到行政机关的利益衡量,也使原告的信赖利益不受合法保护。在此基础上行政机关不可避免地作出了错误的推理,并作出了违法的撤销决定。

(二)多项情节的适用冲突与竞合

情节在利益衡量中的适用是一个复杂的过程,特别是法定情节和酌定情节的适用,往往涉及一系列相互矛盾的冲突问题,这些冲突既包括孰先孰后的选择适用问题,也包括同向、逆向的竞合适用问题。

首先,关于法定情节和酌定情节冲突的选择适用。对此,在刑事量刑领域长期遵循的是"法定情节优先于酌定情节"的解决思路。多数学者认为,法定情节是法律明文规定在量刑时务必考虑的情节;而酌定情节是法无明文规定,由司法人员根据具体案情认定酌情适用的情节。尽管量刑时必须兼顾二者,而且在某些情况下,酌定情节对量刑的影响力并不亚于法定情节,但法定情节在大多数场合比酌定情节所起的量刑作用要大一些,所以法定情节应优于酌定情节适用。[1] 但我们认为,这种将法定情节和酌定情节加以区别对待的做法,并不符合对事物进行客观评价的一般规律。任何裁判的结论都必须以具体个案的客观案情为基础,因此在行政裁量抑或刑事量刑过程中,情节对结论的影响效力和程度"应根据法律规定,并结合案件具体情况予以客观评价"[2],而不能以学理上的分类,优先或重点考虑何种情节。从法律依据上看,尽管酌定情节没有法律的"明文具体规定",但仍然存在法定的适用依据,如我国《刑法》总则第 61 条已明确规定了酌定情节的司法适用依据。那种认为酌定情节系排除在实然法之外情节的认识,其实是误解了此类情节的法律性质。事实上,在具体个案中,酌定量刑情节普遍存在,人为降低其重要性不利于全面、充分了解个案情节,不利于实现个案的公平正义。正如有学者指出,"酌定情节贯穿在刑罚裁量的全过程,离开酌定量刑情节,刑罚的裁量就是不可能的"[3]。可见,在重要性方面,酌定情节毫不逊色于法定情节。在裁量过程中,酌定量刑情节与法定量刑情节应当互为补充,缺一不可,两者并无绝对的轻重、主次之别。

在行政裁量的利益衡量过程中,尤其应当走出上述情节适用误区。行政裁量是一个综合权衡各种利益关系,并最终作出裁量结果的过程。利益衡量的重心往往是法定情节以外的酌定情节,某种程度上可以说,利益衡量的精义和目的就在于对法定情节以外的酌定情节所体现和代表的利益的一种关照和衡量。裁量过程所牵涉之公共利益与个人利益,往往是由酌定情节而非法定情节所体现。因此,在行政裁量过程中,不能先入为主地以法定情节预设一个框架,再以酌定情节来作所谓的"适当修正",更不能片面地以"法定优先"为由,弱化和忽视酌定情节的作用与价值。在法定情节与酌定情节共存的场合,应平等地对两者进行充分、全面的考察与适用;在两者发生冲突时,应以个案

---

① 黄祥青:《多种量刑情节的适用原则与方法探讨》,载《人民司法》2003 年第 2 期;喻伟主编:《量刑通论》,武汉大学出版社 1993 年版,第 209 页;胡学相:《量刑的基本理论研究》,武汉大学出版社 1998 年版,第 208 页。

② 许利飞:《略论酌定量刑情节》,载《国家检察官学院学报》1999 年第 3 期。

③ 李洁:《定罪量刑情节若干问题研究》,载《北华大学学报(社会科学版)》2001 年第 1 期。

的基本情况具体权衡两种情节的轻重,然后再确定优先适用何种情节,最后以次要的情节予以修正。概言之,法定情节与酌定情节适用的先后顺序,应是灵活而具体的,而不应是笼统和"经验化"的。

其次,关于多项情节的竞合适用。在特定案件中,影响利益衡量的情节往往并不是单一或单向的,而是多种甚至多向情节同时交织存在,这种数个量刑情节并存于同一案件的情况,在理论上被称为"情节的竞合"。[①] 在裁量案件中,情节竞合的情况非常普遍,既包括同向情节的竞合,也包括逆向情节的竞合。同向情节的竞合主要包括从重情节的竞合、从轻情节的竞合、减轻情节的竞合和免除情节的竞合。一般认为,就从重情节的竞合适用而言,只要在案件所对应的具体的法定幅度内,无论多少个从重情节的竞合适用都不能超过法定幅度的上限;从轻情节的竞合适用则正好与之相反;就减轻情节的竞合适用而言,无论多少个减轻情节的竞合适用最终只要不免除即可;免除情节的竞合适用,只适用一个免除情节即可。逆向情节的竞合,又称为情节的绝对冲突,是指同一案件中并存数个"从宽情节"和"从严情节",情节之间功能相反、彼此冲突。这种冲突被视为"量刑情节之间本质的冲突,体现了量刑情节冲突问题的内容与形式的高度统一"[②]。对于逆向量刑情节竞合的适用,有些国家的刑法典中明确设定有适用的规则及优先次序。[③] 我国现行《刑法》并未以法条的形式明文规定逆向量刑情节竞合时的适用规则,理论界和实务界对此众说纷纭,分歧较大。总体来说,理论上存在两种逆向情节竞合适用的方法,即定性情节适用法和定量情节适用法。其中,定性情节适用法侧重于从整体和宏观上看待和评

① 赵廷光:《量刑公正实证研究》,武汉大学出版社 2005 年版,第 45 ~ 46 页。

② 祝铭山主编:《中国刑法教程》,中国政法大学出版社 1998 年版,第 184 页。

③ 例如,日本《刑法》第 72 条规定的适用加重和减轻处罚的顺序为:"一、再犯加重;二、法律上的减轻;三、并合罪的加重;四、酌量减轻。"(《日本刑法典》,张明楷译,法律出版社 1998 年版,第 28 页。)意大利《刑法》第 69 条规定:"当加重情节和减轻情节一词出现并且法官认为前者占优势时,不考虑为减轻情节规定的减刑,只实行为加重情节规定的增刑。如果减轻情节被认为优于加重情节,不考虑为后者规定的增刑,只实行为减轻情节规定的减刑。如果法官认为加重情节和减轻情节相互均等,适用在不存在上述任何情节情况下本应科处的刑罚……"(《意大利刑法典:附意大利监狱法》,黄风译,中国政法大学出版社 1998 年版,第 27 页。)

价情节在裁量过程中的作用与价值。其强调先对所有情节进行“综合”考察，然后根据经验，在“罪责刑相适应”的基本原则指导下，得出最终结论。如有学者提出的所谓抵消说、择一说、相加说、综合判断说、优势情节说等①均可归为此类。定量法则将数学、统计学、决策学等其他学科的方法引入裁量中，侧重于用精确的数字预设每一类情节的重要程度及价值。其先以数据标明案件中每一情节的影响力，然后运用一套数学计算方法，计算得出最终的结论。如有学者提出的层次分析量刑模式、②分格式量刑法、③量化积分量刑法、④电脑量刑法⑤等都属于此类。

在行政裁量中，情节的竞合也主要是从宽情节和从严情节的同向竞合以及从严情节和从宽情节的逆向竞合两种情况，这一共性使得一定程度上将刑事量刑领域的情节适用方法适用于行政裁量利益衡量领域成为可能。但是，笔者认为，上述各种方法，各有所长，也各有所短。定性情节适用法，具备理论上的“完整性和全面性”，却失之于实践中的“操作性和精确性”，与传统的“估堆法”并无实质区别。由于缺乏具体的操作标准，实践操作中主观随意性较强，监督主体也无法对该法的实施进行有效监督。以整体综合判断说为例，该说主张：“从严和从宽兼有的逆向数情节：(A)重与轻或宽与严不得扣减或冲抵，此为法定原则所决定；(B)具体分别，逐一剖析，权衡各情节对量刑结果影响的大小，依据全案事实，情节及其危害程度，综合量定刑罚。”⑥这种观点要求裁量将“全案事实，情节及其危害程度”“一网打尽”，强调综合权衡全部的案件因素，无一丝遗漏。从理论上讲，当然可以确保裁量的绝对公平。但是，对于如何“剖析”、如何“权衡”、如何“综合量定”，却语焉不详，裁决主体无法直接适用该方法得出结论。换言之，该说和我们所谓

① 马克昌主编：《刑罚通论》(第2版)，武汉大学出版社1999年版，第349～350页；陈航：《量刑情节的冲突问题研究》，载《法学研究》1995年第5期；周光权：《刑法诸问题的新表述》，中国法制出版社1999年版，第389～391页。

② 段立文、陈殿福：《近年来标准化量刑研究概览》，载《政法论坛》1991年第5期。

③ 高格：《定罪量刑的理论与实践》，吉林人民出版社1994年版，第221页。

④ 马克昌主编：《刑罚通论》(第2版)，武汉大学出版社1999年版，第309～325页。

⑤ 赵廷光：《量刑公正实证研究》，武汉大学出版社2005年版，第36～54页。

⑥ 马克昌主编：《中国刑事政策学》，武汉大学出版社1992年版，第202页。

的“以事实为根据”并无多大差别，依然只是一种宏大叙事的表达手法，仅具有抽象层面的指导意义，并不能成为适用于实际裁量过程的具体理论工具。

就定量情节适用法来看，这种方法能够有力地矫正定性法模糊含混的弊端，但在这一矫正过程中，却又极端化地步入了另一个误区，此类方法往往以将各种刑罚幅度划分为不同的格次为前提和依据。但是，对于格次的划分依据却又明显缺失，实践中基本上是“不证自明”式地直接给出划分所得格次，很少进行充分的说明和论证。这种做法，既缺乏理论依据，也容易导致十分严重的消极后果。从理论上来看，不同的情节在整个裁量情节体系中的分量是不同的，同一性质的情节在不同案件中也应有不同表现，其影响程度本应是存在差异的。故而，对某些情节不分个案而采取统一化的格次划分，与客观事实并不相吻合。尤其重要的是，若在行政裁量领域完全照搬适用定量情节适用法，还将极大地破坏和制约行政主体的积极性和能动性，不利于行政法治的发展和创新。实践证明，行政裁量的利益衡量必须应对各种错综复杂的社会现象，行政主体的能动性和创造力也正是在一次次的具体个案裁量中激发和发展起来的。想要一劳永逸地设计一套“公式”似的量化标准，看似可以节约成本，实现理论意义上的“绝对公平”，却摧毁了行政主体的自由意志，只会使行政执法过程沦为机械的“投入—产出”般的裁决生产过程。正所谓严格规则之下无裁量，一套僵化、刻板的模式，一种对“量化公式”的依赖，将会以牺牲行政的能动性和创造性为代价，显然得不偿失。可见，定量情节适用法虽具备操作性也可直接基于该法的运用得出具体结论，但是该法的理论基础尚不完善，自证逻辑也不严密。因此，行政裁量实质正义的最终实现，仅依赖于一种纯粹量化的利益衡量情节适用方法，显然也是不够的。

（三）构建裁量情节适用的新模式

在行政裁量的利益衡量中，情节适用的冲突是普遍存在的。我们必须理性地正视这种冲突，并客观地分析定量情节适用法和定性情节适用法的优劣，在充分考虑个案现实的前提下，将定量、定性两种方法结合起来加以综合运用。基于此，我们有必要倡导建立一种以行政均

衡原则为指导,辅之以裁量基准与案例指导制度的裁量情节适用模式。具体而言,该模式涵盖如下五个方面的基本要求:

第一,坚持将行政均衡原则作为指导利益衡量的一般准则。如前所述,在行政裁量的过程中,利益衡量的根本目的在于实现各种利益之间的"均衡"和"最大化",以保证行政决定内容的合理性,体现个案的实质正义,行政均衡原则是行政裁量利益衡量应当遵循的一般准则。故而,在利益衡量过程中,对作为构成案件事实核心、直接体现案件所涉各类利益的情节之考察,理应在行政均衡原则的统率下有序进行。

第二,建立行政裁量基准制度,制定行政裁量的分格次量化标准。裁量基准使用的技术是"情节的细化"和"效果的格化"。[①] 在情节的细化上,应当预含有限的情节判断余地,但也不能过于宽泛。在效果的格化上,应当预留一定的裁量幅度,其确定方法通常采取"中间线法"。以苏州市交通局 2005 年制定的《苏州市交通局交通行政处罚裁量标准(试行)》为例,该裁量基准主要将影响量罚的事实情节划分为"情节较轻""情节较重""情节严重"三种,并按格次规定了相应的处罚标准或幅度。例如,"未经许可擅自从事机动车驾驶员培训"的法定处罚标准是 20,000 ~ 50,000 元。裁量基准则按情节较轻、较重、严重分格次设定了 2 万、3 万、5 万元三个处罚格次点。显然,这种将情节划分为"较轻、较重、严重"的"三段式"的划分方式,比较符合我们的日常习惯和经验法则,也易于为行政主体所掌握和行政相对人所接受,可以作为一项普适性的方法在其他裁量格次划分中得到推广应用。这里的关键问题是,在划分了三种不同的情节类型后,如何设定每一格次的裁量标准?对此,可以考虑采用"中间线法"作为一般的适用方法,面对特异情势则再作具体调适。根据"中间线法",上述"未经许可擅自从事机动车驾驶员培训"的法定处罚幅度是 20,000 ~ 50,000 元,则其量罚"分界点"为 35,000 元。那么,按情节轻重就可将相应量罚幅度划分为:情节较轻的,罚款 20,000 ~ 30,000 元;情节较重的,罚款 30,000 ~ 40,000 元;情

① 参见本书第二章。

节严重的，罚款40,000～50,000元。[①] 裁量格次设定后，至于何谓情节“较轻”“较重”“严重”，则仍然把裁量权交给行政主体，由行政执法人员根据执法经验以及专业知识能动地加以认定。同时，在按“中间线法”设定上述裁量格次的过程中，若行政主体发现，设定后的裁量格次明显畸轻畸重，或与以往的实务案例明显不符，则可在行政均衡原则的指导下，对上述“中间线法”得出的格次作出一定程度的“微调”。也就是说，裁量格次的划分，应以“中间线法”为原则，但行政主体可根据执法经验和具体情势作出适当调整。如此，既可达到合理限定行政主体的裁量空间，防止裁量主观随意性的目的，也可确保行政主体在基准制定及基准适用过程中均享有一定的主观能动性，确保情节适用定量法与定性法的相互交融、相互补充。

第三，建立案例指导制度，为个案的裁量过程提供参考和指导，以实现个案的“实质正义”。裁量基准的设定是行政裁量情节适用的第一步，在裁量基准确定后，还需要进一步准确判断具体案件情节是属于“较轻”“较重”还是“严重”。对此，可以借鉴“最高人民法院案例选编”的形式，由各地区行业行政主管部门编制案例选编，建立典型案例资源库，以案释法，通过实务案例确定指导性的判断标准。例如，就“违法次数”这一情节而论，可将初次违法确定为“情节较轻”，第二次违法确定为“情节较重”，三次或三次以上违法确定为“情节严重”。再如，2005年《苏州市交通局交通行政处罚裁量标准（试行）》，在适用“违法托运危险物品”这一情节时，将“托运3吨以下二级危险品或1吨以上一级危险品”确定为“情节较轻”，“托运3吨以上二级危险品”确定为“情节较重”，“托运3吨以上一级危险品”确定为“情节严重”。类似的认定标准主要是在大量的既往实务案例的基础上确立的。另外，在某一个案中，若同时具有两个或两个以上逆向的情节，裁量主体可在各逆向情节对应裁量幅度“相交叉”的部分作出初步决定，再根据行政均衡原则及指导案例作局部调适。以盗窃类治安处罚案件为例，若基准确定，不

① 2008年6月重新修订的《苏州市交通局交通行政处罚裁量标准（修订版）》已经作出了这样的修改：“……情节较轻或危害性较小处以2万元以上3万元以下罚款；情节较重或危害性较大处以3万元以上4万元以下罚款；情节严重或危害性很大处以4万元以上5万元以下罚款。”

满18周岁盗窃的，处以10日以下拘留或100元以下罚款；有前科的，处以5日以上拘留或50元以上罚款。此时，若某相对人同时具有“不满18周岁”及“有前科”两项情节，行政主体则应初步决定在“5～10日的拘留或50～100元的罚款”幅度内对相对人予以量罚。如果在裁量基准中，两个逆向情节的量罚没有交叉和重合的部分，行政主体就应结合全案情况综合衡量，初步将量罚结论限定在从宽情节的量罚幅度的上限以上，从严情节的量罚幅度下限以下，最终再根据均衡原则及案例具体加以调整。总之，在情节竞合的情况下，任何简单适用某一项具体、确定的裁量基准的做法均是不合理且不可能的，而必须由行政主体在裁量幅度内综合判断，据实确定。裁量基准的存在只是进一步限缩和限定行政主体的裁量空间，其并不能取代行政主体定性化的综合判断。行政裁量的过程，必须在行政均衡原则和案例的指导下，先通过定量的方法限定一个相对确定的范围，再通过定性化的综合衡量方法作出最终的裁决结论。

第四，赋予司法机关对裁量基准和个案裁决的审查权，不断调整、完善和发展裁量基准。从司法审查角度考察，行政裁量基准并非属于法律、法规，因此根据我国《行政诉讼法》第63条的规定，它对司法机关并不具有“依据”或是“参照”的法律约束力。司法机关在行政审判过程中，可以选择适用行政裁量基准也可以选择不适用行政裁量基准。司法机关在个案裁判中，对行政裁量基准的认可抑或抛弃，将会从一个侧面验证行政裁量基准的合法性和合理性，可以促使行政裁量基准的不断发展和完善。另外，近年来，理论和实务上要求扩大行政诉讼的受案范围，将行政主体制定的行政立法行为以外的抽象行政行为纳入行政诉讼的受案范围，几乎成为一致的呼声。[①] 我们有理由相信，一旦授予相对人直接对行政裁量基准提起诉讼的权利，行政主体在制定基准的过程中势必更加谨慎，也将确保裁量基准的日臻完善。总之，在行政、司法实践中，借助行政机关的自律与总结，借助相对人的质疑和挑战，借助法院的修正和调适，建成一种“原则—规则—基准”互为补充、

---

① 应松年、杨伟东：《我国〈行政诉讼法〉修正初步设想（上）》，载《中国司法》2004年第4期。

相互配合的完整的行政裁量情节适用规范体系,是极为可能和极具现实效用的。

第五,疏通和拓展裁量基准法定化的动议表达机制及范围,实现成熟基准的“合法化”。从性质上看,行政裁量基准属于一种行政规范,其法律适用效力低于法律和法规,对法院并无强制性的法律约束力。因此,对于经实践检验,能获得公众尊重、契合法律目的、能实现利益均衡的成熟基准,可以考虑采取以基准制定主体或公民个人的名义提起立法动议的方式,提请立法或行政立法,使其成为更高效力层级的法律制度。基于立法和行政立法的专业性、技术性及政治性等原因,多年来,行政主体在立法动议问题上享有较大的发言权。如有学者所言,“国家在立法意向上,首先是把政府的价值放在第一位;在立法定位上,即需要出台哪方面的法律以政府阶段性决策进行演绎”①。行政主体作为传统的法定主体,理应享有和承担就“成熟基准”提起立法动议的权利与义务。但是,由行政主体完全操纵立法动议权,剥夺抑或限制普通公民提起立法动议的做法显然已无法适应现实之需,也有违现代法治精神。立法的封闭性与现代社会所倡导的民主行政、政治开放的基本精神相悖,易于助长人们对立法过程及立法成果的猜疑和不信任,往往会增加法律执行的成本。根据现代法治理论,法作为一种具有持续效力的理性规定,“是反映社会所有参与者利益的一种妥协性质的产物”②,“必须反映人们的交涉性合意”③。而且,根据我国《宪法》第 2 条、《立法法》第 110 条的规定,享有立法动议权的主体除了行政主体外,还包括公民、法人和其他组织。故而,疏通立法动议的表达机制,赋予公民个人提起立法动议的权利是必要且可行的。也就是说,就裁量基准法定化而言,除了行政主体可以提起立法动议、启动立法程序以外,应允许普通公民、法人和其他组织,尤其是某类行政行为所涉及之行政相对人,享有就关系自己切身利益的行政管理事项提起立法动议的权利。

---

① 关保英:《行政法的价值定位:效率、程序及其和谐》,中国政法大学出版社 1997 年版,第 150 页。

② [德]彼得·巴杜拉:《自由主义法治国与社会法治国中的行政法》,陈新民译,载陈新民:《公法学札记》,台北,三民书局 1993 年版。

③ 季卫东:《当前法制建设的几个关键问题》,载《中国法学》1993 年第 5 期。

对于经提议的经实践检验能实现利益均衡、能保护相对人合法权益的成熟基准，相关权力主体应尽快启动立法程序。对于不适宜立法的事项，也应向提案人充分地说明理由。如此，通过为成熟的裁量基准“加披一件合法的外衣”，可以更进一步地提升其法律效力，使集中体现情节适用方式的“裁量基准”得以在更广泛的范围内发挥作用。

总之，行政裁量利益衡量的过程，是一个全面考量法定情节和酌定情节的综合过程。根据案件具体情况，对影响利益衡量的法定情节和酌定情节进行充分的考虑和客观评判，并通过案例指导制度和司法审查的作用，最终构建一套“原则—规则—基准”相得益彰、实现定量评价与定性权衡相结合的完善的情节适用模式，对规范和指导行政主体的行政裁量行为，实现行政裁量的法治化甚为必要。

三、惯例、公共政策与利益衡量

理论和实践证明，行政主体作出行政行为的过程包括“事实认定”和“法律适用”两个主要阶段。相应地，行政裁量的利益衡量既应以具体个案的“事实情节”为首要前提，也应充分考量法律适用的“规范体系”。在我国，受“法律的渊源是有约束力的法律依据”的传统观点影响，学术界主流观点一般将“法律规范”的表现形式限定为特定级别的国家机关依照特定程序制定和颁布的规范性文件，具体包括宪法、法律、行政法规、地方性法规、规章、法律解释等。但是，近年来，越来越多的学者主张从更广阔的视角解读“法律规范”抑或法律渊源的范畴。有学者认为，应从社会原型层面探求法律规范的渊源，因为“社会生活不仅为法律的产生提供了必要性和可能性，还为法律规范的形成提供了生活原型——社会的一般规则，如习惯、公理、风俗、经验等”①。在这一趋势之下，有学者主张：“习惯法、典型案例、法的一般原则，当为我国行政法的不成文法源。”②还有学者认为，行政法的不成文渊源包括典型案

---

① 孙笑侠：《论法律规范的社会渊源》，载《法律科学》1995 年第 2 期。

② 朱新力：《论行政法的不成文法源》，载《行政法学研究》2002 年第 1 期。

例、行政惯例、法理与行政法的一般原则、学说、政策等。[①] 更有学者在深刻分析和反思传统观点之缺陷与不足的基础上,主张抛弃现行的以法律效力来判断法律渊源的标准,提出了应将“法律的渊源”界定为“叙述法律或者争辩法律时所使用的论据”的修正观点。并基于此,将我国行政法的渊源界定为成文法渊源(包括宪法、法律、行政法规、地方性法规、自治条例和单行条例等特别法规、行政规章、法律解释文件、其他规范性文件、国际条约和公约)及非成文法渊源(包括行政法一般法律原则、民间习惯、行政惯例和司法先例、法律学说、公共道德、行政政策以及比较法)两种类型。[②] 显然,以上论述突破了传统主流学说的束缚,拓展了学术界有关行政法渊源问题的研究视野,也间接扩展了行政裁量规范影响因素的种类。

更为重要的是,行政裁量的过程涉及各种错综复杂的利益冲突,涵摄对各种不同利益的考量与权衡,其实质是一个利益衡量的过程。行政主体在实施行政裁量行为时必须运用利益衡量的方法,以综合权衡各种利益关系从而作出最佳选择。根据利益衡量理论,裁判者在解释法律时,“关于某问题(如果)有 A、B 两种解释的情形,解释者究竟选择哪一种解释,只能依据利益衡量决定,并在作出选择时对既存法规及所谓法律构成不应考虑”[③]。换句话说,“利益衡量方法,实际上是先有结论后找法律条文根据,以便使结论正当化或合理化,追求的是让法律条文为结论服务而不是从法律条文中引出结论”[④]。可见,这种法律适用方法与传统“概念法学”之“规范 + 事实 = 判决”的三段演绎论可谓完全相反,最终裁决结论的实质依据不是法律条文,而是利益衡量初步结论加找到的经过解释的法律条文。按照这种理论模式和逻辑进路,在利益衡量过程中,行政主体所考量的规范因素,无疑应比“法律规范”更宽泛——除了现有的实然法依据,还应囊括大量的习惯、惯例、政策、判

---

① 方洁:《论行政法的不成文法源》,载胡建淼主编:《公法研究》第 1 辑,商务印书馆 2002 年版。

② 应松年、何海波:《我国行政法的渊源:反思与重述》,载胡建淼主编:《公法研究》第 2 辑,商务印书馆 2004 年版。

③ 梁慧星:《民法解释学》,中国政法大学出版社 1995 年版,第 316 页。

④ 梁上上:《利益的层次结构与利益衡量的展开——兼评加藤一郎的利益衡量论》,载《法学研究》2002 年第 1 期。

例、道德、比较法、法律原则等各种可能的影响因素。总之,行政裁量的规范影响因素是多元而复杂的,既包括行政法的成文法渊源,也包括非成文法渊源。当然,本部分无意对行政法的所有规范体系展开全面的探讨,而是仅从非成文法渊源的角度,集中探讨影响利益衡量的行政惯例、公共政策等规范因素。[①]

(一)行政惯例的影响

社会行为不仅受法律规范性文件的调整,在一定条件下,惯例也能作为“另外一种法律”,发挥规范的作用。[②] 哈耶克将惯例视为一种自生自发的秩序,他认为:

> 我们文明社会中的成员都遵循一些并非有意构建的行为模式,从而在他们的行动中表现出了某种常规性;这里需要强调指出的是,这种行动的常规性并不是命令或强制的结果,甚至常常也不是有意识地遵循众所周知的规则的结果,而是牢固确立的习惯和传统所导致的结果。[③]

同理,在行政领域,调整行政行为的,除行政法规范外,还包括行政惯例。有学者称,“关于行政上同一或具有同一性的事项,经过长期的、一般的、继续的或反复的施行,则即可认为已成为行政上措施的通例”[④],这种通例即可视为一种行政惯例。

行政机关的行为受行政惯例的约束,是行政自我拘束原则的最直接体现。所谓行政自我拘束原则系指行政机关在作出行政裁量决定

---

① 在成文法渊源方面,有关宪法、法律、法规、规章、条约、公约等规范性文件的法律效力及相关问题,学界已论述颇多,这里不再赘述;在不成文法渊源方面,笔者认为将民间习惯、法律学说、比较法甚至公共道德均涵盖在内的说法稍显空泛,因此这里仅择取行政惯例、公共政策两个典型方面做代表性研究。

② 冯健鹏:《惯例是另外一种法律》,载《人民法院报》2006 年 6 月 5 日。

③ [英]弗里德利希·冯·哈耶克:《自由秩序原理》,邓正来译,生活·读书·新知三联书店 1997 年版,第 72 页。

④ 林国彬:《论行政自我拘束原则》,载城仲模主编:《行政法之一般法律原则(一)》,台北,三民书局 1994 年版。

时，若无正当理由，应受行政惯例或行政先例的拘束，对于相同或同一性质的事件作出相同的处理。① 该原则系由平等对待原则所衍生之行政法准则，其适用主要是针对先后发生的同类案件中的多个相对人而言的，它要求行政机关在后案中，必须受其在前案中所作出的决定的拘束，对有关行政相对人作出与之相同的决定。后案之相对人亦可依此提出平等之请求，而由行政机关作出相同的处理。同时，行政行为受行政惯例的影响和拘束，也符合社会公众的心理预期，是行政体制合理运转的必然要求。"因循守旧、侧重过去的倾向"是个体和组织共享的禀性和需求。心理学家弗洛伊德曾称，个体对规范化的秩序具有强烈的欲望，"根据这种欲望，人们要求创制一种永恒不变的秩序，即无论在何地、何时，还是以某种方式做某事时，只要在一相同的情形之中，就无需犹豫和疑虑"②。而"在正常情况下，传统、习惯、业经确立的惯例、文化模式、社会规范和法律规范，都有助于将集体生活的发展趋势控制在合理稳定的范围之内……如果人们对组织活动的方式与解决相同问题的方式，总是不停地重新考虑、不断地推翻，那么就显然会把一种过于沉重的负担（从长远观点来看是一种无法忍受的重负）强压在人的身上"③。因此，惯例一旦形成就构成了主体的行为规则，主体不得也无法轻易地"重新考虑、不断推翻"。行政自我拘束的基本要求便是，"行政主体如果曾经在某个案件中作出一定内容的决定或采取一定的措施，那么，在其后的所有同类案件中，行政主体都要受其前面所作出的决定或者所采取的措施的拘束，对有关行政相对人作出相同的决定或者采取相同的措施"④。基于这一规律和客观现实，对行政裁量而言，裁量主体在进行利益衡量时，无法回避已有行政惯例的影响，也不得无视先例所造成的内部示范性效应。相应的利益衡量过程，应是"以先例为基

---

① 周佑勇：《行政裁量的均衡原则》，载《法学研究》2004 年第 4 期。

② Sigmund Freud, *Civilization and Its Discontents*, trans. by J. Riviere, New York, 1949, p. 55. 转引自［美］E. 博登海默：《法理学：法律哲学与法律方法》（修订版），邓正来译，中国政法大学出版社 2004 年版，第 238 页。

③ ［美］E. 博登海默：《法理学：法律哲学与法律方法》（修订版），邓正来译，中国政法大学出版社 2004 年版，第 236 ~ 239 页。

④ 杨建顺：《论行政裁量与司法审查——兼及行政自我拘束原则的理论根据》，载《法商研究》2003 年第 1 期。

础”,并结合后案的具体案情作出决定。例如,前文提及的“海洋倾倒废弃物行政处罚案”中,行政机关就是在充分考量各种法定事实情节、酌定事实情节后,结合“上海某公司无证倾倒案,当事人违法倾倒两天,共倾倒两船,被处以人民币四万元的罚款”的先例,才最终作出对该案相对人罚款 6 万元的裁量决定。①

对相对人而言,行政惯例对行政裁量利益衡量的影响,主要表现为一种信赖保护的效力。相对人基于对行政主体的信赖,有理由相信行政主体对相同的情势会作出相同的处理行为,此种信赖是一种正当的期待,值得保护。此种“正当的信赖值得保护”的观点,一定程度上可视为“法安定论”在行政领域的影射。所谓“法安定论”,是指“法律的首要目的在于给予一个结局,让社会上的行为都有预见可能,让法律上的权利与义务都能安定”②。本于法的安定性,行政行为也须具有可预见和可预测性,社会公众既然预先知悉了其所应遵循之准则,则因“信赖行政行为所生之损害”就应予以保护。同时,这种观点也系深受西方国家合法预期理论影响的结果。西方国家狭义上的“合法预期”指相对人因行政机关的先前行为(如曾制定过政策,发过通知,作出过指导或承诺等),尽管没有获得某种权利或者可保护利益,但却合理地产生了对行政机关将来活动的某种预期(如行政机关将会履行某种程序或者给予某种实质性利益),并且可以要求行政机关将来满足其上述预期。行政机关除非有充分的公共利益理由,原则上不得拒绝。③ 基于上述种种考虑,惯例一旦形成,行政主体即不得随意背离。否则,相对人可以依法提请有关主体纠正和撤销行政主体的行为。例如,在“田永诉北京科技大学拒绝颁发毕业证、学位证行政诉讼案”中,学校在对田永作出退学处理决定后,某些部门没有执行田永退学的后续手续。而且,还作出了一系列的补发学生证、学期注册、收取教育费、发放生活补助津贴、允许其与其他同学一样学习、考试并给予学分及默认、准许其以该校学生

① 庄莉:《依法行政和自由裁量——上海某航道工程承包公司未经批准擅自向海洋倾倒废弃物案》,载《中国海洋报》2001 年 3 月 13 日。

② [德]古斯塔夫·拉德布鲁赫:《法学导论》,米健、朱林译,中国大百科全书出版社 1997 年版,第 22 页。

③ 余凌云:《行政法上合法预期之保护》,载《中国社会科学》2003 年第 3 期。

的名义参加各种活动的行为。这些行为都与学校的处理决定相悖,但种种情况加在一起,“无疑导致田永形成对学校的一种预期:只要他像其他同学一样完成学业和学校规定的其他任务,学校将会准许其如期毕业。(而且)应当认为,田永的预期是有生活经验上的根据的,这种预期是如此地稳固,以致他不再另寻出路(譬如重新参加高考,或者就业),而是冒着将来得不到毕业证书的风险——客观地讲,这多多少少是有一些的——继续留在被告学校”①。可见,田永继续留在学校的最主要原因,是基于对“完成学业和学校规定的其他任务,学校将会准许其如期毕业”惯例的信任。那么,学校在事后即不得背离和抛弃这种惯例,学校和法院均应保护学生因该惯例而生之信赖利益,该案法院的最终判决结果也从实体上印证了这一观点。可见,行政惯例作为一项重要的规范因素,应得到行政机关的充分尊重和重视,其理应成为行政主体进行利益衡量时予以考量的一项重要规范因素。

长期以来,行政主体的行为受行政惯例约束的观点,一直停留在行政系统内部,一定程度上可以称得上是行政主体的一项内部“默契”和一项内部“潜规则”。例如,在上述“田永诉北京科技大学拒绝颁发毕业证、学位证行政诉讼案”中,行政惯例的约束力只是学者们在对该案进行理论评价时所涉及的一个主题,法院的判决书并未明示惯例之约束力及价值。但是,这并不表明实践中,行政惯例对行政主体的外部行政行为没有强制约束力,行政主体享有随意遵守或不遵守惯例的“自治权”。在司法审判中,一些法院业已或朦胧、或浅尝辄止地在判决书中,表达了对这一观点的认可。法院的这种做法,既是对行政惯例的尊重,也明示了行政惯例对行政主体的“自缚效力”。例如,在“杜宝群等诉北京市公安局海淀区分局龙泉寺派出所户籍登记案”②中,公安机关在长期的户籍登记管理中形成的“未成年子女随母亲的惯例”为法院判决所确认。法院在判决书中实际上间接支持了“行政惯例可以成为行政机关作出具体行政行为的依据”的观点。应该说,该案的判决对行政惯例

① 何海波:《通过判决发展法律:评田永案件中行政法原则的运用》,载罗豪才主编:《行政法论丛》第3卷,法律出版社2000年版。

② 案情详见北京市海淀区人民法院编著:《审判案例选析》,中国政法大学出版社1997年版,第344~351页。

适用效力的“正名”，具有重要的推动作用和启发意义。

类似的司法案例还有“屈大明诉四川巴县界石镇人民政府案”。该案中，巴县界石镇人民政府在解决屈大明与另一村民的林地纠纷过程中，察觉屈大明所持的巴县人民政府颁发的林权证表面形式有瑕疵，遂将此证认定为屈大明本人伪造，并宣布废止该林权证。巴县人民法院经审理认为，巴县人民政府发出的林权证尽管有不完善之处，但按照惯例界石镇人民政府只能就此报请巴县人民政府作出处理，而不能径行予以废止。现界石镇人民政府自行将该林权证宣布作废，实属超越职权的行为，[①]该判决实际上就是对“下级无权废止上级行政行为”这样一个行政惯例的具体适用。[②]

通说认为，习惯法以法律共同体中的长期实践（“习惯”）为前提。而且，这种习惯必须以法律共同体的普遍的法律确信（“法律效力意志”）为基础。[③] 对于行政惯例而言，其同样是行政机关在处理某类行政事务中，基于长期的行政实践和反复适用而形成的惯行做法，且这种惯行做法“在人民间已一般性的确信为法（法的确信）”[④]，成为具有法的确信而获得普遍遵行的行为准则。尽管行政惯例源自一定时期内政府及其公务员作出的裁决、宣言及习惯做法，但是并非任何裁决、宣言及习惯做法都可构成行政惯例。一项所谓的“惯行做法”要构成“行政惯例”，应当具备以下两个方面的要件：

第一，产生或形成的条件。行政惯例产生或形成于行政机关对某类行政事务处理的“长期实践”和“反复适用”之中，并已经得到行政主体及公众一定程度的法的确信和认可。首先，长期普遍的实践惯行，是衡量行政惯例存在的客观要件。只有在较长时间内存在，被行政机关始终遵行，且普适于较大的空间范围之内的实践惯行才有可能获得一种法的确信，并对行政机关构成“行政自我拘束”的效力，从而成为一种

① 最高人民法院中国应用法学研究所编：《人民法院案例选》（总第 1 辑），人民法院出版社 1992 年版，第 187 ~ 189 页。

② 应松年、何海波：《我国行政法的渊源：反思与重述》，载胡建淼主编：《公法研究》第 2 辑，商务印书馆 2004 年版。

③ ［德］伯恩·魏德士：《法理学》，丁小春、吴越译，法律出版社 2003 年版，第 106 页。

④ 陈清秀、詹镇荣：《行政法的法源》，载翁岳生编：《行政法（2000）》（上册），中国法制出版社 2002 年版。

行政惯例。任何一次性催生或仅适用于狭小空间的做法均很难构成行政惯例。其次，行政惯例的效力来源于该惯例具有一般的法的确信。只有某一“惯行做法”被行政主体及公众确信为法（法的确信），才会被承认具有法源的地位，行政主体及公众也才会受其拘束。不具有法的确信，没有被认可、缺乏民意基础的做法一般无法形成行政惯例。同时，一旦作为行政惯例存在条件的法律信任消失，行政惯例也就不复存在。

第二，有效性要件。行政惯例的有效成立，还必须具有作为法的可能性，并具备合法性和合理性基础。首先，内容上具有确定性，即内容充分、明确、特定、具备可操作性，这是行政惯例得以适用的基本要求，缺乏适用效力的行政惯例是无法存在的。其次，已被公开实施，为大众所知晓。公开并产生宣示效力，是行政惯例得以适用的前提，一项仅存在于行政系统内部的“惯例”，一般而言对相对人并无约束力。再次，不得与正式的法律相抵触。行政惯例存在的最主要目的是弥补成文法的缺陷与不足，只有在正式的成文法律没有规定时，才有行政惯例的适用，因此其不应是违背成文法明文规定的。最后，为了获得行政主体及公众的尊重和认可，行政惯例还需具备合理性内核，符合正义的基本标准，不得违反宪法基本人权原则和行政法的均衡原则，也不得违反公序良俗。尽管一项行政惯例并不需要法院的认可，但是“法院有权以某种习惯的不合理性为理由而拒绝赋予该习惯以法律实效。正如纽约州上诉法院所指出的，‘合理性乃是某一惯例的有效要件之一，所以法院不能确立一种不合理的或荒谬的习惯去影响当事人的法律权利’”①。

上述两个方面的要件，是判断“行政惯例”是否成立的必要条件，这些条件往往应综合、同时适用，以判定某一“惯行做法”是否可作为“惯例”适用。一旦某一做法构成“行政惯例”，就具有了惯例的适用价值，就对相应的行政执法和法院审判产生影响效力，成为具有法源意义的行政惯例。当然，一项具有法源意义的行政惯例在具体的法律适用中

① ［美］E. 博登海默：《法理学：法律哲学与法律方法》（修订版），邓正来译，中国政法大学出版社 2004 年版，第 495 页。

还必须严格考量其与其他行政法之法源的效力位阶。通常来说,行政惯例作为法源的功能主要是补充成文法之不足或填补法律漏洞,且其有效适用不得违反成文法的规定,因此行政惯例的效力位阶应当低于法律、法规和规章。当行政惯例与法律、行政法规及行政规章发生冲突时,优先适用上位法。但是,各位阶不同的成文法源都可能成立惯例,不仅可能具有正式的法律、行政法规及行政规章位阶的惯例,也可能具有宪法位阶的"宪法性惯例"或者地方自治规章位阶的"地方惯例"。[①]与之相对应,在法律适用时根据上位阶决定应适用的法律规范。法的效力位阶主要确立的是上位阶规范效力的优先性,而不是适用的优先性,如在有更加具体、确定且不与宪法相冲突的法律规定时,一般应当优先适用该法律而没有必要直接适用宪法。尽管如此,但是由于惯例往往是在正式法律缺位时才予以适用,因此,行政机关和法院在法律适用时应当最优先考虑法律、法规和规章等成文法源,只有在穷尽所有时才可以考量适用合法的行政惯例。在我国,根据《行政诉讼法》的规定,行政规章在行政诉讼中只具有"参照"的地位,即法院在决定是否适用规章作为依据之前要对其进行审查,只有在确认其具有合法性和有效性时才可予以适用,否则不予适用。据此,对于效力位阶低于规章的行政惯例,法院也要在对其进行合法性和有效性审查之后才能决定是否适用。即使是正式的法律、行政法规及行政规章缺位时,法院仍然应当依据正义的基本标准以及行政法的基本原则等对惯例的合理性予以审查。[②]

综上,行政惯例有其自身特有的构成要件及法律效力,其虽区别于一般的成文法规范,但对行政裁量行为依然具有相应的约束效力。行政裁量深受信赖保护等行政均衡原则的调整和影响,行政惯例对利益衡量的约束和规范正是这种调整和影响作用的最直接而具体的体现。

---

① [德]哈特穆特·毛雷尔:《行政法学总论》,高家伟译,法律出版社2000年版,第74页。

② 周佑勇:《论作为行政法之法源的行政惯例》,载《政治与法律》2010年第6期。

（二）公共政策的调整

在现代社会，各项社会事务日益复杂和多样化。随着政府职能的不断扩张，制定并推行一定的公共政策成为政府实施公共事务管理职能的一种必要和常规手段。对行政裁量而言，由于法条规定本身所固有的"宏观性、概括性、模糊性"等特点，更是深受公共政策的调整和影响。

美国公共行政学创始人威尔逊曾以政治、行政二分理论为背景，将公共政策界定为"具有立法权的政治家制定、由公共行政人员所执行的法律和法规"①，这一定义一定程度上揭示了公共政策制定和执行的实质性内容。但是，该定义把公共政策笼统地概括为法律和法规，不甚妥当。从实务角度看，公共政策与法律和法规是有差异的，它在适用范围和手段上应更广泛和丰富。我国学者陈振明将公共政策界定为"国家（政府）执政党及其他政治团体在特定时期为实现一定的社会政治、经济和文化目标所采取的政治行动或所规定的行为准则，它是一系列谋略、法令、措施、办法、方法、条例等的总称"②。比较而言，此种定义更为科学。但是，该定义将政府排除在公共政策的制定主体之外，也不完整、不全面。严格来说，公共政策的制定主体除了执政党和其他政治团体，还包括政府。政府所制定的一系列宏观或微观的发展纲要、工作规划以及有关"严打""专项整治活动"等社会、政治、经济、文化等方面的管理措施，都可视为一种公共政策。只不过，我们应将政府制定的公共政策，与政府制定的法规和规章等规范性文件区分开来。其中，行政法规、规章属于"法律"层面的规范性文件，公共政策则属于"政策"层面的规范性文件；政府制定的法规、规章和公共政策在制定程序、规范内容、结构技术和规范形式上，有明显差异；同时，公共政策的制定主体也比法规、规章外其他行政规范的制定主体更为宽泛，除行政主体制定的行政规范外，其还包括其他主体制定的规范性文件。可见，公共政策的

---

① 伍启元：《公共政策》，商务印书馆（香港）公司 1989 年版，第 4 页。

② 陈振明主编：《公共管理学——一种不同于传统行政学的研究途径》（第 2 版），中国人民大学出版社 2003 年版，第 236 ~ 237 页。

制定主体与法律规范性文件的制定主体具有一定的重合性，但两者之间的关系，应是一种并列和互为补充的关系，而不是一种包含与被包含的关系。本书所指的公共政策是指由政府、执政党及其他社会政治团体制定的某些有关政治或社会管理措施的行为准则，其内容既涉及宏观的政治路线、政治方针、政治纲要，也包括中观与微观层面上的各项具体政治性规定，其在规范秩序的价值等级序列中表现出一种低于法律的效力。但是，“其制定及推行是与迅速演变的社会生活同步的，在社会生活当中具有明显的动态调节性；而且，作为政府平衡社会利益冲突、表达和维护公共利益的重要工具，公共政策一旦制定并执行，便会立即在一定范围内改变社会原有的利益格局，使社会资源重新整合，人们的行为模式也将因此而发生一些转变”①。因此，其对人们社会行为所具有的调整、约束及导引效力也是普遍存在的。

公共政策在对社会利益进行平衡、维护和分配的过程中，发挥着与法律制度类似的功能。行政裁量的利益衡量受公共政策的影响，原因是多方面的。

首先，与公共政策的制定目的和过程有关。公共政策的制定与立法过程相似，是广泛存在于社会生活之中的各种利益相互博弈的过程，最终制定的政策是各种利益博弈相互妥协的结果。更为重要的是，政府所颁布的政策，是政府基于公共利益的考量，对各种利益加以平衡所产出的结果。公共政策制定过程的本质，“是各种社会主体运用其所掌握的政治资源，表达其利益要求和愿望，影响政府决策，以期在最后的政策结果中，使自己的利益偏好得到优先照顾，实现自我利益最大化的过程，也就是政策决策者运行其所掌握的政治权力，对各种社会利益需求进行协调和平衡，进行社会价值权威性分配的过程”②。而在现代社会，行政法的人文精神已从命令与服从转化为服务与合作，行政主体的服务就是行政，服务的内容原则上就是无偿地集合、维护和分配公共利

① 常怡、黄娟：《司法裁判供给中的利益衡量：一种诉的利益观》，载《中国法学》2003 年第 4 期。

② 廖晓明、贾清萍、黄毅峰：《公共政策执行中的政治因素分析》，载《江汉论坛》2005 年第 11 期。

益。[1] 可见，行政主体行政活动的核心目的之一就是管理社会公共事务，实现社会各种利益间的均衡与协调。近似的过程及目的性，决定了公共政策在行政裁量的利益衡量过程中具有举足轻重的指引作用和导向价值。

其次，公共政策的制定本身是一种政治活动，而政治活动的首要主体是行政主体。公共政策的制定主体与行政裁量的行为主体具有高度重合性，这就决定了公共政策在行政裁量中的适用具备合理性。戴维·伊斯顿认为："公共政策是政治系统的产出，是对周围环境所提出的要求的反应。政治系统中的一个核心过程是要求和支持的输入，进入政治系统即决策黑箱中后，经过一个转换过程，最后作出决定和采取行动，这就是权威机构的决定和决策。"[2]詹姆斯·布坎南认为："公共物品的选择多是在'政治市场'中完成的，公共政策的产生也不例外。"[3]托马斯·R. 戴伊则认为，公共政策就是"政府所选择的作为与不作为"[4]。可见，制定部分公共政策属于行政主体政治活动的基本内容之一。既然公共政策主要由行政主体所制定，那么行政主体在最能体现其"自治意志"的行政裁量行为中尊重并遵循自己所制定的政策便是顺理成章的。

再次，公共政策的内容所体现的价值观与行政主体所追求的价值观是一致的。根据克鲁斯克等人的观点，公共政策的价值观是政策制定者以及其他涉及决策过程的人共有的偏好、个人愿望和目标价值观，还可能包括一个人的政治信条、个人偏好、组织目标及政策取向等。政策制定的目的可能反映了那些涉及政策制定过程的人的内心主观愿望和他们对过去、现在、未来的看法。[5] 同时，在公共政策中存在这样一种

---

① 叶必丰：《行政法的人文精神》，北京大学出版社 2005 年版，第 134～135 页。

② [英]米切尔·黑尧：《现代国家的政策过程》，赵成根译，中国青年出版社 2004 年版，第 18 页。

③ [美]丹尼斯·C. 缪勒：《公共选择理论》，杨春学等译，中国社会科学出版社 1999 年版，第 3 页。

④ [美]托马斯·R. 戴伊：《理解公共政策》（英文版第 10 版），中国人民大学出版社 2004 年版，第 1 页。

⑤ [美]E. R. 克鲁斯克、[美]B. M. 杰克逊：《公共政策词典》，唐理斌等译，上海远东出版社 1992 年版，第 35～36 页。

逻辑:选择一项政策意味着你既有规范性的标准又有经验性的判断,因为当你选择一项政策时,就是试图走进一个你认为可取的目标,因而你就不得不对达到那一目标的各种可能的方式作出判断,并判断某种方式的难易程度。一项好的政策是你认为值得付出代价达到最佳境界的途径,①而行政主体的行政裁量等公共行政行为则关注政府权威之下的公众生活,着力注重维护、建立和扬弃积极的社会伦理和道德准则。这些无疑都与公共政策所倡导和追求的价值观相契合。

最后,基于下级服从上级、领导负责制等传统官僚体制惯例的影响以及上级政府或上级官员对下级政府或下级官员在财政、人事任免等方面享有控制权和决定权的现实状况,在行政系统内,政策的推行和被遵守往往是"经验化"、不证自明的。而且,对行政主体而言,政府颁行的公共政策的指导效力一定程度上往往更为直接,甚至超过了国家颁布的法律。如有学者所言:

> 总的来说,行政官员和政客都不是从法律而是从政策中寻找他们的授权的。换句话说,他们是以政策为中心的。积极地看,行政官员视法律为一套挂衣钩,将政策挂在上面;消极地看,法律也许是在政策能够得以贯彻实施之前要跨越的一连串栏架,法律在此意义上就是一种控制。如果法律与政策相冲突,行政官员会设法改变法律,而如果这样做不可能的话,有时候他就有可能(不适当地)将法律搁置一旁或者根本就不理睬法律。②

可见,无论是理论上还是实践中,公共政策对行政主体裁量行为的影响和制约均是明确、具体而又合理的,公共政策与法律制度共同构成了调整行政裁量利益衡量的核心规范体系。公共政策对行政裁量中利益衡量的影响和制约的表现形式也是多种多样的。概言之,主要包括

① 王传红、李燕凌:《公共决策行为》,中国国际广播出版社 2002 年版,第 228 页。

② [英]卡罗尔·哈洛、[英]理查德·罗林斯:《法律与行政》(上卷),杨伟东等译,商务印书馆 2004 年版,第 165 页。

以下几个方面:

第一,中央机关制定的宏观政策性文件。例如,国务院2004年发布的《全面推进依法行政实施纲要》中明确规定了“合理行政”原则,该原则是调整行政裁量利益衡量的一项重要的行政法原则,而国务院发布的该纲要无疑属于一项公共政策。除中央行政机关制定的公共政策外,政党政策也会影响行政主体的裁量行为。在我国,“总体上讲,中国共产党是我国的执政党,其政策理所当然地在国家生活中居重要地位,对国家法律的制定与执行起着不可代替的指导作用;同时法律是实现党的政策的重要形式,又对党的政策有制约作用。因此,两者是相互作用、相辅相成、互为依据的”①。可见,政党的政策不仅对立法活动有影响,其对法律的执行同样起着重要的指导作用,行政裁量的利益衡量过程亦无法脱离政党政策的调控与制约。

第二,地方政府的“红头文件”。出台“红头文件”是我国政府推行公共政策的一项极具本土特色的常规方式。在法无明文规定之处,地方政府经常基于组织法所赋予的固有权限,制定众多的“创设性”政策文件;在有法律明文规定的情况下,地方政府也经常在法律规定的范围和幅度内,根据本地区特色,基于特定的行政目的制定相应的“解释性”和“指导性”的“红头文件”。这些“红头文件”均可影响和制约行政主体的利益衡量行为。以备受关注的“禁摩”事件为例,各大城市的“禁摩”经历了一个艰难和漫长的过程。据报道:

> 从最早的珠海到最近的佛山、广州,到最严厉的东莞,珠三角城市的禁摩步骤,一般都是由限制摩托车上牌到停止摩托车上牌,从禁止外地摩托车行驶再到禁止本地摩托车,从局部禁摩到最后总体禁摩。事实上,就是国内的北京、上海、长沙、宁波等140多个禁摩城市中,也都无一例外、大同小异地沿着这一共同路径推进着。②

---

① 李龙主编:《法理学》,人民法院出版社、中国社会科学出版社2003年版,第490页。

② 杨晓红等:《珠三角禁摩风暴引发争议,广州将成为无摩之城》,载《南方都市报》2007年1月10日。

可见，限制摩托车上牌照是“禁摩”的前奏和预兆。但是，根据我国《道路交通安全法》第 9 条第 1 款的规定，申请机动车登记，只需提交以下证明、凭证即可：“（一）机动车所有人的身份证明；（二）机动车来历证明；（三）机动车整车出厂合格证明或者进口机动车进口凭证；（四）车辆购置税的完税证明或者免税凭证；（五）法律、行政法规规定应当在机动车登记时提交的其他证明、凭证。”据此，凡是符合前款规定条件的，公安机关交通管理部门都应当发放机动车登记证书、号牌和行驶证。从各大城市“禁摩”的现实情况来看，各大城市以通告、规定、办法等形式发布的“禁摩令”，①对摩托车牌照的许可登记设定了更为严格的标准和程序。也就是说，各地基于对“防止飞车抢劫、保护人身安全、净化城市环境、缓解交通压力”等公共利益的考虑，以“红头文件”的形式，限缩了行政主体发放摩托车牌照这一行政许可的裁量权限。可见，在具体行政行为作出过程中，“红头文件”作为法律规范的补充，发挥着影响行政主体进行利益衡量的现实效力。

第三，临时性的公共政策。临时性政策文件一般是在特定时间内，在特定行政管理领域作出的专项规定。此类政策的出台一般并不以发生特大恶性事件为前提，而往往是行政主管部门基于行政惯例和传统，在特定时间作出，并仅在一定时限内产生约束效力的临时性措施。例如，春节期间，为打击车辆超载、保证春节期间的安全生产工作，陕西省“治超办”下发了《省交通厅治超办关于加强春节期间治超工作的通知》《省治超办关于做好春节期间重点路段治超工作的紧急通知》《省治超办关于榆林市孤山治超检测站超限车辆闯站事件的紧急通报》等三个文件，②该三份通知便是临时性的政策文件。根据上述文件，陕西省各县市交通主管机关在春节期间必将会按照比平时执法更严格的标准对超载行为人进行处理，其处罚的广度和力度均会加大。可见，临时性的公共政策对行政裁量行为的影响是直接而高效的。在特定时期，

---

① 例如，广州市政府《关于加强摩托车交通秩序管理的通告》、长沙市政府《关于加强摩托车行驶管理的通告》等，这些“禁摩令”既非地方立法，也非政府规章，只是一些地方政府发布的不具备强制法律约束力的“红头文件”。

② 陕西省《治超简报》第 37 期（总第 159 期），载陕西省治理车辆超载工作网，http://www.sxsjtt.com/zc/news_zw.asp? id = 832&newscl = 17。

行政主体的利益衡量过程必须考虑临时性公共政策这一规范因素。

诚然,公共政策作为一种普适性的规范,对行政主体的利益衡量过程发挥着现实而重要的影响效力。但是,在认可这一效力的同时,我们也应客观、准确地评价这一效力的“法律性质”及适用范围。一方面,公共政策对行政行为的影响效力,已得到了某些司法裁判的印证。例如,在“蔡梅丽、廖万荣、陈衍敏诉四川省司法厅行政处理上诉案”中,四川省司法厅为贯彻国务院国办通(1993)41 号批复通知及司法部《关于深化律师工作改革的方案》的文件精神,而将原四川省经济律师事务所确定为试点,进行人事编制、国有资产界定等转制改革。最高人民法院在该案二审判决中认为:“四川省司法厅作为原四川省经济律师事务所的主管机关,根据国务院批转的《司法部关于深化律师工作改革的方案》,为加快全省律师工作改革的步伐,建立适应社会主义市场经济需要的律师体制,选择该所作为转制的首批试点单位,进行整所转制,是履行司法行政管理职责的行为,有利于律师事业的发展,符合改革的方向。”而且,“四川省司法厅对原四川省经济律师事务所人员的住房按当时的购买价出售给个人,符合国务院发布的房改政策”。最终判决驳回上诉、维持原判。[①] 在该案中,行政机关据以作出行政行为及法院据以判案的核心依据即司法部《关于深化律师工作改革的方案》及“国务院发布的房改政策”,均属于公共政策的范畴。

另一方面,长期以来,政府、政党及其他政治团体所制定的一系列政策,既为社会公众所尊崇,也引发了一系列非难与质疑。在我国,从实然法的规定看,公共政策并非法的正式渊源,其对行政主体及相对人并不具有强制性的约束效力。因此,很多学者认为,行政行为的作出以公共政策为依据,并不能成为证明该行为具备合法性基础的理由。例如,以各类“禁摩令”为依据作出的限制摩托车使用及牌照发放的行政行为,便广受质疑。有法律人士称,“禁摩令”的颁行违反了《行政许可法》的规定,“市政府不能自行设定许可,必须由市人大制订地方性法规

① 最高人民法院(1997)行终字第 3 号行政判决书,载觅法网,http://www.34law.com/lawal/case/749/case_893434171689.shtml。

并报(广东)省人大批准”[①]。可见,在现行的法律框架之下,公共政策并非绝对具备“法律效力”的规范性文件,行政裁量的“正统依据”依然只能是地方性法规等之类的法律规范。正视这一现实,有利于行政主体在实务中理性地把握运用公共政策的尺度,但同时值得注意的是,“禁摩令”之类公共政策的出台,也并非毫无理由。支持“禁摩”的人士为“禁摩令”找了种种法律依据,其中最“有力”的依据是引用《行政许可法》第 8 条第 2 款的规定,认为地方政府基于“公共利益”的需要,可以变更或撤销已作出的行政许可,并可以为相应许可增加一些约束条件。显然,这是一种游离于“合法”与“非法”之间的牵强说辞,却构成了“禁摩令”出台并得以实施的最核心理由。由此表明,此类公共政策的推行,一方面有违法的“嫌疑”,另一方面却又有一套能自证其成的“法律依据”,可谓是“在夹缝中求生存”。可见,公共政策对行政裁量的影响和制约虽是客观存在的,但行政主体在适用时,却不得不“被迫”寻找证成其合法的“法条依据”。

基于社会管理事务的多样性及专业性,相应公共政策制定主体对本领域的管理事项享有毋庸置疑的权威及发言权力,由此制定的公共政策理应得到社会公众及法律系统内的充分尊重与重视。但是,实然法却为公共政策的适用预设了一个前提性的框架,即被适用的公共政策只能是具备合法性及合理性基础的公共政策。德国学者伯恩·魏德士曾将法规范的效力划分为三类:“法律”效力(应然效力)、“现实”效力(实然效力)、“道德”效力(认可效力或确信效力/接受)。[②] 据此,在我国目前的法律框架之下,公共政策虽然并不具备“应然的”法律效力,但客观上具备调整行政主体及相对人行为的现实效力。而且,这种现实效力的存在以其不违反“实定法”规定且具备合理性内核、具备能获得公众内心接受的道德效力为前提。以此为标准,对于不具备合理性、违反现行法律规定的公共政策,就不应不加审查地加以盲目适用,否则将构成违法。但具备合法、合理内核的特定管理领域的专业性政策,则

① 钟玉明、王攀:《“禁摩令”合法性遭到质疑》,载《海南日报》2004 年 6 月 29 日。

② [德]伯恩·魏德士:《法理学》,丁小春、吴越译,法律出版社 2003 年版,第 153 ~ 154 页。

不仅应得到行政机关和社会公众的遵守,还应得到司法机关的充分尊重与认可。司法机关不得泛泛地以"法无明文规定""该行政行为不利于相对人合法权益的保护"为由,撤销或否认行政机关基于相应公共政策之规定作出的裁量行为。同时,对于某项公共政策是否符合法条规定或契合法律精神的判断权可交由司法机关行使,但对其是否合理的问题,除非有充足之理由,仍应将"说最后一句话"的权力留给行政机关。此种情势下,我们需要限缩和规制的重心,不是行政主体如何适用公共政策的行政裁量权,相反却是司法机关是否排除适用公共政策的司法裁量权。

可见,公共政策虽非我国行政法的正式渊源,却极大地影响行政主体的行政裁量行为。这种影响,既具有深刻的理论渊源和现实基础,也为一系列的具体个案所印证。在立法尚不健全的情况下,具备合法性及合理内核的公共政策对行政裁量的利益衡量发挥巨大而独特的现实制约效力,从而成为影响行政裁量利益衡量的一项重要的规范因素。

四、个人社会资本的影响

"社会资本"是近年来社会学领域研究的热点问题,社会资本理论着力关注社会关系的形成、发展和流动过程,并以此为基础研究大众行为心理、行为动因和行为模式。作为转型社会的一种新的解释范式,社会资本理论被视为对西方传统的"理性选择范式"的超越和弥合。传统的"理性选择范式"强调"理性人"的假设,突出个人在行为中对利益最大化的追求,忽视或回避了人的社会本质,未充分考虑制度、文化、人际关系等因素对人的行为的导引、指示和潜移默化的制约作用。而社会资本理论则突出人的社会性,关注社会的整体性和集合性,成为取代传统的"理性选择范式"的新的解释范式的代表性理论工具。

以社会资本理论为切入点,探讨行政法领域最易为"人为因素"所操控的行政裁量问题,是中国文化背景下一项全新而又意义深远的研究课题。中国传统文化,深植于儒家思想。"儒家的人生哲学认定,个人不能单独存在，一切行为都是人与人交互关系的行为”[①]。费孝通先生将这种以“关系”为本位的社会体系生动地归纳为一种“差序格局”模式。他认为，“在差序格局中，社会关系是逐渐从一个一个人推出去的，是私人联系的增加，社会范围是一根根私人联系所构成的网络”[②]。以血缘、地域和其他因素为纽带连接而成的“关系取向”织就了中国社会一种无形的关系网，每一个生活于其中的人都不可避免地受其制约，受其影响。个人抑或组织的行为莫不是受各种关系所牵制和左右，或者说其本身就是各种关系博弈下的一种妥协结果。对此，行政机关的行政行为也未能幸免。行政机关的行为即便是注入现代法治理念，接受新型制度规约，仍无法完全脱离数千年官道、官风所沉淀下的传统习气。况且任何一种行政行为莫不最终落实于一系列具体的“公务人员”个人，一旦具体化，就不可避免地要受个人的社会关系网络制约和影响。因此，运用社会资本理论研究行政裁量问题不仅具有理论上的工具性价值，而且“顺着社会资本这条线，（还）可以一步步走进中国文化的深处，从而产生一种本源的亲和感，体会到一种黏连着各种怀旧与反思的亲近感”[③]。本部分试图以社会资本理论为研究工具，着力探讨个人社会资本影响行政裁量的方式、路径、强度及其防范措施、规避策略。[④]

（一）个人社会资本的类型及其对裁量的作用

美国社会学家波特斯（Alejandro Portes）认为，个人社会资本指“个人通过他们的成员资格在网络中或者在更宽泛的社会结构中获取短缺资源的能力……获取（社会资本）的能力不是个人固有的，而是个人与他人关系中包含着的一种资产”[⑤]。并认为，社会资本从形式上看就是

① 胡适：《中国哲学史大纲》，集成图书公司1974年版，第94页。

② 费孝通：《乡土中国》，上海人民出版社2006年版，第25页。

③ 卜长莉：《社会资本与社会和谐》，社会科学文献出版社2005年版，第22页。

④ 周佑勇、尹建国：《论个人社会资本对行政裁量正义的影响》，载《华东政法大学学报》2007年第3期。

⑤ ［美］托马斯·福特·布朗：《社会资本理论综述》，木子西编译，载《马克思主义与现实》2000年第2期。

各种社会关系网络。[①] 根据这一定义，个人社会资本可以划分为以下基本类型：

第一，以“血缘关系”为主要形式的社会资本。血缘关系是中国传统社会资本的主要表现形式之一。血缘关系是指以婚姻、生育行为而形成的家庭、宗族等血亲关系，其本质意思是指“人和人的权利和义务根据亲属关系来决定”[②]。对于新出生的人而言，血缘关系是无法避免、无法改变的，具有稳定性的特点。一个人出生的家庭背景，直接影响了他的社会资本层次和总量。血缘关系最为典型的是亲子关系，由此推演开来的是宗族宗亲关系。在整个血缘关系网络体系中，越靠近家族血缘中心的人越亲密，越易于被接受相结合；反之，则越容易被疏远和排斥。

第二，以“地缘关系”为主要形式的社会资本。地缘关系，是指群体成员因居住空间的距离和环境的近似性而形成的后天性人际关系类型。与西方国家尤其是美国相比，中国社会的人口流动相对缓慢，民众居住地相对稳定，极易形成以地域为区别标准的集中群体。对于生活在同一地域的人而言，“由于具有共同的文化背景，相同的语言和生活习惯，网络内的成员很容易对共同居住的地区及邻里和老乡产生归属感和认同感”[③]。这种“归属感”和“认同感”就是相应社会资本形成的情感基础和纽带。同时，地缘和血缘一般而言是紧密相连的，“在稳定的社会中，地缘不过是血缘的投影，不分离的……地域上的靠近可以说是血缘上亲疏的一种反映”[④]。而且，同一地缘基础上的通婚联姻往往也会拉近和强化单一的血缘或地缘关系，使两者形成的社会资本网络更加庞大，也更加稳固。可见，地缘关系和血缘关系密切相关，往往交织在一起，彼此难以截然分立。这种紧密的联结，既相互扶植地促成了两种不同的社会资本类型，也“双赢”地增强了两种社会资本类型共同

---

① 关于社会资本的概念、内涵，社会学界目前尚未达成一致。各种学说概括而言，可被区分为“资源说”“能力说”“功能说”“网络说”“文化规范说”五类。本部分主要从社会关系的角度考察个人社会资本对行政裁量正义的影响，故选择从“网络说”的角度定义社会资本的概念。关于社会资本的概念和内涵的争论，参见卜长莉：《社会资本与社会和谐》，社会科学文献出版社 2005 年版，第 74 ~ 76 页。

② 费孝通：《乡土中国》，上海人民出版社 2006 年版，第 57 页。

③ 卜长莉：《社会资本与社会和谐》，社会科学文献出版社 2005 年版，第 396 页。

④ 费孝通：《乡土中国》，上海人民出版社 2006 年版，第 58 页。

的稳定程度。

第三,以“业缘关系”为主要形式的社会资本。业缘关系是现代工业经济时代社会资本的典型形态。在现代工业经济时代,商品交换行为日益普遍,人与人之间的关系物化为一种商品间的交换关系,传统的血缘宗亲观念虽然依然存在,但其主导地位已悄然发生变化,以职业关系为基础形成的业缘关系在社会关系中的地位日益凸显。所谓业缘关系,可以简单地概括为以职业关系为纽带联结而成的社会关系形态。同时,这种关系可以进一步延展,例如以同学关系为核心联结而成的社会关系类型,以及以战友关系为核心联结而成的社会关系类型与之均有很强的类似性,可将这类关系统一归纳为业缘关系。业缘人际关系的典型表现是马克斯·韦伯所称的“科层制”。“科层制”根据一整套规章制度建立起来,具有准确性、稳定性、严格性、纪律性和可靠性的特点。在全社会各个领域都广泛采用“科层制”的时候,人际联系便由“人治”向法治、由官僚体制向民主参与、由重视道德修养向重视业绩贡献方面转化,此时的社会资本便打上了业缘关系的烙印。[①]

第四,以“朋友关系”为主要形式的社会资本。朋友关系是一个比较宽泛的概念,“朋友”可能包括老乡、同学、同事、战友等,因此,朋友间的社会关系也有可能被归入上述业缘关系和地缘关系。但是,上述两种关系并不能涵盖一切的朋友关系,例如有些“朋友”既无同事身份,也无地缘联系,但因志趣相投,或仅仅是因共享某一行为目的或因其他原因而机缘巧合地相识,并结成一种“联系体”。以“朋友关系”为主要形式的社会资本的存在和被重视,具有非常深刻的原因。按照吉登斯(A. Giddens)的社会系统理论,社会资本兼具使动性和制约性。它的使动性促使人们不断地利用和挖掘各种关系资源,并将其作为社会资本来配置经济资源;它的制约性则使人们不得不有的放矢地运用各种社会关系和社会资本。[②] 对朋友关系而言,它可以弥补血缘关系、地缘关系和业缘关系的不足和有限性。不同的人可以通过发展朋友关系,弥

① 卜长莉:《社会资本与社会和谐》,社会科学文献出版社 2005 年版,第 247 ~ 248 页。

② [英]安东尼·吉登斯:《社会的构成:结构化理论大纲》,李康、李猛译,生活·读书·新知三联书店 1998 年版,第 280 ~ 281 页。

补自身社会关系网络中的“结构洞”,并可以保证其他的社会资本更好地起作用。可见,以“朋友关系”为主要形式的社会资本,是对前述三种社会资本的有益补充和拓展。我们可以将其视为上述三种社会资本外,对其他形式个人社会资本的一种兜底性概括。

社会资本的效应是社会资本研究中的一个重要问题。虽然目前学界对社会资本效应的研究仍处于发展阶段,但“现在方方面面都理解到社会资本可以被用于好的用途和坏的用途(和其他形式的资本一样)”①。也就是说,社会资本可能会具有正面的积极效应,也可能具有负面的消极效应。相应地,社会资本对行政裁量的作用方式,也会存在两个方面的可能性:一方面社会资本有助于行政裁量正义的实现,但另一方面社会资本对行政裁量的正义也会产生消极的负面影响。

行政裁量的显著优势在于行政主体裁量过程的能动性,表现为在法律无明文规定的情况下,裁量者得以自己的个人判断“自由裁量”,但这种自由不是凭空的,裁量者归根结底仍应以一定的“标准”为依凭。这种依凭和标准可能是针对类似情况的其他已有制度的安排,更有可能是一些作为制度因素有益补充的“非制度因素”。在正式制度缺失或不够精细的情况下,这些“非制度因素”的价值就得以体现。因此,行政裁量主体在裁量过程中,必须也有必要考虑这些“非制度因素”。“非制度因素”的存在对保障行政裁量的公平正义具有重要的作用。在一种理性的、能引起大众共鸣的、能被自觉接受的“非制度因素”的形成过程中,社会资本的作用举足轻重。我国著名社会学家李培林教授认为,社会结构的一些最基本的实体要素(如家庭网络、企业网络、非正式的人际关系网络)是一种既不同于市场也不同于政府的资源配置方式,是“调整社会运行的另一只看不见的手”②。社会资本就是组成这种“另一只手”的各种因素的最好概括。它的正面功用表现在:它有利于形成一种“良善”的“非制度因素”;而且它所固有的信任、互惠与合作的价值取向,也有利于这种“良善”的“非制度因素”的传播,并对大众和裁

---

① [美]C. 格鲁特尔特、[美]T. 范·贝斯特纳尔编:《社会资本在发展中的作用》,黄载曦、杜卓君、黄治康译,西南财经大学出版社2004年版,“前言”第2页。

② 李培林:《再论“另一只看不见的手”》,载《社会学研究》1994年第1期。

量者本身产生自觉的约束力和影响力。社会资本对实现行政裁量正义的积极效应,从这两个方面可以得到极好的体现。

社会资本对行政裁量正义的负面影响也是显而易见的。林南(Lin Nan)曾指出,社会资本可"对决策者施加这样那样的影响,使其作出有利于受贿者的决策"①。理论上,任何一种类型的社会资本都有可能影响行政裁量的正义。以血缘关系社会资本为例,在我国古代,有"亲亲得相首匿"的传统。在现代社会,攀亲关系、裙带关系之屡禁不绝与这种宗亲传统不无关系。另外,老乡关系也是我国的一种典型社会关系,来自同一地区的人多会以"老乡会"甚至"某某帮"的名义被固定化、系统化,并形成成员间人脉联系的重要环节。在老乡圈内,大家相互依赖,互相"照应"。相较于血缘关系而言,这种封闭圈内的社会资本对行政裁量正义的影响,可能范围更广、危害更大。其他的以同事关系、上下级关系、同学关系、战友关系、朋友关系为形式的社会资本莫不如此。行政主体的工作人员在进行行政裁量时,可能会因与相对人间存在一份区别于一般关系的"人情",而掺杂考虑制度外的某些因素,最终影响行政裁量的公平正义。例如,在武汉市某区发生的一起治安处罚案件中,两相对人发生互殴行为,双方违法情节相同。但在进行处罚时,公安机关的民警对其中一人给予拘留 15 日的治安处罚;而对另一位当事人,因他本人与派出所某民警系"堂兄弟关系",而被罚款 100 元了事。同时,个人社会资本不仅会干扰行政裁量的最终结果,而且对行政裁量行为的作出过程也会产生严重的影响,甚至导致裁量的过程根本无法正常开展。

总之,社会资本在"暗箱"之中的动作,直接干扰了行政主体对案件的裁量过程和裁量结果,是不当影响行政裁量正义的一项重要因素。

(二)个人社会资本影响裁量的原因

1. 制度原因:行政裁量为个人社会资本的侵袭预留了空间

在现代社会,行政裁量广泛存在于公共行政管理领域。理论和实

---

① Lin Nan, *Building a Network Theory of Social Capital*, Connection, Vol. 22:1, p. 28 – 51 (1999). 转引自卜长莉:《社会资本与社会和谐》,社会科学文献出版社 2005 年版,第 388 页。

践一再证明,行政裁量的存在不仅是现代法治所要求的行政能动性的必然结果,而且也是在形式法治状态下实现个案正义的最佳途径。法治传统经历了一个由形式法治转化为实质法治的曲折过程。形式法治强调"作为专制权力对立面的正式的法的绝对优势地位或优越,它排斥政府任何方面的专断、特权和广泛的裁量权"①。但随着现代行政从机械行政走向能动行政,从消极行政走向积极行政,人们日益意识到"行政固然须法律的拘束,但行政本身的机动性,亦须加以维护"②。而唯有使行政机关拥有一定的裁量空间,具有灵活机动的选择余地,而非只是单纯的"执法机器",才能充分发挥行政权的主动性、创造性和形成性,才能更加有效地实现法律的实质正义。同时,赋予行政机关一定的裁量权,还可以弥补成文法所固有的"不合目的性、不周延性、模糊性和滞后性"等局限。行政机关通过行政裁量充分发挥其主观能动性,既要"按照法定目的考虑(法律目的、合理性),又要考虑案件的具体情况,从而找出适当、合理的解决办法"③。最终,有利于实现真正意义上的个案正义。总之,行政裁量权的存在既具有理论的该当性也具有现实的必要性。

然而,"每一种被推崇的裁量都有危险的事实相随"④。在当代行政领域,尽管必要的裁量权是实现个别正义不可缺少的政府工具,但裁量权本身的特性又使其成为一种对个别正义的潜在威胁甚至是直接危害。相对于羁束行政而言,行政主体在行政裁量中享有的权力更灵活、活动余地更大,也正是这种特性为社会资本的侵袭提供了更多的可乘之机。在社会资本的不正当干预下,行政主体极易以一种貌似合法的方式在法律规定的幅度内自由操控,实现权力的"寻租"。行政裁量作为一种特殊的权力形式,无疑彰显了现代行政的灵活性和人性化,但却非常遗憾地易于遁入一种"可左可右、关照通融"的沼泽之中,甚至可能

---

① A. V. Dicey, *Introduction to the Study of the Law of the Constitution*, 10th ed., Macmillan Education Limited, 1959, p. 202.

② 翁岳生编:《行政法(2000)》(上册),中国法制出版社2002年版,第19页。

③ [德]哈特穆特·毛雷尔:《行政法学总论》,高家伟译,法律出版社2000年版,第127页。

④ K. C. Davis, *Discretionary Justice: A Preliminary Inquiry*, University of Illinois Press, 1971, p. 25.

演化为一种再典型不过的“人为因素”操控的多发地带，权钱交易最大的回旋余地。

2. 文化原因：儒家传统文化为个人社会资本的浸染孕育了土壤

在儒家文化中，个人不是独立存在的，而是社会整体中的一部分。儒家思想中的个人“并非西方天赋人权意义的个人，而是人伦关系中的个人、社会情境中的个人、相互依赖关系中的个人。个人作为一个行动者，他的行动要视互动的对方与自己的社会关系（远近亲疏）与社会情境而定，彼此相互依赖，在相互关系存在的脉络里，赋予行动的意义”①。在儒家倡导的人际关系模式之下，个人的地位被置于整体中加以考虑，个人不是独立存在的，其只是整体的一部分，个人与他人之间以“关系”为纽带联结成了一张平面的网，而不同人之间又相互联系，最终形成了一张错综复杂的社会关系网。个人成为网络中的一个节点，他受制于网络的其他部分，反过来也能制约网络的其他部分。这种社会关系网络的成型与延展，促成了一种固定化的思维模式，并最终演绎成中国人的行动逻辑。翟学伟将影响中国人行为的人际关系模式抽象为人伦、人情、人缘三方面。他认为：

> 中国人际关系的基本模式是人情、人缘和人伦构成的三位一体，它们彼此包含并各有自身的功能。一般说，人情是其基本核心，它表现了传统中国人以亲亲为基本的心理和行为模式。人伦是这一基本模式的制度化，它为这一模式提供一套原则和规范，使人们在社会互动中遵守一定的秩序。而人缘是对这一模式的设定，它将人与人的关系都设定在一种表示最终的本原而无须进一步探究的总体框架中。由此，情为人际行为提供是什么，伦为人际行为提供怎么做，缘为人际行为提供为什么，从而构成一个包含价值、心理和规范的系统。②

---

① 林端：《儒家伦理与法律文化：社会学观点的探索》，中国政法大学出版社 2002 年版，第 105 页。

② 翟学伟：《中国人行动的逻辑》，社会科学文献出版社 2001 年版，第 236 ~ 237 页。

可见，儒家思想的影响，导致了中国人人际关系网络的形成，养成了中国人重视关系的心理倾向，并进一步潜移默化地浸染了中国人的行为逻辑，使得人们习惯于在日常行为中注重"培养关系"，在具体行为中自觉或不自觉地"考虑关系"。行政裁量作为一种公权力行为，其运行过程虽受"法治"模式的制约，但无法完全抵制"人为因素"的渗透和影响。相关决策人与执行人的社会关系网络会主动影响具体行为的作出过程，行政机关工作人员的行为也会被动地受制于这种影响，要想绝对性地"对事不对人"，几乎不可能做到。

总之，儒家文化的长期影响造就了中国人行为的"关系取向"，形成了中国人独特的行为逻辑模式。社会资本对行政裁量行为的影响和侵袭，只不过是这种行为模式在公权力运行领域的一种影射和表征，儒家传统文化孕育了社会资本浸染行政裁量行为的土壤。

3. 社会原因：社会资本本身的负面性效应是社会资本侵略性无法回避的自身局限

社会资本的负面性效应，最早是由波特斯提出来的。波特斯从个人角度出发，以个人成本—收益模型为分析基础，揭示了社会资本四个方面的消极后果：(1)排斥圈外人。(2)对团体成员要求过多。团体或者共同体的封闭在特定条件下，可能阻止其他成员创新的成功。(3)限制了个人自由，社群或团体参与必然产生服从的要求，个人的隐私和自主因之减少。(4)用规范消除了差异，个人的成功会削弱团体的一致，团体就会用规范消除差异，由此会导致向下的压力。[①] 在此基础上，我国学者卜长莉教授还从社会资本的个体与群体、局部与整体的两重性方面探讨了社会资本的负面影响，揭示了社会资本的内在消极作用。卜长莉教授认为，社会资本内在的负面效应主要表现在以下几个方面：(1)局部社会资本之间的关系直接影响了个人的发展和社会的发展。(2)局部社会资本的密度会影响个人和社会的发展。(3)社会资本的层次性也会影响个人和社会的发展。这一点对弱势群体而言，尤为

---

① Alejandro Portes, *Social Capital: Its Origins and Applications in Modern Sociology*, Annual Review Social, Vol. 24, p. 1 – 24(1998). 转引自卜长莉：《社会资本与社会和谐》，社会科学文献出版社 2005 年版，第 383 页。

明显。①

概言之,社会资本的"封闭性"、过度的"非均衡性"和"层次性"使其具备了自身无法避免和克服的负面性效应。一方面,封闭网络内的"圈内人"会因互享相同或相似的资源,而产生天然的"亲和力"和"彼此关照"的偏好;另一方面,对"圈外人"则有一种排斥、抵触的本能反应。其中,过度的"非均衡性"还引发了"不公平对待""惧怕""歧视"等现象的存在,不仅增加了制度运作的成本,还易于造成不必要的冲突和矛盾。对行政裁量行为而言,社会资本的"封闭性"、过度的"非均衡性"和"层次性"会直接影响裁量者对裁量幅度的把握、执法的严宽,是制约行政裁量权正当行使的一个重要因素。对"圈内人",裁量者倾向于放宽尺度,避重就轻;对"圈外人",倾向于保持距离,公事公办,从严处理。由此,一方面,对掌握较多社会资本的个体和"圈内人"而言,他们会自觉不自觉地动用和利用自己的资源影响裁量的过程和结果;另一方面,也使"圈外人"和"弱势群体"基于获得圈内人的首肯,共享圈内优势资源的目的,而不惜采取种种变通甚至是不法的手段,以期突破封闭圈的局限,弥合社会资本的"非均衡性"和"层次性"。同时,这种内生的竞争或对抗关系,还易于在裁量者和相对人之间促生一种隔阂和不信任的抵触情绪,会阻碍裁量进程的顺利推进,还有可能使裁量过程陷入一种非正义的"恶性循环"境地。总之,社会资本本身的特性及其现实分布状况是影响行政裁量正义的一项重要的社会原因。

(三)削减个人社会资本对裁量的不当影响

由于社会资本对行政裁量的不当影响,是一种"多元"原因共同作用的结果,因此对这种影响的削减必须"对症下药",寻求有针对性的问题解决之策。

1. 设定精细的行政规则体系,限定行政裁量的"自由"空间

行政裁量"自由"的幅度和余地,为个人社会资本的侵袭预留了空间。它不仅为社会资本的侵袭提供了可能性的"场域",还使这种侵袭的手段更加隐蔽,危害性更加难以察觉。因此,通过立法,限缩过度的

---

① 卜长莉:《社会资本与社会和谐》,社会科学文献出版社2005年版,第386~393页。

裁量权,是防止社会资本不当影响行政裁量的重要策略之一。

而在限缩过度的裁量权方面,通过行政机关制定具体化的行政规则无疑是一种非常有效的办法。制定具体化的行政规则可以弥补基于模糊的立法授权而导致的裁量权"过宽",压缩行政裁量行使的空间。诚如有学者所言,"对裁量权的限定的期望并不能寄予法律的颁布,而在于比法律更为广泛的行政规则的制定"①。因为,作为沟通普遍性法律与个案裁量之间的一个桥梁,行政规则比立法本身更贴近社会生活和事实真相,更切合行政裁量的实际需要。同时,制定精细的行政规则,还可以防止行政裁量中可能出现的"同案异判"和违反平等对待而对个案实质正义造成损害,能有效地实现行政机关的自我约束。从世界范围来看,通过具体的行政规则规制和遏制行政裁量的泛滥,是行政法治实践的经验总结和传统做法之一。在我国,行政实务中也逐步形成了一些具有行政规则性质的专门的裁量基准,理论和实践共同证明了这种做法的可取性和有效性。

2. 构建完善的现代行政法律制度,压缩个人社会资本的消极作用范围

首先,完善行政公开制度和行政回避制度,打破"圈内人"的信息垄断。社会资本具有负面效应,主要原因之一在于社会资本的封闭性。封闭性潜在地促使行政主体在行使行政裁量权时照顾"圈内人"、排斥"圈外人",由此往往导致"同事不同罚"的不平等局面。在一个封闭、不透明的执法环境中,这种不平等可能会表现得更为强烈。如林南所讲,"社会资本理论适用于目标信息传播不完善的不完备市场中。我估计,这种情况如果不能反映所有真实的市场情况也能覆盖大部分"②。因此,通过建立行政公开制度,让公众对行政裁量的依据和过程进行监督,一定程度上可以制约和警示行政主体正当行使裁量权,可以打破社会资本的封闭性,至少可以压缩"封闭圈"的影响范围。同时,回避制度的基本要义也在于避免裁判者与一方当事人的"亲密接触",避免裁判

① K. C. Davis, *Discretionary Justice: A Preliminary Inquiry*, University of Illinois Press, 1971, p. 56.

② [美]林南:《社会资本:关于社会结构与行动的理论》,张磊译,上海人民出版社2005年版,第58页。

的过程相对于另一方当事人而言,沦为一种相对的"封闭圈"。基于打破封闭性的考量,行政公开制度和行政回避制度的价值从另一个角度得到了再次印证。一直以来,我国行政法学界虽在理论上早已认识到行政公开、行政回避制度构建的必要性和重要性,但实体立法对行政公开的适用范围、公开范围、救济途径,行政回避制度的适用范围、启动程序、决定程序、救济途径等均未细化,这些应在行政程序专门立法和单行立法中逐步得到贯彻和落实。

其次,构建行政质询制度,让裁量者暴露在公众的目光之下。行政质询是打破社会资本封闭性的另一条路径。在我国现行法律体系下,质询权是专属于人大代表的一项法定权力,意指人大代表向有关国家机关提出问题,并要求其给予答复的一项宪法权力,是人大代表监督"一府一委两院"工作的重要方式。我国《宪法》、《全国人民代表大会组织法》及《地方各级人民代表大会和地方各级人民政府组织法》对人大代表的质询权作了明确的规定。人大代表质询权的行使,从实践上看,制度尚不成熟、不完善,使用次数也不多。但是作为一项重要的法律制度,其理论意义是不可小视的,现有的少数几次质询权的行使也将其威力和功效显露无遗。[①] 我们可以预见,随着民主法治的发展和人大制度的完善,人大代表质询权终将得到更大程度的重视,相应的制度也必将进一步完善。而且,人大代表质询制度的精义和启示也有必要得到研究、发展和发扬。我们认为,将人大代表质询制度移植到行政领域无疑是一种具有先见之明的有益构想。而且,行政实践已经尝试了这种做法并取得了一定的成效。质询制度在行政领域的试点,目前最典型的是农村的"村民质询会"制度。例如,在河南省,部分农村在村民自治过程中建立的"村民质询会"制度已初见成效。所谓"村民质询会"是在县级党委组织部门、民政部门的统一领导下,在乡镇党委的具体帮助指导下,经过收集群众意见、统一思想认识等准备工作后,由村党支

① 例如,1989 年 5 月,湖南省人大代表质询省政府及其部门负责人的子女在湖南省国际经济开发公司任职、兼职涉嫌非法经营、牟取暴利一案,时任副省长的杨汇泉答复不清,处理不力,后被依法罢免;2000 年 1 月,广东省人大代表质询省环保局一案,质询证据确凿、言辞犀利,导致省环保局局长被调离,一名副局长被撤换。此类质询案之震慑效果,引人关注。参见田必耀:《告别"质询恐惧症"》,载《浙江人大》2005 年第 8 期。

部召集广大党员和村民代表参加并实行干群对话的民主大会。它要求村两委干部在上级有关领导在场的情况下,直接面对广大村民的提问和质询,并对村民所提问题作出答复或表明解决问题的措施和态度。实践证明,"村民质询会"制度有利于克服村务公开中监督不力的问题,有利于提高村务决策的民主化和科学化水平,有利于沟通农村干群关系,还可以提高村民参与公共事务管理的积极性,有利于农村的民主政治建设。① 人大代表质询制度的立法设计和"村民质询会"的实践经验,均可以为行政质询制度的构建提供很好的启发和借鉴。

我们认为,在行政领域可以建立两种相互补充的行政质询制度:一种是定期的质询制度。这种质询由行政机关按部门定期举行,由一般社会公众参加。公众可就重大或有疑问的行政管理政策和措施向到会的答复人提出质询。答复可以现场给出,也可以事后通过公告的方式给出。为提高质询的威慑性,确保质询的"刚性",定期的质询会必须邀请媒体到场,政府上级主管部门和人大、纪委必须派员列席。另一种是个案质询制度,②由满足一定条件的利害关系人就行政主体的某一次具体的行政行为行使质询权。个案质询由行政机关的其他非裁量人员或部门负责人主持,裁量人员应到会接受质询,应对行政裁量行为的作出过程作出解释并答复质询。质询的过程应公开进行,应允许旁听和新闻采访。这样,作为一种事后监督程序,行政质询制度就可以和事前的行政听证制度形成一种相互呼应之势。通过裁量者的质询答复,公开裁量结果的形成过程,可以进一步让裁量者暴露在公众的目光之下,可以更有力地防止社会资本在"暗箱"之中的不当操作。

最后,发展法律咨询、援助制度,寻找一个好的"中间人"。社会资本对行政裁量正义不当影响的另一个原因来自社会资本的非均衡性。相对于强势群体,弱势群体往往因拥有较少的社会资本,而极易受到不公平对待甚至不合理侵害。如果行政机关的工作人员手中握有的权力

---

① 郭献功:《"管理民主"的有益探索——对河南省部分村建立"村民质询会"制度的调查与思考》,载《领导科学》2006 年第 12 期。

② 其应设计为一种相对人可选择启动的行政内救济制度。个案质询制度可作为行政复议制度的有益补充,它的启动程序和实施程序相对复议制度应当更简便易行。而且该制度既不应构成行政复议的必经程序,也不应构成行政诉讼的必经程序。

成为恣意妄为的“资本”或者谋取私利的工具时,受伤害的往往是社会的弱者。面对强大的公权力,保障弱势群体能平等与之对话的一种最简单、最有效的方式,便是为弱势者寻找一个可资依靠和信赖的“中间人”。正如林南所讲:

> 实现目的性行动的一个简单策略是接近自身拥有或能够获取更高价值资源的行动者……这样的接近对于利用社会资本有几个重要的优势。首先,它利用中间人的影响,中间人可以代表自我施加影响……第二,中间人有优势的结构性视野,可以给自我提供更好的信息。第三,一个处在好位置的中间人,拥有嵌入性和控制性资源,呈现出良好的社会信用,因此,如果他愿意作为中间人,会确保或提高自我的社会信用。最后,接触一个好位置的中间人的能力,本身就提高了自我在下一步的互动与行动中的信心与自尊……①

为确保适时而充分地为弱势者提供这样一种“中间人”,有两种措施可资借鉴:一是应进一步完善行政咨询制度。行政机关应就本机关的行政职权、行政职责、权力行使程序、相对人权利救济途径等设立专门的咨询窗口,并设专人专门负责受理、处理相对人的咨询和反映。如此,这部分人相对就成为了沟通相对人与行政裁量权行使者的“中间人”,一定程度上缓和了社会资本的非均衡性缺陷。二是大力促进法律援助制度的发展和完善。法律援助制度是一项充分体现“以人为本”思想的现代法治制度。但在我国,法律援助的适用范围尚太狭窄,目前主要存在于可能会判处死刑的刑事犯罪案件以及特定的民事案件中。这种状况不利于公民权益的合法保障,也浪费了大量的法律资源。从资源角度考虑,我国目前的律师、法律工作者队伍急剧增长,大学的法学院系也拥有空前庞大的生源队伍。这部分人,拥有较好的法律技能和一定的法律资源、人际资源,也多具备从事法律实务的激情和兴趣。政

① [美]林南:《社会资本:关于社会结构与行动的理论》,张磊译,上海人民出版社2005年版,第59页。

府应通过构建良好的沟通制度，营造一种健康的执业环境，引导和鼓励这部分人从事法律援助和公益事业，将我国的法律援助事业从刑事领域和部分民事领域拓展到行政领域，并进一步渗透到生活的各个方面，这是对各方都有利的一种“多赢”策略。我们可以设想，当相对人在满足一定条件后，就可以免费或以低廉的价格获得特定“中间人”的法律援助时，他捍卫个人合法权益的信心和热情势必急剧增长。过度“非均衡性”的障碍一旦得到突破，行政主体行使裁量权时，势必也会格外谨慎，恣意行政的可能性也必将大大降低。

3. 培养民主、信任、互利、合作的现代公民精神，打破狭隘的“熟人社会”信任圈

在中国传统社会，公民的生活圈多限于以封闭的家庭、家族为单位的小规模网络。成员注重内部关系、内部利益的培养和维护，逐渐形成了一种以宗族为边界的“熟人社会”。“熟人社会”的形成强化了家族内部的互信，但一定程度上也弱化了社会信任的程度，导致了“家族式”特殊信任的垄断和社会公众间普遍信任的缺失。[①] 虽然也有学者认为血缘家族关系并非制约中国人信任他人与否的唯一因素，但是，我们却无法否认这样一个事实，即相对于面向社会公众的开放式信任，“熟人社会”圈内的低度信任阻碍了公平、公正的行政管理秩序的构建，甚至对之起到了腐化和破坏的作用。因此，为消除以熟人圈的低度信任为基础的社会资本对行政裁量正义的影响，我们必须尝试打破人们之间基于“是熟人”而形成的“铁板一块”的关系界限，倡导开放的、博爱的、对世的普遍性社会信任，最终培养平等、信任、互利和合作的现代公民精神。如此，不仅可以提高行政效率，也可以防止腐败，防止社会资本在封闭圈内对行政裁量予以不当影响。

为实现上述目的，我们将面临一个漫长而艰辛的践行历程。对积

---

① 例如，李伟民和梁玉成通过大量的问卷调查得出结论：中国人所信任的人群，虽然以具有血缘家族关系的亲属家庭成员为主，但同时也包括不具有血缘家族关系却有着亲密交往关系、置身于家族成员之外的亲朋密友；对于没有血缘联系但具有一定社会交往和关系的其他人来说，中国人并未表现出普遍和极度的不信任；血缘家族关系虽然是制约中国人是否信任他人的一个主要因素，但不是唯一的因素。参见李伟民、梁玉成：《特殊信任与普遍信任：中国人信任的结构与特征》，载《社会学研究》2002 年第 3 期。

习的转变和对传统的突破，都会受到各种有形、无形的压力和抵制，相应的过程必然只能是渐进的、由点及面的。因此，培养公民精神必然需要有相应的“平台”做基础，也必须有一个恰当的“切入点”。2004年7月4日《新京报》上发表了一篇题为《让小区成为培育公民精神的平台》的文章，其代表了一种很好的思路。现代社会，“随着更多的人由‘单位人’成为‘社会人’，人们在小区中生活的时间越来越多，对小区的依赖程度也越来越强。如果说公民精神的培养无处不在的话，小区就是培养公民精神的基础平台。而且，小区事务大多与业主自己的利益密切相关，‘引进’公民意识解决自己的问题，更能激发业主们的积极性，展现他们的智慧。（通过引导公民参与物业收费类事务）……这样活生生的例子对公民精神的培养来说，将胜过千言万语的说教”①。清华大学的孙立平教授也认为，“无论是从理论上来说，还是就我们现实的社会生活而言，普遍的社会信任和公民精神，都是社会发展的重要条件”，而社区又是“培育基本的社会信任甚至是培养公民精神的重要场所”，“在大部分业主拥有完全产权的新兴住宅小区，普遍存在着较高的社区认同，表现为对社区活动的积极参与、对社区利益的关心以及对社区环境和声誉的爱护”②。因此，以“社区”为切入点，通过发展社区内的“社会支持网络”③和社区组织，通过吸引居民参与、关心与自身利益有关的事务，逐渐提升居民参与和关注公共事务的热情和激情，进而在全社会范围内培养一种民主、信任、互利、合作的公民精神，将是一种理想的进路。

除此之外，通过参与自愿性社团组织（或可称为非营利性组织），以自愿为前提，强化参与者的独立性和自主性，通过人们之间自愿的利益让渡和互助，发展人与人之间的横向联系，最终提升公民精神，也不失为一种良策。在罗伯特·D. 帕特南（Robert D. Putnam）看来，具有这种作用的社团是一种“合作的社会结构”。而且，“从内部效应上看，社团

---

① 艾君：《让小区成为培育公民精神的平台》，载《新京报》2004年7月4日，第9版。

② 孙立平：《社区、社会资本与社区发育》，载《学海》2001年第4期。

③ 社会支持网络（social support networks）是指由家人、朋友、邻里和有意相助人士组成的一种非正式的照顾和支援网络。它既可以提供工具性的社会支持，也可以提供情感性的社会支持。

培养了其成员合作和团结的习惯,培养了公共精神”[①]。加布里埃尔·A. 阿尔蒙德(Cabriel. A. Almond)和西德尼·维伯(S. Verba)对包括意大利在内的5个国家的公民进行了考察,结果也证实:通过自觉的志愿社团,“个人可以有效而富有意义地把自己与政治体系联系在一起。这些社团帮助他避免成为与政治影响隔绝的村民,或者成为受大批政治机构以及政府摆布和调动的孤独无力者这样的困境”[②]。对我国来讲,非政府组织或公益性组织近年来有逐渐增多的趋势(环保组织的崛起就是明证)。通过参加这类组织,公民的民主意识和对社会事务的参与意识得以提升。这种社团促使人们形成了一种以增加公共利益为目的而联系起来的人际网络关系,超越了那种以牟取个人或家族的私利而连接起来的传统人际网络关系。这种转变,其意义不可以说不大。我们相信,这种新型关系的建立和公民精神的培养,等于是无形中在人们的价值取向和观念上树立了一种全新的“道德风向标”。在这种人际关系网络中,舆论的导向和价值取向的压力有助于人们从观念上净化和摒弃“拉关系、打招呼、走后门”的不正之风。

秉承上述思路,并非一定要从根本上打破或颠覆中国的社会文化传统,一味宣扬西方的人文精神,要求行政机关的工作人员在裁量行为中不掺杂任何的“感情”因素。也不是唯心地认为,通过培养一种好的精神和品德就可以从根本上杜绝人们动用“人际关系”左右行政裁量行为的运行。只是认为,技术性的制度设计固然能即时地消解社会资本对行政裁量正义的消极影响。但是,长久来看,一种良好社会风气的形成和升华,一种对传统积习的反思和扬弃,反而更是矛盾缓解的“治本之策”。总之,培养民主、信任、互利、合作的现代公民精神,有助于净化消极影响行政裁量正义的社会资本的生长土壤。

4. 提高弱势群体的个人社会资本水平,弥合社会资本的非均衡性和层次性

如上所述,某些掌握优势资源的特殊群体,利用其社会资本左右行

---

① [美]罗伯特·D. 帕特南:《使民主运转起来:现代意大利的公民传统》,王列、赖海榕译,江西人民出版社2001年版,第102页。

② [美]加布里埃尔·A. 阿尔蒙德、[美]西德尼·维伯:《公民文化——五个国家的政治态度和民主制》,徐湘林等译,华夏出版社1989年版,第331页。

政裁量的作出过程,从而导致“同事不同罚”的局面。而通常正是这种区别对待,影响了行政裁量的正义。因此,打破群体间社会资本的差异和层次性,提高弱势群体的社会资本,最终会制约或消解优势资源的干扰力度和干扰范围,确保行政裁量的公平正义。

关于弱势群体社会资本缺失的原因,我国有学者将其归纳为资本因素、结构因素、文化因素、制度因素和组织因素五个方面。[①] 为提高弱势群体的社会资本水平,应有针对性地从以上各个方面采取有效措施。在所有的措施中,以下两个方面尤其值得注意和强调:

首先,建立适合我国国情的社会保障制度,保障弱势群体的生活水平,提高弱势群体的社会地位。弱势群体社会资本的缺失,既有个人原因也有社会结构转型时期的制度原因。相应地,为解决这一问题,既需要政府部门的“政策倾斜”和专门扶持,也有赖于弱势群体的“自救”。

对前者而言,需要政府部门建立全面有效的最低生活保障制度、失业救济制度,有针对性地实施扶贫扶助计划,还要在征收税费、提供启动资金、发放小额贷款、疏通“再就业”信息发布渠道等方面提供更多优惠政策和措施。对后者而言,则更具思考意义和发展价值。因为,在政府合法引导下的“自救”,不仅能达至目的,也能“不失尊严”,无疑是一种更值得提倡和发展的新型社保制度。这种政府引导下的“自救”制度,在我国大连曾有过一次很好的试点探索。2000 年 5 月,中国社科院社会政策研究中心和大连市民政局通力合作,对大连低保群体的生活状况、心理需求以及和社区的互动关系进行了全面调查,结果发现:一方面,低保对象闲困在屋,普遍人格萎缩并与社会相排斥,其中超过60% 的有劳动能力者对工作和社会参与的需求十分强烈;另一方面,社区存在绿化、保安、保洁及家政服务等大量社区公共服务和个人服务需求,但因为回报分散而难以形成有效供给。针对这一问题,课题组提出了一种新的组织化参与的政策设计:要求有劳动能力的低保对象成立一种社区公共服务社,用组织活动的方式实现社会参与和自助创业。这样一方面形成社会联结,减弱自我排斥,另一方面直接服务于社区。

---

① 吴文勤:《弱势群体社会资本缺失的因素分析》,载《中共南京市委党校南京市行政学院学报》2006 年第 4 期。

该政策设计方案于2000年5月在工人村街道进行了试点，得到了低保对象、社区居民和管理者的广泛认可和支持。经试点成功后，大连市政府发布了第40号政府令，将该模式推广至全市所有街道。经过几年的发展，这种社区公共服务社已经发展成为章程独立、制度完备的社区公共服务组织。[①] 我们认为，从经济效益、可操作性程度及长远发展角度考虑，这种对弱势群体的扶持模式均应得到更进一步的推广和发展。在对弱势群体提供支持和保障方面，政府既要授之以"鱼"，也要教之以"渔"，还要兼之以直接的援助和间接的引导。

其次，开展多样化的教育服务，为弱势群体提供平等的受教育机会。社会学家，包括布尔迪厄(Pierre Bourdieu)、科尔曼(James Coleman)、林南和波特斯等都认为，社会资本是区别于人力资本的一种特殊的资本形式。人力资本"代表着在培训和其他获得技能、知识和证书的活动计划中的投资"，社会资本则是"在社会关系中的投资，通过社会关系可以使用和借取其他行动者的资源"[②]。但是，稍作分析和思考，我们就会发现，一个个体可能"使用"和"借取"到的社会资源的种类和层次，很大程度上是由他现有的人力资本水平决定的。个体拥有的技能越多、知识水平越高(人力资本越多)，他可能占据的结构位置就越高，接触和得到其他行动者社会资源的概率也越大。相应地，他的社会资本水平可能也越高，发展得也更快。可见，社会资本与人力资本虽有差异，但两者之间存在紧密的联系，一定程度上可以说，人力资本是社会资本的重要基础之一。因此，为提高弱势群体的社会资本水平，我们不能忽视对弱势群体人力资本水平的提升和发展，而发展人力资本的一个最重要的方式便是教育。教育可以增长个体的知识和技能，增强个体的竞争力，拓宽个体的"业缘关系"圈和"朋友关系"圈，最终提升个体的社会资本水平。同时，惠及弱势群体下一代的平等教育机会，还可以防止社会资本的非均衡性和层次性在下一代中蔓延。

总之，社会资本对行政裁量的不当影响，是制度设计、文化传统、社

---

① 葛道顺：《镶嵌、自主与弱势群体的社会资本重建》，载《江苏社会科学》2005年第2期。

② [美]林南：《社会资本：关于社会结构与行动的理论》，张磊译，上海人民出版社2005年版，第23页。

会现实多种原因的“合力”使然，是内因和外因交互作用的客观结果。为削弱直至消除社会资本对行政裁量正义的不当影响，我们既需要设计一种完善、健全的法治制度，也需要“正本清源”，从文化、社会、传统的本土特征中探寻冲突消解之策。

第四章

过程中的利益沟通

在现代社会,行政裁量涉及各种不同利益的博弈、协调和权衡,其实质是一种均衡性的利益衡量,而利益均衡需要通过利益沟通的过程来实现。为实现对行政裁量的法治化治理,除在行政均衡原则的指导下,通过各种利益衡量的方法实现对行政裁量的实体建构外,还必须在行政正当原则的统领下通过构建各种利益沟通方式,以实现对行政裁量的过程建构。对此,除进一步完善现有的参与、听证和公开的利益沟通方式之外,还必须构建新型的契约、磋商、和解、调解等实质性利益沟通方式。

一、利益沟通的价值及其一般原则

沟通,即"使两方能通连"①。在本质上,沟通是一个多方主体之间进行信息交流的过程,意在实现相互间的信任,增进相互间的合作并达成协调一致的行动。所谓行政沟通,则是关于行政事件意见之交换、商洽及协调等作用的概称,较之于行政协调而言,"沟通是协调之方法,协调是沟通之结果";"惟实则沟通即是协调,协调即是沟通,二者之意义与作用无殊,均为意见之交换,意识之交流,而为达到行政目的之一种程序与方法"②。在行政法上,行政沟通主要表现为公共利益与个人利益之间的一种利益沟通,也就是说,代表公共利益的行政机关与代表个人利益的相对人或利害关系人之间进行信息互通、彼此了解、协调行动、避免冲突,进而最终达到信任和合作的过程和方式。行政裁量的过程涉及各种错综复杂的利益冲突,唯有通过各种利益沟通的方式,充分协调各种利益关系,才能实现各种利益之间的"均衡",以保证行政决定实体内容的"合理",体现个案的实质正义。

---

① 中国社会科学院语言研究所词典编辑室编:《现代汉语词典》(第7版),商务印书馆2016年版,第460页。

② 管欧:《现代行政学》,永新书局1978年版,第403页。

（一）在行政裁量中引入利益沟通机制的价值

沟通是协调利益关系、统一不同利益、保护各种合法利益以达致利益均衡的有效途径。在行政裁量中引入利益沟通机制，对于解决行政裁量滥用带来的公正与效率的矛盾以及对社会秩序的危害，实现行政的民主化，促使形式法治走向实质法治等都具有重要的价值。

首先，利益沟通是解决公正与效率矛盾的机制。行政需要有效率，即政策所要达到的目标一定能够迅速实现。同时，“行政也必须使一般公民认为在行政活动中合理地考虑了它所追求的公共利益和它所干预的私人利益之间的平衡”①。在很大程度上，行政裁量权的扩张是出于行政效率的要求，但由此所引起的行政裁量权的滥用却对公正造成了极大的威胁，这就使公正与效率发生了冲突。如何使公正与效率处于一种和谐的状态就成为了治理行政裁量权问题所要解决的主要矛盾。

“公正这一概念应该是对话式的，而不是独白式的”②，这就需要利益沟通的作用。利益沟通不仅提高了参与者的选择、意见和理由的质量，有利于行政公正的实现，而且增强了行政裁量的可接受性，因而也是有效率的。在行政裁量的过程中，引入利益沟通的因素，行政相对人可以充分地与行政主体沟通、辩驳、对质、博弈，使各自的主张在公开的程序中亮相，有利于相互间的了解和理解。即使行政行为的结果不利于相对人或不能满足其要求，也是双方妥协、协商的产物，相对人的不满情绪可以被淡化或消除，能够自觉配合行政主体完成行政行为，“因为各方一旦能够参与到程序过程中来，就更易于接受裁判结果；尽管他们有可能不赞成判断的内容，但他们却更有可能服从它们”③，并且可以减少事后寻求救济的概率，客观上有利于行政效率的提高。

其次，利益沟通是一种秩序的机制。在人类社会活动中，秩序主要表现为一种稳定的、有规律的和连续的社会关系。而在现代社会，行政

---

① J. F. 加纳：《行政法》，1979 年英文版，第 231 页。转引自王名扬：《英国行政法》，中国政法大学出版社 1987 年版，第 139 页。

② ［南非］毛里西奥·帕瑟林·登特里维斯主编：《作为公共协商的民主：新的视角》，王英津等译，中央编译出版社 2006 年版，第 83 页。

③ Michael D. Bayles, *Principles of Law*, Reidel Publishing Company, 1978, p. 32.

主体在行使行政裁量权的过程中与行政相对人之间发生的公共利益与个人利益之间的关系无疑已经成为一对最重要的社会关系。要使这对社会关系形成良好的秩序，就需要建立一整套能够对这对社会关系加以全面有效调整的法律机制，以保证行政裁量权能够合法、正常、有序的运行。利益沟通就是这样一种秩序的机制。它通过过程中的商讨和相互之间的利益协调，能够有效地化解行政主体与相对人之间的利益冲突，维护和促进两者之间的利益一致。同时，利益沟通机制也可以限制和修复因行政裁量权的滥用而导致的社会秩序破坏。在沟通机制的作用下，行政主体通过公开相关的资料信息，在当事人参与的基础上，在与相对人磋商、交涉的基础上行使裁量权。“理智只有在讨论中才能得到明了”，“人与人之间的沟通是达到各种形式的真理之途径”①。行政主体在与相对人进行沟通之后，能找到正确的解决问题的途径，而不是随意行使行政裁量权，并在此过程中与相对人形成了信任与合作的关系，从而使社会关系恢复到有序状态。

再次，利益沟通是一种民主的机制。行政裁量潜在的一个重大危害在于它的恣意与专断，会导致行政专制，破坏民主。这就需要借助利益沟通这一种民主机制的整合，以实现行政裁量过程的民主化。现代法治——民主行政的观念要求：公民并非仆从，而应当被作为独立的法律主体和行政的伙伴对待，并与行政机关一道担负起行政的责任。② 而“只有沟通程序才能超越主体——客体的两分图式，才能跨越传统哲学先验与经验的两难思维”③。在利益沟通过程中，通过行政主体与相对人的意志之间的反复沟通和交流，“可以将行政意志融化为相对人意志，也可以将相对人意志吸收到行政意志中，从而使行政法关系真正具有双方性，使相对人真正成为行政法关系的主体”④。

实际上，民主与专制的基本区别在于是承认利益的多样性还是划

---

① ［德］雅斯培：《关于我的哲学》，载［美］W. 考夫曼：《存在主义：从陀斯妥也夫斯基到沙特》，陈鼓应等译，商务印书馆 1987 年版，第 150 页。

② ［德］哈特穆特 · 毛雷尔：《行政法学总论》，高家伟译，法律出版社 2000 年版，第 362 页。

③ ［德］阿图尔 · 考夫曼：《后现代法哲学》，米健译，法律出版社 2000 年版，第 30 ~ 39 页。

④ 叶必丰：《行政法的人文精神》，北京大学出版社 2005 年版，第 159 页。

一性，凡是使利益为多样性的制度，均为民主制度；相反，凡是使利益为划一性的制度，只能归于专制制度。[①] 在行政法上，利益沟通是公共利益与个人利益之间的沟通，是行政主体与相对人或者利害关系人之间的沟通。沟通的前提首先就在于承认存在公共利益与个人利益这两种不同的利益，否则，就谈不上沟通。因而，利益沟通是承认利益多样性的制度，是一种民主的制度。而且，它体现的是一种协商民主的制度。所谓协商民主，是指公民通过自由而平等的对话、讨论、审议等方式，参与公共决策和政治生活，赋予立法和决策合法性的一种治理模式。[②] 它是当代西方国家政治发展过程中出现的一种新的民主理论与实践形态，"它补充和完善了当代西方民主的三种主要形式：代议民主、多数民主、远程民主"[③]，也是对这三种民主形态的一种超越，构成了当代西方民主的核心所在。它提倡公民与官员之间就共同相关的政治问题进行面对面的对话与讨论，倡导公民直接参与政治，实际上就是在沟通基础上建立的民主。可见，当代民主的建立和实现，首先是一个程序性的沟通过程，以保证公民有序的政治参与。布来顿等把一个巩固的民主规定为"一个符合民主的所有程序标准，而且所有政治上重要的群体都接受所建立的政治规制并遵从博弈的民主准则的整体"[④]。

最后，利益沟通还是事实与规范之间的桥梁，是促使形式法治走向实质法治的重要途径。形式法治要求"无法律即无行政"，遵循严格规则主义，至于规则本身是否理性，则并非形式法治所关心的重点。因此，形式法治重视的是规范，而不是事实。而实质法治关心的不仅是规范，更关注规范是否适用于事实。而在事实与规范之间，沟通程序是最好的桥梁。正如凡·豪埃克（Mark Van Hoecke）所言，"如果法律是理性的，理性又被理解为沟通理性（communicative rationality），那么，法律

① 谢晖：《法学范畴的矛盾辨思》，法律出版社 2017 年版，第 446 页。

② ［南非］毛里西奥·帕瑟林·登特里维斯主编：《作为公共协商的民主：新的视角》，王英津等译，中央编译出版社 2006 年版，第 1 页。

③ 俞可平：《协商民主：当代西方民主理论和实践的最新发展》，载《学习时报》2006 年 11 月 6 日。

④ ［加］A. 布来顿等：《理解民主——经济的与政治的视角》，毛丹等译，学林出版社 2000 年版，第 29 页。

就是一种沟通,而不仅仅是人际交往的不同规范的集合”①。只有借助利益沟通的程序,规范才能更好地适用于事实,达到实质法治的目的。行政裁量以其能动性和保证个案的正义性成为形式法治的补充,是形式法治走向实质法治的必然结果。② 然而,如果行政裁量单方面、恣意地运行,那便不是能动,而是乱动;如果个案中可以不需要考虑相对人的要求,又何来正义。可见,行政裁量的能动性和个案的正义性要在考虑相对人的要求,通过与相对人协商、对话、沟通的基础上才能实现。

可见,将建立在以上价值基础上的利益沟通引入行政裁量,使行政裁量的过程成为利益沟通的过程,无疑将使行政裁量摆脱恣意、专制、无序的阴影,真正实现行政的民主、公平与正义。

(二)行政正当:利益沟通的一般原则

利益沟通作为对行政裁量的过程构建,必须遵循关于公正行使权力的最低程序要求——行政正当原则。该原则是从各国行政法所普遍奉行的“正当程序原则”及相关原则中概括提炼而成的一项行政法基本原则,它要求行政裁量在行政程序方面必须符合现代法治国家所要求的“程序正义”观念。

从制度上考察,行政正当原则起源于英国法中的“自然正义”(nature justice),发达于美国法所继承的“正当法律程序”(due process of law)。在英国普通法的传统中,自然正义是关于公正行使权力的最低程序要求,其核心思想有二:一是公平听证规则,即任何人或团体在行使权力可能使别人受到不利影响时必须听取对方意见,每一个人都有为自己辩护和防卫的权利;二是避免偏私规则,即任何人不能成为自己案件的法官,也就是说某案件的裁决人不得对该案持有偏见和拥有利益。③ 在英国,自然正义原则最初只适用于司法活动,后来经过长期司法审判实践的阐发,英国法院使这些原则也适用于行政权,要求行政权力的行使也必须保持最低限度的程序公正。“古帕诉万兹乌斯区工

---

① Mark Van Hoecke, *Law as Communication*, Hart Publishing, 2002, p. 10.

② 周佑勇:《行政裁量的治理》,载《法学研究》2007 年第 2 期。

③ [英]威廉·韦德:《行政法》,徐炳等译,中国大百科全书出版社 1997 年版,第 95 页。

程管理局案”最早在行政法领域确立行政机关适用自然正义原则，“里奇诉鲍德温案”表明自然正义原则重新受到重视并得以扩展。①

美国最高法院的判例发展了英国的正当程序观念。美国法院认为宪法规定的正当法律程序具有两方面的意涵：其一，正当法律程序是一个程序法的规则，称为程序性的正当法律程序。要求政府的“正式行动必须符合对个人的最低公正标准，如得到充分通知的权利和作出裁决之前的有意义的听证机会”②。其二，正当法律程序是一个实体法的概念，被称为实质性的正当法律程序。这一意义的正当法律程序要求国会所制定的法律，必须符合公平与正义。如果法律剥夺个人的生命、自由或财产，不符合公正与正义的标准，法院将宣告其无效。③《联邦行政程序法》的制定是美国行政法发展的一个重要里程碑，它不仅统一了联邦行政机关的行政程序，还为联邦行政机关规定了最低的程序公正要求；不仅充分体现了宪法上的正当法律程序精神，而且直接形成了美国行政法上的正当法律程序原则，即行政性正当程序原则。根据该原则，行政机关行使行政权力剥夺私人的生命、自由或财产时，必须听取当事人的意见，当事人具有要求听证的权利。它是作为美国宪法原则的“正当法律程序”在行政法领域中的具体运用，也是其向行政法领域的渗透与扩张。此外，正当法律程序在 20 世纪 60、70 年代经进一步发展而包含了另外一项重要的内容即行政公开原则。特别是，美国国会于 1966 年修改了 1946 年《联邦行政程序法》中关于政府文件公开的决定，制定了《情报自由法》，规定联邦政府的记录和档案除某些政府信息豁免公开外，原则上向所有人开放；1976 年制定了《阳光下的政府法》，规定委员会制（合议制）行政机关的会议，除法定的例外，一律必须公开举行，公众可以观察会议的进程，取得会议的信息和文件；1974 年制定了《隐私权法》，规定行政机关所保持的个人记录，有对本人公开的义务等。

① S. De Smith & Rodney, *Constitutional and Administrative Law*, 8th ed., Penguin Books Limited, 1998, p. 532.

② ［美］欧内斯特·盖尔霍恩、［美］罗纳德·M. 利文：《行政法和行政程序概要》，黄列译，中国社会科学出版社 1996 年版，第 119 页。

③ ［美］杰罗姆·巴伦、［美］托马斯·迪恩斯：《美国宪法概论》（第 2 版），刘瑞祥等译，中国社会科学出版社 1995 年版，第 102 页。

行政公开作为正当法律程序的一项重要内容由此得以确立。

在理论或学说上,关于“程序正义”在法律程序中的具体要求,不同学者的认识并不一致。[①] 事实上,提出一种普遍适用于一切社会的最高的、绝对的程序正义要求是不可能的。但是,我们可以根据人类的共同心理需求,提出一种可适用于所有现代文明社会的最低限度程序正义要求。[②] 英国人给这些最低限度的程序正义要求贴上了“自然正义”的标签,美国人则称之为“正当程序”。参照英美国家的标准,结合学说上的分析,笔者认为,现代法律程序所要实现的最低限度的程序正义要求至少应当包括三项:程序中立性、程序参与性和程序公开性。程序中立性就是要求决定程序法律结果的法律主体应当处于中立地位,对参与程序的任何一方不得存有偏见和歧视。这是法律程序对决定程序法律结果的法律主体的“正当”要求。程序参与性就是那些利益或权利可能会受到程序法律结果直接影响的法律主体应当通过公平听证,有充分的机会富有意义地参与法律程序的过程,并对法律结果的形成发挥其有效的影响和作用,这是接受程序法律结果的法律主体对法律程序的“正当”要求。程序公开性,即法律程序的每一阶段和步骤都应当以当事人和社会公众看得见的方式进行,这是对法律程序整个过程本身的最低限度要求。行政程序作为一种重要的现代法律程序,同样要达到上述三项最低限度的程序正义要求。它们反映在现代行政程序中,可分别概括为避免偏私、公平听证和行政公开这三项原则。行政正当原则则是对这三项原则所作的进一步的高度概括。[③]

根据避免偏私原则,行政主体在行政程序过程中应在参与者各方间保持一种超然的和不偏不倚的态度和地位,不得受各种利益或偏私的影响。它不仅要求行政主体及其行政人员和行政人员的亲属,与所作的行政行为没有个人利益上的联系,而且要求行政主体应给予当事人同等的机会,不偏袒任何一方当事人,不带任何偏见。公平听证原则,意味着行政主体负有听取当事人意见的义务。它要求行政主体在

---

① 徐亚文:《程序正义论》,山东人民出版社 2004 年版,第 196 ~ 221 页。

② 陈瑞华:《程序正义论——从刑事审判角度的分析》,载《中外法学》1997 年第 2 期。

③ 周佑勇:《行政法基本原则研究》(第 2 版),法律出版社 2019 年版,第 220 页。

作出对当事人不利的决定时,必须听取当事人的意见,不能片面认定事实,剥夺对方辩护的权利。公平听证是保证相对人有效参与行政过程的前提条件。如果相对人在行政过程中始终保持沉默,没有机会阐明自己的观点,那么这种参与就是无意义的。所以,英国自然正义原则和美国正当法律程序,都将"公平听证"作为其主要内容。[①] 行政公开原则是指行政主体在行使行政权力的过程中,应当依法将行政权力运行的依据、过程和结果向行政相对人和社会公众公开,以使其知悉并有效参与和监督行政权力的运行。

(三)实质性利益沟通之提倡

在行政裁量的过程构建中,首先必须要求行政裁量权的运行符合上述三个方面最低限度的程序公正标准。其次,为了使行政裁量过程的构建最为适当,还应当进一步拓展正当程序保障的利益范围,并强化利益沟通的实质性方式。传统上,美国宪法所确立的正当程序原则只适用于涉及保护自由权或财产权领域的正式行政程序,特别是涉及当事人重大财产利益的经济管制领域。但自20世纪60年代以后,政府在服务职能方面的活动有了显著的拓展,其所涉及针对个人福利的权力范围日益扩大,导致这些原来被认为是非政府赋予的利益即特权(privilege)的理论受到了广泛质疑,[②]并最终在"戈德伯格诉凯利案"(1970年)中被法院抛弃。此后,凡是法律上可以主张的权利都受正当法律程序的保护。[③] 另外,即使是将正当程序的权利保护扩大到所有的利害关系人,也未必能够真正实现行政过程的利益沟通价值。因此,科学构建行政裁量的各种利益沟通方式,是确保行政正当原则在行政裁量的运行中得以有效遵循的重要路径。

---

① 周佑勇:《西方两大法系行政法基本原则之比较》,载《环球法律评论》2002年第4期。

② [美]欧内斯特·盖尔霍恩、[美]罗纳德·M.利文:《行政法和行政程序概要》,黄列译,中国社会科学出版社1996年版,第120页。

③ 根据美国学者C.赖克1964年的统计,在20世纪60年代,个人和组织在美国可能享有的政府所创造的特权有:社会保障收入和福利津贴、政府雇佣、酒类营业执照、政府合同、公共住房和教育、监狱行政等。这些特权在20世纪70年代均已经不同程度地受到正当法律程序的保护。参见王名扬:《美国行政法》(第2版),中国法制出版社2005年版,第403页。

二、参与、听证和公开:利益沟通的一般方式

参与、听证和公开是行政正当原则的基本要求,也是目前行政裁量过程建构中主要的利益沟通方式。

(一)参与的形式

沟通作为一种民主的机制,意味着公民有序的政治参与。在行政裁量的运行过程中也是如此,只有受行政裁量权运行结果影响的利害关系人有权参与行政裁量权的运行过程,表达自己的意见,才能对行政裁量权运行结果的形成发挥有效的沟通作用。参与强调的是参与行政裁量权的运行过程,而不是简单的"出席"、"到场"或"参加",参与的过程实际上就是行政主体行使行政裁量权与相对人参与行政形成的互动过程。[①] 在这个过程中,行政相对人的地位由被动的服从者转变为主动的参与者,使行政主体必须充分考虑其利益诉求,进而在行政决定中予以反映。而"一切程序参加者都受自己的陈述与判断的约束"[②],"各方一旦能够参与到程序过程中来,就更易于接受裁判结果;尽管他们有可能不赞成判断的内容,但他们却更有可能服从它们"[③]。因此,行政主体经相对人参与而作出的行政决定更易为相对人所接受,从而保证了行政裁量结果的公正性与可接受性。从这层意义上来说,"行政参与"可以称为"行政程序的内核"[④]。参与的核心是听证,下文述之。除听证之外,还有一些参与的方式不容忽视,如调查、咨询委员会等。

调查是行政机关通过调查问卷、网络问卷等方式,了解某一方面的信息以形成某项决策或者判断某项决策的可接受性。调查作为行政机关获取信息的重要手段,广泛应用于行政立法、行政决策和具体的行政决定之中,如美国制定法规的非正式程序中的评论、《联邦行政程序法》

---

① 周佑勇:《行政法基本原则研究》(第2版),法律出版社2019年版,第229页。

② 季卫东:《法治秩序的建构》(增补版),商务印书馆2019年版,第18～19页。

③ Michael D. Bayles, *Principles of Law*, Reidel Publishing Company, 1987, p. 32.

④ 方洁:《参与行政的意义——对行政程序内核的法理解析》,载《行政法学研究》2001年第1期。

第554条规定的检查都是调查的具体表现形式。在我国，国家卫生健康委员会2020年就餐饮食品营养标识等技术指南向社会征求意见，北京市2021年人口抽样调查，食品卫生主管部门对卫生企业的卫生调查等也是调查被广泛运用的实例。在调查中，完全由行政机关运用自身资源单方面地完成行政任务的模式是无法想象的，只有当事人积极参与调查的过程，所获得的信息才会全面、真实。调查实际上为行政相对人提供了一个很好的参与、表达意见的过程和机会，从而为行政相对人的合法权益提供保障，并增进行政主体与行政相对人相互间的信任。调查的优点也在于它面对的公众的广泛性，为行政主体提供了最有代表性的公民观点，在最广的范围内实现公共利益与个人利益的沟通。然而，调查并非完美无缺的参与和沟通方式。通常，被调查者仅仅是被动地向行政主体提供信息，缺乏与行政主体的互动，正如米尔布雷思所说，调查"不能充分代替思想的动态交流与发展，后者只能在面对面的讨论中产生"①。因此，调查本身不能解决最终的问题，通常问题的解决都需要更深入的参与方式，如听证等。

参与还可以通过咨询委员会的方式来实现。与听证、调查等参与方式不同的是，咨询委员会由各个利益集团的代表组成，并由咨询委员会就某些政策的运作向政府提供咨询建议，因此，这种形式的参与是通过代表实现的，而不是个人或所有的人直接参与。在行政权力膨胀的现代社会，个人的力量相对于行政权力来说太过薄弱。通过个人参与行政权力的运行可以对行政权力起到一定的抑制作用，但个人与行政机关在权利与权力之间毕竟缺乏平衡对抗、对话的能力，个体组织、机构之间的力量、信息极不对称，社会成员个体的分散意见过于弱小而难以被倾听。而咨询委员会则不同，咨询委员会通过在政府和社会成员之间架起沟通的桥梁，促进它们之间的互相影响和渗透。而且，咨询委员会的成员有着强有力的后盾，公民通过咨询委员会参与到政府的决策中来，可以有效地对政府的决策产生影响。因此，咨询委员会作为民意反映和集中表达的重要参与方式，在现代行政领域已经被广泛采用。

---

① Milbrath L. W., *Citizen Surveys as Citizen Participation Mechanisms*, Journal of Applied Behavioral Science, Vol. 17, p. 482(1981).

如美国和德国分别以《联邦咨询委员会法》和《联邦行政程序法》将咨询委员会制度确立下来。在我国,很多省市都建立了相应的决策咨询委员会,如妇女事务咨询委员会、教育咨询委员会等。

(二)听证的价值

所谓听证,即"听取意见",是指"行政机关进行处分时,为处分相对人或其他利害关系人,就与该处分有关的事实及基于此的法律适用问题,提供申述意见,提出证据的机会的程序"①。行政听证作为现代行政程序法上一项重要的法律制度,科予行政主体在进行行政活动时听取相关利害关系人的陈述与申辩的程序性义务,换句话说这也就是赋予了公民参与行政过程的权利。同时,行政听证通过行政主体与相对人之间的质证和辩论,使双方对事实的认识得以交融、对法律的认识得以沟通,使相对人有机会表达自己的愿望和要求,使行政主体有可能采纳和吸收相对人的意志,从而有利于促进公共利益与个人利益关系的一致性。② 可见,听证既是"行政参与"的核心要求,也为"行政参与"作为一种有效的利益沟通机制的实现提供了制度保障。

"公平听证"作为一种法律原则源于英国普通法传统的自然正义观念,但作为一种法律制度则是美国正当法律程序原则发展的结果。作为正当法律程序的核心要求之一,美国 1946 年公布实施的《联邦行政程序法》在世界上首次以成文法形式明确规定了正式的行政听证程序。但是,伴随正当法律程序所保障的利益范围的拓展,正当法律程序不再仅仅要求庭审型的正式听证。是否需要一种正式的听证形式,应当取决于一系列的因素,"所主张权利的特征、裁决本身的特征、可能会因裁决而引起的负担这些方面的问题都要进行考虑"③。据此,听证可分为正式的听证和非正式的听证,而非正式的听证可以适用于任何涉及私人利益的非正式行政活动。

---

① [日]室井力主编:《日本现代行政法》,吴微译,中国政法大学出版社 1995 年版,第 178 页。

② 叶必丰:《行政法的人文精神》,北京大学出版社 2005 年版,第 181 页。

③ B. Schwartz & H. W. R. Wade, *Legal Control of Government: Administrative Law in Britain and the United States*, Clarendon Press, 1972, p. 131.

在我国，《行政处罚法》首开听证程序的先河，《价格法》、《立法法》和《行政许可法》中关于举行听证会的规定，进一步推动了这项制度的发展。在一个正当的行政程序中，无论是行政相对人还是行政裁量的利害关系人都应当享有同样的听证权利。而就我国目前的立法来看，只有《行政许可法》《行政处罚法》明确规定了利害关系人或有关人员可以参与听证，其他有关立法中关于听证的规定都没有明确利害关系人在听证中的地位。尤其在行政立法听证与行政决策听证中，由于不存在特定的直接相对人，因而所有认为该行政行为可能侵害其合法权益并申请（或被邀请）参加听证的人都是利害关系人。要想既能保障行政效率又能确保这类听证的参与人具有广泛的代表性，就需要作出更佳的制度选择。更为重要的是，听证在现阶段仍然是行政主体主导型听证，“参与者只是通过听证会将自身对行政决策方案的意见作出表达。由于参与者与决策结果没有法律意义上的关系，不构成直接法律效果承受者当事人地位，因此，参与者的参与基础不是建立在防御权的基础之上”①。要改变这一现状，一方面必须将其演变为一种协商式的听证，以充分实现听证的沟通功能；另一方面必须明确听证笔录的法律效力，使听证笔录成为行政机关作出决定的唯一依据，以真正实现听证这一互动过程的价值。

（三）公开的作用

沟通的基本含义是联系，但是它“不仅是指一般的联系，而且是持久的开放和积极的交流”②。因此，在行政法上，沟通意味着行政的公开化。行政公开的一个基本目的和功能也就在于建立行政沟通。它通过政府的开诚布公与行政的持久开放，公众对政府信息的了解与对行政活动的参与，以及双方积极的协商、交流与对话，使双方对事实与法律的认识得以交融，使相对人能够更加有效地表达自己的愿望和要求，使行政机关有可能采纳和吸收相对人的意志，从而有利于实现相互

---

① 朱芒：《论我国目前公众参与的制度空间——以城市规划听证会为对象的粗略分析》，载《中国法学》2004 年第 3 期。

② 叶必丰：《行政法的人文精神》，北京大学出版社 2005 年版，第 176 页。

间的信任,增进相互间的合作,并达成利益均衡的决定。可以说,行政的公开化就是在政府与公众或相对人之间架起了一座相互沟通的桥梁。

公开也是参与的前提。通过公开,参与行政程序的公民才能了解事实的真相,了解行政机关作出决定、决策或者立法的理由,了解支撑行政行为的证据,因而才能确切地、有针对性地表达意见,从而实现实质意义上的参与。所以,在公开的基础上的参与才可能在一定程度上避免沟通的形式化,实现沟通的实质化。正因如此,在行政裁量的过程建构中推行行政的公开化,将行使行政裁量权的依据、标准、条件、决策过程和选择结果予以公开,已成为世界各国行政程序法典中较为普遍性的内容。如美国《联邦行政程序法》第 552 条规定:"为了指导公众,每个机关对下列事项必须在联邦登记上及时公布并分别说明:(1)……(2)各机关开展活动,决定问题的一般程序和方法,包括一切正式和非正式的程序的性质和要求。(3)程序规则,通用的表格,可以索取表格的地点,对各种文书、报告书、检验证书的范围与内容的说明。(4)机关根据法律授权而制定的普遍适用的实体规章及其制定和通过的基本政策说明和普遍适用的解释。"戴维斯在关于行政裁量的构建模式中,七种手段中的六种都用了"公开"这一限定词,并认为所有的行政裁量的控制措施都必须与公开结合起来才能保证其功能的发挥。①

公开的范围直接影响到相对人了解行政机关及其行为的程度,从行政裁量的利益沟通价值出发,不仅行政权力的整个运行过程要公开,而且行政权力行使主体自身的有关情况也要公开。就行政权力的整个运行过程而言,要公开的内容包括事先公开职权依据、事中公开决定过程和事后公开决定结论。② 而行政主体公开的内容包括:行政主体的基本情况、机构设置、人员编制、职责权限和财政收支状况,以及公职人员的录用、考核、奖惩、任免及其财产和品德状况、廉洁自律情况等。但

① 这七种手段是:公开的计划、公开的政策声明、公开的规则、公开的事实认定、公开的理由说明、公开的先例、公正的非正式程序。参见 K. C. Davis, *Discretionary Justice: A Preliminary Inquiry*, University of Illinois Press, 1971, p. 98。

② 章剑生:《论行政程序法上的行政公开原则》,载《浙江大学学报(人文社会科学版)》2000 年第 6 期。

是,在公开的同时,特别应该注意涉及国家秘密、商业秘密或个人隐私的内容,不得任意公开。我国《政府信息公开条例》[①]第14条规定:"依法确定为国家秘密的政府信息,法律、行政法规禁止公开的政府信息,以及公开后可能危及国家安全、公共安全、经济安全、社会稳定的政府信息,不予公开。"第15条规定:"涉及商业秘密、个人隐私等公开会对第三方合法权益造成损害的政府信息,行政机关不得公开。但是,第三方同意公开或者行政机关认为不公开会对公共利益造成重大影响的,予以公开。"公开必须采取一定的方式,公开的方式一般因对象的不同而不同。根据我国《政府信息公开条例》第23条的规定,"行政机关应当建立健全政府信息发布机制,将主动公开的政府信息通过政府公报、政府网站或者其他互联网政务媒体、新闻发布会以及报刊、广播、电视等途径予以公开"。除此之外,对社会公众的公开还应当包括会议旁听、查阅、公榜等方式;对特定相对人公开的方式还有阅览卷宗、表明身份、告知或送达、说明理由等。

在很多情况下,行政机关应该主动地公开信息,但是并不是所有的信息行政机关都必须主动地公开,或者行政机关有时候并没有主动地公开必须公开的信息,在这样的情况下,公民是否有申请公开的权利呢?应该说,相对于规定行政机关主动依职权公开而言,规定公民可以申请行政机关公开一定的政府信息对于行政机关与相对人之间的沟通与信任更为有益。通过申请,公民可以根据自己的现实需要,甚至主观好恶来要求行政机关公开有关的政府信息,他们不再是政府信息的被动接收者,而一跃成为积极主动的索取者。同时这也意味着行政机关实实在在地负有了告知义务,必须严格依据法律的规定针对当事人的请求实施公开,而不能再不受任何限制地,仅从自身利益出发决定是否公开以及公开什么。鉴于此,很多国家和地区的行政程序法规定了公民可以申请行政机关公开相应的信息,如美国《联邦行政程序法》、西班牙《行政程序法》等。但是,长期以来,这种请求公开的权利主体仅限定为与具体行政行为有直接利害关系的行政相对人,并且请求公开需要

---

① 2007年4月5日国务院令第492号公布。2019年4月3日国务院令第711号修订,自2019年5月15日起施行。

说明而且应当具有合理而充分的理由。然而为了更好地保证公民的这一权利，现在很多国家均规定“任何人”均可请求公开，而且请求权人可以与被请求公开的政府文件毫无利害关系。同时，个人无须就其请求公开的申请说明任何理由，只需向行政机关明确指出所需要的政府文件，并履行相关手续即可。如德国《环境信息法》第 4 条第 1 款规定，任何人都有权自由取得行政机关或者特定私法人掌握的环境信息，无须主张特殊的或者其他的利益。行政机关有义务提供申请的信息，但有权决定是作出答复、准许阅卷还是以其他方式准许使用信息。[①] 在我国，为了保证公民、法人或者其他组织获取所需要的政府信息，《政府信息公开条例》第 27 条规定，除行政机关主动公开的政府信息外，公民、法人或者其他组织可以向地方各级人民政府、对外以自己名义履行行政管理职能的县级以上人民政府部门申请获取相关政府信息。第 28 条规定，相关行政机关应当建立完善政府信息公开申请渠道，为申请人依法申请获取政府信息提供便利。根据第 40 条的规定，行政机关依申请公开政府信息，应当根据申请人的要求及行政机关保存政府信息的实际情况，确定提供政府信息的具体形式；按照申请人要求的形式提供政府信息，可能危及政府信息载体安全或者公开成本过高的，可以通过电子数据以及其他适当形式提供，或者安排申请人查阅、抄录相关政府信息。

公开的功能和作用让人振奋，但是它仍然是一种形式化的沟通方式。它可以让行政机关的行为看起来是公正的，只是充当着“正义不但要伸张，而且必须眼见着被伸张”中“眼见着被伸张”的部分，对于最终实质的正义是否真正地被伸张，公开是无能为力的。就算是建立了比较完备的、颇具代表性的行政公开制度的美国的行政公开法律在运行中也存在一些问题，如在《阳光下的政府法》的执行中，一些合议制机关为避免《阳光下的政府法》的适用，很多问题由委员会签名投票，或分别用书面投票表决，避免举行会议。他们增加高级职员的会议，减少机关领导的会议。因为《阳光下的政府法》只适用于领导的会议，不适用于

① ［德］哈特穆特·毛雷尔：《行政法学总论》，高家伟译，法律出版社 2000 年版，第 469 页。

职员的会议。他们可能在举行公开的会议以前，已进行了非正式协商，从而缩短会议程序。[①] 虽然“问题的关键不在于避免会议公开的制度，而在于如何适用会议公开制度”[②]，但是公开的弊端仍是显而易见的，问题就在于公开不具有实质性。无论我们使用多少制度来保证事前公开、事中公开和事后公开，公开的决定权仍在政府手里，他们可以使用各种方法来控制公开的广度和深度。譬如说明理由，当行政机关认识到根本的动机难以获得认同的时候，他们会提出易于被接受的理由，提出不同于他们作出决定时的真实理由，而相对人没有反抗的余地，这时理由说明变得毫无作用，无法防止行政机关的专断。[③] 而且就最终的结果而言，公开的力量总是非常微小的，公众的意志无法通过公开而体现在最终的决定之中。

三、构建新型的实质性利益沟通方式

“理想的沟通情境是指人在相互沟通过程里，真诚地和正确地使用语言。遇到意见分歧的时候，讨论者并不依靠权威或其他扭曲的手段去令对方接受自己的见解，而是双方信守着有效声称的规则，用论证支持自己的论点，通过反复讨论达成共识（consensus）。”[④]然而，目前存在的问题是，即使将参与听证的权利扩大到所有的利害关系人，将公开扩展到极致，也未必能够真正实现行政过程的利益沟通价值。而一个实质性的利益沟通不仅要充分发挥相对人在事实认定和理由说明中的参与作用，还应当强调相对人对行政决定的作出具有实质意义上的影响。这就必须在行政裁量的过程中进一步强化实质性利益沟通的方式，如行政契约、磋商、和解、调解等交往协商方式。

当然，按照传统行政法的观点，行政权力是一种法定权力，必须受到法律的严格制约而不可自由处分，行政主体必须严格按照法律的规

---

① 王名扬：《美国行政法》（第2版），中国法制出版社2005年版，第1049页。

② 王名扬：《美国行政法》（第2版），中国法制出版社2005年版，第1050页。

③ K. C. Davis, *Discretionary Justice: A Preliminary Inquiry*, University of Illinois Press, 1971, p. 105.

④ 阮新邦等：《批判诠释论与社会研究》，上海人民出版社1998年版，第36页。

定行事，而不能掺杂自己的利益，在行政过程中与当事人的“议价”“讨价还价”是被严格禁止的。如果行政主体在行政过程中以公共利益与当事人的个人利益进行交换，就是权力滥用或者不作为的违法，应当受到法律的制裁。而实质性的利益沟通方式如契约、磋商的过程中必然伴随着权力的处分，伴随着行政主体与当事人的相互妥协和让步，伴随着公共利益与个人利益的交换，显然与这种传统的观念格格不入，因而在行政法上的适用必然会遭到强烈的反对。

确实，如果仅仅从形式法治的角度来看，行政主体对其权力的处分会遭遇非法的困境，因为形式法治的一个根本问题就在于它排斥任何形式的行政裁量权。但是在现代生活中，行政裁量权的存在却是一个不可掩盖的事实。因为随着政治经济形势的变化、国家行政职能的转变以及行政管理范围的扩大，形式法治仅仅依靠规范治理的观点已经不切实际了。而行政裁量权因其灵活性、能动性、创新性等优势契合了现代社会的需要，符合实质法治的要求，从而得到不断的扩张。行政裁量权的一个重要特点就在于行政主体可以在一定的范围内处分行政权力，实质性的利益沟通方式被引入现代行政法领域也正是由于这种行政权的可处分性而变得正当。同时，相对于让行政主体单方面地行使裁量权，采取与当事人协商合意的方式行使这种权力更有助于行政裁量的理性运作。

（一）行政契约

行政契约是指行政主体为了行使行政职能，实现行政管理目的，与其他行政机关或者公民、法人和其他组织通过协商的方式，经双方意思表示一致所达成的设立、变更或者终止某种权利义务关系的协议。[①] 行政契约具有如下特点：首先，它是一种法律行为，以设立、变更或者终止某种权利义务关系为内容，能够产生法律效果。其次，它是一种行政行为，契约的双方当事人中必有一方是行政主体，是行政主体运用职权执行公务的一种方式，且其目的是实现行政管理的需要，因而不同于民事契约。最后，它是一种双方行政行为，双方意思表示一致才能成立而不是

① 周佑勇：《行政法原论》（第3版），北京大学出版社2018年版，第319页。

仅由行政主体单方面决定即可成立,因而与行政处罚、行政强制、行政征收等单方行政行为也不相同,具有契约的一般特征。

行政契约在一定程度上附着于裁量之上。[①] "行政机关只有在法律赋予其自由裁量权时,才有选择契约作为行为方式的自由。"[②]行政裁量所包含的行为方式选择,意味着行政主体可以选择契约作为行为方式。同时,正是由于行政裁量所具有的选择判断空间,才有可能将契约的意思自治精神引入行政领域,为行政主体使用契约进行权利和义务的自主选择提供生存的合法空间和正当性依据。而行政契约作为行政裁量之内或之下的当事人自治,也为行政裁量的有效行使提供了一种实质性的利益沟通方式。

首先,互惠互利、"双赢"是沟通的动力。行政主体在行政过程中作为公共利益的代表,目的是要实现公共利益的最大化,而相对人则想实现个人利益的最大化。公共利益与个人利益的对立统一为双方利益的交换提供了前提。然而,如果结果不能达成互惠互利而只是一方完全占据主导地位,则另一方就会丧失交换的兴趣,放弃沟通。而契约"蕴涵着对人格的尊重、对人独立主体的承认、对相互依赖的认可","注重平等互利与互惠、双方的合作与合意、约定的对价、诚实守诺"[③]。契约"通过协商淡化行政权力的命令与服从色彩,增添行政法人情、理性的光辉;通过合意来弱化行政执法过程中的对抗与冲突色调,增加民主、协作的音符;通过强调和谐来消除行政关系中的怀疑和不信任意识,建立信任与合作的新关系"[④]。可以说,行政契约所体现出的平等、自主精神和互利、等价的权利观念,为在行政主体与相对人之间建立一种双向的意思沟通渠道奠定了基础。

其次,契约的本质是"合意",并以合意发生法律效果。也就是说,相对于传统的行政裁量方式而言,契约强调当事人双方的意思表示一

---

① 余凌云:《行政契约论》(第3版),清华大学出版社2022年版,第17页。

② H. Grund, Die Konkurrenz zwischen subordinationsrechtlichen Verwaltungsvertrag und Verwaltungsakt, DVB1. ,1972, S. 884ff. 转引自吴庚:《行政法之理论与实用》(增订8版),中国人民大学出版社2005年版,第266页。

③ 杨解君:《从多维视角看契约理念在行政法中确立的正当性》,载《江海学刊》2003年第2期。

④ 施建辉:《行政执法中的协商与和解》,载《行政法学研究》2006年第3期。

致,“双方的意思表示具有相同价值”①,尤其是相对人的意思能够直接制约契约的成立,而不再仅仅由行政主体单向地说了算,这就又在行政主体与相对人之间建立起了一种实质性的双向意思沟通。在行政契约中,行政目标实现的方式和内容,由行政主体和相对人协商确定,并将相对人是否同意作为行政契约是否发生法律效力的条件,这就在行政裁量的过程中最大限度地融入了相对人的意见,将相对人参与行政裁量的程度提升到一个相当高的水平。因而,相对人通过契约可以积极参与而不是消极参与、实质性地参与而不是形式性地参与行政裁量的沟通过程。同时,行政机关凭借契约手段,在行政相对人的参与和配合下,可以灵活应对行政管理过程中出现的各种复杂变化和难以预见的社会问题,使得行政机关可以凭借契约更富弹性地作出裁量。

正因如此,行政契约已经逐渐被现代行政法广泛运用于各个行政管理领域,常见的主要有:行政主体在行政执法过程中与当事人签订的和解合同;公共工程承包合同;公共工程特许合同;政府特许经营合同;公产承包合同;公务委托合同;国有土地出让合同;公益捐赠合同;行政奖励合同;政府采购合同;政策信贷合同;科研合同;行政补偿合同。此外,行政机关之间、行政机关与其内部机构及其人员之间,为了实现行政目的,也可依双方意思一致而签订创设、变更或消灭某种权利义务的行政合同。

当然,由于行政契约的特殊性,行政契约必须遵循一些特殊的规则。考察各国或地区的实践,主要有以下规则:第一,行政主体必须在自己的法定权限范围内缔结行政契约,当法律、法规规定行政契约须经其他行政主体的核准、同意或会同办理时,该行政契约还需其他行政主体核准、同意或者会同办理。德国《联邦行政程序法》第 58 条第 2 项、我国台湾地区“行政程序法”第 140 条第 2 款都有类似的规定。

第二,为了保护第三人的利益,在行政主体缔结行政契约将影响第三人的权利或法律上的利益的情况下,行政契约须经第三人同意才能有效。如德国《联邦行政程序法》第 58 条第 1 项规定:“公法契约侵害第三人权利时,应得该第三人书面同意后,始生效力。”我国台湾地区

---

① 吴庚:《行政法之理论与实用》,台北,三民书局 1996 年版,第 370 页。

“行政程序法”第140条第1款规定：“行政契约依约定内容履行将侵害第三人之权利者，应经该第三人书面之同意，始生效力。”

第三，缔结方式有别于民事契约，普遍采取公开招标的方式进行，以有利于行政主体选择合适的当事人，最有效地实现公共利益以及增加行政行为的透明度。如在法国，“金额在一定数目以上的合同，除少数情况特别着重当事人的个人因素或有紧急需要以外，必须采取招标缔约方式”①。我国澳门特别行政区《行政程序法典》第170条第1款规定：“行政合同一般应先经公开竞投后方订立，但有关作出公共开支之规定或特别法例另有规定者除外。”

第四，为了有效维护公共利益，行政主体在行政契约履行过程中被赋予一定的特权。例如，行政主体享有对契约履行的指导与监督权；对不履行契约义务的当事人的直接强制执行权、直接解除契约权；对违约的当事人的制裁权；在情势变更的情况下变更与解除契约的权利等。法国通过行政法院的判例确定了行政主体在行政契约履行中一系列的特权，而葡萄牙借鉴法国行政契约理论，将法国行政法院判例创造的特权直接规定在行政程序法中。葡萄牙《行政程序法》第180条规定：“除非法律有相反规定或合同性质不允许，公共行政当局可以：a)单方变更给付的内容，只要尊重合同的标的及其财政的平衡；b)指挥履行给付的方式；c)基于公共利益且经适当说明理由，单方解除合同，但不影响支付合理的损害赔偿；d)监察履行合同的方式；e)科处为不履行合同而定的处罚。”

第五，为了实现利益均衡，当事人也享有一些特殊的权利，如统治者行为的补偿权、不可预见的情况的补偿权等。如在法国，“由于在行政合同中行政主体具有特权，对方当事人为了公共利益的需要负担一些特殊义务，为了补偿对方当事人的利益而给予特殊权利”②。

此外，行政契约作为一种新的行政行为方式，虽然具有优越性，但是在实践中仍然面临着一些难以解决的矛盾：其一，行政契约虽然表面上实现了双方的平等协商，但是行政主体还是拥有一定特权，当事人永

---

① 王名扬：《法国行政法》，中国政法大学出版社1988年版，第191页。

② 王名扬：《法国行政法》，中国政法大学出版社1988年版，第198页。

远无法像民事契约的当事人一样与对方平起平坐，在这样的情况下，当事人在缔结契约时是否具有真正的自主选择权是行政契约发展面临的一个突出问题。其二，行政契约的一个功能在于实现行政的机动性，使行政主体在面临具体情况时拥有灵活选择权，然而任何行政权的处分都要受到法律的制约，否则就会被滥用，造成随意行政。如何平衡行政的机动性和约束行政随意性之间的关系是行政契约面临的又一个困境。其三，行政契约伴随的是利益的交换，公共利益随时有被侵害的危险，如何防范因行政主体与当事人勾结而侵犯公共利益，也是行政契约的一个难题。

（二）磋商抑或协商

磋商，或者说协商，甚至可以说是谈判，即“反复商量；仔细讨论”[①]。从广义上来说，契约也是磋商的一种，它属于磋商的一种正式形式。狭义上的磋商是一种非正式的沟通方式，它与契约的不同在于磋商的非正式性。磋商注重的是过程而不是结果，不强求最终必须达成一个具有法律效力的契约。如果磋商有结果，其既可能表现为正式的行政决定或行政契约，也可能表现为非正式的协议。磋商旨在最大限度地进行信息互通、寻求共识、协调行动、预防和避免冲突，进而实现彼此间的信任与合作。磋商的结果不是形成思想上的一致，而是达成共识，这种共识最大的特点就是承认差异和利益冲突的存在。无论磋商的最终结果如何，即是否能形成思想上的一致，磋商这一过程或者说行政主体主动与行政相对人或利害关系人进行商量、讨论本身就能充分地显示出行政主体对于行政相对人或利害关系人主体地位、独立意志以及个人利益的承认和尊重，这一点就能加深各方之间的相互了解，拉近各方的距离。

磋商的优势也在于它的非正式性，因而具有适用性和灵活性，在各国都得到了普遍的应用。如在美国1993年9月公布的第一份《国家行动回顾报告》中，戈尔委员会（Gore Committee）指示所有机构首脑“磋

① 中国社会科学院语言研究所词典编辑室编：《现代汉语词典》（第7版），商务印书馆2016年版，第227页。

商,而不是命令"①。1990 年美国国会制定了《协商立法法》,旨在鼓励和推动行政机关通过协商、谈判等合意途径制定行政规章。在美国出现的新的管制方法中协商被普遍使用,像"在产业界、公共利益团体和州或地方政府代表之间进行在管制机构监督下的管制协商,从而在正式的行政法规章制定程序之外就新的行政机关规章达成共识;联邦自然资源管理局、私人土地所有者、开发商、州和地方政府根据处罚严厉的濒危物种保护法的规定对制定有关地区性栖息地保护计划进行的协商"。"在这些例子中,联邦行政机关在这一过程中是积极、主要的参与方,结果是在参与者之间为了解决管制问题而在协商的基础上建立准契约性的关系。"②另外在美国,自 20 世纪 90 年代以来,替代性纠纷解决方法(Alternative Dispute Resolution, ADR)逐渐兴起并日益受到重视,而根据美国《行政争议解决法》和《协商立法法》,ADR 的技术中就包括谈判协商的方式,这是磋商在行政争议解决中的应用。可见,作为一种非正式的沟通方式,磋商可以贯穿于整个行政行为过程乃至行政立法的过程,包括程序启动前的磋商、行政程序进行中的磋商和行政行为实现的磋商以及行政争议解决的磋商。而无论是哪种磋商,都不具有法律约束力,如果它具有约束力,就不再是磋商,而是行政契约、先行决定或者承诺了。由于没有"约束力",磋商排除了信赖保护原则、诚实信用原则和行政自我约束原则等的限制,行政机关不但可以因事实状态或者法律状态发生变化,而且可以因自己判断的变化而撤回协议。当然,根据缔约过错原则,有可能产生赔偿责任,所以不排除磋商具有事实上的约束力。③

磋商在现代社会能得到如此广泛的应用主要在于它具有其他沟通方式不可比拟的优势。首先,磋商有利于行政主体灵活地处理行政事务。一方面,行政主体可以通过磋商的过程了解当事人的想法,灵活地

---

① [美]Alfredc Aman, Jr.:《面向新世纪的行政法(上)》,袁曙宏译,载《行政法学研究》2000 年第 3 期。

② [美]L. B. 斯图尔特:《二十一世纪的行政法》,苏苗罕译,载《环球法律评论》2004 年第 2 期。

③ [德]哈特穆特·毛雷尔:《行政法学总论》,高家伟译,法律出版社 2000 年版,第 400 页。

处理;另一方面,由于磋商并不具有法律约束力,如果有特殊状况出现,行政主体可以摆脱协议的约束,不至于受到法律的制裁。其次,磋商可以提高行政效率,使行政决定具有可接受性,避免不必要的争议和诉讼。行政主体利用磋商可以随时与当事人交换意见,可以了解到本来可能根本接触不到的事实和信息,然后再开始正式的行政程序,可以节省调查的时间和费用。而从当事人的角度而言,当事人可以事先知道行政主体的态度,从而决定是否要继续进行程序,避免浪费时间和金钱,也可以减少以后的争议和诉讼。同时,行政主体与当事人的磋商也使行政决定的作出具有了群众基础,易于为当事人所接受。最后,磋商使当事人真正成为了行政行为的主体。磋商要求行政主体和当事人双方必须在对等的基础上进行。因而,无论磋商的最终结果如何,即是否能形成思想上的一致,磋商这一过程或者说行政主体主动与行政相对人或利害关系人进行商量、讨论本身就能充分地显示出行政主体对于行政相对人或利害关系人主体地位、独立意志以及个人利益的承认和尊重,加深各方之间的相互了解,拉近各方的距离。

然而,磋商由于其非正式性和没有法律拘束力也带来了不容忽视的缺点和危险。首先,磋商容易带来对法律法规的规避。在磋商的过程中,通常行政主体和当事人必须互相让步,行政主体通过延长期限,容忍当事人的违法行为等,以求得当事人的配合。当事人也通过经济上或者其他方面的让步,以谋求行政主体的许可、不罚款等。其次,磋商可能会损害公共利益和利害关系人的利益。磋商的过程实际上是行政主体与当事人之间讨价还价的过程,行政主体对于当事人的妥协和让步可能会以牺牲公共利益为代价。磋商的过程基本上是行政主体和当事人两方商议的过程,而且通常是秘密进行的。利害关系人无法参与磋商的过程,也没有发表意见的机会,在磋商的过程中,利害关系人的利益完全被忽视了。而且,行政主体在正式程序进行前经过磋商,对事情已经有了相当的定论,正式程序沦为形式而变得毫无意义,无论利害关系人在正式程序中如何行使自己的权利对于最终的决定都不再重要了。再次,由于磋商通常可以绕开正式行政程序,避免行政程序中的麻烦,行政主体大多愿意跟当事人采取磋商的方式解决问题,而有时候当事人是不愿意的,其更相信正式程序,行政主体的强势地位就有可能使当事人在不自愿的情况下磋商,这就是强制的磋商,可能会损害到当事人的利益。而且,如果磋商达成了非正式协议,由于非正式协议不具有法律效力,行政主体随时可以违背协议而不受到法律的制裁,当事人的利益有随时受到侵害的危险。最后,磋商的不透明性与行政公开原则相违背,并且容易带来对磋商的监管的困难。在很多情况下,磋商的一个前提在于保密。只有在保密的基础上,当事人才可以放心地将自己的真实想法完全透露给对方,双方才可能坦诚地交换意见,磋商才有可能继续进行。鉴于此,如何发挥磋商的优势而将其危险降到最低就成为磋商适用的难题。有人建议应将行政程序的一些原则如公开原则、参与原则等适用于磋商。然而,持反对意见的人则认为,如果将这些原则适用于磋商,磋商的非正式性将大打折扣,而被复制成为另一套正式的行政程序,失去存在的意义,其后果是:反过来还是要出现磋商之前的非正式磋商。①

针对磋商适用中存在的问题,也许采取下列限制和改进的措施更加有效:第一,磋商的前提必须是行政主体拥有裁量权。在磋商的过程中,行政主体一般要对当事人作出一定的让步,这就要求行政主体拥有处分权力的可能性,而只有行政裁量权才符合这个要求,因此磋商只能在行政主体的行政裁量权限范围内进行。行政主体拥有的裁量权限是磋商的法定空间,行政主体在磋商过程中让渡的也只能是裁量权限范围内的利益。只有如此,才能保证磋商是法治范围内的磋商,为法律所容许。第二,磋商本身虽然没有法律约束力,但可以将磋商的结果通过其他的方式固定下来,赋予其法律约束力。例如,美国《联邦行政程序法》明确规定:在时间、案件性质和公共利益容许的情况下,行政机关应给予所有的争议当事人进行和解的机会。行政机关并不一定必须接受当事人提出的和解方案,但是如果和解方案被行政机关接受,该方案就成为一个行政决定。在这样的情况下,行政主体就不能逃避自己的义务。第三,为了充分发挥磋商作为一种非正式沟通方式的优势,可以通过立法明确一些不同于正式程序的特殊规则。如在使用范围上,可以

① [德]哈特穆特·毛雷尔:《行政法学总论》,高家伟译,法律出版社2000年版,第401页。

仅仅明确它不能适用的领域,而尽量不用肯定列举的方式来概括它的适用范围;在适用公开原则上,应以保密为原则,只在法律规定的情况下才公开;在适用程序上,如果当事人不满意磋商的结果或者不愿意与行政主体进行磋商,可以请求行政主体继续正式行政程序或者选择正式行政程序,以防止强制磋商的出现。另外,要求行政主体在决定是否适用磋商时应当审慎考虑,运用利益衡量的方法,衡量在具体的事项中公共利益的保护和磋商所带来的利益之间的关系。

(三)和解与调解

和解,"谓当事人约定,互相让步,以终止争执或防止争执发生之契约"[①]。《辞海》解释"和解"有"不再争执,归于和好"的意思。[②] 这表明,和解的本质含义在于"通过协商、达成一致",即通过协商的途径使已经存在的争议得到妥善的解决。和解原是民法上的概念。传统行政法上基于公权力不可处分的观念,反对和解在行政法上的适用,但是随着国家行政职能的转变和行政裁量权的扩张,行政权不再是完全不可处分的。在维护公共利益的前提下,在不放弃行政权目的的基础上,行政手段可以多样化,行政权在一定程度上是可以处分的,行政裁量权的存在就是行政权可以处分的最好证明。正因如此,和解这一手段当然也就可以引入行政裁量的过程之中,为更好地行使行政裁量权发挥自己的力量。和解在行政过程中的运用,实际上就是指行政机关以事实为根据,以法律为准绳,通过与相对人协商合意的方式行使行政裁量权。和解是契约理念渗入行政法领域的产物,它倡导的是一种自主自愿、互谅互让、真正合意的精神,要求行政目的的实现应该取决于行政主体与相对人或利害关系人之间的长期合作和共同努力,旨在实现双方的长期性互惠合作、互相信任的关系。

从域外法制实践来看,和解在行政裁量中的应用已经成为一种世界性潮流。在德国,《联邦行政程序法》第55条规定:"官署依合义务性之裁量认为成立和解,以消除在合理之评价时存在的事实或法律状态

① 王泽鉴:《民法概要》,中国政法大学出版社2003年版,第447~448页。

② 《辞海》,上海辞书出版社1999年版,第2101页。

之不确定性,符合目的之要求时,得经由相互之让步(和解),订立第54条第二句所称之公法契约,以解决之。”[①]在美国,则将和解作为一种非正式程序,并且和解作为ADR的常用技术日益受到重视。综合考察来看,和解在各国主要的区别在于是将其作为正式行政手法还是非正式行政手法。然而抛开这种差别,和解在各国行政法上的作用无疑都是重要的,不仅可以高效便捷地解决争议,有效达到行政目的、维护公益,而且有利于建立双方的信任与合作关系。在我国,虽然实定法并没有完全建立和解制度,但是在实践中和解是非常普遍的。如行政机关为了避免当事人向法院起诉,或促使当事人撤诉,而以某种利益的交换达到使当事人放弃起诉权的目的,[②]这是行政机关与当事人的私下和解。在行政处罚过程中,相对人与执法机关之间就违法性质、处罚种类和幅度等问题的交涉,[③]也存在和解的成分。根据我国《行政强制法》第42条的规定,“实施行政强制执行,行政机关可以在不损害公共利益和他人合法权益的情况下,与当事人达成执行协议”。这里的“执行协议”通常被理解为就是一种执行和解,但是该条只是一个原则性规定,可操作性并不强。由于实定法的欠缺,和解的适用缺乏具体化标准,可能会阻碍行政机关与相对人的有效沟通,甚至可能扭曲他们的意愿。因此,如何建立完善的和解制度是一个重要的课题。[④]

从广义上来说,和解与调解无异,或包含调解在内。但就狭义而言,和解仅指一种双方行为,而通常情况下,调解或者说“协调”,特指有第三方参与的沟通方式。在调解中,调解人以中立第三方的角色出现,以促进合意的生成。也就是说,调解人并不具有强行权威,不能强行要求当事人接受某个决定,其作用在于通过个人的感受、沟通技巧以及协调复杂问题的技术来发现和促进合意。调解的优点也在于有第三方的参与,调解人作为中立的第三方,一般能洞察双方的争论焦点,为双方的沟通提供建议,并且在发生沟通障碍的时候能及时疏通。调解的过

---

① 胡建淼主编:《中外行政法规:分解与比较》,法律出版社2004年版,第1359页。

② 杨解君:《论契约在行政法中的引入》,载《中国法学》2002年第2期。

③ 王锡锌:《规则、合意与治理——行政过程中ADR适用的可能性与妥当性研究》,载《法商研究》2003年第5期。

④ 关于行政和解制度的构建,参见下一部分“和解的引入”。

程还伴随着各种各样的协商。在协商过程中，调解人可以整理出各种争论点并提出解决问题的建议，协助争议的当事人进行符合实际的、有效的沟通，寻找分歧中的共同点，并在协商可能破裂的情形下使各方保持克制。[①] 在调解中，调解人虽然不能强制各方当事人达成协议，但是当事人在调解人主持下经调解达成的书面协议，一经调解人及各方当事人签字即具有法律效力。

调解作为一种有效的沟通机制，已广泛存在于域外法制之中。如法国在 20 世纪 70 年代创立了专门的行政调解员制度，规定行政调解员有权调解国家行政机关、对本辖区有独立管辖权的地方行政机关、负责公共事业的行政机构以及被授予公共任务的其他任何机构与公民之间所发生的各种行政纠纷，并提出解决纠纷之建议。[②] 1990 年，美国国会通过了《行政争议解决法》(Administrative Dispute Resolution Act, ADRA)，该法的目的是“授权和鼓励联邦行政机关适用调解、协商、仲裁或其他非正式程序，对行政争议进行迅速的处理”[③]。在我国，虽然 1989 年《行政诉讼法》第 50 条明确规定，“人民法院审理行政案件，不适用调解”，但在行政审判实践中，法院以调解或者和解方式处理行政案件的现象却大量存在，通常被称为“协调”或“和解”，而且基本上是以法院裁定同意当事人撤诉的方式结案。针对这种情况，2014 年修正的《行政诉讼法》调整了这一规定，将部分案件纳入诉讼调解的范围。根据该法第 60 条的规定，行政赔偿、补偿以及行政机关行使法律、法规规定的自由裁量权的案件可以调解。2007 年国务院颁布的《行政复议法实施条例》第 50 条亦明确规定，针对行政裁量、行政赔偿或者行政补偿纠纷，行政复议机关可以按照自愿、合法的原则进行调解。可以预见的是，随着行政裁量权的扩大和传统行政法理论的变迁，调解的适用已经具有了正当性，并且调解的重要作用也要求我国建立相应的调解制度。

---

① 王锡锌：《规则、合意与治理——行政过程中 ADR 适用的可能性与妥当性研究》，载《法商研究》2003 年第 5 期。

② 程燎原、王人博：《权利及其救济》(第 2 版)，山东人民出版社 1998 年版，第 440 页。

③ 王锡锌：《规则、合意与治理——行政过程中 ADR 适用的可能性与妥当性研究》，载《法商研究》2003 年第 5 期。

（四）小结

以上这些沟通机制的构建，并不旨在重建一个新的法律价值体系。恰恰相反，它们都应该在法律原则和规则的指引下运行。而且，这些方式只是提供了一种以实质性的合意建构行政裁量的途径，而不是要取代原有的沟通方式和行政程序。这些方式很可能仍然存在自身难以克服的局限性，如以公共利益作为协商的筹码可能会牺牲公共利益，这时我们就要以其他的正当程序方式来弥补这些不足。总之，实质性沟通方式的目的在于鼓励行政机关在通过协商对话获得合意的基础上行使裁量权，使行政裁量的过程成为一种理性的、对话的、交涉的过程，使形式法治真正走向实质法治。

四、和解的引入

20 世纪以来，一个令人注目的行政法现象，就是发端于私法契约理念的和解制度在行政法领域的大量涌现，并对行政裁量的有效运行发挥着越来越普遍的作用。这里有必要对和解在行政法领域的引入及其在行政裁量中的运用，以及如何构建与完善我国行政裁量的和解制度作些初步探讨。①

（一）和解引入的空间及其制度功能

和解，本为民法上的概念，是以合意的方式预防纷争、解决争议的制度。这项制度，从一开始就在民事法律领域显示出了极强的生命力，并已成为一些法治发达国家通行的制度。在行政法领域，长期以来人们普遍固守着这样一个传统依法行政的观念，即行政权必须严格受制于法律而不得自由处分。显然，这种传统依法行政的观念与私法契约自由的理念是不可调和的。同时，和解必须以权利处分为前提，缺乏权利处分也就失去了和解的前提和基础，因此行政权的非契约性和不可

① 部分内容参见周佑勇、李俊：《论行政裁量中的和解——以德国法和美国法为观察》，载《行政法学研究》2007 年第 1 期。

和解性被认为是行政法的典型特征。然而,随着法律实践的发展和行政裁量的大幅度扩张,现代行政领域得以不断拓宽,传统的单纯强调约束行政权随意性的依法行政理念,也相应地向实现既约束行政权随意性又维护行政权机动性的二者之间平衡的方向转化。“在保障行政权机动性的口号下,行政机关享有较大的裁量权,可以根据时势需要以及考量行政目的而选择适当的行政手段。而且,在不与法律相抵触的情况下,政府可以直接根据组织法规定的权限主动追求行政目标的实现。甚至在有些情况下法律还特别授予政府签订行政契约权力。这些都为政府签订行政契约提供了权力基础。”①和解在行政过程中的运用,实际上就是在法律授权行政机关裁量的情况下,行政机关根据法律的规定,运用行政裁量权,从法定的行为方式中选择一种方式(和解),而后通过与相对人协商合意的方式行使行政裁量权的制度。因为,“对裁量空间内的事项,行政机关通常享有处分权”②。因此,行政裁量的存在是其前提,同时行政机关的裁量权限也是行政机关选择行政方式以及与相对人和解的有限法定空间。

1. 和解引入的前提与空间

从制度上考察,和解作为一种正式的和解契约,首创于大陆法系的德国。根据德国《联邦行政程序法》(1997 年)第 55 条的规定,和解合同是通过相互让步来消除合理判断中的事实或者法律问题的不确定状态。这表明,在德国凡是行政过程中出现上述“有关事实状况或者法律观点的不确定状态”,而“这种不确定状态不能查明,或者非经重大支出不能查明”的,行政机关都可以依法在行政行为与和解契约之间选择行为方式。如果缔结契约更能有效达成行政目的,则行政机关可选择和解契约的方式通过与相对人协商合意行使裁量权来解决问题。但是,如果行政机关行使裁量权选择和解契约,还需通过双方当事人的“让步”,取得一致的认识,也即和解契约的缔结需行政机关与相对人双方合意达成,裁量权的行使此时需与相对方协商合意。

---

① 余凌云:《行政契约论》(第 3 版),清华大学出版社 2022 年版,第 18 页。

② [德]汉斯·J. 沃尔夫、[德]奥托·巴霍夫、[德]罗尔夫·施托贝尔:《行政法》(第 2 卷),高家伟译,商务印书馆 2002 年版,第 156 页。

在美国，和解主要体现为非正式的行政裁决（或称非正式行政手法）中的协商谈判制度。[①] 另外，自20世纪90年代以来，在美国行政程序的非正式行政手法中逐渐兴起一种ADR，其最常用的技术就是和解。美国《联邦行政程序法》明确规定：在时间、案件性质和公共利益容许的情况下，行政机关应给予所有的争议当事人进行和解的机会。在实践中，联邦能源管制委员会和联邦环保署都制定了专门的和解规则和程序。在涉及众多利益相关人的能源管制和环保案件中，和解被认为是一种非常有效的争议解决方式。[②]

可见，无论是德国还是美国，由于行政裁量的存在，和解（契约）已被逐渐广泛地引入行政法领域之中。只不过和解在德国表现为制定法上的一种正式的契约类型；而美国的和解则是非正式行政手法的一种，亦是契约理念在行政过程中适用而产生的一种非正式的行政契约，在有法律授权裁量的情况下，它被更加广泛地采用，成为行政手法的一个极其重要的部分。当然，行政裁量是有限制性的，和解须在裁量的范围内行使，表现在制度上即德国的和解契约的缔结须受行政契约的通行规则和自身特殊规则以及行政法基本原则的制约，美国的和解须受行政程序的一般规则与专门的和解规则和程序以及行政法基本原则的制约。总之，裁量是和解的前提，而和解又必须在裁量的范围内达成，裁量的法定范围亦是和解的适用空间。

更为重要的是，和解作为裁量之下的一种当事人自治，实质上是在当事人有效参与下的一种双方合意。参与意味着沟通，一个行政行为的作出实际上就是在相对人参与下进行的一种意志沟通过程，而不仅仅只是一个纯粹单方面的最终决定。但是，在这样一个行政机关主导的意志沟通过程中，相对人的意志并不能对行政意志的形成起到制约的作用，在法律上起支配力的只能是行政意志。显然，这样的意志沟通并不能实现相对人对行政过程的有效参与。和解则是这样一种实质性的利益沟通方式，它经过双方的交往协商和利益博弈，最终达成一种双

---

① 王名扬：《美国行政法》(第2版)，中国法制出版社2005年版，第535～536页。

② 王锡锌：《规则、合意与治理——行政过程中ADR适用的可能性与妥当性研究》，载《法商研究》2003年第5期。

方意思表示一致的和解协议。这种和解协议不仅弥补了相对人对行政过程参与的不足，为其提供了一次表达意志的机会，而且有效地吸收和反映了相对人的意志，使其对结果的形成产生了实质性的影响，从而在双方之间达成一种更加理性化的利益均衡的协议。因此，如果说“行政裁量”是和解的可能性前提，那么“公众参与”则是和解的必要性基础，两者共同构成了和解制度在行政法领域中引入的正当性依据。正如学者所言，行政和解“是基于公众参与所发展起来的一项为处理各种行政争议进行事后协商和沟通，即组织相对人的补充性参与，促使当事人双方互相认可对方的事实证据和法律意见并形成共识的机制”①。

2. 和解引入的制度功能

以往，人们对行政裁量权的认识，往往只以行政机关为视角，讨论行政机关应当如何行使行政裁量权。因此对行政裁量通常采取的多是一种“堵”的态度，视之为“洪水猛兽”，着力强调对其控制，防止其滥用，这种思维局限不利于对行政裁量过程构建的进一步展开。实际上，如果我们将契约理念考虑进去，就会发现这样一个问题，即在行政裁量权的行使过程中，可不可以采取行政机关和相对人协商合意的方式，采用这种方式有没有意义，在行政程序中是否必要、可行？

就德国的行政程序和解契约来看，其规定在德国的制定法中，目的是消除事实或法律上的不确定性，通过当事人双方的让步而缔结的契约，形成“在不确定状态下适用的一种程序选择及结案机制”②。因此，在行政程序中，缔结此类契约具有促进行政程序经济化的功能。具体而言，一方面，通过缔结和解契约，行政机关能够以最经济的方式迅速排除不明确的事实或法律状态，使行政秩序归于稳定，从而避免因调查而耗费大量的时间与财力；另一方面，也不易发生因行政机关单方以行政处分认定事实或法律状态而导致的行政纠纷，使行政机关免于讼累。另外，通过和解契约来解决纷争有时候会起到行政行为所起不到的良好效果，对公益更为有利。和解契约的这些特点在2002～2003年的我

① 叶必丰：《行政和解和调解：基于公众参与和诚实信用》，载《政治与法律》2008年第5期。

② 殷守革：《行政和解法治论》，山西人民出版社2020年版，第27页。

国台湾地区微软垄断案中有明显的表现。在这个案件中,台湾地区“公平委员会”欲对台湾地区微软滥用独占市场的地位进行不正当竞争的行为调查处罚,但要找到证据,查明案件事实比较困难。同时台湾地区的“公平交易法”规定的最高罚款金额为2500万台币,即使耗费时间与财力进行调查,最后有足够证据对微软进行处罚,这个数额对微软来说吓阻效果也不大,而微软出于自身的市场地位考虑,提出的和解方案比较符合台湾地区的公众利益。① 德国的行政程序和解契约制度,实际上是在法律的授权裁量下,当出现特定情形时,行政机关行使裁量权选择一种行为方式,并且这种行为方式的履行是通过和相对人合意(和解)行使裁量权来完成的。其主要优点即在于其在解决纷争中的有效性和经济性,具有促进行政程序经济化的功能。

事实上,在德国,和解契约是通过互相让步来消除合理判断中的事实或者法律问题的不确定状态的。订立和解契约的前提是行政机关依裁量认为缔结契约对消除不明确性是有益的、适当的,而且,性质上不属于非独立性的因素或先决问题。比如,在核发医师执照时不得就应具备的医师资格进行和解;在对于适用何种法律或者条款存有争议时,不能互相让步寻求和解。② 能够缔结和解契约的情况是有限制的,如行政机关不能进一步确定甲是否已经得到许诺延期支付的500马克租金,主管机关与甲达成和解:还应当支付300马克。客观上看,甲只有甚至根本没有500马克的请求权,但由于客观的法律状态无法进一步查明,这种“和解”作为一种折衷办法是正当的。③ 根据有关研究,凡是隶属契约的和解契约,其成立必须符合如下条件:客观上存在事实或法律状态不明确;不明确状态不能或需耗费巨大始能排除;契约之缔结须能有效达成行政目的;双方互相让步,不得仅一方让步,通过双方当事人的“让步”,可以取得一致的认识。④

---

① 段炜:《特别关注:台湾微软垄断案始末》,载 http://www.ce.cn/cysc/it/xwy/xwyj/gj/t20040325_518499.shtml。

② 吴庚:《行政法之理论与实用》,台北,三民书局1996年版,第373~374页。

③ [德]哈特穆特·毛雷尔:《行政法学总论》,高家伟译,法律出版社2000年版,第368页。

④ 余凌云:《行政契约论》(第3版),清华大学出版社2022年版,第53页。

在美国,和解制度的采用情况类似,也是为促进争端解决的经济性。“由于许多行政机关每年都有为数众多的诉求、听证和处罚案有待解决,和解成为行政手法的一个极其重要的部分。和审判法庭一样,如果所有提起的诉讼不得不经过全部听证过程,那么绝大多数行政机关的裁断制度将陷于案件积压之中。认识到这一事实,各机关相应发展了各种和解做法和程序。”①美国学者施瓦茨(Schwartz)指出,“行政法庭之案件负担是繁重的,甚至超过司法系统。负责执行经济、环境、健康和安全法规之行政机关,一般来说,具有强制处罚违反法规者之权力,其次,有权核颁或撤销执照之行政机关,亦往往被授予裁决执照之权力,为了应付裁决上所面临之工作负担,行政机关已发展出非正式之协商与和解程序”②。在美国,以下一些因素对在行政活动中普遍盛行和解起了一定作用:受管理的企业不得不与监督它们运作的机关共存,受指控违法的公司也不愿因抵制而落个不合作的名声。与此同时,通过不断的监督或以往的接触对被告已了如指掌的机关可能有机会取得确立违法行为的充分证据。最后,诉讼的代价,包括公司在消费者中的声誉以及冗长的诉讼导致的不稳定性,都经常激发当事人通过和解来了结待决指控的强烈愿望。③

但是,与德国不同,美国的和解制度是非正式行政裁决(非正式行政手法)的一种,实际上是行政程序中的一种较为灵活的处理方式,当然须依法而为。从美国的制度来看,其和解制度涵盖了德国制度的功能,但适用范围更为宽泛,用于实现行政目的或解决各类争议。同时,作为一种非正式行政手法的和解,它的采用有时能更有效地达成行政目的、维护公益。比如,某企业生产假冒商品,被行政机关罚款数额较大,如果立即强制执行,该企业只能破产倒闭,可能仍然无法交足罚款。但是,若行政机关与企业达成分期缴款协议,则该企业避免了倒闭,罚

---

① [美]欧内斯特·盖尔霍恩、[美]罗纳德·M. 利文:《行政法和行政程序概要》,黄列译,中国社会科学出版社 1996 年版,第 99 页。

② Schwartz, *Administrative Law*, 263(1977). 转引自罗传贤:《美国行政程序法论》,台北,五南图书出版公司 1985 年版,第 88 页。

③ [美]欧内斯特·盖尔霍恩、[美]罗纳德·M. 利文:《行政法和行政程序概要》,黄列译,中国社会科学出版社 1996 年版,第 99 页。

款亦可足额缴纳,其持续发展对社会的繁荣和稳定当然有意义,这个时候和解的意义显而易见。①

值得关注的是,美国的和解除了上文所述的非正式行政手法中的和解以外,还有一种协商式"和解"。如在美国,法律规定对违反环保法的企业可以罚款4000美元到10,000美元。A企业严重违反了有关规定,但其积极配合污染治理,并及时采取补救措施,那么,行政机关可以对其科处4000美元罚款;相反,B企业虽然违法程度较轻,但对行政机关所提出的环保建议没有给予积极的配合,则可能被科处10,000美元罚款。若按机械主义法治论,这种处理似乎违背了比例原则,违反了合理性原则,属于权力滥用,应当被撤销。然而,能动主义法治论告诉我们,这样处理更符合现代国家参与型行政或互动型行政的理念,更有利于公共利益和个体利益的协调。而美国的经验则告诉我们,这样处理不仅是能动主义法治理念的体现,而且极具实效性。② 这种情况,我们也可将之视为一种和解,虽然其最后并没有以和解(契约)的形式表现出来,但实际上行政机关在行使裁量权的过程中,利用法律规定的处罚幅度,采取与当事人协商合意的方式确定罚款额,因而可视为一种和解。这种和解只是强调在行政裁量的过程中行政机关与行政相对人的合意,其最终并不缔结和解契约,仍表现为行政行为,其特点在于能够更有效地达成行政目的。将以上两种情况统一起来,我们便可以看到一个统一的美国和解制度。正如上文所分析的,它在制度功能上包含了德国制度的功能,只是整体而言没有严格的法律规定,更强调行政机关的主动性。

综上所述,从比较法角度考察德国、美国的制度和实践,归纳起来,行政法中的和解制度主要有两种类型,一种是德国行政程序法中的和解契约,另一种是美国非正式行政手法中的和解。在这两种和解中,和解后的结果都以契约的形式表现出来,前者为缔结和解契约,后者表现为行政机关和相对人都同意的和解方案,它们都具有和行政行为一样

---

① 杨建顺:《行政强制中的和解——三环家具城案的启示》,载《南通师范学院学报(哲学社会科学版)》2002年第1期。

② 杨建顺:《行政强制中的和解——三环家具城案的启示》,载《南通师范学院学报(哲学社会科学版)》2002年第1期。

的法律效力。从实际效果来看，和解这种制度使行政机关可以采取与相对人协商合意的方式快速达成双方都可接受的理性方案，从而成为行政裁量权有效运作的一种重要制度选择。

（二）我国行政和解制度的实践考察

在我国，较长一段时期内人们并未在理论上重视和解在行政程序中的作用。受依法行政原则与严格形式法治观的影响和约束，1989 年的《行政诉讼法》第 50 条甚至规定："人民法院审理行政案件，不适用调解。"但与之相反的是，在行政审判实践中，调解却一直没有停止过，有时调解甚至成为最为主要的方式。① 而随着 2014 年修正的《行政诉讼法》第 60 条明确规定行使"自由裁量权的案件可以调解"，行政裁量与调解、和解之间的内在紧张关系基本化解。

事实上，在制定法方面，早在 2004 年修订的《反倾销条例》中，国务院就专节设立"价格承诺"制度。其中第 31 条第 1 款规定："倾销进口产品的出口经营者在反倾销调查期间，可以向商务部作出改变价格或者停止以倾销价格出口的价格承诺。"虽然该条例所规定的价格承诺系由出口经营者单方提出，但该条的第 2、3 款同时又分别规定，"商务部可以向出口经营者提出价格承诺的建议"，"商务部不得强迫出口经营者作出价格承诺"，由此确立了价格承诺作出与接受的自愿性。而且，通过第 33 条所规定的"商务部认为出口经营者作出的价格承诺能够接受并符合公共利益的，可以决定中止或者终止反倾销调查，不采取临时反倾销措施或者征收反倾销税"，以及第 36 条所规定的"出口经营者违反其价格承诺的，商务部依照本条例的规定，可以立即决定恢复反倾销调查"可知，《反倾销条例》所规定的具有中止或终结反倾销调查程序与替代反倾销惩罚措施效果的"价格承诺"，就是"行政和解"。② 这种由国务院通过行政法规设立的反垄断"承诺"和解制度，在之后 2007 年颁行的《反垄断法》中得到了立法的正式确认，并在原有的基础上获得了

---

① 黄学贤：《论行政诉讼调解制度的要件、构架和基础》，载《江苏行政学院学报》2008 年第 5 期。

② 曹伊清、崔小峰：《和解契约的行政法建构》，载《江西社会科学》2017 年第 8 期。

进一步完善。比如，2007 年《反垄断法》第 45 条（2022 年《反垄断法》第 53 条）增加了经营者承诺消除垄断后果的"期限"要求，明确了行政机关对反垄断承诺经营者的承诺"履行监督"机制，并细化了和解失败而"恢复调查"的具体情形等。

随着契约行政法治理念的不断深化，行政和解制度得到立法的进一步确立。2011 年《行政强制法》第 42 条规定："实施行政强制执行，行政机关可以在不损害公共利益和他人合法权益的情况下，与当事人达成执行协议。执行协议可以约定分阶段履行；当事人采取补救措施的，可以减免加处的罚款或者滞纳金。执行协议应当履行。当事人不履行执行协议的，行政机关应当恢复强制执行。"从该法的规定可以看出，"执行协议"同样具有使相对人切实履行义务并终结强制执行程序的效果，因此，是一种"行政强制执行和解"。[①] 这种在行政法中对民法契约精神的引入，其实也体现了对传统单方行政强制权力理念的突破。[②]

不过，在我国，最具典型意义的"行政和解"，是由中国证券监督管理委员会于 2015 年 2 月 17 日公布的《行政和解试点实施办法》。该实施办法对行政和解的概念、原则、适用范围与条件、实施程序、行政和解金的管理和使用等内容，都作出了详细规定。该和解制度在之后 2019 年修订的《证券法》的第 171 条得到立法确认。[③] 根据该法的授权，2021 年 9 月 8 日国务院制定通过了《证券期货行政执法当事人承诺制度实施办法》（本段以下简称《办法》）。为落实好《办法》相关规定，中国证券监督管理委员会于 2021 年 12 月 22 日通过了《证券期货行政执法当

① 江必新主编：《〈中华人民共和国行政强制法〉条文理解与适用》，人民法院出版社 2011 年版，第 224 页；莫于川主编：《行政强制操作规范与案例》，法律出版社 2011 年版，第 115 页。

② 方世荣：《"执行协议"：行政强制执行制度的一种变革》，载《江苏社会科学》2012 年第 4 期。

③ 《证券法》第 171 条第 1 款规定：国务院证券监督管理机构对涉嫌证券违法的单位或者个人进行调查期间，被调查的当事人书面申请，承诺在国务院证券监督管理机构认可的期限内纠正涉嫌违法行为，赔偿有关投资者损失，消除损害或者不良影响的，国务院证券监督管理机构可以决定中止调查。被调查的当事人履行承诺的，国务院证券监督管理机构可以决定终止调查；被调查的当事人未履行承诺或者有国务院规定的其他情形的，应当恢复调查。具体办法由国务院规定。

事人承诺制度实施规定》(本段以下简称《规定》),同时废止了《行政和解试点实施办法》。虽然上述《办法》《规定》用“行政执法当事人承诺”取代了“行政和解”一词,但两者在概念界定和制度设计等方面几乎完全一致。譬如,《行政和解试点实施办法》第2条规定:“本办法所称行政和解,是指中国证券监督管理委员会(以下简称中国证监会)在对公民、法人或者其他组织(以下简称行政相对人)涉嫌违反证券期货法律、行政法规和相关监管规定行为进行调查执法过程中,根据行政相对人的申请,与其就改正涉嫌违法行为,消除涉嫌违法行为不良后果,交纳行政和解金补偿投资者损失等进行协商达成行政和解协议,并据此终止调查执法程序的行为。”《办法》第2条规定:“本办法所称行政执法当事人承诺,是指国务院证券监督管理机构对涉嫌证券期货违法的单位或者个人进行调查期间,被调查的当事人承诺纠正涉嫌违法行为、赔偿有关投资者损失、消除损害或者不良影响并经国务院证券监督管理机构认可,当事人履行承诺后国务院证券监督管理机构终止案件调查的行政执法方式。”再如,《办法》《规定》还对行政执法当事人承诺实施过程中的申请受理、沟通协商、签署和履行承诺认可协议、中止或者终止案件调查等程序作出了详细的规定,但这些规定也基本上都是建立在《行政和解试点实施办法》规定的申请与受理、协商、行政和解协议的签订与执行、行政和解程序的终止等程序的基础上。可见,《办法》《规定》所规定的“行政执法当事人承诺”实际上就是“行政和解”,其具体制度设计也是对《行政和解试点实施办法》的进一步细化完善。

从我国目前的法律、法规、规章的规定来看,无论是反倾销与反垄断过程中的承诺、行政强制执行过程中的执行协议,还是证券执法过程中的行政和解,基本上采用“尽职调查—申请和解—签订协议—终结程序”的技术路线。这种和解模式较为正式,基本上体现了行政裁量和解的构成要件。但相较而言,目前行政裁量和解的适用范围较为狭隘,一般仅适用于轻微违法案件。[1] 行政和解的适用条件也较为苛刻,一般是在行政相对人出现违法嫌疑、行政机关经必要调查初步掌握,只是存在

① 王炳:《反垄断执法和解的制度机理》,载《安徽大学学报(哲学社会科学版)》2010年第2期。

事实或法律关系不明的情况下，才采用订立和解协议的方式终结行政程序。[①] 因此，行政和解的功能多是事后补救性的，且面向的对象也是特定的。

然而，随着我国国家治理现代化的法治转型，民主理念和民主机理被更加充分地融入国家治理当中，以最大限度地吸收公众参与，扩大公民及其组织的话语权和决定权；同时，以强调治理主体间的平等性、自愿性、共同性和参与性的对话、沟通、协商等治理方式，也不断融入国家治理的方方面面。[②] 在此背景下，我国的行政裁量和解实践也获得了创新性发展，并表现出强大的适用力。譬如，2018 年珠海横琴在全国首创税务诚信报告免责体系，通过"对税收政策未明确的涉税事项和重大的特定涉税事项，鼓励纳税人主动诚信报告，税务部门予以备案或给予明确的税务处理意见，日后按规定补缴税款的，税务部门不予处罚"[③]的方式，让行政和解不再局限于某一单个执法对象，而是可以面向治理事项所涉及的不特定多数主体。同时，行政和解也不必以"违法调查"的启动为前提，甚至还不必要求行政机关与相对人之间形成正式的和解契约。相反，行政和解可以以行政机关的提前"邀约"与行政相对人的"实际履行"行为，作为和解达成的内在机理，以此进一步提高执法效率，最终实现国家治理的目的。正如有学者所言，"和解的实现并非只能通过签订行政契约，单方行政决定亦能实现和解"[④]。换言之，为有效实现国家治理现代化的功能目的，规范裁量权的行使，在坚持和解所要求的双方"自愿"与"协商"前提之下，行政机关基于自身的裁量权，可以通过多样化的履行方式，实现行政和解。

（三）行政裁量过程中的和解制度构建

我们已经看到，在我国，虽然目前还没有如同德国、美国那样通过

---

① 殷守革：《行政和解法治论》，山西人民出版社 2020 年版，第 93 页。

② 张文显：《法治与国家治理现代化》，载《中国法学》2014 年第 4 期；李林：《依法治国与推进国家治理现代化》，载《法学研究》2014 年第 5 期。

③ 《瞭望：粤澳深度合作的税务创新》，载国家税务总局广东省税务局网，https://guangdong.chinatax.gov.cn/gdsw/zhhqsw_mtsj/2020-07/24/content_a86ed2d4ca324ceb8eb16daeac08cc05.shtml。

④ 方世荣、白云锋：《行政执法和解的模式及其运用》，载《法学研究》2019 年第 5 期。

制定统一的“行政程序法”来规范行政和解制度，但从行政运作的现实情况来看，不仅形成了德国那样的具有中止或终止行政程序与替代行政决定的正式和解契约，也产生了美国那样的作为非正式裁决程序的行政和解。例如，在行政处罚过程中，相对人与执法机关之间就违法性质、处罚种类和幅度等问题的交涉，实质上都是ADR的方式，①存在“和解”方式的运用。同时，基于国家治理现代化的法治理念转型，行政和解在我国亦出现了本土化的独特生成机理，由此进一步丰富与扩展了行政和解的概念内涵与适用范围。但与之对应的问题是，由于我国当前的法律规定较为分散，行政裁量和解的方式、程序和标准等内容，都存在不规范、不统一的情况，这可能阻碍行政机关与相对方之间的有效沟通，甚至扭曲相对方的意愿，从而影响行政裁量和解功能的实现。考察国外的制度和实践以及我国的现实状况，在行政裁量的过程中引入和解的方式，并在制定法上对(行政程序)和解进行规定，使之有一个成型的制度，是一种必然的发展趋势。笔者认为，在我国建立行政裁量和解制度，从总体上来看，可以从以下两个方面着手。

1. 明确行政和解的类型及其适用条件

在行政裁量和解的制度类型上，可以在行政契约中引入德国的和解契约制度，并借鉴美国的和解制度，将其作为我国行政过程的一部分在行政程序法中予以规定。如前所述，德国的和解契约是在出现事实状态或法律问题不确定状态的情形下，通过双方互相让步签订和解协议，以终止行政程序。这里的“不确定”，是指不可能查明或者非经不合乎比例的重大支出不能查明的状态。其中，事实状态的不确定，主要指行政机关经过调查，无法查明相关的事实状态，或者经过行政主体合理判断，非经重大支出不能查明该事实真相；法律问题的不确定，是指双方当事人对法律的理解存在重大歧义，行政机关亦无法把握立法者的本义，或者法律规范不明确、存在冲突，甚至没有法律依据。② 不过，作为一种具有替代行政行为效果的裁量规制方式，行政和解虽然可以减

① 王锡锌：《规则、合意与治理——行政过程中ADR适用的可能性与妥当性研究》，载《法商研究》2003年第5期。

② 赵银翠：《行政执法和解制度探讨》，载杨建顺主编：《比较行政法——方法、规制与程序》，中国人民大学出版社2007年版。

轻或免除行政机关依职权调查事实之义务，但和解并非行政机关职权调查义务的免除，行政机关不得自始就怠于调查，而应该在履行尽职权调查义务之后，如发现有事实或法律不明之状态，且适宜以缔结和解契约来达成行政目的，才能停止调查。① 与此同时，行政相对人也因顾忌行政机关的继续调查会严重影响自身的声誉和信誉，为避免两难，经双方协商，通过订立和解契约，以终止调查程序。

美国的行政程序法对行政和解的适用条件并未作明确规定，而是采用概括性授权的方式，授予行政机关广泛适用裁量和解的空间，这与美国盛行的实用主义法治传统息息相关。但是，如果行政和解不受限制，在损害他方利益，且没有经过事实的充分验证，也没有应诉人对法律和政策问题的争执的情况下，行政机关径直和解，与根据正式程序作出的行政裁决相比，显然具有更大的错误危险性。② 因此，为进一步规范行政和解的适用空间，美国在1996年的《行政争议解决法》第572条中作出规定，若出现如下情形，则不可适用行政和解：(1)为确立先例，案件需要有一个确定的或权威的解决方案，但拟采用的程序无法成为一个被普遍接受的权威先例；(2)案件涉及或对政府政策有重大影响，为此在最终决定之前需要引入额外程序，但拟采用的程序无法为行政机关提供政策指导；(3)坚持已确定的政策对于确保不增加个案决定的偏差有特殊意义，但拟采用的程序不利于个案决定的一致性；(4)案件对那些未参与程序的个人或组织有重大影响；(5)案件的处理严重依赖于完整的公开记录，但拟采用的程序无法提供这种记录；(6)行政机关必须保持对该事件持续的管辖权以应对情势变化，但拟采用的程序会妨碍行政机关实现该目的。

2. 防范行政裁量和解制度风险

和解，虽然可以将协商、合意这种实质性的利益沟通方式融入裁量权行使的过程之中，有助于行政裁量的理性运作，但建立这种制度，亦有一些制度上的风险待进一步解决。首先，由其和解的性质决定，和解

① 张文郁：《行政法上之和解契约》，载法治斌教授纪念论文集编辑委员会编辑：《法治与现代行政法学》，台北，元照出版公司2004年版。

② ［美］鲍叶：《美国行政法和行政程序》，崔卓兰等译，吉林大学出版社1990年版，第79页。

契约的内容并非总是、但在大多数情况下只能或多或少地接近法律规定,而不能完全与之符合。这种偏差是可以接受的,因为完全明确是不可能的,或者只有经过大比例支出才能达到,而且通过相互让步消除意见分歧,可以达到法律上的处分解决办法,特别重要的是遵守和解的特殊合法要件。[①] 其次,如果和解在很多情况下并不完全符合法律规定,而和解契约的达成总是或多或少地涉及公共利益,那么尤其是在涉及的公共利益较大时,和解是否会导致对公共利益的损害呢?我们对行政机关并没有绝对的信心。在前述我国台湾地区微软案中,这一问题表现得非常突出,正如《资讯传真周刊》在《评微软所提行政和解案》中指出的那样:外界把微软的此一动作,视为一场商业与法律的斗智竞赛。我们必须指出,微软过去在产品售价及知识产权上的做法,对于台湾地区的消费大众与资讯产业并不公平,如今提出行政和解条件,但声称他们并没犯错,未展现和解的诚意,"政府"相关单位应审慎行事,以消费者利益与产业发展前景为重,不要被一时的小利冲昏了头。"公平会"的"官员"亦极力宣称,行政和解应以符合公共利益为前提。[②]

应当说,在行政和解的过程中,损害公共利益或第三人利益的可能性是存在的,特别是在行政争议涉及公共政策的管制过程中,行政机关对私方当事人的妥协可能会以牺牲公共利益或侵害第三人利益为代价,对此应予以特别警惕。但是以下几点我们亦应予以考虑:首先,法治主义背景下的和解并不是随心所欲的,行政机关越权或滥用职权的行为受到法律原则和规则的制约;其次,在行政执法资源有限性的条件下,行政机关在某个个案中所进行的妥协和让步,并不能与牺牲公共利益画等号,如果适当的妥协和让步能够节省更多的执法资源,产生更大收益,这样的妥协就可以得到正当化;最后,行政行为作出的较高成本不仅制约着行政机关,也制约着私方当事人,因此一个理性的当事人也

① [德]哈特穆特·毛雷尔:《行政法学总论》,高家伟译,法律出版社2000年版,第356页。

② 段炜:《特别关注:台湾微软垄断案始末》,载http://www.ce.cn/cysc/it/xwy/xwyj/gj/t20040325_518499.shtml。

不大可能怀着“损公肥私”的预期而进行博弈。① 因而,公共利益或第三人利益的考量并不会排除和解在行政过程中的适用。只是,在行政和解的过程中人们需要认识到相应的风险,并通过制度建构积极防范这种风险。

就行政裁量和解的风险防范而言,应该坚持法治系统方法论,将行政和解放在裁量控制的整个体系之中进行把握。② 协商、和解虽然是裁量控制的有效方式,但行政和解的达成与履行本质上仍为一个裁量过程,即对于要不要和解、如何和解、和解成功与失败的处理等,行政机关存在广泛的裁量余地。因此,防止行政裁量和解滥用、确保和解过程与程序合理正当,是和解风险控制的关键。

首先,通过规范化的制度要求,划定行政裁量和解的实体边界与程序要求。对此,可以从制定法层面明确行政和解的适用范围、强化和解过程的理由说明、加强和解公开与公众评议,并完善相对人与第三人的权利保障制度等。③ 譬如《证券法》第 171 条第 2 款规定:“国务院证券监督管理机构决定中止或者终止调查的,应当按照规定公开相关信息。”此外,也可以通过分立和解、调查与审理等不同部门,实现和解权力的内部制衡,并将和解协议纳入司法审查范畴,保障和解的监督与救济等。④

其次,在法律授予的裁量幅度范围之内,通过行政机关自我设定和解指南、和解基准,细化和解条件与程序,规范与统一行政裁量和解的行使。作为裁量控制的另一视角,行政自我规制往往通过“结构耦合”的方式,在行政机关内部通过某种方式再生出与受控子系统相同的运转方式,因此,就能够考察受控子系统的信息并作出回应,⑤以此实现行

① 王锡锌:《规则、合意与治理——行政过程中 ADR 适用的可能性与妥当性研究》,载《法商研究》2003 年第 5 期。

② 周佑勇:《推进国家治理现代化的法治逻辑》,载《法商研究》2020 年第 4 期。

③ 王炳:《反垄断执法和解的制度机理》,载《安徽大学学报(哲学社会科学版)》2010 年第 2 期。

④ 郝心茹:《证券执法和解制度的困境与出路》,载任妍姣主编:《中财法律评论》第 13 卷,中国法制出版社 2022 年版。

⑤ [英]特伦斯·丹提斯、[英]阿兰·佩兹:《宪制中的行政机关——结构、自治与内部控制》,刘刚、江菁、轲翀译,高等教育出版社 2006 年版,第 4 ~ 5 页。

政裁量在系统外部的有效运转。譬如,为执行与落实《证券法》所规定的承诺制度,国务院发布了《证券期货行政执法当事人承诺制度实施办法》,就承诺申请的材料、期限、受理、审理与处理等内容与程序进行了细化。而中国证券监督管理委员会为细化与执行该实施办法,发布了《证券期货行政执法当事人承诺制度实施规定》。

最后,充分发挥企业合规协议在行政裁量和解中的预防与激励作用。在常规意义上,行政机关与行政相对人达成和解,主要从执法效率、避免纠纷争端与保护第三人或公共利益等角度进行考量,行政机关以相对人是否履行和解协议作为案件中止或终止调查的条件。因此,行政和解的效果多是补救性的。但这种补救性措施有时很难解决行政相对人自身所存在的根源性问题,从而出现和解效果不佳、和解后重复违法等情形。而企业合规协议的优势主要表现为,行政机关通过给予企业一定"优惠"条件,激励参与企业积极进行自我纠正,通过对企业履行合规协议的情况进行过程监督,并根据监督结果对措施加以调整,从而实现信息的循环与闭环。[①] 因此,相比其他类型的契约,企业合规协议除了具备主体的双方性、过程的协商性之外,还具有动因的激励性与反馈信息的循环性等特征。如果将企业合规协议引入和解过程中,通过设置企业合规整改的适当期限、强化行政机关合规监督力度与企业合规定期报告制度等,可以有效激励企业及时进行自我整改,从源头上杜绝违法现象的发生,从而更有利于实现行政裁量和解的原初目的。[②]

(四)行政诉讼中的和解制度改革

和解在行政法领域中的引入,除了直接适用于行政裁量过程中之外,另一个重要方面是在行政诉讼中的适用。尽管我国 1989 年的《行政诉讼法》第 50 条明确规定"人民法院审理行政案件,不适用调解",但在行政审判实践中,法院以调解或者和解方式处理行政案件的现象却大量存在。只不过行政诉讼中的调解通常被称为"协调"或"和解",并

---

① 周佑勇:《契约行政理念下的企业合规协议制度构建——以工程建设领域为视角》,载《法学论坛》2021 年第 3 期。

② 陈瑞华:《论企业合规在行政和解中的适用问题》,载《国家检察官学院学报》2022 年第 1 期。

基本上是以法院裁定同意当事人撤诉的方式结案。《行政诉讼法》修订前，据江苏省高级人民法院统计，历年来，全省法院高达40%左右的一审行政案件是经过协调后以撤案方式结案的。全国其他法院的情况也大致如此。这表明，立法对行政诉讼调解所采取的排斥态度并没有阻止事实上的和解在实践中的大量存在。相反，这种"犹抱琵琶半遮面"的和解现状，容易造成行政诉讼和解长期游离于法治之外，处于一种不规范的失控状态，从而严重影响行政审判的司法公信力和权威性，也不利于其解决行政争议、维护当事人合法权益和监督行政机关依法行政等司法功能的有效发挥。

面对这种立法与实践的不匹配，以及由此产生的局面，行政法学理论和实务界一直都强烈呼吁应当将行政诉讼和解纳入法治轨道，完善相应的指导原则和制度构建。对此，我国司法政策首先做出了回应。最高人民法院在2007年3月发布的《关于进一步发挥诉讼调解在构建社会主义和谐社会中积极作用的若干意见》中，明确指出："对行政诉讼案件……人民法院可以根据案件实际情况，参照民事调解的原则和程序，尝试推动当事人和解。人民法院要通过行政诉讼案件……和解实践，不断探索有助于和谐社会建设的多种结案方式，不断创新诉讼和解的方法，及时总结经验，不断完善行政诉讼案件……和解工作机制。"这一司法政策的提出，意味着行政诉讼和解制度获得了我国最权威的司法认可，也将建立和完善行政诉讼和解机制正式纳为我国当前行政诉讼制度改革的一个重要方面。在2014年《行政诉讼法》的修订过程中，针对行政诉讼实践中存在的问题，考虑到行政赔偿、补偿等案件中行政机关具有一定的裁量权，适用调解可以更好地解决行政争议，保护公民、法人和其他组织的合法权益，正式调整行政诉讼不得调解的规定，[①]将部分案件纳入诉讼调解的范围。此次修法，立法机关仍未明确行政诉讼和解的法律地位，但2018年最高人民法院出台的《关于适用〈中华人民共和国行政诉讼法〉的解释》（法释〔2018〕1号）第86条第5款规定："当事人自行和解或者调解达成协议后，请求人民法院按照和解协

---

① 袁杰主编：《中华人民共和国行政诉讼法解读》，中国法制出版社2014年版，第167页。

议或者调解协议的内容制作判决书的,人民法院不予准许。"虽然该条款所规定的是和解协议与调解协议的内容不得转化为判决,[①]但在很大程度上也表明,最高国家司法机关对行政诉讼和解制度的正式承认。

实际上,在域外部分国家和地区,行政诉讼和解已成为一种通用和有效的 ADR。在美国,行政诉讼和解制度属于 ADR 之一种。ADR 最初是作为一种民事纠纷解决方法被加以适用的,由于英美法系并没有公法与私法的严格区分,行政诉讼与民事诉讼程序采用基本相同的规则,所以 ADR 也经常被应用于行政争议的解决过程之中。1990 年,美国国会通过了《行政争议解决法》,该法以成文的形式,系统规定了 ADR 在行政争议解决过程中的适用,标志着美国行政程序领域的一个重大改革。如今,ADR 作为纠纷解决的一种有效技术,在美国行政诉讼程序中得到了广泛采用,有学者统计,美国的行政案件总体上约有 80% 是通过和解方式解决的,ADR 已成为美国法院最重要的行政诉讼争议解决途径。[②]

在德国,行政诉讼和解制度的兴起,源于德国诉权理论的发展。德国新发展的诉权理论认为,行政诉讼适用处分原则。也就是说,就诉讼标的而言,法院受当事人请求的约束,这些请求能够决定行政诉讼的范围以及诉讼的开始与结束。因此,当事人在行政诉讼中处分自己的权利具有一定程度的可行性。据此,德国《行政法院法》第 87 条规定:"审判长或其指定之法官,为使争诉尽可能一次言辞辩论终结,于言辞辩论前有权为必要之命令。其有权试行参与人为争讼之善意解决之和解。"同时规定,只要参与人对和解标的有处分权,为完全或部分终结诉讼,参与人可在法院作出笔录,或在指定或委派的法官面前作出笔录以达成和解,有效成立的和解等价于相应的法院裁判,依据德国《行政法院法》第 168 条第 1 款第 3 项的规定具有执行力。[③]

在日本,实然法并未对行政诉讼和解问题作出规定。但在司法实

---

① 最高人民法院行政审判庭编著:《最高人民法院行政诉讼法司法解释理解与适用》(上),人民法院出版社 2018 年版,第 408 ~ 409 页。

② 范愉:《非诉讼纠纷解决机制研究》,中国人民大学出版社 2000 年版,第 102 页。

③ [德]弗里德赫尔穆·胡芬:《行政诉讼法》(第 5 版),莫光华译,法律出版社 2003 年版,第 576 ~ 577 页。

务中，在法院干预下，以不直接触及行政处分的处理方法进行诉讼和解的案例却普遍存在。例如，在农地买卖处分案中，行政主体和相对人便可通过多种方式达成“和解”而平息纷争。日本法院的这种“超越实然法”的做法，曾被有些学者赞誉为“实务上的智慧”，但也有学者坚持，行政诉讼实务中和解的适用范围应受到限制。例如，日本学者南博方便认为，行政诉讼中的和解应受到如下四个限制：行政主体对诉讼对象须有事务管辖权；不得直接以行政行为的作出或者撤销作为和解的内容；行政主体不得通过和解向作为相对方的私人约定威胁公共安全和秩序的法律地位，或者约定放任该地位；和解在作为其履行而进行的行政厅的行政行为无效的情况下，不能被允许。①

由上可见，在行政诉讼中融入和解制度已成为一种世界潮流。域外现行的行政诉讼和解制度整体上具有以下共同特点：(1)以实定法的形式将其明确化和固定化（日本除外）；(2)行政诉讼和解的作出以当事人对诉讼标的享有处分权为前提；(3)和解一般应制作笔录；(4)法院对和解协议的合法性享有审查权；(5)和解协议具有法律效力，当事人可以据此申请执行。

考察域外的制度和实践，结合我国现实的法治环境，完善我国行政诉讼和解制度，有效发挥诉讼和解功能、防止和解滥用，还必须从明确适用范围、完善实施程序、提请明确立法等方面进行全面展开与推进。

1. 合理界定行政诉讼和解的适用范围

由于行政诉讼和解涉及公共利益及公权力的处分，必须严格符合法治行政的要求，因此行政诉讼的和解需受到严格的条件限制。它除了在程序上要符合和解本身的一些条件外，还必须具备一些实质条件。结合域外通例及理论学说，这些实质条件概而言之应包括两个方面：一是当事人对和解事项具有处分权；二是和解协议不违法。其中，所谓“处分权”，指当事人就诉讼标的，事实上有处分的可能，法律上有处分之权限，对于调解标的，有权作出有拘束力之声明。② 对行政相对人而

---

① ［日］南博方：《行政诉讼中和解的法理（上）》，杨建顺译，载《环球法律评论》2001年第1期。

② 翁岳生编：《行政法（2000）》，中国法制出版社2002年版，第1466页。

言，只要当事人是和解标的所涉及的请求权的主体，一般就认为其对和解标的具有处分权。[①] 对行政机关而言，在表现形式上，处分指的是行政机关得以公法契约方式行权；[②]在实质条件上，处分的前提是行政机关必须拥有事务管辖权——“为使诉讼中和解的缔结成为可能，行政厅必须具有对和解履行行为的事务管辖权。所以，在诉讼当事人以外的行政厅，对作为和解目的的措施具有事务管辖权的情况下，以及欠缺其他公法主体的干预、协助、认可、合意的情况下不能缔结诉讼中和解。此外，即使在该事务管辖是关于和诉讼对象相同的生活领域的情况下行政厅也不能约定法律没有规定的行政行为的发布，或者约定由私人以行政行为的方式接受给付”[③]。

在行政诉讼中，如果行政机关不拥有实体处分权，就没有与相对人协商的“资本”，也将无法与相对人达成妥协。而这种处分权的行使，还须以不违反现行法律、法规的强制性规定，不损害国家利益及公共利益为限，“具有因和解给优势的公益造成侵害之危险的情况下，和解将被限制”，由此签订的和解协议便是非法的。[④] 同时，当事人达成的和解还不得侵害案外人的利益，对案外第三人施加负担的诉讼和解，须由该案外第三人参加和解过程并给予同意，否则也属违法。基于这些条件的限制，在现行法律制度的框架下，行政诉讼和解的适用范围主要应限定为以下案件：

(1)涉及行政裁量权的案件。从我国的相关制度来看，2014 年《行政诉讼法》明确将“自由裁量权案件”纳入行政诉讼调解范围，而 2007 年的《行政复议法实施条例》第 40 条也规定：“公民、法人或者其他组织对行政机关行使法律、法规规定的自由裁量权作出的具体行政行为不服申请行政复议，申请人与被申请人在行政复议决定作出前自愿达成和解的，应当向行政复议机构提交书面和解协议；和解内容不损害社会

---

① 谭炜杰：《行政诉讼和解研究》，中国政法大学出版社 2012 年版，第 171 页。

② 陈清秀：《行政诉讼法》（第 5 版），台北，元照出版公司 2012 年版，第 528 页。

③ ［日］南博方：《行政诉讼中和解的法理（上）》，杨建顺译，载《环球法律评论》2001 年第 1 期。

④ ［日］南博方：《行政诉讼中和解的法理（上）》，杨建顺译，载《环球法律评论》2001 年第 1 期。

公共利益和他人合法权益的,行政复议机构应当准许。"因此,涉及行政裁量权的案件,当事人在行政诉讼中也应当可以自行和解。事实上,自由裁量权案件之所以能够进行和解,主要是因为行政机关具有裁量处分权。对此,日本有学者认为:"关于公法上和解对象的实体法具有强行的性质时,不能够予以处分,而在实体法全部赋予行政厅以裁量决定余地的情况下,缔结和解是可能的。"①

不过,需要注意的是,行政机关具有裁量权,只是对和解事项享有处分权的前提之一。一方面,在一定程度上,可以将行政裁量的过程视为一个利益衡量的过程,利益衡量的本质即是对相互冲突的各类利益进行充分权衡,最终选择一种能实现各方利益最大程度均衡的行政裁量结论。这种利益衡量的过程,既可以在行政行为作出过程中得到实施,也可以在行政诉讼程序中,在原告方提起诉请、行政主体与相对人再一次进行实质性利益沟通时作出。因此,在行政诉讼过程中,被告在再次利益衡量后,完全可能作出一份与原行政裁量结论不同的新裁决。此时,如果原告对该结果满意,可以与被告达成和解而撤诉。法院经依法审查认定和解协议没有突破行政裁量权限,不存在无效情形时,理应准许当事人双方以和解的方式结案。然而,另一方面,"实体法上行政机关所拥有之裁量权,并非对于诉讼标的之处分权,行政机关得自由裁量者,非即得为诉讼上和解,不得以羁束处分与裁量处分为可否诉讼上和解之区分标准"②。对于何种情况下行政机关可以裁量处分而进行和解,我国台湾地区学者总结道:"所谓当事人具有处分权,系指当事人对于和解之内容或条件,包含一定之作为或不作为,依法得以合意或履行。此必须就个别情形,依所涉之成文或不成文法规范之性质、内容或目的为断。一般而言,若涉及强行法规之适用,除为了除去适用所生事实或法律关系之不确定性而在实体上本得缔结行政契约者之情形外,当事人不具有处分权,即不得为行政诉讼之和解。惟若法规赋予被告机关裁量权或属于'法律外行政'之领域,被告机关基于合义务性、合目

① [日]南博方:《行政诉讼中和解的法理(上)》,杨建顺译,载《环球法律评论》2001年第1期。

② 徐瑞晃:《行政诉讼法》,台北,五南图书出版公司2009年版,第501页。

的性之观点,与原告达成和解之内容或条件,若未有其他违法情事(如‘不当结合’),于法即无不可。换言之,行政机关对此即有处分权。”[①]

(2)行政赔偿、行政补偿案件。我国1989年《行政诉讼法》第67条第3款规定:“赔偿诉讼可以适用调解。”1997年4月29日最高人民法院颁布的《关于审理行政赔偿案件若干问题的规定》(已失效)第30条规定:“人民法院审理行政赔偿案件在坚持合法、自愿的前提下,可以就赔偿范围、赔偿方式和赔偿数额进行调解。调解成立的,应当制作行政赔偿调解书。”第31条规定:“被告在一审判决前同原告达成赔偿协议,原告申请撤诉的,人民法院应当依法予以审查并裁定是否准许。”2014年修正的《行政诉讼法》明确规定对于“行政赔偿、补偿”案件,法院可以进行调解。这些是行政赔偿适用调解及和解的实然法依据。同时,根据学界的通说,行政赔偿与行政补偿的关键区别在于前者是违法行政行为导致的责任后果,后者则是合法行政行为导致的责任后果,两者在内容及形式上具有一定程度的相似性。因此,法律既然明文规定行政赔偿可以适用调解,那当事人在行政补偿诉讼中享有自行和解的权利便显得顺理成章了。

(3)行政契约、行政奖励等涉及非强制性行为的案件。所谓行政契约,指以行政主体为一方当事人的发生、变更或消灭行政法律关系的合意。行政契约是一种重要的非强制行政行为方式,是合意、协商等行政民主精神的具体体现,已广泛应用于土地使用权有偿出让合同、农村承包经营合同、国有企业承包租赁合同、粮食定购合同、政府采购合同、公共工程合同、科研合同以及BOT政府特许经营合同等各方面。行政契约兼具行政性和契约性双重性质,其表现为“游离于公法上行为(权力性行为)与普通合同之间的一种特殊形态”[②]。因此,在合同履行发生纠纷的情况下,当事人在诉讼中得就合同违约的补偿及赔偿范围、内容、方式等事宜进行协商。这一点在实践中早已得到了采用,如最高人民法院在《关于审理农村承包合同纠纷案件若干问题的意见》[③]中便明

---

① 翁岳生主编:《“行政诉讼法”逐条释义》,台北,五南图书出版公司2002年版,第606页。

② 余凌云:《行政契约论》(第3版),清华大学出版社2022年版,第31页。

③ 法(经)发(1986)13号文,现已失效。

确了农村基层组织以及承包合同管理部门对承包合同的协调作用。这一规定从一个具体方面印证了行政契约诉讼的可和解性。同样,行政奖励诉讼也可以和解结案。行政奖励包含法定行政奖励与裁定行政奖励两类。法定行政奖励是指由于法律、法规等作了明确的规定,行政机关依据有关规定而作出的行政奖励,具体又可分为羁束性质的行政奖励与裁量性质的行政奖励。前者指法律明确规定了行政奖励的条件、额度等内容,行政机关必须根据法律的明确规定作出行政奖励行为;后者指法律仅原则规定有关行政机关可以或者应当作出行政奖励,但并未具体决定行政奖励的条件、额度等内容,而由行政机关裁量决定的行政奖励。裁定行政奖励是指在无法律规定可以或者应当给予行政奖励的情况下,行政机关根据行政管理的需要而作出的行政奖励。[①] 裁定行政奖励及裁量性质的行政奖励均属于涉及裁量因素的行政行为,前者的权力源于法律、法规的赋予,后者的权力源于组织法的赋予,基于与"涉及行政裁量权的案件"相同的理由,对于此两种行政奖励诉讼,当事人享有和解的权利。

(4)行政与民事交叉的行政裁决案件。行政裁决指行政主体运用其职权依法对与行政管理活动相关的特定民事纠纷作出处理的具体行政行为。[②] 行政裁决案件的本质目的是解决平等主体间与行政管理相关的民事纠纷,民事争议双方具备进行和解的前提和可能。如果在民事纠纷当事人双方达成和解的基础上,行政机关变更或撤销行政裁决,实际上是民事纠纷当事人对自己权利自由处分的结果,并不涉及公权力的调整减让。"从法律上肯定这种(行政裁决)行为的不可变动性并无多大实际意义"[③],故对此类案件也可以进行和解。

(5)行政不作为案件。行政不作为是指行政主体负有某种作为的法定义务,并且具有作为的可能性而在程序上逾期不为的行为。[④] 行政不作为的构成以行政主体具备作为义务及作为可能,但在程序上逾期

---

① 林莉红:《行政奖励诉讼初探》,载《法学杂志》2002 年第 2 期。

② 周佑勇、尹建国:《我国行政裁决制度的改革和完善》,载《上海政法学院学报》2006 年第 5 期。

③ 江必新:《行政诉讼问题研究》,中国人民公安大学出版社 1989 年版,第 163 页。

④ 周佑勇:《行政不作为判解》,武汉大学出版社 2000 年版,第 18 页。

不为为要件。基于这一特殊的构成,行政主体有可能在行政诉讼过程中启动“作为”程序。此时,行政主体的“回应行为”只具有程序意义,并不涉及对具体公益或私益的实体处分。如果相对人在行政主体“诉后作为”后,不愿再追究行政主体的不作为责任,可以申请撤诉。此种情况下,当事人双方便以实际行动达成了“和解”。

2.完善行政诉讼和解的程序制度构建

针对目前我国行政诉讼和解实践中普遍存在的依据不明确、过程不透明、程序不规范、结果不公开等问题,需构建科学合理的和解程序制度。

(1)明确法官在和解中的职权职责。当事人诉讼地位平等,是诉讼和解得以进行的基础之一。在行政诉讼中,由于双方当事人法律地位天然不对等,这使得法官职能的运用显得尤为必要。在诉讼和解过程中,法官兼有指挥、调控、审查、监督的权利与义务,可以适时为双方提供协商、对话的机会和场合,正确、公正地开示有关预测判决的信息,在必要和可能时,提出供当事人协商讨论的和解方案。同时,法官还可以依职权防止原告方被迫、被误导、被诱骗或基于自身认识错误签订和解协议,也有权制止原被告双方签订有损第三人或社会公共利益的和解协议。

(2)设立和解听证制度。如前所述,在行政诉讼和解中,法院享有对和解协议是否合法的审查权。为确保法院这一审查权的充分实现,在和解方案涉及公共利益及他人合法权益时,有必要在行政诉讼和解程序中设立公开听证制度。这种听证制度,是对行政审判公开原则的一种有益补充。在行政诉讼中,通过审判公开,可以确保法院的审理接受社会及特定利害关系人的监督,但在和解程序中,在行政主体作出了一定程度的“妥协与让步”的情况下,可能又涉及对新的公共利益及他人合法权益的侵犯。此时,相关利害关系人可能事先并不知情,因此不可能参与旁听案件审理或作为第三人参与诉讼。此时,唯有由法院就双方的和解过程举行公开听证,及时公开双方的和解内容或和解意向,并允许或通知相关利害关系人参与听证程序,及时表达自己的正当诉求,才可确保法院最终对和解协议的“合法与否”作出客观准确的判断。此种情况之下,和解听证程序应由法院主动启动,由本案审判长或主审法官亲自主持,并在适当范围内予以公告,和解的听证笔录将是法院判定和解协议是否违法的关键依据。

(3)规范和解笔录的制作程序。对于达成和解协议并经人民法院审查同意后,如何由法院制作法律文书的问题,大陆法系国家和英美法系国家采取了不同的做法。在民事诉讼中,英美法系国家认为当事人在和解后,可以通过申请,要求法院按照和解协议作出合意判决。而在大陆法系国家的民事诉讼和解中,则采用的是将和解协议记入笔录即产生效力的模式,德国、日本即属此例。对于我国来讲,我国行政诉讼法从根本上排斥行政诉讼调解的适用。因此在我国,"公然地"由法院制作行政诉讼和解书有悖法条规定。但同时,若结案时不做任何形式的认定,仅凭相对人撤诉便宣布"结案",则又显得过于草率。此时,若一方当事人反悔,另一方将落于毫无凭证之虞,整个和解程序将落得"空忙一场"的境地。为防止上述弊端,最佳的办法应是由法院对双方的和解协议制作笔录,该笔录应经双方签字认可,据此作为裁定撤诉结案的依据。如此,既可以充分保障双方的合法权益,也不至于引发认为和解书"违反实然法"的非议。

(4)厘清和完善行政诉讼和解反悔制度。反悔权即人们对违背自己真实意愿的先行为的否定权,民事调解中的反悔权止于当事人签收民事调解书之时。[①] 对行政诉讼和解而言,与诉讼调解一样,原被告间主体地位不对等,双方签订的协议具有"公法契约"性质,如果赋予行政机关对协议的反悔权,将极不利于政府的威信和司法权威的维护。[②] 因此,此时行政诉讼和解反悔的权利行使主体应仅限于原告方。同时,在

---

① 但作为一份"合同",和解协议也具有合同法上的法律效力。对此,2002 年最高人民法院《关于审理涉及人民调解协议的民事案件的若干规定》第 1 条明确规定:"经人民调解委员会调解达成的、有民事权利义务内容,并由双方当事人签字或者盖章的调解协议,具有民事合同性质。当事人应当按照约定履行自己的义务,不得擅自变更或者解除调解协议。"该司法解释已被 2011 年最高人民法院《关于人民调解协议司法确认程序的若干规定》代替,其关于调解协议效力的规定在 2011 年施行的《人民调解法》中得以立法确认。该法第 31 条规定:"经人民调解委员会调解达成的调解协议,具有法律约束力,当事人应当按照约定履行。人民调解委员会应当对调解协议的履行情况进行监督,督促当事人履行约定的义务。"

② 仇慎齐:《行政诉讼调解应建立原告人反悔权制度》,载《江苏经济报》2007 年 3 月 7 日。

具体制度设计方面，应根据不同情况予以区别对待：原告在签收和解协议后、法院作出撤诉裁定前反悔的，和解协议书不发生法律效力，人民法院对此时的反悔亦不应当审查，而应视案件具体情况分别予以继续审理或者是直接作出裁判；原告若在签收和解协议并经法院作出准予撤诉的裁定后反悔，则应按我国《行政诉讼法》及相关司法解释的规定办理。对此，最高人民法院《关于适用〈中华人民共和国行政诉讼法〉的解释》第 60 条规定："人民法院裁定准许原告撤诉后，原告以同一事实和理由重新起诉的，人民法院不予立案。准予撤诉的裁定确有错误，原告申请再审的，人民法院应当通过审判监督程序撤销原准予撤诉的裁定，重新对案件进行审理。"可见，此时和解协议书已经发生法律效力，当事人只能提起申诉，由人民法院对原告的申诉申请进行审查，并决定是否启动再审程序。根据司法实务的经验，原告要证明和解协议无效，必须证明和解协议具有以下情形之一：一是和解协议书违反自愿原则，是在被欺诈、被胁迫、重大误解和显失公平的情况下签订的；二是和解协议书的内容违法，侵犯了国家利益、社会公共利益、他人合法权益。原告反悔提起再审申请的，必须对申请符合上述条件之一承担举证及说理责任。

（5）明示和解协议的强制执行效力。以上述行政诉讼和解反悔制度为基础，在我国行政诉讼领域还应明示行政诉讼和解协议的强制执行效力。在行政诉讼和解过程中，原告往往会在与被告达成和解协议后申请撤诉。撤诉后，原被告即应根据和解协议内容重新享有和承担相应的权利、义务。此时，若不赋予行政诉讼和解协议以强制执行效力，那么，根据最高人民法院《关于适用〈中华人民共和国行政诉讼法〉的解释》第 60 条的规定，若被告事后拒不履行和解协议，原告将无权再向人民法院就原行政行为提起诉讼（此时，法院对原告的起诉将不予受理）。这无疑不利于保护相对人的合法权益，不利于维护行政主体的权威和诚信形象。因此，应当从实然法的层面明确规定，原被告双方在行政诉讼中达成和解协议，法院依法作出准予撤诉的裁定后，和解协议即具有强制执行效力，原告可以据此要求被告履行其在和解协议中承诺的义务。

3. 实现行政诉讼和解制度的“法定化”

行政诉讼和解制度虽然已得到人们一定程度的重视,我们也能从理论及实然法中找到证成其具备合法性的种种依据,但是,该制度在理论及实务界依然没有逃脱“犹抱琵琶半遮面”或被视为所谓的“公开的秘密”的种种弊端。因此,为正本清源,对于一种具备合法性基础且能产生良好社会效果的行政争议解决机制,有必要从实然法上予以明确肯定和认可。对此,可在《行政诉讼法》中规定:“原被告双方在诉讼过程中达成和解,法院经审查认为和解协议不违反现行法律、法规等的强制性规定,未侵害社会公共利益及第三人合法权益的,可以制作和解书准予双方和解结案。”或者规定:“原被告双方在诉讼过程中自行协商达成一致,人民法院经审查认为和解协议符合法律、法规规定的,可以据此制作和解笔录并裁定准予原告撤诉。”

(五)小结

梅因有言:“进步社会运动到此为止,是一个从身份到契约的运动。”①在行政法领域,从遵循行政机关的单方意志到重视相对人的积极参与,无疑也是社会进步的重要体现。行政和解作为相对人参与行政过程的一种方式,本身就昭示着一种进步。而“差一点的和解也胜过完善的诉讼”②这句西方法谚,则直接体现着和解的价值,表明和解还是一种有效的纠纷解决机制。司法是社会“定分止争”的公器,司法机关是社会争端的裁决机关,是社会公正的维护机关,担负着极为重要的社会责任。但是,由于司法所固有的被动性、专业性、程序烦琐等特性,司法诉讼的过程往往显得漫长而缓慢,且需投入大量的人力、物力和财力。因此,对一般的社会公众而言,其从内心来讲是排斥诉讼的,提起诉讼是解决纠纷万不得已的最后一种选择。在这种情况下,和解作为诉讼之外的一种 ADR,则一定程度上可以弥补诉讼机制解决纠纷成本高、周期长、过于刚性等固有的缺陷,为多元化的纠纷解决提供了一种“制度

---

① [英]梅因:《古代法》,沈景一译,商务印书馆 1996 年版,第 97 页。

② [美]E. 博登海默:《法理学:法律哲学与法律方法》(修订版),邓正来译,中国政法大学出版社 2004 年版,第 423 页。

内”可供选择的例外路径。虽然传统行政法上关于“公权不可处分”“行政意志优于私人意志”等观点的束缚以及现行法律制度的阻碍,使行政和解制度的构建阻力重重,但我们相信,所有的困难都会随着法治的进步而日渐消弭,行政和解必将在人们的努力下迎来光明。

第五章

对裁量的司法制衡

对裁量的司法制衡,已成为现代法治的基本标志。但是,随着行政裁量治理模式从传统主流的规范主义控权模式到功能主义建构模式的转型,司法制衡的策略不再仅仅是一种严格的法律控制,而应当秉承着"司法尊重与严格审查相并存"的司法态度,以在保证行政的必要灵活性的同时又能够有效制约可能出现的行政专断问题。司法制衡的路径也不再仅仅是追求单纯的"规则至上",而应当从规范主义走向功能主义,按照对裁量权的"原则之治"与"裁量基准之自制"的功能主义立场,通过对裁量基准的审查、法律原则的适用以及由此形成的判例制度,来寻求一种相对客观的审查标准,并以此厘清"滥用职权"和"明显不当"作为行政裁量实质性审查标准的裁判逻辑与适用技术,更加有效地发挥司法对行政裁量的能动性制衡功能。

一、司法制衡的必要性及其策略调整

对于法治国家而言,法院是最终确定"法律是什么"的地方,司法审查是自由和正义的最后一道防线。在对待行政裁量的问题上,"(司法)复审自由裁量权"同样是"法治制度的基本特征","我们可以用来衡量行政法制度有效性的可靠标准是允许法官复审自由裁量权的程度"①。然而,裁量是法律赋予行政机关独立自主选择的权力,而司法制衡则是对这种权力的一种司法介入,那么在这里首先需要追问的是:司法权何以能够且必须介入行政权?又应当采取什么样的司法策略呢?

在严格规范主义的控权论者看来,为使法治得到维护,任何权力都必须受到其他权力的严格制约和控制。就行政裁量而言,它作为一种重要的政治权力,必须受到来自行政系统之外的立法权和司法权的控制。而且,这种权力控制都是以立法机关制定的"法律规则"或"立法指令"为取向的,是一种"法律控制"。对行政裁量的立法控制,主要在于运用立法手段为行政裁量提供尽可能详尽的"法律规则"或"立法指

① [美]伯纳德·施瓦茨:《行政法》,徐炳译,群众出版社1986年版,第567页。

令”;而对行政裁量的司法控制,则主要侧重于对行政裁量的“合法性”审查,以确保行政机关在立法机关授予的法定权限内行事。由此形成一个内在封闭的以立法为取向并严格服从于法律规则的裁量权控制体系。

在我国,针对行政裁量广泛存在并可能被滥用的事实,学界亦普遍主张应当建立一个包括立法、行政、司法等在内的“多管齐下”的法律控制体系。其目的在于,将行政裁量严格控制在立法机关制定的法律范围之内,以确保行政机关执行“立法指令”的合法性,这无疑也是典型的规范主义控权模式。这种规范主义控权模式对于协调行政裁量与法治的关系,保证行政裁量严格受制于法治原则,有着重要的作用。但是,这种模式往往片面追求形式法治,而忽视了实质法治,过分强调严格的规则和机械的法律控制,而忽视了行政裁量固有的能动性与内在的自我调节功能。因此,它在司法制衡的动因上,更多关注的是行政裁量广泛存在并可能被滥用的外在事实。在司法制衡的策略上,更多强调的是通过规则对裁量进行外在的权力控制,其结果只能是压制了行政裁量的生长空间及其个性的自主发展。

针对规范主义控权模式的这种局限性,自 20 世纪中叶以来,在以英美为代表的西方国家,其解决行政裁量问题的方案逐步拓展为功能主义的建构模式。与前者主要属于“法律自治”的进路相比,后者则主要是“政府自治”的风格。它通过行政裁量运行系统内部各种功能要素的自我合理建构,来充分展现其固有的能动性和实现个案正义的内在品质。[①] 尽管这种功能主义建构模式同样强调对裁量的司法制衡和司法的最终审查权,但是它以充分尊重这种行政自治及其内部秩序建构为前提,其制衡的依据只不过是防止因过分依赖于行政机关的“自治”而可能导致的一种新“专制”。因此,在司法策略上,无论是司法干预的广度还是司法介入的深度,都秉承着“司法尊重与严格审查相并存”的司法态度,在保证行政的必要灵活性的同时又能够有效制约可能出现的行政专断问题,从而在行政权与司法权之间真正形成一种良好的既相互合作又相互竞争的权力关系。

---

① 周佑勇:《行政裁量的治理》,载《法学研究》2007 年第 2 期。

二、司法审查的范围、标准与路径

裁量需要受到司法的制衡，但是毕竟这种对裁量的司法制衡是有限的，因此接下来需要解决的问题是这种司法干预的广度和司法介入的深度。前者涉及司法审查的范围，又称"司法审查的密度"，"其所研究对象，即是何者或何部分为司法应审查及决定之范围；何者或何部分为司法不应审查决定或应自制之范围"[①]。后者涉及司法审查的标准，又称"司法审查强度"，"指法院对进入司法领域的行政行为介入和干预的纵向范围"[②]。而这进一步决定着司法审查的路径选择。

（一）对裁量的司法审查范围

事实上，行政裁量的可受司法审查性及其审查范围，在许多国家已并非主要问题。譬如，在美国，尽管《联邦行政程序法》第 701 条中规定，司法审查不适用于法律赋予行政机关裁量权的行为，但是，该法第 706 条又规定："……审查法院应认为不合法并且取消下列行政行为、裁定和结论：（A）专横的、反复无常的、滥用自由裁量权的或其他的不符合法律……"根据这条规定，滥用行政裁量权的行为也在法院的司法审查范围之内，不是不受审查的行为。由于前述规定之间存在明显的矛盾，因此美国行政法学界就上述规定的意义和关系引起了无数的讨论甚至争辩。[③] 在 1971 年公民为保护奥弗顿公园诉沃尔普案件中，美国联邦最高法院实际上将第 701 条规定作了范围上的限制，即在某一具体事件中没有法律可以适用的情形下方可认定排除司法审查。[④] 鉴于美国司法审查的判例法制度，行政裁量能否接受司法审查问题更多建立在相关判例的基础上，美国《联邦行政程序法》的上述矛盾规定在

---

① 张锟盛：《从权力分立论司法对行政行为之审查密度》，台湾中兴大学法律学研究所硕士学位论文，第 4 页。转引自杨伟东：《行政行为司法审查强度研究——行政审判权纵向范围分析》，中国人民大学出版社 2003 年版，第 7 页。

② 杨伟东：《行政行为司法审查强度研究——行政审判权纵向范围分析》，中国人民大学出版社 2003 年版，第 6 页。

③ 王名扬：《美国行政法》（第 2 版），中国法制出版社 2005 年版，第 604 页。

④ 王名扬：《美国行政法》（第 2 版），中国法制出版社 2005 年版，第 605 页。

司法审查过程中也完全可以通过法院的判决予以解释、消化。因此，在此大背景下，我们能对美国《联邦行政程序法》上述排除行政裁量司法审查的矛盾条款予以理解。因为我们注意到，美国司法审查对于行政裁量的排除是建立在判例法确定的可以审查的假定基础上的。[①] 也就是说，将行政裁量排除于司法审查范围之外，在美国只是例外情形而非主要情形。

在我国，《行政诉讼法》第2条规定，“公民、法人或者其他组织认为行政机关和行政机关工作人员的行政行为侵犯其合法权益”，就可以提起行政诉讼。也就是说，确定人民法院能够受理行政争议的一个前提就是涉诉行为系行政行为。而大量行政裁量权的行使内在于行政行为的过程中，法院考虑对于行政争议的管辖并不以涉诉行为是否为行政裁量行为为基础。从司法实践来看，大部分案件的判决都表明，法官对行政裁量的司法审查持肯定态度。如在骆淑芬诉天津市公安局治安处罚案中，虽然天津市公安局主张法院的判决不得“干涉公安机关自由裁量权”，但是二审法院法官在本案评析中明确指出：

> 行政主体在作出行政处罚决定时，虽依法享有自由裁量权，但自由裁量权并非任意裁量权，也不是不受监督的权力。行政主体应该根据管理相对人违法行为的基本事实、社会环境、社会影响和群众情绪等实际情况，依照公正合理原则和行为与处罚相称原则，在法定的处罚幅度内，作出正确的裁决。如果任意裁量，必然导致显失公正。对此，人民法院依法有权予以变更。[②]

从法理的角度来看，行政机关的裁量权行使并不具备独立法律行为的意义，它只是内在于行政行为的某一个环节，其可受司法审查性附属于行政行为。正如日本学者盐野宏所言：

---

① 王名扬：《美国行政法》(第2版)，中国法制出版社2005年版，第599～601页。

② 最高人民法院中国应用法学研究所编：《人民法院案例选·行政卷》(1992年—1996年合订本)，人民法院出版社1997年版，第20页。

> 行政行为中的裁量，是指法院在审查行政行为时，能够在何种程度上进行审查的问题，即法院在何种程度上必须以作出行政行为的行政厅的判断为前提来审理的问题。从另外的角度来看这个问题，就是是否存在法律作为行政权的判断专属事项委任的领域乃至其范围的问题，裁量实际上成为问题的，是以法院对行政行为的审查范围的形式出现的。①

可见，对行政裁量的司法审查范围，受制于行政诉讼整体上的受案范围。对行政裁量的司法审查，关键并非其可予审查的受案范围问题，而在于法院受案之后的审查强度问题，即非司法权与行政权之间的横向关系，而是二者之间的纵向关系。前者主要由立法权确定，后者则属于司法权裁量的空间，即行政行为的司法审查强度问题，或者说法院对进入司法领域的行政行为干预的纵向范围。在这一领域，司法权有其独有的自主性，关键是如何才能够更加有效地发挥司法对行政裁量的能动性制衡功能。

当然，由于我国行政诉讼整体上的受案范围过于狭窄，“司法与行政的紧张状态仍体现在低水平的受案范围之上”②。为实现司法权对行政裁量的有效制衡，仍旧需要疏通行政裁量行为进入司法审查领域的渠道。横向的受案范围问题不解决，必将极大制约法院对行政裁量审查深度这一纵向问题的展开。以关于交通事故责任认定的行政确认争议为例，最高人民法院与公安部于 1992 年发布的《关于处理道路交通事故案件有关问题的通知》③第 4 条明确将交通事故责任认定行为排除在行政诉讼受案范围之外。在司法实务中，法院也屡屡以“交通事故责任认定不直接确定当事人的权利义务，不产生实际的法律效果，而只是

---

① ［日］盐野宏：《行政法》，杨建顺译，法律出版社 1999 年版，第 90 ~ 94 页。

② 杨伟东：《行政行为司法审查强度研究——行政审判权纵向范围分析》，中国人民大学出版社 2003 年版，第 192 页。

③ 该通知已于 2013 年 1 月 18 日失效，取而代之的是自 2012 年 12 月 21 日起施行的最高人民法院《关于审理道路交通事故损害赔偿案件适用法律若干问题的解释》。但是，根据该司法解释第 27 条的规定，人民法院只是将公安机关交通管理部门制作的交通事故认定书作为证据审查并确认其相应的证明力。另外，根据《道路交通安全法》第 73 条的规定，交通事故认定书也只是“作为处理交通事故的证据”，而并没有明确其可诉性。

交通违章行政处罚的先决条件”为由,对类似案件裁定不予受理。但客观事实是,在交通事故责任认定中,行政主体享有非常宽泛的裁量权。其裁量结论的作出,对当事人的权利影响重大,通常会直接决定肇事者是否应当承担刑事责任及受害者应获得民事赔偿的数额等问题。将该类纠纷一概排除在行政诉讼的受案范围之外,导致行政主体的裁量行为根本无接受司法制衡的可能。因此,为实现法院对行政裁量的充分和有效制衡,我国行政诉讼的受案范围须加以拓展,关于受案范围的立法模式须予以变革,以理顺司法权与行政权的横向关系。相较于 1989 年《行政诉讼法》而言,2014 年修正的《行政诉讼法》将“具体行政行为”修改为“行政行为”,目的在于解决具体行政行为概念存在的模糊空间,同时,由于行政行为的概念更有弹性,解释的空间更大,实际上扩大了受案范围。但是按照通说的观点,这里的“行政行为”一词,是指行政机关运用行政权力所作的发生公法上效果之行为。[①] 显然,面对社会发展和行政执法裁量新情势,对作为通说的“公法行为说”仍然需要赋予新的内涵。“该说不但在应对行政协议、行政指导、行政规划等传统行政活动时难以自圆其说,而且在需要有效释解私人行政、失信惩戒、行政约谈等新的执法方式时难以释放解释力。”[②]因此,改良“公法行为说”抑或选择“行政作用说”,[③]是应对当下新情势挑战的可选路径,能够将更多的行政行为纳入行政诉讼的受案范围,尽可能地拓展司法权对行政权的审查广度。

实际上,即使涉诉行政行为涉及排除司法审查的“便宜裁量”,法院也可以通过受理审查加以判断,以在一定程度上发挥司法审查的作用。一般认为,基于行政权与司法权的不同特性,完全属于行政机关自主权范畴内的“便宜裁量”应当被排除在审查范围之外。但是,排除司法审查并不等于司法审查就无所作为。法院通过受理审查,仍然可以判断

---

① 张载宇:《行政法要论》,台北,汉林出版社 1977 年版,第 303 页;王名扬:《法国行政法》,中国政法大学出版社 1988 年版,第 132 页;罗豪才主编:《行政法学》,北京大学出版社 1996 年版,第 105 页;应松年主编:《行政法与行政诉讼法学》,法律出版社 2005 年版,第 114 页;姜明安:《行政法》,北京大学出版社 2017 年版,第 235 页。

② 周佑勇:《中国行政法学学术体系的构造》,载《中国社会科学》2022 年第 5 期。

③ 叶必丰:《行政法与行政诉讼法》(第 3 版),高等教育出版社 2015 年版,第 73 页。

涉诉对象是否存在该项行政裁量，如果存在，即不予受理，反之则受理。如美国《联邦行政程序法》第 701 条虽然规定，司法审查不适用于法律赋予行政机关裁量权的行为，但是，联邦最高法院 1971 年在公民为保护奥弗顿公园诉沃尔普案件中，仍然受理在形式上看起来属于行政裁量的政府行为。其具体思路就是，涉诉政府行为有法律规定，不存在自由裁量权，因此可以纳入受理范围。英国 1969 年“安尼斯米尼克公司诉外国补偿委员会案”也是如此。英国安尼斯米尼克公司在埃及的财产因苏伊士运河危机受损，依英国《外国补偿金法》向外国补偿委员会提出补偿申请，被拒绝后诉至法院。根据英国 1950 年制定的《外国补偿金法》的规定，补偿委员会的决定“不能在任何法院受到审查”，即为排除司法审查的便宜裁量。但是，上议院在审理该案时，一致认为任何排除司法审查的条款只能保护公共机构在管辖范围内的决定，而不能保护非管辖权的决定。也就是说，即使有明显条款排除便宜裁量，但司法审查仍然有权对涉诉争议是否便宜裁量予以判断，从而实现其适度的审查。[①] 这与前述美国联邦最高法院 1971 年公民为保护奥弗顿公园诉沃尔普案有异曲同工之处。在我国司法实践中也存在这样的情形。如在我国的行政审判过程中，当法官发现审理的行政争议属于排除司法审查的便宜裁量权范畴时，即不再审查。在“罗美霞等不服龙岩市公安局新罗分局治安处罚裁决案”中，法官仅以“被告对其他有违法行为的人是否给予处罚是被告的职权”为由，驳回了原告的诉讼请求。[②] 这也是法院通过受理审查表现其对有关行政裁量的司法审查力度问题。

（二）对裁量的司法审查标准

我们已经看到，对行政裁量的司法制衡，关键在于司法审查的标准问题，或者说司法介入的边际和司法审查的具体程度问题。对此，我国《行政诉讼法》第 6 条规定：“人民法院审理行政案件，对行政行为是否合法进行审查。”这一规定把法院对行政的干预边际限定在“合法性审

---

① 胡建淼主编：《外国行政法规与案例评述》，中国法制出版社 1997 年版，第 470 ~ 473 页。

② 最高人民法院中国应用法学研究所编：《人民法院案例选》（2003 年第 2 辑），人民法院出版社 2004 年版，第 391 ~ 396 页。

查”之内，即以法律为界，较为恰当地反映了法院与行政机关之间的基本关系。以此为基调，该法第 70 条进一步将司法审查的标准分为两类：一是形式合法性审查标准，包括“主要证据不足”、“适用法律法规错误”、“违反法定程序”和“超越职权”；二是实质性审查标准，包括“滥用职权”和“明显不当”。同时，全国人大常委会《关于〈中华人民共和国行政诉讼法(草案)〉的说明》进一步对“合法性审查原则”作出的解释是：“人民法院审理行政案件，是对具体行政行为是否合法进行审查。至于行政机关在法律、法规规定范围内作出的具体行政行为是否恰当，原则上应由行政复议处理，人民法院不能代替行政机关作出决定。”这样的规定，导致在我国理论和实务上一直存在“合法性审查”与“合理性审查”的争论。也就是说，从这些规定来看，我国行政诉讼事实上将行政行为的审查进行了“合法性”问题与“合理性”问题的二元划分，并确立了“法院审查行政行为的合法性问题，不审查行政行为的合理性问题”的基本原则。问题是，适用这一原则，并不能解决对行政裁量实行司法审查的深层次问题。首先，将行政行为做“合理性”“合法性”二元划分的标准简单抽象，过于笼统。如前所述，随着行政法治的发展，现代行政裁量司法审查的最核心问题便是准确界定司法干预行政的“边界”。而将行政行为作“合法性”与“合理性”一刀切划分的做法，标准过于宽泛和模糊，无法触及问题的实质。正如有学者所言：

> 合法性审查原则仍只能被看做是对我国行政诉讼审查强度的初步的、浅层性界定，它无法解决审查强度的深层问题，甚至很难把这一原则看做是建立我国行政诉讼审查强度体系和标准的尝试和努力，它只反映了人们对司法与行政关系的朴素看法和简单观点，至于在行政诉讼中触及这一关系核心的审查强度并无系统的展现，这一简单化的倾向某种程度标志着其时立法者对这一问题缺乏洞见。①

---

① 杨伟东：《行政行为司法审查强度研究——行政审判权纵向范围分析》，中国人民大学出版社 2003 年版，第 191 页。

其次，将行政行为区分为“合法性问题”与“合理性问题”两个方面，划分标准主观色彩浓重，既有可能导致行政主体行使裁量权的恣意，也有可能助长法官审查裁量权的恣意。按目前的法律制度，行政行为是否“合理”，是一项主观判断问题，并无客观的标准来加以验证。检验标准的缺失，相当于赋予了行政主体所有“合理性”问题不受司法审查的绝对权力。模糊性的立法过分宽泛地赋予了法官裁量的权力，也易于导致审判的随意性。

事实上，虽然司法审查一般不涉及行政裁量的合理性，但并不等于合理性问题没有外在界限。当行政裁量的不合理已经超越其外在界限时，司法审查的介入仍然是恰当的。即使在我国，法院也往往从一种反向思维的角度，将严重不合理的行政裁量行为纳入“滥用职权”的合法性审查之内。如在最高人民法院公报案例——“王丽萍诉中牟县交通局行政赔偿纠纷案”中，法院认为：

> 具体行政行为的合法性，不仅包括认定事实清楚、适用法律正确、符合法定程序，还包括行政机关在自由裁量领域合理使用行政自由裁量权，明显不合理的具体行政行为构成滥用职权。……准备暂扣的小四轮拖拉机，正处在为原告王丽萍运送生猪的途中。无论暂扣车辆的决定是否合法，被告县交通局的工作人员准备执行这个决定时，都应该知道：在炎热的天气下，运输途中的生猪不宜受到挤压，更不宜在路上久留。不管这生猪归谁所有，只有及时妥善处置后再行扣车，才能保证不因扣车而使该财产遭受损失。然而，县交通局工作人员不考虑该财产的安全，甚至在王丽萍请求将生猪运抵目的地后再扣车时也置之不理，把两轮拖斗卸下后就驾主车离去。县交通局工作人员在执行暂扣车辆决定时的这种行政行为，不符合合理、适当的要求，是滥用职权。①

可见，司法审查通过考察合理性的外在界限，认为严重不合理的行

① 《最高人民法院公报》2003 年第 3 期。

政裁量，已经构成违法，属于合法性审查的范围，从而实现对行政裁量的干预。无疑，将对行政行为的司法审查仅限于"合法性"层面，将所有的"合理性"问题排除于司法审查之外，既不符合现代法治发展趋势，也不符合我国司法实践的实际情况。逐步提升法院对行政行为合理性问题的审查深度，变革传统司法审查"合法性"与"合理性"二元划分的原则，既具有理论正当性也具有现实必要性。鉴于此，2014 年修正的《行政诉讼法》将"明显不当"增列为撤销与变更行政行为的一项独立的审查标准，并在审查范围上明显超越了 1989 年《行政诉讼法》规定的行政处罚"显失公正"的范围，而扩展到了所有可诉类型的行政行为。[①] 对此，全国人民代表大会法律委员会（现为宪法和法律委员会）在《关于〈中华人民共和国行政诉讼法修正案（草案）〉修改情况的汇报》中明确指出，"明显不当"审查标准入法的理由，主要就是"对于行政机关明显不合理的行政行为，没有规定人民法院可以判决撤销，不利于解决行政争议"[②]。自此，我国的行政诉讼"堂而皇之地进入合理性审查的时代"[③]。

然而，接下来的问题是，作为合理性审查标准的"滥用职权""明显不当"仍然存在很大程度的主观性和模糊性问题。譬如，对滥用职权的行政裁量，各国判别的标准并不一样。在美国，滥用裁量权的行为包括：不正当的目的；错误的和不相干的原因；错误的法律或事实根据；遗忘了其他有关事项；不作为或迟延；背离了既定的判例或习惯。[④] 在英国滥用职权的行政裁量包括：不符合法律规定的目的；不相关的考虑；不合理的决定。[⑤] 法国滥用职权的裁量包括：行政机关行使权力的目的不是出于公共利益，而是出于私人利益或所属团体的利益，但在公共利益与私人利益都符合的情况下，不能认为是权力滥用；行政机关行使权力的目的不符合法律授予这种权力的特别目的；程序滥用。[⑥] 在德国，

---

① 梁凤云：《新行政诉讼法讲义》，人民法院出版社 2015 年版，第 12 页。

② 全国人大常委会法制工作委员会行政法室编著：《行政诉讼法修改前后条文对照表》，人民法院出版社 2014 年版，第 116 页。

③ 何海波：《论行政行为"明显不当"》，载《法学研究》2016 年第 3 期。

④ ［美］伯纳德·施瓦茨：《行政法》，徐炳译，群众出版社 1986 年版，第 571 页。

⑤ 王名扬：《英国行政法》，中国政法大学出版社 1987 年版，第 171 ~ 172 页。

⑥ 王名扬：《法国行政法》，中国政法大学出版社 1988 年版，第 692 ~ 693 页。

"行政机关根本没有遵守裁量规范的目的,即构成裁量滥用",其表现为"行政机关不遵守法定目的,或者在行使裁量权时没有权衡有关要点"[①]。综合比较各国滥用裁量的司法审查标准,如果将程序标准作为形式标准从其中剥离,该标准则又可以简称为裁量权"法定目的"标准。[②] 法律授予行政机关行政裁量权,其立法意图在一定范围内是可以回溯的。因此,从实质意义上审查行政裁量权,司法机关首先应探究立法授权的本义。当然,探究立法意图有多种方法,不过为了减少争议,法院必须求助于相对客观的标准和方法:一种方法是立法解释,主要通过法律条文的字面解释,当然也可以通过立法文件或立法说明寻求其立法目的;另一种方法就是从法律的整体语境(the Act as a whole)或当事人之间的一般法律关系(the general legal relationship of the parties)上去推断立法目的。[③] 然而,虽然立法目的可以通过相对客观的标准和方法予以揭示,但行政机关执法的目的,却往往并非定式定规,如何判断行政执法目的更是一大难题。

在我国行政诉讼法中,将"滥用职权""明显不当"这类实质性审查标准与"主要证据不足""适用法律、法规错误""违反法定程序""超越职权"等形式性审查标准并列起来,都用以作为行政裁量司法审查标准。而这其中,除了形式合法性审查是一种"确定性"的评价标准之外,"滥用职权""明显不当"等涉及对裁量权进行实质性审查的标准则过于模糊和不确定。那么,行政裁量作为行政机关带有明显主观色彩的判断选择活动,如何才能尽可能地找出一种相对客观的审查标准,尽量避免用法院的主观判断来代替行政机关的判断呢?这就成为了一个更大的司法难题。

针对这一问题,在司法实践中,长期以来法院为了从更加客观、直观的层面上提高其判决的权威性与公正性,降低审判的风险,往往采取

---

① ［德］哈特穆特·毛雷尔:《行政法学总论》,高家伟译,法律出版社 2000 年版,第 130～131 页。

② 余凌云教授使用"目的不适当标准"代替通说的"不符合法定目的"用语,这一用语中的"不适当"会使人误以为法律确定的目的也可以在司法审查中"裁量"。因此,我们认为使用"不符合法定目的"更妥。参见余凌云:《论对行政裁量目的不适当的审查》,载《法制与社会发展》2003 年第 5 期。

③ 余凌云:《论对行政裁量目的不适当的审查》,载《法制与社会发展》2003 年第 5 期。

一种“转换型”审查策略。也就是说,在审查行政裁量时,法院往往倾向于使用已经被法律具体化、更为客观的外部形式合法性审查标准,如用“主要证据不足”“适用法律、法规错误”“违反法定程序”“超越职权”等来代替“滥用职权”标准,以将不确定的审查标准转化为确定的标准。① 笔者认为,现行实践中的这种做法,从根本上体现出来的仍然是一种典型的“规则中心主义”的进路,在法官的头脑中仍然期盼着有一种严格的规则,总是希望找到一种具体明确的法律规则作为自己的审查标准。对此,如果站在功能主义的立场,那么,对行政裁量的司法审查,应当倡导的是对裁量权的“原则之治”与“裁量基准之自制”。也就是说,在法定的裁量空间范围内,裁量权虽然并不受到源自立法规则的外部控制,但要受到源自法律原则的内部约束和裁量基准的自我约束。与之相适应,对裁量权的司法审查,也应当通过对裁量基准的审查、法律原则的适用以及由此形成的判例制度,来寻求一种相对客观的审查标准。

(三)作为过程的裁量基准审查

裁量基准,事实上就是以规则化的形式提前公开了裁量权行使过程中的判断选择标准。如果欠缺这个标准,就容易构成裁量权的滥用,因此法院可以裁量基准是否合法作为审查裁量权是正当或滥用的标准。

问题是,法院应当如何审查?从过程论来看,审查的内容包括:行政机关是否设定了裁量基准;该裁量基准是否合法;行政机关是否正确地适用了该裁量基准。然而,这种审查方式的运用,很大程度上受制于现行制度的规定。譬如,裁量基准的制定是否应当成为行政机关的一种法定义务,法院是否有权以及如何来审查该裁量基准等问题。

关于前一个问题,涉及的其实是行政裁量基准的设定义务问题,即制定裁量基准是否为行政机关必须履行的义务。对此,2021 年修改的《行政处罚法》第 34 条规定:“行政机关可以依法制定行政处罚裁量基

---

① 沈岿:《行政诉讼确立“裁量明显不当”标准之议》,载《法商研究》2004 年第 4 期;曾珊:《行政自由裁量的司法审查——以法院裁判为观察对象》,上海交通大学 2006 年硕士学位论文;余凌云:《对行政机关滥用职权的司法审查——从若干判案看法院审理的偏好与问题》,载《中国法学》2008 年第 1 期。

准,规范行使行政处罚裁量权……”从文义上来看,这一规定包括如下两层含义:第一,制定裁量基准是行政机关依法享有的一项权限,可以自我决定是否制定裁量基准;第二,制定裁量基准并不是行政机关必须履行的义务,行政机关可以制定裁量基准,也可以不制定裁量基准。然而,情况并非如此简单。对于裁量基准的设定义务,人们一开始产生的认识是所有行政机关都必须设定裁量基准,采用的词汇是“应当”,而非《行政处罚法》第34条中的“可以”。[①] 尽管全世界成文法中规定裁量基准设定义务的并不多见,但这几乎都是被作为一项理所当然的认识加以接受的,也几乎没有人质疑过。正如有研究者所言:“虽然并不是所有国家的法律都明文规定行政机关有制定裁量基准的义务,但从行政所要达到的目的来看,制定合法合理的裁量基准应是行政机关依法行政的一项应有义务。”[②]概括来说,主张行政机关“应当”制定裁量基准的理由有三:其一,控制行政裁量权的需要。这一理由是从裁量基准的功效层面展开的,认为裁量基准既然能够在行政裁量的治理上发挥重要功能,那么就应该将其作为一项义务施加给所有行政机关,要求所有行政机关都必须制定基准文本。其二,完成立法未竟的义务。在我国,由于地大物博、幅员辽阔,各地经济水平与文化生活存在较大差异。因此,立法上不可避免地会采用更为概括的表述,难免会在一些问题上留白,赋予行政机关一定的解释空间。从形式上来看,裁量基准就是一种行政立法,是对上位法的细化和明确,是对上位法明确性的补充,是在完成上位法的未竟义务。这是一种实践创造,更是一种实践需要。[③]其三,平等原则的要求。宪法上的平等原则要求同样情况同等对待,不同情况差别对待,这几乎是所有部门法都必须遵循的基本原则。但是,在行政裁量范围内,其往往无法得到遵循,同案不同罚的情况大量存在。裁量基准可以以规则主义的形态,事先将情节予以细化,将效果予以格化,并以清单形式实现“情节细化”与“效果格化”之间的一一对

① 周佑勇:《行政处罚裁量基准的法治化及其限度——评新修订的〈行政处罚法〉第34条》,载《法律科学》2021年第5期。

② 展鹏贺:《行政裁量治理模式的变迁:以裁量基准为视角》,载《求索》2010年第5期。

③ 余凌云:《游走在规范与僵化之间——对金华行政裁量基准实践的思考》,载《清华法学》2008年第3期。

应。这可最大限度“将裁量规范具体化，以期减少对不同行政相对人的差别对待，达致良好行政”①。

正是基于上述理由，我们观察到，在早期裁量基准地方法治化进程中，几乎所有地方立法采用的表述都是“应当”，而不是《行政处罚法》第 34 条中的“可以”。譬如，《湖南省行政程序规定》第 91 条第 1 款规定，“法律、法规和规章规定行政机关有裁量权的，应当制定裁量权基准，对裁量权予以细化、量化”；《重庆市规范行政处罚裁量权办法》②第 8 条第 1 款规定，“市级行政机关应当根据法律、法规、规章和本办法的规定，综合考虑裁量因素，合理划分裁量阶次，制定涉及本行业、本领域的行政处罚裁量基准”；《广东省规范行政处罚自由裁量权规定》第 10 条第 1 款规定，“行政处罚实施机关应当依照《广东省行政执法责任制条例》第十七条的规定，制定本单位的行政处罚自由裁量权适用规则，并向社会公开”；等等。因此，在某种程度上，我们可以说，2021 年修订的《行政处罚法》最终选择的是一种全新立场，至少从文本上来看，是一种与既有地方立法实践完全不同的做法。根据该法规定，制定裁量基准并非行政机关的应尽义务，行政机关可以自我决定。在这一从地方到中央的认识变迁中，有着非常明显的从“应当”到“可以”的认识过渡。

值得深思的是，2021 年《行政处罚法》的选择是否正确？或者更为直接地说，是否过于保守？对此，如果仅将参照物定位于既有的地方立法文本，可能会得出肯定性答案。但是，如果我们将观察的视野放大，从中外立法文本上加以比照，可能又会得出相反的结论。这其中，最为典型的例证就是日本《行政程序法》的规定。在日本，裁量基准的法治化工作早在 1993 年《行政程序法》首次立法时就已经完成了。日本《行政程序法》将裁量基准分为审查基准和处分基准两种类型。对于审查基准，根据该法第 5 条的规定，行政厅应当设定审查基准；对于处分基准，根据该法第 12 条的规定，行政厅必须努力设定处分基准。③ 在这两

---

① 王贵松：《行政裁量基准的设定与适用》，载《华东政法大学学报》2016 年第 3 期。

② 重庆市人民政府令第 355 号。

③ 《日本行政程序法》，王贵松译，载章剑生主编：《公法研究》第 16 卷，浙江大学出版社 2017 年版。

类基准之中，与行政处罚裁量基准相对应的是处分基准。可见，在日本，立法上也没有强制要求行政机关必须制定行政处罚裁量基准，制定裁量基准只是行政机关的一项“努力义务”。并且，即使就审查基准而言，虽然立法上采用的表述是“应当设定”，但有学者考证，这一立法表述也是从“必须设定”过渡而来的。在此前的第一次部会案和第三次行革审案中，表示义务的用语是“必须设定”，立法者最终采用了义务较弱的立法表述。[①] 这充分表明，在日本，有关裁量基准的设定义务，立法时其实并没有将其做绝对化的处理，这可为2021年《行政处罚法》第34条中的“可以”表述提供一种非常有力的解释。

实际上在现有的理论研究中，我国也有学者对早期的“应当”立场持不同态度，曾试图将裁量基准的设定义务解释为如下两种相对缓和的认识：第一，裁量基准的设定义务具有相对性。该观点认为，裁量基准的设定义务不能理解得过于绝对，应从绝对向相对立场过渡，“行政机关对裁量基准的设定并不必须，也并不具有组织法上的义务强加，而仅仅只是行政主体的自我反思”[②]。因此，在行政执法实践中，既不能要求所有行政主体都接受裁量基准的设定义务，同时也不能要求所有行政事务领域都要推行裁量基准制度。第二，裁量基准的设定义务是一种法定的努力义务。这一认识源于日本《行政程序法》第12条中的“行政厅必须努力设定处分基准”表述，认为裁量基准的设定义务“很难明确为一种法定的强制性义务”，而只能理解为一种努力义务。但是，需要注意的是，即使是将裁量基准的设定义务放在“努力义务”的字面上加以理解，也不能将这一义务解释为行政机关的自觉行为，完全由行政机关自我决定。严格而言，这一努力义务仍然是法定的，是“一种法定的努力义务”[③]。

笔者赞同将裁量基准的制定义务作为一种“法定的努力义务”来看

---

① 朱芒：《日本〈行政程序法〉中的裁量基准制度——作为程序正当性保障装置的内在构成》，载《华东政法学院学报》2006年第1期。

② 熊樟林：《裁量基准的控权逻辑》，载姜明安主编：《行政法论丛》第13卷，法律出版社2011年版。

③ 余凌云：《游走在规范与僵化之间——对金华行政裁量基准实践的思考》，载《清华法学》2008年第3期。

待，并据此认为2021年《行政处罚法》第34条中的“可以”表述，从总体上来说是妥当的。理由如下：第一，裁量基准是行政裁量的外部表现形式。从根本上来说，裁量基准只是对行政裁量权的固化，其背后的权力内容是行政裁量权，并且是行政机关合法享有的国家权力。对于这一权力，行政机关本身就有选择自由。从组织法上来说，其可以选择将这一权力以诸如裁量基准之类的规则形态事先予以固定，同时其也可以将其仅仅控制在行政机关内部按下不表，只遵守诸如比例原则之类的原则性规范。一般而言，裁量基准在制度发展上基本不会超出上位法所赋予的权力空间，更不会侵犯《立法法》第11条的禁止事项。因此，裁量基准的制定既不要求有明确的法律依据和特别的法律授权，①同时也无法从组织法上予以强加。第二，行政事务的复杂性。裁量基准是主观构造的产物，其面临的对象是丰富多彩的社会现象，二者之间永远存在不可调和的张力。在技术上，裁量基准所要依托的主观语言是有限的，可能永远跟不上客观世界的发展速度。因此，从可能性上来看，对于行政机关能否通过裁量基准形式在所有领域都实现微观“再立法”，实际上也是存有疑问的。在理论界，有研究者曾指出，日本《行政程序法》之所以要对审查基准和处分基准作分类规定，实际上也正是基于这一考虑。“对于依申请的处分（例如，饮食店的营业许可），因为已经可有颇为定型化的期待，等待私人的申请即可；而对于不利处分的情形（例如，饮食店发生食物中毒而命令停止营业），必须临机应变，因为有的领域各个案件的个性强。”②在行政处罚领域，行政机关必须个别地评价各类不同的事实构成，这些事实并非事先预设的，而是由不同特定的相对人和不同的社会环境综合而成的，许多场合难以设定出具体的基准，“许多情况下需要对个案逐一进行具体的检讨，因此难以设定一般性的基准，如果通过公布处分基准的方式将不受制裁的违法行为明

① 周佑勇、熊樟林：《对裁量基准的正当性质疑与理论回应》，载《比较法研究》2013年第4期。

② 交告尚史「行政法：「理由の提示」というテーマから学習方法を考える」法学教室379号（2012年4月）15頁。转引自王贵松：《行政裁量基准的设定与适用》，载《华东政法大学学报》2016年第3期。

确化,则很可能会助长违法行为的发生”①。

当然,如果做进一步推敲,2021 年《行政处罚法》第 34 条本身也存在不足,并未达到“法定”的努力义务的要求。实际上,所谓法定的努力义务,应当包含两层含义:其一,这一义务并非强制性义务,行政机关并非必须要制定裁量基准;其二,这一义务并非任意性义务,行政机关不能任意处理。对于这两层含义,2021 年《行政处罚法》只是做到了前者,并不完全符合后者的要求。如果将裁量基准的设定义务理解成“法定的努力义务”,行政机关就必须要证明其已经付出了相应“努力”,只是因为制定技术、制定条件等因素的限制,最终才无法完成基准文本的制定。

可见,在“法定的努力义务”下,行政机关并不是完全自由的,其必须展现出应尽的努力态度,并且这一态度的举证责任应由行政机关自己承担。这意味着,大部分的行政机关仍然负有制定裁量基准的义务。很显然,从字面含义上来看,从 2021 年《行政处罚法》第 34 条中的“可以”二字中,无法提炼出这一含义,我们需要在后期的法律解释中对“可以”予以放大,否则第 34 条极有可能会成为一个“鸡肋”条款。其实对此作出进一步的法律解释,也是不难做到的。因为,就行政机关的职权而言,其不仅表现为一种法律上的权利,而且包含法律上的职责,是“权利义务、职权职责的统一体”②。因此,即便将“可以”理解为行政机关的一种“权利”或“职权”,也应当包含一种法定的职责或义务,非有合理的法定理由不得加以自由处分或随意放弃,否则就要承担相应的法律后果。

此外,究竟谁“可以”或有权制定裁量基准?这也是需要进一步明确的重要问题。在本质上,制定裁量基准只是一种行政执法权,而并非行政立法权,因此各级行政机关都可以决定是否需要制定裁量基准,但是在上下级机关之间制定权限的划分上,下级机关必须在上级机关所设定的基础上,才能作出进一步的细化。③ 譬如,《浙江省行政处罚裁量

---

① [日]室井力、[日]芝池义一:《日本行政程序法逐条注释》,朱芒译,上海三联书店 2009 年版,第 120 页。

② 周佑勇:《行政法原论》(第 3 版),北京大学出版社 2018 年版,第 45 页。

③ 周佑勇:《行政裁量基准研究》,中国人民大学出版社 2015 年版,第 136 页。

基准办法》第 5 条第 1 款规定:“省级行政主管部门应当对法律、法规和规章规定的由本系统执行的行政处罚进行梳理,并对可以细化和量化的裁量事项制定行政处罚裁量基准……”该条第 2 款则规定:“下级行政处罚实施机关应当参照执行上级行政处罚裁量基准,也可以结合本地区实际进行细化和量化。”据此,对于省级行政机关而言,其是否有权制定裁量基准,用的是“应当”一词,而对于下级行政机关而言则用的是“可以”一词,由此对裁量基准的制定权限划分作出了较为科学的处理和表述。笔者认为,这样的处理完全可以作为解释《行政处罚法》第 34 条的样本,而不必纠缠于其中“可以”二字之狭隘的文义解释。也就是说,对于省级行政机关而言,制定裁量基准是其“法定义务”,而对于下级行政机关来讲,则是其“努力义务”。

接下来的问题是法院对裁量基准的司法审查问题。根据 2014 年修正的《行政诉讼法》第 53 条、第 64 条的规定,[①]我们可以看出:第一,该条文以间接的方式肯定了法院可以以合法的规范性文件作为司法审查的依据。只不过在这里,《行政诉讼法》只是明确排除了不合法的规范性文件作为司法审查的依据,那么是否意味着合法的规范性文件就可以直接作为司法审查的依据呢?显然,只能说是间接肯定。因此在制度安排上,裁量基准只能是论证的“依据”而不是法定的“依据”,只能“一并援引”而不能“单独援引”。也就是说,法院在援引裁量基准作为依据时,应当与上位法“一并援引”,借助上位法的效力作为法定依据。第二,法院有权也必须对该规范性文件的合法性作出司法审查。尽管这里只是明确是基于当事人“附带式”的启动而进行的审查,但也并不排斥法院主动式的审查。也就是说,如果没有当事人“附带式”的启动,对作为被诉行政行为依据的规范性文件也应当主动加以审查,这里的规定只是强调当事人的诉权,而并不能排斥法院的审查权。第三,在对裁量基准司法审查的程度和标准上,仍然应当坚持“合法性审查原

---

① 该法第 53 条规定:“公民、法人或者其他组织认为行政行为所依据的国务院部门和地方人民政府及其部门制定的规范性文件不合法,在对行政行为提起诉讼时,可以一并请求对该规范性文件进行审查。前款规定的规范性文件不含规章。”第 64 条规定:“人民法院在审理行政案件中,经审查认为本法第五十三条规定的规范性文件不合法的,不作为认定行政行为合法的依据,并向制定机关提出处理建议。”

则”。具体可以细分为程序性审查、形式性审查以及实质性审查三种合法性标准。其一，审查基准是否存有程序性瑕疵，如基准是否具有公众参与因素、是否履行了公开义务等方面；其二，审查基准是否存在形式性违法，譬如，基准是否具有上位法依据、是否与上位法存有冲突以及是否超出了授权范围等；其三，审查基准是否存有实质性违法，主要审查裁量基准是否符合授权法的旨意和是否符合比例原则等法律原则。当然，尽管法院应当严格坚守合法性的审查标准，但是在诸如裁量基准设定义务、公开性及授权等问题上，亦应保持对裁量基准自制属性的基本尊重。譬如，基于裁量基准公开的相对性，应当明确裁量基准是可以免除通告、公布等环节的，司法审查可以也应该在此问题上网开一面。再如，基于裁量基准的自制属性，对于基准的制定是否需要取得法律的授权，完全可以由行政机关自己决定，司法审查对此也不必斤斤计较。①

三、作为司法审查标准客观化的法律原则

我们已经看到，对于行政裁量司法审查并非仅仅在于寻求明确化的法律规则的支持，而更应当谋求的是相对客观化的法律原则作为标准。特别是，随着行政裁量的治理从传统主流的规范主义的控权模式拓展到功能主义的建构模式，行政裁量领域的“原则之治”模式具有逐步渗透并取代“规则之治”的广阔生长空间和积极发展趋势。

（一）法律原则在法律体系中的引入

在法学上，法律原则是与法律规则相对应的一个基本法学范畴。所谓法律规则，又称“法律规范”，是指那些具体规定法律权利、法律义务和法律后果，具有严密逻辑结构的行为准则；法律原则则是指那些可以作为法律规则的基础或本源的综合性、稳定性的原理和准则。②

长期以来，我国学理上普遍固守着这样一个观念：将法律仅仅理解为由国家机关制定的、形成于纸上的条文，进而将法律仅仅等同于一系

---

① 周佑勇：《裁量基准司法审查研究》，载《中国法学》2012 年第 6 期。

② 张文显：《二十世纪西方法哲学思潮研究》，法律出版社 1996 年版，第 391 页。

列"法律规则"或法律规范的总称,而将"法律原则"排除在法律体系之外。这是一种典型的"规则中心主义"的法律模式理论,这种理论主要是受西方分析法学派的影响。在西方,英国新分析法学派代表人物哈特就是一位典型的"规则中心主义"者。在哈特看来,法律即一种规则,"一个法律体系就是一个规则体系"①,他把法的要素全部归结为各种"规则",而将体现正义、道德价值的"原则"等要素排除在外。按照其前辈奥斯丁提出的简单的分析法学原理,甚至道德上邪恶的法律仍然是法律,即恶法亦法。

近现代以来,哈特的"规则中心主义"同时受到西方新自然法学派和社会法学派的批判。如美国的新自然法学派代表人物德沃金认为,法律除了规则成分之外,还包括原则和政策的成分,而且,在疑难案件的处理过程中,后两种成分往往起着更重要的作用。美国社会法学派的代表人物庞德则认为,法律就是一批据以作出司法或行政决定的权威性资料、根据和指示,由律令、技术和理想三种要素或成分组成。其中"律令成分"本身又是"由各种规则、原则、说明概念的法令和规定标准的法令组成的"②。可见,他们都对哈特把法的要素归结为规则的观点持批判态度,认为法的要素除规则外,还包括"原则"等其他法律要素。尤其在德沃金看来,原则是比规则更重要的一种法律要素,因为"法律原则允许我们把法律思想和道德联系起来,它们允许我们保证我们的法律发展和道德发展携手并进"③。他甚至激进地倡言要建立"一种原则的联合体"④。

相对于哈特的"规则中心主义"而言,德沃金和庞德等人的观点则是一种典型的"原则中心主义"。尽管"原则中心主义"过分强调原则的绝对权威和绝对至上,可能会忽视规则在法律体系中的作用,但它毕竟将法律原则引入法律体系之中,"使法律体系从一个在逻辑上和正当

① [英]哈特:《法律的概念》,张文显等译,中国大百科全书出版社1996年版,第83页。

② [美]罗·庞德:《通过法律的社会控制·法律的任务》,沈宗灵、董世忠译,商务印书馆1984年版,第24页。

③ [美]罗纳德·德沃金:《认真对待权利》,信春鹰、吴玉章译,中国大百科全书出版社1998年版,"中文版序言"第20页。

④ [美]罗纳德·德沃金:《法律帝国》,李常青译,中国大百科全书出版社1996年版,第359页。

性上自立自足的体系转换到一个流动的、开放的体系"①,从而带来了法律体系或法律模式理论的根本性变革。毫无疑问,从"规则中心主义"到"原则中心主义",是人类法治进程中的一个光辉的里程碑。受这种理论的影响,近年来我国法理学开始关注法律原则的研究,并普遍将法律理解为一种由法律规则、原则等要素所构成的统一整体。

笔者认为,法律原则作为"法律的基础性真理或原理"②,对广泛、复杂、多变的成文法规则具有稳定、协调和优化的整合价值,因此在法律体系中引入法律原则是合理、必要的,这一点在行政法领域表现得尤为明显。我们知道,在国内法中,行政法虽是一个独立的基本部门法,但广泛、复杂而多变的行政法规范,却又使其难以用统一法典的形式来表现,而只能分散于众多的单行法之中,这就需要行政法原则的作用。行政法原则存在于成千上万的行政法规范之中,同时又是这些行政法规范共同体现出来的基础性原理、准则和基本精神。正是这些原则,才使得行政法规范在多样性中贯穿着统一性,在纷繁复杂中形成有机的整体,即对行政法规范的有序化具有特殊的法律整合功能。首先,行政法的原则是使行政法在变化中保持相对稳定的因素,能够保证行政法的稳定性和连续性。其次,行政法原则对行政法规范的制定、修改及废止具有统率、指导的作用,能够有效预防和化解行政法规范之间的冲突,从而保证各种纷繁复杂的行政法规范协调一致,增强行政法制的统一。最后,它对行政法规范的良性运作与良性发展还起着导向作用,在一定程度上具有优化行政法规范的价值。总之,行政法原则乃为整合行政法规范之特殊需要,对行政法规范具有重要的稳定、协调和优化价值。③

当然,法的原则有很多,不同的部门法又有不同的原则。就法的基本原则而言,民法主要有"平等自愿""等价有偿""诚实信用"三大基本原则;刑法有"罪刑法定""罪刑均衡""罪刑平等"三大基本原则;诉讼法的基本原则则更多,但笔者认为最基本的原则只有一个,就是"程序

---

① 李可:《原则和规则的若干问题》,载《法学研究》2001 年第 5 期。

② *Black's Law Dictionary*, West Publishing Company, 1983, p. 1074.

③ 周佑勇:《行政法基本原则研究》(第 2 版),法律出版社 2019 年版,第 5 ~ 13 页。

正当”原则。那么,究竟行政法的基本原则有哪些？这在我国一直存在争论。通说的观点是“合法”与“合理”两大原则,但这两个原则显然无法反映行政法的特殊性。因此笔者提出,在现代民主法治国家,行政法的基本原则包括行政法定原则、行政均衡原则和行政正当原则。行政法定要求行政权力的运行必须符合法定的要求,与同样为公法的刑法中的“罪刑法定”,共同构成了国家公权力法定这一公法基本原则,共同体现了权力与权利、公法与私法最为本质的区别。行政均衡和行政正当则进一步从实体和程序两个方面要求行政权力的运行必须做到均衡合理和程序正当。行政法定原则具体又包括职权法定、法律优先与法律保留原则等内容;行政均衡原则又包括平等、比例、信赖保护等内容;行政正当原则又包括避免偏私、公平听证和行政公开等原则,由此构成一整套行政法的原则体系,贯穿于整个行政法领域的立法、执法与司法过程之中。[①]

(二)法律原则的司法适用功能与效力

在我国,由于长期受“规则中心主义”这种法理观念的影响,法官在行政审判中普遍固守着制定法的现状,即将司法适用仅限于“条文的法律适用”。与之相适应,我国法院判决书的“判决依据”援引的范围仅限于法律、法规、规章和最高人民法院的司法解释。判决书的理由部分基本上限于对制定法条文的释义。如果哪个法官仅适用“法律原则”判案,则极有可能被指责为没有“法律依据”。[②]

然而,“法条有尽,事情无穷”,立法机关“为每一种详细的事态制定精确的法规是不可能的”[③]。所以任何制定法都存在难以克服的局限性,具体表现为不合目的性、不周延性、模糊性和滞后性。[④] 而要克服成文法的这些局限性,一个重要的司法技术就是法律原则的适用,即当司

① 周佑勇:《行政法基本原则研究》(第2版),法律出版社2019年版,第135~241页。

② 何海波:《通过判决发展法律:评田永案件中行政法原则的运用》,载罗豪才主编:《行政法论丛》第3卷,法律出版社2000年版。

③ [美]罗·庞德:《通过法律的社会控制·法律的任务》,沈宗灵、董世忠译,商务印书馆1984年版,第97页。

④ 徐国栋:《民法基本原则解释——成文法局限性之克服》,中国政法大学出版社1992年版,第137~143页。

法者“适用法律”而制定法条文不明确、有漏洞或者拘泥于制定法字面含义将导致不能容忍的明显不公时，“隐居幕后的法律原则便走到了前台”[①]，为司法者进行创造性和能动性的司法活动提供依据。具体而言，当法律规则含混不清或模棱两可时，法官可以根据法律原则作出适当解释；在可适用的法律规则之间发生冲突时，法官可以根据法律原则加以协调统一；即使是在没有现成法律规则可以适用的情况下，也“可以借助于原则，以便从中推导出判决的根据”[②]，“这是现代法的一项重要技术”[③]。所有这些都充分地展示了适用法律原则的巨大价值。因此，在司法推理中适用法律原则是合理、必要的，不仅可以弥补成文法之不足，而且为法官进行创造性和能动性的司法活动提供了依据。不仅如此，法律原则同法律规则一样也具有法律效力，其效力渊源主要表现在如下方面：

第一，宪法的具体化。宪法是一国之根本法源，许多行政法原则都是从宪法的规定和原则中引申出来的，它们是“具体化了的宪法”，是宪法原则的结果和结论。[④] 例如，由我国《宪法》第33条规定的平等原则，可以直接导出行政法中的“平等对待原则”。由《宪法》第2条第3款和第27条第2款之规定，[⑤]可以导出“信赖保护原则”“行政参与原则”“行政公开原则”等。由宪法之“法治原则”则可依次推展出“行政法定原则”“行政均衡原则”“行政正当原则”。

第二，法律之抽象化。“行政法之法规中，常有许多具有普遍化能力之规定，可以经由体系化、抽象化及类型化之观察方法，获得一般原则，而转用于其他未经规定之事项。”[⑥]在我国，《行政处罚法》《行政许

---

① 董灵：《公序良俗原则与法制现代化》，载《法律科学》1994年第5期。

② ［美］罗·庞德：《通过法律的社会控制·法律的任务》，沈宗灵、董世忠译，商务印书馆1984年版，第99页。

③ 张文显：《规则·原则·概念——论法的模式》，载《现代法学》1989年第3期。

④ ［德］哈特穆特·毛雷尔：《行政法学总论》，高家伟译，法律出版社2000年版，第65页；陈敏：《行政法总论》（第2版），台北，三民书局1999年版，第80页。

⑤ 《宪法》第2条第3款规定：“人民依照法律规定，通过各种途径和形式，管理国家事务，管理经济和文化事业，管理社会事务。”第27条第2款规定：“一切国家机关和国家工作人员必须依靠人民的支持，经常保持同人民的密切联系，倾听人民的意见和建议，接受人民的监督，努力为人民服务。”

⑥ 陈敏：《行政法总论》（第2版），台北，三民书局1999年版，第80页。

可法》《行政复议法》《行政诉讼法》等法律都规定了一系列具体的法律原则。从这些法律条文中，我们可以进一步抽象出一系列行政法的基本原则。例如，1990 年施行的《行政诉讼法》第一次明确提出了行政行为合法的三个标准：证据确凿、适用法律正确和程序合法。1996 年施行的《行政处罚法》不仅明确确立了“处罚法定”原则，而且明确规定，除法律、法规和行政规章按相关规定可以设定行政处罚外，其他任何红头文件都不得设定行政处罚。尤其是限制公民人身自由的处罚只能由法律设定(法律保留)，且在法律已经有规定的情况下，其他规范性文件必须与之相一致(法律优位)。这一规定的普遍意义在于，在我国确立了法治的另外两个基本原则，即法律保留和法律优位。更具有历史意义的是，《行政处罚法》在我国行政法律制度中首次引入“听证”这一概念。它规定行政机关作出责令停产停业、吊销许可证或者执照、较大数额罚款前，应举行听证会，听取相对人意见，给予其申辩的机会。尽管这只是一个机会，但公平听证被认为是程序正义的核心，不给这个机会，意味着行政机关的处罚将被上级机关或法院撤销。因此，这一规定体现了现代法治的又一重要的基本原则——正当程序原则的核心要求。2004 年 7 月 1 日起施行的《行政许可法》则更加全面地确立了一系列法律原则，如许可法定原则，公开、公平、公正原则，便民、效率原则，权利救济原则和信赖保护原则等。其中，尤其值得点评的是，该法首次在我国行政法律制度中引入了“信赖保护原则”，①这无疑是我国立法上一个重大的创举和进步。所有这些都表明，法律原则已经明确规定或体现在我国现有的法律条文之中。如此，经过法律规范的抽象化而形成的法律原则，则通过这些具体的法律规范发挥其拘束力。事实上，立法者在创设一系列法律规范时都是以某种法律原则为指导的，这些体现法律原则精义的法律规范的适用，其实就是法律原则发挥其拘束力的方式之一。

---

① 《行政许可法》第 8 条第 1 款规定：“公民、法人或者其他组织依法取得的行政许可受法律保护，行政机关不得擅自改变已经生效的行政许可。”除非是为了公共利益的需要，才可以依法变更或撤回已经生效的行政许可。但这也只能仅限于两种情形：一是行政许可所依据的法律、法规、规章修改或者废止；二是准予行政许可所依据的客观情况发生重大变化的。并且，“由此给公民、法人或者其他组织造成财产损失的，行政机关应当依法给予补偿”。

第三,法理和惯例之引申。法理通常指“事物的当然之理”或“法之一般原理”,[①]实际上就是我们所说的法的基本精神或基本理念,如正义标准、诚信原则等。经常为西方国家法院司法审查引用的自然公正原则、合理原则、比例原则、信赖保护原则等,均源于法理,并通过学说予以确定。如信赖保护原则是“德国联邦行政法院根据法律安定性原则和民法的诚信原则推论而确立的”[②]。当然,这些原则在为法院适用后,即转换成判例法规范。惯例或习惯经过有权的国家机关以一定方式认可后便可上升为法,也具有了法律效力。行政惯例或习惯在相对固定后,往往也以判例法或成文法取而代之。例如,在19世纪的法国,公产不能转让曾为一行政惯例,后为判例取代。[③] 法理和惯例在我国作为行政法的渊源,虽有一个逐步确立的过程,但是它们实际上“在推论中被运用来论证正当理由,在我国并不缺乏实例,只是被我们所疏忽罢了”[④]。人民法院在对行政行为进行司法审查时,也有从法理和惯例中引申出行政法基本原则的实例。关于这一点,有待后文做进一步的个案分析。

第四,基于判例的确认。判例是指“可作为先例据以决案的法院判决”[⑤]。由于判例对于法院以后审理类似案件具有普遍约束力,因而便成为法的一种渊源。在以判例法为主要法源的英美法系国家,行政法的原则主要通过法官的判例来确立。在大陆法系国家,虽以成文法为主要法源,但在行政法中法院的判例却起着主要作用。尤其在法国,“行政法的重要原则,几乎全由行政法院的判例产生”[⑥]。在我国,也应当充分发挥判例确认法律原则,从而形成行政法渊源之功效。对此,亦有待后文作进一步的个案分析。

以上所述行政法基本原则的各项效力渊源,系互相补充和交叉,而

---

① 孙国华、朱景文主编:《法理学》,中国人民大学出版社1999年版,第259页。

② 朱林:《德国行政行为撤销的理论及其立法评介》,载《法律科学》1993年第3期。

③ 王名扬:《法国行政法》,中国政法大学出版社1988年版,第322页。

④ 孙笑侠:《法律对行政的控制——现代行政法的法理解释》,山东人民出版社1999年版,第114页。

⑤ 中国大百科总编辑委员会编:《中国大百科全书·法学》,中国大百科全书出版社1984年版,第449页。

⑥ 王名扬:《法国行政法》,中国政法大学出版社1988年版,第21页。

非相互排斥和矛盾。既然行政法基本原则并非仅仅起宣示性作用，而是有效力的，则法院在司法活动中可以也应当予以适用。

(三)法律演进中的法律原则

实际上，在功能主义建构模式下，依靠法律进行的行政裁量治理呈现一种进化趋势，而司法机制在这一进程中发挥至关重要的选择作用。依马丁·洛克林所推崇的卢曼社会系统理论，法律作为一种系统，其基本特征在于对环境的复杂性化约，因而系一种遵循技术主义的“简单化”基本原则。[①] 在这种“简单化”原则下，法律系统以一种内在视角面对环境的复杂性，着力于系统与环境关系的简单化，以实现其系统的独特生命力，乃至自我生产、自我发展。在法律系统从简单状态向复杂状态进化过程中，“法律对具体的明确含义的依赖逐渐减弱，认知性预期与规范性预期之间的差异逐渐增大，而法律与日常生活的分离也日益显著。法律不再隐藏于事件之中，而是蕴涵在规范之中，这种规范乃是对事件进行法律评价的基础。因此，法律变得越来越抽象，并且越来越分离于一种具体的语境”[②]。

当前，我国许多行政机关制定的作为裁量基准的行政规则，虽然在司法审查过程中受到不同程度的尊重，但因其延续了规范主义控权模式的进路，仍然存在一定潜在的危险性。因此，必须通过行政法原则对其进行制约。[③] 而依卢曼社会系统理论，行政裁量的“原则之治”较之“规则之治”，的确更具有合理性。

首先，原则较规则更具有稳定性。虽然在行政审判中，我们可以引用合法有效的法律规则作为判案的依据，但我们不可能期望法律规则能提供法律的稳定性作用。当从系统论的社会学角度审视法律的时候，其中的关键问题就是：“法律如何使自身变得稳定。”[④]因此，法院虽然引用法律规则，但其判决的正当性论证显然只能从更具稳定性的法律原则入手。

① 高宣扬：《鲁曼社会系统理论与现代性》，中国人民大学出版社 2005 年版，第 31 页。
② [英]马丁·洛克林：《公法与政治理论》，郑戈译，商务印书馆 2021 年版，第 353 页。
③ 周佑勇：《裁量基准的正当性问题研究》，载《中国法学》2007 年第 6 期。
④ [英]马丁·洛克林：《公法与政治理论》，郑戈译，商务印书馆 2021 年版，第 355 页。

其次,原则较规则更抽象。在一般意义上,随着社会复杂性的不断增加,法律往往以社会角色为规制对象,并不立足于具体的社会个体,这就是法律的抽象化趋势。法律原则是法律抽象化的典型,甚至不以社会角色为规范对象。无论对于法律规则还是行政规则,法律原则均以其具有的典型的抽象化特性而发挥解决规则之间的冲突或者填补规则的漏洞作用,其层次性显然更高。正是在此意义上,人们也将法律原则称为“超级规则”。

最后,原则能实现法律系统的规范性预期作用。行政机关作为法律执行机关,需要在具体执法过程中将法律具体化,方能实现其目标。即使是行政机关制定的规范行政裁量的行政规则,也必然以其执行性相较于法律更为具体。而行政规则相对具体,则必然因社会生活的复杂化需要不断调整。司法审查则不然,当其援用行政规则肯认行政裁量行为时,不可能将所有在个案中得到认可的行政规则作为司法审查的标准。依卢曼法律系统的规范性预期观点,原则较规则显然更能发挥规范性预期作用。①

行政裁量的功能主义建构模式继承了功能主义的进化论基础,与哈耶克的法律进化理论、卢曼社会系统自我再生理论均有若干契合之处。② 因此,探究行政裁量治理模式从规则向原则的转化进程时,不能泛泛地求诸法律系统之外,而应该强调法律演进的内在视角。相关学者在论证我国行政裁量与司法审查的关系时,虽然关注到了法律规则

---

① 所谓规范性预期,系认知性预期的区分概念。如果当一种预期落空的时候人们可以根据现实来重新调整自己的预期,它就是一种认知性预期。规范性预期的情况恰好相反。马丁·洛克林通过这样的例子说明二者之间的区别:如果当我走在街上的时候会习惯性地撞到电线杆上,因为我的预期是它们会给我让路,那么在多次撞上电线杆之后,我可能很快就会学到电线杆的行为方式,并相应调整自己的认知预期;如果我期待政府官员们平等地对待公民,不论他/她们的肤色如何,那么,即使在多次遇到反其道而行之的官员之后,我可能也不会调整自己的规范预期。参见[英]马丁·洛克林:《公法与政治理论》,郑戈译,商务印书馆2021年版,第352~353页。

② 马丁·洛克林曾这样为其功能主义公法理论评述卢曼社会系统理论的启示作用:“在为复兴的功能主义风格发展一种法律的过程中……为了获得相应的帮助,我们可能需要转向尼古拉斯·卢曼的作品。……作为这项工作的一部分,他还提出了一种法律的社会学理论,或许是由于他接受过系统的法律训练,这种理论对我们来说极富启发性。”[英]马丁·洛克林:《公法与政治理论》,郑戈译,商务印书馆2021年版,第351页。马丁·洛克林关于哈耶克的法律进化论,参见该书第360页。

的不足，并建议针对性地引入比例原则、合法预期原则(制度)及行政自我拘束原则等，[①]但是，该类观点仍然囿于规范主义传统模式的思维局限，必然忽视对行政裁量内在自我调节功能的充分发挥和自我生长规律的应有尊重，并不能内在地推动我国行政裁量司法治理的发展。

(四)法律原则在个案中的司法适用

大量的实例表明，我国法院已经在适用法律原则进行判案，并且法律原则在法律适用中发挥着日益重大的作用。

在"哈尔滨市规划局与黑龙江汇丰实业发展有限公司行政处罚纠纷上诉案"中，作为二审法院的最高人民法院在维持一审判决时，认为：

> 规划局所作的处罚决定应针对影响的程度，责令汇丰公司采取相应的改正措施，既要保证行政管理目标的实现，又要兼顾保护相对人的权益，应以达到行政执法目的和目标为限，尽可能使相对人的权益遭受最小的侵害。而上诉人所作的处罚决定中，拆除的面积明显大于遮挡的面积，不必要地增加了被上诉人的损失，给被上诉人造成了过度的不利影响。原审判决认定该处罚决定显失公正是正确的。原审判决将上诉人所作的处罚决定予以变更，虽然减少了拆除的面积和变更了罚款数额，但同样达到了不遮挡新华书店顶部和制裁汇丰公司违法建设行为的目的，使汇丰公司所建商服楼符合哈尔滨市总体规划中对中央大街的规划要求，达到了执法的目的，原

---

① 杨建顺教授即提出司法审查中行政自我拘束原则的空间，参见杨建顺：《论行政裁量与司法审查——兼及行政自我拘束原则的理论根据》，载《法商研究》2003年第1期；余凌云教授则在比较普通法上的不合理审查与欧盟、大陆法的比例原则，并对合法预期制度进行制度性研究之后，认为"很有必要引进比例原则和合法预期制度"，建议我国《行政诉讼法》修改时平行引入比例原则与合法预期制度，参见余凌云：《行政自由裁量论》，中国人民公安大学出版社2005年版，第260页；杨伟东教授在论述"法院对行政裁量的审查强度"时则重点强调了比例原则及"诉诸行政的自觉自律——让行政作茧自缚"的重要性，参见杨伟东：《行政行为司法审查强度研究——行政审判权纵向范围分析》，中国人民大学出版社2003年版，第121页；张兴祥博士有关行政法合法预期保护原则的研究也指向对"行政管理的灵活性与行政机关的裁量权加以适度的约束"，参见张兴祥：《行政法合法预期保护原则研究》，北京大学出版社2006年版，"内容摘要"第1页。

审所作变更处罚并无不当。①

最高人民法院在该案例中，虽然表面上是针对涉诉行政处罚决定是否显失公正、一审判决是否正确行使司法变更权的评判，但在判决书中运用精练而专业的行政法术语指出，行政机关所作的处罚决定"应以达到行政执法目的和目标为限，尽可能使相对人的权益遭受最小的侵害"。这实际上已明确表述了行政法比例原则中"必要性原则"的核心含义，②该原则在我国行政法领域的确立具有重大的意义，其指导行政裁量司法审查实践的动机也是不言而喻的。

在"田永诉北京科技大学拒绝颁发毕业证、学位证行政诉讼案"（本章以下简称"田永案"）中，北京市海淀区人民法院指出：

> 按退学处理，涉及被处理者的受教育权利，从充分保障当事人权益的原则出发，作出处理决定的单位应当将该处理决定直接向被处理者本人宣布、送达，允许被处理者本人提出申辩意见。北京科技大学没有照此原则办理，忽视当事人的申辩权利，这样的行政管理行为不具有合法性。③

该案例中，最高人民法院通过公报案例抽象"程序正当原则"的用心，通过其对原审法院判决的修改已跃然纸上。最高人民法院在公报中对原审法院的判决作了文字修改，尤其是对第二条判决理由的表述作了精心修饰和强调。该案原审法院的判决为：

> 退学处理的决定涉及原告的受教育权利，从充分保障当事人权益原则出发，被告应将此决定直接向本人送达、宣布，

① 最高人民法院（1999）行终字第20号行政判决书，载 http://www.court.gov.cn/study/political/200303050081.htm。

② 所谓必要性原则，又称最少侵害原则、不可替代性原则或最温和方式原则，是指行政机关在面对多种适合达成行政目的的手段可供选择时，应选择对相对人利益限制或损害最少的手段。参见周佑勇：《行政法基本原则研究》（第2版），法律出版社2019年版，第197页。

③ 《最高人民法院公报》1999年第4期。

> 允许当事人提出申辩意见。而被告既未依此原则处理，尊重当事人的权利，也未实际给原告办理注销学籍、迁移户籍、档案等手续。①

在这里，除文字修改外，有两点改动值得注意：一是"原告""被告"的称呼被改为"被处理者本人""作出处理决定的单位"，其明显的意图就是将个案中的具体规则抽象化为法律原则，使其能够普遍适用；二是公报中明确地表达了违反该原则的法律后果——"这样的行政管理行为不具有合法性"，这就进一步强调了该原则的重要性。无疑，经过最高人民法院如此精心修饰和强调，"本案作为运用正当程序原则判决的先声，对今后地方法院审理行政案件将产生示范作用"②。正是在此案例的影响下，江苏省高级人民法院在"张成银诉徐州市人民政府房屋登记行政复议决定案"中指出：

> 行政复议法虽然没有明确规定行政复议机关必须通知第三人参加复议，但根据正当程序的要求，行政机关在可能作出对他人不利的行政决定时，应当专门听取利害关系人的意见。③

可见，最高人民法院对其在"田永案"中尚未完全表述"程序正当原则"的遗憾，通过江苏省法院这一案例的公报方式予以弥补。④ 在此基础上，2017 年"于艳茹案"⑤作出进一步的发展。该案中，法院不仅明确表达了正当程序原则的核心要义，即"作出任何使他人遭受不利影响的

---

① 北京市海淀区人民法院（1998）海行初字第 142 号行政判决书，载 http://www.elaws.com.cn/article/11/353/2007/20070505124202.html。

② 何海波：《通过判决发展法律：评田永案件中行政法原则的运用》，载罗豪才主编：《行政法论丛》第 3 卷，法律出版社 2000 年版。

③ 《最高人民法院公报》2005 年第 3 期。

④ 按照该案主审法官的评析，直接使用"正当程序"的判决理由系"行政程序中参与原则的重要体现"。参见郑琳琳：《张成银不服房屋登记行政复议决定一案评析》，载最高人民法院行政审判庭编：《行政执法与行政审判》总第 13 集，法律出版社 2005 年版。

⑤ 北京市第一中级人民法院行政判决书，(2017) 京 01 行终 277 号。

行使权力的决定前,应当听取当事人的意见",而且对法无明文规定时适用该原则的正当性基础做出了坚定的回答,即"对于正当程序原则的适用,行政机关没有自由裁量权"。更为重要的是,法院从实质审查的角度出发,提出了正当程序原则的适用在程序上必须达到三个方面"充分"的标准,即当事人程序权利的保障要"充分",行政机关的告知要"充分"和当事人意见表达必须"充分",从而有力地拓展了适用正当程序原则的深度。[①]

而在"益民公司诉河南省周口市政府等行政行为违法案"中,虽然河南省高级人民法院在一审中认为益民公司的损失应由周口市政府根据诚信原则予以补救,但最高人民法院的终审判决却将"信赖保护原则"限于更为狭窄的范围内。在该案中,河南省高级人民法院认为:

> 根据建设部272号文关于公用事业应通过招标实行特许经营的规定,益民公司原有的燃气经营权应予废止,同时在根据公共利益的需要不撤销被诉行政行为,由亿星公司负责周口市天然气管网经营的情况下,益民公司也不能再继续经营管道燃气或天然气管网。在此情况下,益民公司原来基于有关行政机关授予的燃气经营权而进行的工程建设和其他资产投入将形成益民公司的损失。对此,市政府及有关职能部门负有一定的责任。在益民公司的燃气经营权被终止,其资金投入成为损失的情况下,市政府应根据政府诚信原则对益民公司施工的燃气工程采取相应的补救措施予以处理。[②]

而最高人民法院二审判决的理由却是:

> 市政府作出54号文的行为存在适用法律错误、违反法定程序之情形,且影响了上诉人益民公司的信赖利益,但是如果

---

① 周佑勇:《司法判决对正当程序原则的发展》,载《中国法学》2019年第3期。

② 《最高人民法院公报》2005年第8期。

判决撤销上述行政行为，将使公共利益受到以下损害……根据《若干解释》[①]第58条关于"被诉具体行政行为违法，但撤销该具体行政行为将会给国家利益或者公共利益造成重大损失的，人民法院应当作出确认被诉具体行政行为违法的判决，并责令被诉行政机关采取相应的补救措施"之规定，应当判决确认被诉具体行政行为违法，同时责令被上诉人市政府和市计委采取相应的补救措施。……就本案而言，补救措施应当着眼于益民公司利益损失的弥补，以实现公共利益和个体利益的平衡。[②]

在上述《最高人民法院公报》典型案例中，"哈尔滨市规划局与黑龙江汇丰实业发展有限公司行政处罚纠纷上诉案"涉及选择裁量的审查标准，"益民公司诉河南省周口市政府等行政行为违法案"则涉及决定裁量的审查标准，"田永案"及"张成银诉徐州市人民政府房屋登记行政复议决定案"，可以归于广义决定裁量的审查标准。在这些公报案例中，最高人民法院或者以直接的文字描述，或者以判词的修改，或者通过二审判决理由的改变，甚至通过不同公报案例对同一行政法原则的强调，来实现其对行政裁量的"原则之治"，发挥了积极的指导作用。正如《最高人民法院公报》编辑部所指出的那样：

《公报》发布的案例，是经最高法院审判委员会反复推敲、字斟句酌，从众多案件中精选出来的。每个案例都有详细的事实、判决理由和结果，蕴涵了深刻的法律意义。它既不同于用作法制宣传的一般案例，也不同于学者们为说明某种观点而编撰出来的教学案例。它具有典型性、真实性、公正性和权威性特点，是最高人民法院指导地方各级人民法院审判工作的重要工具。[③]

---

① 指最高人民法院《关于执行〈中华人民共和国行政诉讼法〉若干问题的解释》（已失效）。

② 《最高人民法院公报》2005年第8期。

③ 最高人民法院公报编辑部编：《中华人民共和国最高人民法院公报全集（1985—1994）》，人民法院出版社1995年版。

可见，通过关注法律原则在我国行政审判实践中的适用，谋求法院和行政机关都能够遵循的共同、相对客观的系统化标准，将法定、均衡和正当等行政法的基本原则逐步演绎为司法审查的具体标准，并将之分别适用于对行政裁量的不同建构之中，不失为当下行政裁量司法治理的一种值得选择的理想演进路径。就作为裁量基准的行政规则而言，本着对行政规则既予以一定司法尊重又有一定司法约束的原则，只需要求行政规则遵循法定原则即可，否则才可以“不予适用”该行政规则。对行政裁量实体内容的利益衡量，放弃学界长期提倡的“合理性”这一主观色彩浓厚的标准，而采取平等、比例、信赖保护等客观性较强的均衡原则。对行政裁量的过程建构，则以避免偏私、公平听证和公开等正当性原则作为审查标准。

（五）案例指导的制度化功能

法律原则在司法审查中的适用，有赖于案例或判例的确认。在美国等西方国家，法院通过建立具有很大灵活性的司法判例构建出了一系列多元化的审查标准，这不仅可以弥补制定法之不足，而且也可以更加有效地发挥司法审查对行政裁量的能动性控制功能。在我国，自1985 年最高人民法院通过《最高人民法院公报》公布典型案例以来，我国的案例指导制度正式进入规范化的道路。[①] 而随着 2005 年关于“建立和完善案例指导制度”的改革措施第一次被写进最高人民法院发布的《人民法院第二个五年改革纲要（2004—2008）》，[②]我国案例指导制度进入了一个新的发展阶段。2010 年最高人民法院发布了《关于案例指导工作的规定》并于 2015 年公布了其实施细则，其中明确规定“应当参照相关指导性案例的裁判要点作出裁判”，指导性案例的裁判要点可

---

① 周道鸾：《中国案例制度的历史发展》，载《法律适用》2004 年第 5 期。

② 最高人民法院 2005 年 10 月 26 日发布《关于印发〈人民法院第二个五年改革纲要（2004—2008）〉的通知》（法发〔2005〕18 号）。该纲要共列举了 50 项改革措施，其中第 13 项专门规定，“建立和完善案例指导制度，重视指导性案例在统一法律适用标准、指导下级法院审判工作、丰富和发展法学理论等方面的作用。最高人民法院制定关于案例指导制度的规范性文件，规定指导性案例的编选标准、编选程序、发布方式、指导规则等”。

以作为论证理由被引述，但不得作为裁判依据被引用。[①] 这些规定表明指导性案例在原有公报案例的基础上向前推进了一大步，已经具备官方认可的正式效力，开始对后面的同类案件产生法律约束力。2018 年修订的《人民法院组织法》[②]则将其直接写入了法律。该法第 18 条第 2 款规定，“最高人民法院可以发布指导性案例”。2020 年 7 月 15 日，最高人民法院又出台了《关于统一法律适用加强类案检索的指导意见（试行）》，并于 2021 年 12 月 1 日起正式施行《最高人民法院统一法律适用工作实施办法》[③]，将指导性案例明确列为法院应当进行类案检索且参照适用的对象。其中，最高人民法院要求承办案件的法官履行“在审理报告中对类案检索情况予以说明，或者制作专门的类案检索报告”“类案检索报告应当随案归入副卷”“对是否参照或者参考类案等结果运用情况予以分析说明”“参照指导性案例的，应当将指导性案例作为裁判理由引述，但不得作为裁判依据引用”等程序性义务，进一步优化了指导性案例的检索与适用规则。这充分说明了指导性案例的重要性。事实上，指导性案例为案件裁判提供了具体、明确的指导和参照，这不仅能够更好地保证法院统一、公正地适用法律，有助于维持司法裁判的一致性及持续性，“有助于法安定性的达成”[④]，同时亦能够在我国实行非判例法的情况下，发挥规则创设的判例化或制度化功能。

具体至行政领域，行政指导性案例发布之后，已经发挥而且正在发挥着其应有的指导和参照作用。[⑤] 据统计，最高人民法院指导性案例从 2011 年 12 月 20 日开始发布，截至 2022 年 5 月 23 日共计发布 31 批 178 例，其中行政类（含国家赔偿类）指导性案例 33 例。以前述“田永案”为例，“田永案”在被确立为指导性案例之前，只是最高人民法院推出的一则公报案例，并不具备直接援引的效力，对于类案法官的裁判也

① 最高人民法院《关于案例指导工作的规定》第 7 条以及《〈关于案例指导工作的规定〉实施细则》第 9 条、第 10 条。

② 1979 年 7 月 1 日第五届全国人民代表大会第二次会议通过。后根据 2018 年 10 月 26 日第十三届全国人民代表大会常务委员会第六次会议修订，自 2019 年 1 月 1 日起施行。

③ 最高人民法院《关于印发〈最高人民法院统一法律适用工作实施办法〉的通知》（法〔2021〕289 号）发布。

④ ［德］卡尔·拉伦茨：《法学方法论》，陈爱娥译，商务印书馆 2005 年版，第 301 页。

⑤ 王天华：《案例指导制度的行政法意义》，载《清华法学》2016 年第 4 期。

没有强制性的约束力。在随后的很长一段时间内,各地也出现了很多类似的案例,但其中很多案例并未引述“田永案”的裁判要点,更有甚者法院直接以“高校不能成为适格被告”为理由而拒绝受理此类案件。由此可知,公报案例对后案法官的约束力是有限的,对相似的案件并不必然具备直接的效力。然而,从“田永案”被遴选为指导性案例第 38 号之后,其对于正当程序原则的适用具有极大推动意义。在该指导性案例的裁判理由中,法院公开而直白地指出,高校在作出事涉学生基本权利的决定时,应当根据正当程序原则的要求允许其提出陈述和申辩意见。在宪法和法律并没有明文规定的情况下,最高人民法院以指导性案例的形式对“田永案”重申,特别是专门根据判决书总结凝练而提出正当程序原则的核心要义即行政机关应当保障当事人陈述和申辩的权利,为后续类似案件的裁判提供了参照的依据。“于艳茹案”之所以能够在正当程序原则的适用方面取得新的发展,也离不开“田永案”等指导性案例提供的参照作用。

当然,当下我国正在推行的这项“案例指导制度”,无论从形式还是内容上,都既不同于我国以往的案例编纂制度,也迥异于英美法系典型的判例制度,而是走向有中国特色“判例制度”的一个过渡性质的制度。所谓“过渡性”,也就是说这项制度既是对中国现有案例编纂制度的一种超越,又与未来需要构建的有中国特色的判例制度存在一定差距,其目的是为逐步过渡到有中国特色的判例制度奠定基础。①

判例来源于案例,但并不是所有的案例(判决)都会成为判例,只有那些在判决理由部分中能宣示新的法律原则或规则的,才能成为判例。“判例之所以为法,是以其在判决的理由部分中所宣示的法律原则为基准的。”②正因如此,现行指导性案例通过“裁判要点”将其提炼为具有指导意义及法律约束力的一般规范。譬如,指导性案例第 38 号“田永案”开宗明义地提出了正当程序的核心要求,即行政机关作出任何使公

---

① 周佑勇:《作为过渡措施的案例指导制度——以“行政[2005]004 号案例”为观察对象》,载《法学评论》2006 年第 3 期。

② 郭道晖:《提高判例的法理质量》,载《判例与研究》1998 年第 1 期。

民遭受不利影响的决定时,应当遵守正当程序原则。可见,指导性案例虽然不同于"判例",但其通过"裁判要点"对法律原则的提炼和明确宣示,事实上发挥着规则创设的判例化或制度化功能,其实也就构成了法律原则的效力渊源,使其实际上具备了一种实然的"法规范"效力,由此为法无明文规定时法院通过判决发展法律原则提供了制度空间。同时,我们之所以需要判例,是因为需要创设新的规则,以弥补制定法条文的不足,即当法官"适用法律"而制定法条文不明确、有漏洞或者相互冲突或者根本没有现成规则可供适用时,才需要法官进行创造性的法律解释并形成原则或规则,以便从中推导出判决的根据。因此,对于判例的形成起关键作用的是具有规则或原则形成意义的法官解释。不具有这种解释功能的案例,就不能形成判例。此外,关于判例的确认方式问题,必须有一个法定的权威性机构作出理性的选择、评议和确认,而非完全按照高层级法院的解释,或者仅仅由专家作出判断。目前在中国,这个权威性的机构只能是最高人民法院,即由最高人民法院作为法定权威的确认机构,经过最高人民法院再次审订评议、确认并公开发布后在全国范围内有效。这是在存在多个具有规则或原则形成意义的法官解释的情况下,让其中一个更加合理的法官解释判例化的最佳方式。无论是《最高人民法院公报》编选案例的方式,还是指导性案例的发布方式,都是采取了这样的做法。值得改进的是,应当在此基础上,更加详尽地阐述其中所包含的理论原理和案例精髓,并抽象出明确的法律原则或规则,由此逐步过渡到行政判例制度的完全建立。①

综上所述,行政裁量的司法治理模式,是一项系统而庞大的工程,法治原则在其中占据着不容忽视的一席之地。然而,相较于规范主义控权模式下的外力导入方式,功能主义建构模式下,我们更应该思考一种能促使法治原则"内生"和"再生"的司法治理模式。而案例指导制度正以其天生的灵活性、机动性与开放性,将顺理成章地在这一新型治理模式下担当起承上启下并开疆拓土的重任。按照卢曼的社会系统论,社会系统只有在"沟通"中才能生存和运作,因为只有通过"沟通",

① 周佑勇:《行政法基本原则研究》(第2版),法律出版社2019年版,第283页。

社会系统才能以简单化的原则，正确处理它和它的环境的复杂关系。“沟通”也只有在其社会系统的不断再生产中，才能实现其本身的自我生产。[①] 法律系统也是如此。判例或者指导性案例因其对疑难纠纷的裁判，发挥了法律系统“沟通”媒介的作用。[②] 不同疑难案例因其与指导性案例或判例的区别，将会形成新的指导性案例或判例，即“沟通”又产生了“沟通”。随着指导性案例或判例的不断产生，指导性案例所揭示的审查标准日渐抽象化，将能逐渐推动行政裁量的“原则之治”，从而实现“规则中心主义”到“原则中心主义”的转换。[③] 尽管如此，但是我国现行的这种案例指导制度仍然存在很大程度的不足，与未来需要构建的有中国特色的判例制度存在一定差距，其目的只能说是为逐步过渡到有中国特色的判例制度奠定基础。当然，未来中国判例制度的构建亦将是一项十分宏大而艰巨的工程，尤其需要依赖于高素质的法官群体和独立的司法空间，不断提高法官解释的判例化水平。

四、司法审查中的“滥用职权”标准

当“绝对的和无约束的自由裁量权的观点受到否定”[④]，行政裁量便不再是司法审查的禁区。为此，无论是大陆法系还是普通法系国家，都以裁量瑕疵理论为基础，单独构建了以裁量滥用与裁量逾越为主要判断标准的行政裁量司法审查体系。譬如，美国的《联邦行政程序法》第 706 条明确规定，复审法院可以撤销“独断专横、反复无常、滥用自由裁量权”的行政行为。德国《联邦行政法院法》第 114 条规定，“法律授权行政机关决定的（事项），行政法院应当审查裁量决定是否超越法定界限，符合法定裁量目的，以及拒绝作出行政行为或不作为是否违法”。日本的《行政事件诉讼法》第 30 条规定，“有关行政机关的裁量处分，限

---

① 高宣扬：《鲁曼社会系统理论与现代性》，中国人民大学出版社 2005 年版，第 138 页。

② 卢曼社会系统理论的沟通概念类似信息产生的方式，即区别产生信息。用这一沟通概念观察判例或指导性案例，我们可以理解为只有与已有判例或指导性案例不同的裁判方能生成新的判例或指导性案例。也正是在此意义上，“沟通”产生“沟通”，判例产生判例，指导性案例产生指导性案例。

③ 周佑勇：《行政法基本原则研究》（第 2 版），法律出版社 2019 年版，第 243 页。

④ ［英］威廉·韦德：《行政法》，徐炳等译，中国大百科全书出版社 1997 年版，第 68 页。

于超越裁量权范围或滥用裁量权时,法院得以撤销”。

与上述国家的立法类似,我国《行政诉讼法》自出台以来,便明确规定法院可以撤销行政机关“滥用职权”的行政行为。只不过,不同于那些单独构建行政裁量司法审查标准体系的国家或地区,我国行政诉讼法并未就“滥用职权”与行政裁量司法审查标准的对应关系作出明确规定,而是将其与“主要证据不足”“适用法律、法规错误”“违反法定程序”“超越职权”等其他标准并列规定,导致行政裁量司法审查标准模糊不清。尤其是,在学理层面,有学者认为,滥用职权的司法适用应当仅限于行政裁量领域;[①]也有学者指出,从文义上理解,滥用职权中的“职权”既包括裁量权,也包括羁束权。滥用职权的情形并不限于滥用裁量权,还应包括滥用羁束权。[②] 模糊的立法规定和多元化的学说解释,极易导致司法适用的混乱。实践中,法院要么将“滥用职权”标准与其他审查标准交叉、混用,要么将其隐匿于其他审查标准中,有时甚至以其他标准取而代之。

针对我国“滥用职权”审查标准的模糊性难题,到目前为止,最高人民法院并未出台相关司法解释,也未公布可资参照适用的指导性案例。2014 年《行政诉讼法》新增“明显不当”标准后,厘清滥用职权标准的内涵与外延,规范其司法适用,显得尤为重要。在此,拟通过分析司法认定滥用职权的裁判逻辑、滥用职权标准的构成条件和适用技术,尝试为滥用职权标准在司法审查中的适用,探索一条更为清晰的路径和方法。

(一)“滥用职权”标准的司法裁判逻辑

经检索《最高人民法院公报》刊登的案例,截至 2022 年 5 月,共有 8

① 例如,有学者指出,滥用职权具有严重的主观过错,针对的是行政自由裁量权,表面合法但实质极不合理,因此被归入不合法的范畴。参见袁杰主编:《中华人民共和国行政诉讼法解读》,中国法制出版社 2014 年版,第 197 页。

② 姚锐敏:《关于行政滥用职权的范围和性质的探讨》,载《华中师范大学学报(人文社会科学版)》2000 年第 5 期。

个以“滥用职权”为由认定行政行为违法的案例。[①] 从总体上看，这8个案例中的前3个案例与后5个案例，分别呈现两种不同的裁判逻辑。

1. 分离型裁判逻辑。所谓分离型裁判逻辑，是指法院凭借“滥用”或“职权”中的单一要素，尤其是“滥用”这一单独要素，直接认定行政机关构成滥用职权。在《最高人民法院公报》1993年刊登的“谢培新案”中，法院仅以行政机关存在非法意图，判定被告构成滥用职权。该案中，原告谢培新对被告永和乡人民政府要求其承担生产、服务性服务费的行为不服，向法院提起诉讼。法院查明，根据《农民承担费用和劳务管理条例》和《四川省农民负担管理条例》(已失效)，农民每年向农村集体经济组织上交集体提留和统筹费的总额，以乡(镇)为单位计算，不得超过上一年农民人均纯收入的5%。原告1992年共计负担应为94.50元(人均应负担18.90元)，但被告向原告提取各类费用达192.06元(人均38.41元)，占上一年人均纯收入的10%。因此，被告向原告收取的费用“超过原告全家应负担费用的一倍”。法院认为，该行为违反了国务院相关条例和四川省相关条例规定的“取之有度、总额控制、定项限额的原则”，具有任意性和随意性，且有的费用收取项目还存在“重复提取”与“强行摊派”等违法情形，判定被告既超越职权又滥用职权。在该案中，被告超出法律规定的范围向原告收取费用，本身已经构成超越职权，[②]具有明显的违法性。只是，法院同时基于该行为存在任意性和随意性以及重复提取和强行摊派的主观恶意，构成对“法律

---

① 这些案例分别是：1993年第1期的“谢培新诉永和乡人民政府违法要求履行义务案”(以下简称“谢培新案”)；1996年第1期的“黄梅县振华建材物资总公司不服黄石市公安局扣押财产及侵犯企业财产权行政上诉案”(以下简称“黄梅县振华公司案”)；2002年第3期的“路世伟不服靖远县人民政府行政决定案”(以下简称“路世伟案”)；2003年第3期的“王丽萍诉中牟县交通局行政赔偿纠纷案”(以下简称“王丽萍案”)；2015年第2期的“定安城东建筑装修工程公司与海南省定安县人民政府、第三人中国农业银行定安支行收回国有土地使用权及撤销土地证案”(以下简称“定安城东案”)；2017年第2期的“刘云务诉山西省太原市公安局交通警察支队晋源一大队道路交通管理行政强制案”(以下简称“刘云务案”)；2017年第11期的“崔龙书诉丰县人民政府行政允诺案”(以下简称“崔龙书案”)；2022年第2期的“余姚市甬兴气体分滤厂与余姚市住房和城乡建设局燃气经营许可纠纷案”(以下简称“余姚市甬兴气体分滤厂案”)。

② 行政机关超过法律规定幅度或范围作出的行政行为，构成超越职权。参见金伟峰：《论行政超越职权及其确认和处理》，载《行政法学研究》1996年第4期。

原则/目的的违反”，判定该行为构成滥用职权。很明显，法院将行政机关的主观动机作为认定滥用职权的充分条件，认为只要行政机关出现了动机偏移，便构成滥用职权，[①]即便行政机关的行为已经明显超越职权。

与“谢培新案”一样，在《最高人民法院公报》1996 年刊登的“黄梅县振华公司案”中，法院亦采用了“滥用”与“职权”相分离的裁判逻辑来认定滥用职权，且表现得更为彻底。该案中，法院将行政机关的“非法意图”提到了更为核心的位置。该案的一审法院查明，黄石市公安局所扣钢材所有权关系明确，在“有关证据足以证明与其所称犯罪嫌疑人无关”的情况下，认定黄石市公安局强制扣押财产的行为违法。与此同时，一审法院还查明，“上诉人在扣押钢材期间，向被上诉人施加压力，并在其办公地点主持被上诉人与无经济合同关系的浙江省瑞安市生产资料服务公司签订违背被上诉人真实意愿的合同，强迫被上诉人用其合法财产偿还他人所欠债务”，由此认定黄石市公安局存在以侦查之名干涉经济活动的非法意图，构成滥用职权。[②] 在该案中，一审法院并未确认被告公安局是否享有干预经济活动的职权，仅通过公安局存在非法干预经济活动的主观动机，便判定其构成滥用职权。在《最高人民法院公报》2002 年刊登的“路世伟案”中，法院则是在未确认行政机关是否存在不正当乃至非法之主观目的的情况下，以“不属于自己管的事”“县政府无权用这种于法无据的独特关系去影响他人，去为他人设定新的权利义务，去妨碍他人的合法权益”为由，认定行政机关既超越职权又滥用职权。很明显，“路世伟案”的裁判逻辑并未涉及对“滥用”要素的考量，仅仅根据行政机关“无职权”之事由，就判定其构成滥用职权。

2. 结合型裁判逻辑。无论是“谢培新案”“黄梅县振华公司案”还是“路世伟案”，法院其实都是从“职权违法”或“主观意图违法”的外部

① 陈天昊：《行政诉讼中“滥用职权”条款之法教义学解读》，载《西南科技大学学报（哲学社会科学版）》2011 年第 6 期。

② 需要说明的是，在该案一审的裁判理由中，法院并没有对黄石市公安局的行为构成滥用职权直接进行说理，而是笼统地以“根据《中华人民共和国行政诉讼法》第五十四条第（二）项第 5 目”为由，判定黄石市公安局的行为违法。学界多主张，该案中法院所说的滥用职权，就是指黄石市公安局“以侦查之名干涉经济活动”这一行为。参见朱思懿：《“滥用职权”的行政法释义建构》，载《政治与法律》2017 年第 5 期。

视角认定滥用职权。被法院判定构成滥用职权的行政行为本身就具有明显的形式违法性。然而，从《最高人民法院公报》2003年刊登的“王丽萍案”开始，法官逐渐将注意力转向行政裁量内部的合理性问题。随之而来的变化是，具有形式合法性的裁量权成为恒定的“职权”要素，法院只需判定何种因素构成裁量权的“滥用”即可。此时，构成滥用职权必定要满足“职权”与“滥用”的双重属性，此即所谓结合型的裁判逻辑。

在“王丽萍案”中，原告王丽萍因未交养路费上路，被被告中牟县交通局强制扣车。因原告车辆装有生猪，且天气炎热，原告请求先把生猪卸下再扣车，被告对此置之不理，仍然强制扣车，生猪因未能得到及时处理而死亡。法院认为，“县交通局工作人员不考虑该财产的安全”，“不满足合理、适当行政的要求，是滥用职权”。在本案中，双方争议的焦点并不是被告是否有权扣车的权限问题，不是原告是否已交养路费的事实证据问题，也不是被告扣车适用的法律依据是否正确以及程序是否违法，而是被告执行扣车行为的合理性。针对被告应如何扣押车辆，法律未作明确具体的规定，这意味着在具体执行扣车的过程中，行政机关有选择和裁量的余地。而行政机关在执行扣车时，未考虑相关因素，给相对人造成了损失，因此构成裁量滥用。① 与前述分离型裁判逻辑不同，“王丽萍案”中的扣车行为明显属于被告行政机关行使裁量权的职权行为，只是在裁量权行使的过程中，中牟县交通局的执法人员存在“无论暂扣车辆的决定是否合法，被告县交通局的工作人员准备执行这个决定时，都应该知道：在炎热的天气下，运输途中的生猪不宜受到挤压，更不宜在路上久留”的主观过错，导致行政行为不合理，构成了裁量滥用。因此，法院是在审查裁量权的基础上，通过认定行政机关存在主观过错，判定行政机关滥用了裁量权，构成滥用职权。“王丽萍案”中的“主观过错”，与“谢培新案”中的“强行摊派”“重复提取”，以及“黄梅县振华公司案”中的“干预经济活动”所具有的“非法意图”不同。法院未再强调行政机关主观意图的非法性，只要行政机关在行使裁量

---

① 行政机关在行使裁量权的过程中未考虑相关因素，或考虑了不相关的因素，构成裁量滥用。参见刘鑫桢：《论裁量处分与不确定法律概念》（第2版），台北，五南图书出版公司2005年版，第59页。

权的过程中存在主观过错,并导致裁量决定明显不合理,即可构成滥用职权。

在《最高人民法院公报》2015 年后刊登的 4 个案例中,结合型裁判逻辑得到了进一步体现。“定安城东案”系经最高人民法院提审的案件。提审法院认为,被申请人海南省定安县人民政府在作出收回国有土地使用权的决定后,应该要求再审申请人定安城东建筑装修工程公司持有关证明文件到土地管理部门申请注销土地登记,而不是以申请人当初申请土地登记时未填写土地用途为由,作出撤销土地证的决定。法院认定,“当初未填写土地用途,并非城东公司的原因所致,本可以补正方式解决,县政府却以此为由撤销城东公司合法持有的《国有土地使用证》,属于滥用行政职权”。在“刘云务案”中,法院认为,山西省太原市公安局交通警察支队晋源一大队(以下简称晋源交警一大队)扣留车辆后,应依照相关法律的规定,分别作出相应处理。在刘云务已经提供有关证明的情况下,晋源交警一大队“既不返还机动车,又不及时主动调查核实车辆相关来历证明,也不要求刘云务提供相应担保并解除扣留措施”,而是“反复要求刘云务提供客观上已无法提供的其他合法来历证明,滥用了法律法规赋予的职权”。在“崔龙书案”中,法院判定,丰县人民政府作出的《关于印发丰县招商引资优惠政策的通知》(以下简称“23 号通知”)对原告崔龙书构成了行政允诺。丰县人民政府拒绝履行允诺义务,构成滥用职权。法院首先认为,基于保护公共利益的需要,在行政允诺的订立和履行过程中,“赋予行政主体在解除和变更中的相应的优益权固然必要”,但行政主体不能滥用此种优益权,且“在行政允诺关键内容的解释上,同样应当限制行政主体在无其他证据佐证的情况下,任意行使解释权”。由于丰县政府所属工作部门丰县发改委,是在丰县政府涉诉后才对“23 号通知”中所作出承诺进行限缩性解释的,法院认定丰县发改委“有为丰县政府推卸应负义务之嫌疑”的不当动机。丰县政府以此为由拒绝履行允诺义务,构成对优益权的滥用。在“余姚市甬兴气体分滤厂案”中,法院认为,“根据《燃气经营许可管理办法》第三条‘住房城乡建设部指导全国燃气经营许可管理工作。县级以上地方人民政府燃气管理部门负责本行政区域内的燃气经营许可管理工作’之规定,被申请人余姚市住建局具有核发瓶装燃气经营许可的法定职权”。在认定余姚市住建局具有“职权”的前提下，法院进一步认为，“余姚市住建局在余姚市人民政府复议和余姚市人民法院判决撤销其不予行政许可行为的情况下，仍然以相同理由作出不予行政许可决定，严重违反了行政诉讼法第七十一条规定，浪费了有限的司法资源，增加了当事人的讼累，显系滥用职权”。据此，《最高人民法院公报》在该案例的裁判摘要中鲜明指出：

> 具有行政许可权的行政机关作出不予行政许可决定的理由不能成立，且该决定已被人民法院判决撤销并责令重作的情况下，行政机关仍以相同理由再次作出不予行政许可决定，应认定为滥用职权。①

（二）“滥用职权”标准的司法适用立场

我们已经看到，在具体适用行政诉讼法上的“滥用职权”标准时，《最高人民法院公报》公布的案例呈现分离型与结合型两种不同的裁判逻辑。尽管二者追求的效果一致，但在对滥用职权的内涵与外延进行界定时，在滥用职权的适用范畴、认定条件、司法价值取向等方面，又有明显不同的认识。面对司法适用立场的分歧，在我国行政诉讼法的审查标准体系下，究竟应该如何选择？这是下文将要探讨的问题。

1. 滥用职权标准的适用范畴与认定条件。按照分离型裁判逻辑，是否构成滥用职权，可以通过单一的“职权”或“滥用”要素进行判定，滥用职权的适用范畴具有极大的开放性。一方面，依单一的“职权”要素判定，无论行政机关有无“滥用”之主观意图，任何无职权或超越职权的行政行为，都可以同时被认定为滥用职权，如前述“路世伟案”。另一方面，依单一的“滥用”要素判定，即便是行政机关无职权或超越职权，任何具有“滥用”意图的行政行为，也都可以被认定为滥用职权，如前述“谢培新案”。同时，以“滥用”为要素时，行政机关具有何种职权，在所不问。只要发现了“滥用”之主观意图，即可认定为滥用职权。“黄梅县振华公司案”可以说是行政机关以权谋私、违法介入私人间经济活动的

---

① 《最高人民法院公报》2022 年第 2 期。

典型，[①]但该案中的“权”其实是一种羁束权，即公安机关是否可以将他人之间的经济纠纷纳入自身的执法范围，依法没有任何裁量空间，其职权是羁束性的。[②] 可见，按照分离型裁判逻辑，滥用职权的构成是可以脱离“职权”要素的，其所谓职权之“权”既可以是裁量权也可以是羁束权；滥用职权既包括滥用裁量权，也包括滥用羁束权，而非限定在行政裁量领域。此种逻辑下，对立法目的或原则的审查，并非由滥用裁量权审查标准独揽，尽管针对羁束行政行为的审查，法院可基于法律对行政行为职权范围、条件、方式与程序等方面的明确规定直接作出判定，不会也不需要借助抽象的法律目的去证成合法性。事实却与之相反，“这种目的不明示，使一些腐败的行政权力有了可乘之机，暗含的法律目的更易被歪曲和违反”[③]。如有学者所主张的，实践中，行政机关完全可以通过借助严格执法之名，过度或胡乱地使用法律授予的职权。此时，行政机关适用羁束行政法律规范的目的，不在于进行相应的行政管理以完成行政任务，而是借由羁束行政法律规范的外壳达到其与立法目的无关的不当意图。[④] 申言之，羁束行政同样可能构成职权的滥用。尤其是，羁束行政在违法的同时，也时常具有明显的非法意图。按照分离型裁判逻辑，虽然行政裁量权领域存在滥用职权自不待言，但对于羁束行政来说，由于行政职权的单方性、强制性和执行性特点，亦应承认存在因违反法律目的而构成滥用职权的情形。[⑤]

与分离型裁判逻辑不同，结合型裁判逻辑是将“职权”与“滥用”两个要素结合起来加以分析，滥用职权审查标准的适用范围受到严格的条件限制。按照此种裁判逻辑，滥用职权仅指在行政职权范围内发生的行为，因其内容与法律、法规设定该职权的用意或目的相去甚远，产生了“滥用”之后果，构成滥用职权。[⑥] 易言之，从外在形态上观察，构

---

① 刘敬怀、何平、阎军：《王汉斌谈〈行政诉讼法〉》，载《瞭望周刊》1988 年第 49 期。

② 章剑生：《现代行政法基本理论》（第 2 版）（上卷），法律出版社 2014 年版，第 459 页。

③ 彭云业、张慧平：《行政滥用职权之正确界定》，载《山西大学学报（哲学社会科学版）》2001 年第 3 期。

④ 高逸凡、雷庚：《羁束行政行为中滥用职权的表现及规制》，载《河北科技大学学报（社会科学版）》2018 年第 4 期。

⑤ 江必新主编：《新行政诉讼法专题讲座》，中国法制出版社 2015 年版，第 263 页。

⑥ 马原主编：《行政诉讼知识文库》，北京师范学院出版社 1991 年版，第 193 页以下。

成滥用职权之行为本身并不存在明显的形式违法，[①]只是因为存在“滥用”之缘由，导致裁量决定作出的过程或结果出现明显的不合理。这意味着，滥用职权“必须是自由裁量的行政行为，羁束权限的行政行为不发生‘滥用职权’的问题”[②]。只有在行政裁量领域，行为人在其权限范围内才有选择的余地，并有责任考量何种选择更符合立法意图或法律目的，才会存在行为正当与否的问题，并有可能构成滥用职权。[③] 相比于行政裁量，羁束行政因法律规定详细明确，行政机关实施该行为只能严格依法行政，不存在自由选择的幅度或余地，只会发生合法性争议，不存在行为是否合理或正当之说。正如王名扬所指出的，对于羁束权限的行政行为，行政机关只能按照法律规定作出，没有选择其他决定的可能。只要行政决定的内容符合法律规定，“即使具有权力滥用要素，法院不因此而撤销这个决定”[④]。可见，就合法的羁束行政行为而言，即便行政机关在行为时存在非法意图，也不会导致该行为违法，法院不能因此撤销该行为。违法的羁束行政行为，必然是因为客观上违反了法律规定，而非因为主观上存在非法意图。即使法律已经作出明确规定，基于非法目的认定行政行为违法，也没有任何意义，因为无论如何，行政机关都必须作出同样的行为。[⑤] 如果行政机关无职权或超越职权，即便存在“滥用”之意图，亦并非滥用职权，而仅构成超越职权，[⑥]因为其不满足“职权范围内”这一要求，抑或它们自身就存在形式违法，而无论主观上是否有非法意图。同样，如果行政机关在其职权范围内作出决定，但无“滥用”之情形，依然无法构成滥用职权。

由于“滥用”具有强烈的主观性，按照结合型裁判逻辑，滥用职权的

---

① 傅思明：《中国司法审查制度》，中国民主法制出版社 2002 年版，第 122 页以下。

② 万猛：《论判决撤销滥用职权的具体行政行为》，载黄杰、李道民主编：《行政审判实践与研究》，中国法制出版社 1991 年版，第 223 页。

③ 胡建淼：《有关行政滥用职权的内涵及其表现的学理探讨》，载《法学研究》1992 年第 3 期。

④ 王名扬：《法国行政法》，中国政法大学出版社 1988 年版，第 694 页。

⑤ Jean-Marie Auby, *The Abuse of Power in French Administrative Law*, The American Journal of Comparative Law, Vol. 18, p. 559(1970).

⑥ 对于“不属于自己管的事”这种无权限的行为，我国通说将其归入“超越职权”的范围。参见罗豪才主编：《中国司法审查制度》，北京大学出版社 1993 年版，第 389 页。

构成，还要求行政机关在实施行政行为时存在主观故意，这是滥用职权与其他违法或不当行政行为的主要差别。[①] 换言之，如果行政行为因内容不合理、不适当而违背法律法规的目的或精神，是其他原因而非行政机关工作人员主观上的故意所引起，那就不属于滥用职权。[②] 这一点，在前述5个涉及职权滥用的《最高人民法院公报》案例中，都有明显的体现。“王丽萍案”中，执行人员对财产损害有“明知”。“定安城东案”中，“本可以补正方式解决，县政府却以此为由撤销城东公司合法持有的《国有土地使用证》”。“刘云务案”中，晋源交警一大队反复要求原告刘云务提供客观上无法提供的材料。“崔龙书案”中，丰县发改委为推卸义务而作出限缩解释。“余姚市甬兴气体分滤厂案”中，余姚市住建局明知根据《行政诉讼法》第71条规定“人民法院判决被告重新作出行政行为的，被告不得以同一的事实和理由作出与原行政行为基本相同的行政行为”，仍以相同理由再次作出不予行政许可决定。

2. 司法适用的价值取向。两种裁判逻辑在滥用职权审查标准适用范畴与认定条件上的分歧，很大程度上源于二者在司法审查价值取向上的差异。分离型裁判逻辑遵循形式合法性审查的价值取向，回避对行政行为进行实质合理性审查。[③] 形式合法性审查的倡导者立基于古典权力配置理论，一方面按照议会主权与法的支配之要求，将行政机关仅仅视为传送带，借助严格的禁止授予立法权原则，从源头上消除行政裁量的生长空间。例如，戴雪主张人民唯独受法律治理，否定行政法的存在，[④]更毋宁说行政自由裁量。另一方面按照权力分立之要求，认为行政权是被概括授予的，借助法律保留原则，将行政权从法的严格拘束中解放出来。奥托·迈耶就曾强调，法律保留不是对执行权的新的限制，正相反，其是对执行权的扩张。[⑤] 因此，裁量是行政权为实现国家目

---

① 关保英：《论行政滥用职权》，载《中国法学》2005年第2期。

② 袁明圣：《对滥用职权与显失公正行为的司法审查》，载《法律科学》1996年第6期。

③ 我国1989年《行政诉讼法》第5条规定，“人民法院审理行政案件，对具体行政行为是否合法进行审查”；根据最高人民法院《关于执行〈中华人民共和国行政诉讼法〉若干问题的解释》(法释〔2000〕8号，已失效)第56条规定，“被诉具体行政行为合法但存在合理性问题的”，人民法院应当判决驳回原告的诉讼请求。

④ [英]戴雪：《英宪精义》，雷宾南译，中国法制出版社2017年版，第267页。

⑤ [德]奥托·迈耶：《德国行政法》，刘飞译，商务印书馆2013年版，第76页。

的与公益而具有的固有属性,作为异质权力的司法权,无权涉足行政裁量内部的自由意志领地。“行政机关在法律、法规规定的范围内作出的具体行政行为是否适当,原则上由行政复议处理,人民法院不能代替行政机关作出决定。”①

如果违法仅表现为形式违法,滥用职权就只能借助对行政行为职权违法或主观意图违法等外部的合法性进行判定,否则就会涉及行政行为内部的合理性问题。此时,即便法院以主观意图的“滥用”作为判断标准,基于“滥用”所作出的行政行为也会在客观上具有违法性,否则就属于合理性问题而不受法院审查。当构成滥用职权的行为本身已属客观违法的行为时,法院对行政机关主观意图的判定,就更像是一种补强措施。形式违法下的滥用职权,同日常用语中“胡乱地或者过度地使用”非常接近。② 正因如此,“谢培新案”中的“超越职权”,“路世伟案”中的“无职权”,以及“黄梅县振华公司案”中的“违反法律规定”的行政行为,都被认定为滥用职权。甚至行政机关存在事实认定错误、法律适用错误或者程序违法等违法情形,也都可以认定为滥用职权。③ 从这个角度来看,受到司法审查的行政行为,并不是因为行政行为构成了滥用职权而被判定为违法,而是因行政机关本身违法行使职权,被认定为滥用职权。分离型裁判逻辑下的滥用职权,可以算作其他各项审查标准的兜底概念或上位概念,④统摄或补充其他各项司法审查标准。但是,将行政机关各种违法行使职权的行为都指控为滥用职权,显然是把“滥用职权”的范围错误扩大到整个“行政违法”。⑤ 在某种程度上,分离型裁判逻辑消除了滥用职权审查标准的独立性。把滥用职权与违法相等同,就等于承认滥用职权没有任何特殊性与区分性,这将导致滥用职权

① 王汉斌:《关于〈中华人民共和国行政诉讼法(草案)〉的说明》,载《全国人民代表大会常务委员会公报》1986 年第 2 期。

② 中国社会科学院语言研究所词典编辑室编:《现代汉语词典》(第 7 版),商务印书馆 2016 年版,第 777 页。

③ 基于日常用语的理解对滥用职权进行认定的思路,在我国司法实务中并不少见。参见施立栋:《被滥用的“滥用职权”——行政判决中滥用职权审查标准的语义扩张及其成因》,载《政治与法律》2015 年第 1 期。

④ 蔡维专:《对行政诉讼法中明显不当标准的思考》,载《人民司法》2016 年第 16 期。

⑤ 胡建淼:《行政法学》(第 4 版),法律出版社 2015 年版,第 658 页。

难以发挥其作为一项独立审查标准的应有功能。

随着时代的发展变化，那种立基于国家与社会、权力与自由相分离且对立的单一化社会结构，正逐渐转变为多元化的社会结构。一方面，经济发展的不平衡导致公民不再是全体平等的，而是出现了一个分立的社会，政府的“主要工作是取得平衡，需要令整个由动力元素组成的社会达致平衡”①。另一方面，在基本人权观与依法行政原理得以普及的情况下，裁量的本质是为实现国家目的所作出的合目的性、必要性的考虑，这是其能够作为行政固有手段的前提，而绝非未经合法性评价就能获得承认。② 立法机关制定的法律是行政行为的根据，行政机关并不享有独立于宪法或法律的任何权力。过去那种独立于立法且完全排除法院审查的行政裁量（裁量本质论），转变成了受到法律限制的行政裁量。基于法律规定的模糊性等因素，行政机关在法律规定的范围内享有一定的裁量余地，但裁量权的行使仍要限于法律授权的范围，且必须符合法律授权的目的。法律目的构成行政裁量的内部界限，若行政机关没有遵守裁量规范的目的，则构成裁量滥用。③ 结合型裁判逻辑首先将滥用职权限定在行使裁量权的范围内，然后审查裁量权的行使是否符合法律目的，以此确认行政行为是否违法。不同于分离型裁判逻辑，结合型裁判逻辑的出发点是对行政裁量的实质违法进行审查。

3. 作为实质性审查标准的“滥用职权”与“明显不当”。按照结合型裁判逻辑，“滥用职权”是用于对裁量权进行实质性审查的标准。我国 2014 年修正的《行政诉讼法》增加了“明显不当”审查标准，将其与“滥用职权”并列作为撤销行政行为的理由，表明滥用裁量权的表现已不仅限于“滥用职权”，还包括“明显不当”。这就有必要对这两项标准进行合理分工，以便发挥各自独立的审查功能，防止标准的交叉、重叠或者虚置。

从法理上讲，行政机关未遵守裁量规范之目的，既可以表现为行政

---

① ［葡］苏乐治：《行政法》，冯文庄译，法律出版社 2014 年版，第 298 页。

② ［日］田村悦一：《自由裁量及其界限》，李哲范译，中国政法大学出版社 2016 年版，第 10 页。

③ ［德］哈特穆特·毛雷尔：《行政法学总论》，高家伟译，法律出版社 2000 年版，第 130 页。

机关故意实施违法行为,也可以表现为行政机关错误地不遵守为裁量权行使设定的内部法律限制。滥用裁量权既可以是客观上的明显不当,也可以是主观上的滥用权力,[①]将"滥用"限定在行政机关的主观层面,并不能涵盖不合理行使裁量权的全部情形。[②] 为确保各项审查标准在体系上的逻辑融洽与分工上的明确,"滥用职权"仅应理解为主观方面的审查标准,[③]主要适用于审查行政机关具有主观恶性的行政行为,而"明显不当"主要适用于审查客观不当的行政行为,譬如未考虑相关因素或违反一般法律原则等情形。[④]

详言之,滥用职权应被界定为一种具有严重主观过错的行政行为。[⑤] 所谓主观过错,主要是指行政主体明知其行为的结果违背或偏离法律法规的目的、原则,而出于个人利益或单位利益,假公济私、以权谋私。[⑥] 所谓滥用职权,即行政机关明知自己的行为违反法律规定、与立法目的或法律原则相冲突,但基于非正当目的,依然实施法律所禁止的行为,典型的表现如"通过表面合法的手段达到非法的目的或意图"[⑦]。与之不同,"明显不当"并不要求行政机关主观上存在过错,而是仅依据行政行为在客观上存在不当进行判定,适用于那些对主观意图无法判定或主观上并无过错的情形。行政行为明显不当,通常是指行政机关及其工作人员实施的行政行为虽然没有违反法律的禁止性规定,但明显不合情理或不符合公正要求。常见表现有:显失公允、受不相关因素影响、不符合惯例、不符合传统、违背公众意志等。[⑧] 譬如,在《最高人民

---

① ［印］M. P. 赛夫:《德国行政法——普通法的分析》,周伟译,山东人民出版社 2006 年版,第 155 页。

② 沈岿:《行政诉讼确立"裁量明显不当"标准之议》,载《法商研究》2004 年第 4 期。

③ 史笔、曹晟:《新〈行政诉讼法〉中行政行为"明显不当"的审查与判断》,载《法律适用》2016 年第 8 期。

④ 王东伟:《行政裁量行为的合理性审查研究》,载《北京理工大学学报(社会科学版)》2018 年第 6 期。

⑤ 全国人大常委会法制工作委员会行政法室编写:《〈中华人民共和国行政诉讼法〉解读与适用》,法律出版社 2015 年版,第 158 页。

⑥ 黄杰主编:《中华人民共和国行政诉讼法诠释》,人民法院出版社 1994 年版,第 182 页。

⑦ 崔巍:《滥用职权违法形态探》,载《人民司法》1994 年第 7 期。

⑧ 马怀德主编:《新编中华人民共和国行政诉讼法释义》,中国法制出版社 2014 年版,第 331 页。

法院公报》2018 年第 2 期上刊登的“陈超诉济南市城市公共客运管理服务中心客运管理行政处罚案”中，法院就以“网约车运输经营行为”这一新业态存在的社会危害性较小为由，判定被告对原告作出的处罚行为明显不当。在本案中，面对原告无证从事网约车运输这一行为，法院一方面承认被告行政机关主张的，原告未取得运营证，属于无证经营的违法行为，应该给予处罚；另一方面又认为，“当一种新生事物在满足社会需求、促进创新创业方面起到积极推动作用时，对其所带来的社会危害的评判不仅要遵从现行法律法规的规定，亦应充分考虑是否符合社会公众感受”。陈超通过网络约车软件进行道路运输经营的行为，属于社会危害性较小，符合一般社会认知的行为。行政机关对其作出较重处罚，有违比例原则，构成明显不当。很明显，不同于“王丽萍案”中的“明知”，也有别于“刘云务案”中的“反复”，本案的裁判依据并非被告作出行政处罚时的善恶动机，而是被告在执法过程中，未考量原告行为之社会危害性这一客观不当的行为。

总之，随着合法性从形式合法性向实质合法性转变，滥用职权审查标准的内涵也逐渐获得独立并成为行政裁量的实质性审查标准。分离型裁判逻辑并不符合我国行政诉讼法的立法精神。在实质性审查的基础上，“滥用职权”与“明显不当”分别承担了行政裁量合理性审查中“主观”与“客观”两个面向的审查任务。对比其他成文法国家，我国的“滥用职权”审查标准与法国的“权力滥用”审查标准更为接近。在法国，对“权力滥用”审查标准的适用，不仅要求起诉者出示说明理由的证据，还要求其揭露所指控行政行为的“真实意图”。[①] 我国的“明显不当”审查标准，与德国《联邦行政法院法》所规定的裁量滥用，在作为客观层面上的审查标准时更为接近。在德国，行政机关在客观上违反法定目的的行为亦包括在滥用裁量权的范围内，“即使无恶意，仍不影响裁量行为违法性质发生”[②]。

---

① [法]让·里韦罗、[法]让·瓦利纳：《法国行政法》，鲁仁译，商务印书馆 2008 年版，第 812 页。

② 翁岳生：《行政法与现代法治国家》，台北，三民书局 2015 年版，第 46 页。

（三）"滥用职权"标准的司法审查技术

破解滥用职权标准的司法适用难题，不仅需要统一立场，明确滥用职权作为行政裁量实质性审查标准的功能定位，更重要的是确定一条合理可行的技术途径，使滥用职权这一带有鲜明主观色彩的审查标准客观化，从而弱化主观动机认定难的问题，增加滥用职权审查标准的可适用性。

1. 滥用职权之司法适用困境。自 2003 年的"王丽萍案"刊登以来，《最高人民法院公报》再没有刊登过通过分离型裁判逻辑判定滥用职权的案例，即便针对 2014 年《行政诉讼法》修正前的"显失公正"审查标准亦是如此。[①] 某种程度上可以认为，最高人民法院已经认识到，如果将滥用职权作为其他审查标准的上位概念，任何违法行使职权的行政行为都有可能构成滥用职权。对于滥用职权的此种认识，符合日常用语上的理解，但并不符合行政诉讼法的立法精神。滥用职权的构成必须满足"职权范围内"与"主观过错"的双重标准。然而，即便最高人民法院开始转向对裁量权行使进行实质审查的司法立场，作为主观审查标准的"滥用职权"在司法实践中仍旧面临着适用困境。

首先，法院泛化适用滥用职权的情形，在司法实践中仍旧常见。譬如，在"曾庆华不服汉寿县人民政府行政处罚案"[②]中，法院认定，"太子庙国土所在曾庆华不具备申请涉案集体土地使用权资格，且申请报批程序严重违法的情况下，径行为其填发涉案土地证书，属于滥用职权的行为"。在该案中，法院明显将"违反法律规定"和"程序违法"的行政行为也视为滥用职权。而在"周训洪与镇雄县牛场镇人民政府城乡建设行政管理案"[③]中，与前述"路世伟案"的裁判逻辑一样，法院认为，被告镇雄县牛场镇人民政府"不具有对本案进行行政处罚及行政强拆的法定职权，其作出的被诉行政行为及实施的行政强拆行为，属超越职权

---

① 在《最高人民法院公报》2013 年第 10 期公布的"苏州鼎盛食品公司不服苏州市工商局商标侵权行政处罚案"中，法院也是以行政机关在行使裁量权的过程中未考虑相关因素为由，判定行政处罚构成"显失公正"。

② 湖南省高级人民法院行政判决书，(2016)湘行终 819 号。

③ 云南省镇雄县人民法院行政判决书，(2018)云 0627 行初 72 号。

和滥用职权的行政行为”。

其次,与泛化适用形成鲜明对照的是,相比其他几项审查标准,滥用职权审查标准在司法实践中的适用比例很低。该状况自 1989 年《行政诉讼法》实施以来一直存在,[①]即便是 2014 年《行政诉讼法》修正后,亦无明显改观。笔者对 2015 年 5 月 1 日至 2019 年 10 月 1 日法院适用滥用职权条款的情况进行了统计,验证了上述结论。以“滥用职权”为关键词在中国裁判文书网上进行检索,共收集到相关案例 1613 则,但行政裁判文书总数为 277,535 篇,前者所占比例不及 0.6%。在这其中,还包括诸多泛化适用滥用职权标准的司法裁判。对于此种现象,有学者分析认为,滥用职权之“滥用”,受日常用语的影响,容易被执法者视作一项主观恶性评价。[②] 法官因之避讳适用该项审查标准,多以其他审查标准取而代之,导致滥用职权标准逐渐被“弃之不用”。

笔者认为,滥用职权标准在司法适用中面临困境,主要原因可能有以下几点:其一,滥用职权审查标准的内涵与外延,至今未有权威立场加以明确。《最高人民法院公报》案例呈现的两种裁判逻辑,对于司法适用依然都具有指导性。其二,从整个审查标准体系来看,法院判定滥用职权标准的一些因素,比如“目的不适当”“不相关考虑”等,不仅彼此相互交叉渗透,而且与管辖权、适用法律错误也存在重叠。[③] 此种情况下,如果最终裁判效果一致,法院可以根据其审查偏好,灵活选择适用不同的审查标准。相比“违反法律”“程序违法”“超越职权”等客观层面的外部形式审查标准,滥用职权明显难以获得法官青睐。“只要有可能,法官喜欢适用其他的理由,特别是违法这一理由”[④],因为外部形

① 针对 2014 年《行政诉讼法》实施前的数据,已有学者进行了统计分析。参见沈岿:《行政诉讼确立“裁量明显不当”标准之议》,载《法商研究》2004 年第 4 期;李哲范:《论行政裁量权的司法控制——〈行政诉讼法〉第 5 条、第 54 条之解读》,载《法制与社会发展》2012 年第 6 期;郑春燕:《“隐匿”司法审查下的行政裁量观及其修正——以〈最高人民法院公报〉中的相关案例为样本的分析》,载《法商研究》2013 年第 1 期。

② 郑春燕:《论“行政裁量理由明显不当”标准——走出行政裁量主观性审查的困境》,载《国家行政学院学报》2007 年第 4 期。

③ G. D. S. Taylor, *Judicial Review of Improper Purpose and Irrelevant Considerations*, Cambridge Law Journal, Vol. 35, p. 273(1976).

④ [法]古斯塔夫 · 佩泽尔:《法国行政法》(第 19 版),廖坤明、周洁译,国家行政学院出版社 2002 年版,第 304 页。

式性审查标准更加客观和明确。其三,“法是人的行为的一种秩序”[①],从严格意义上讲,“人的意志或意思只有外化为行动并对身外之世界(对象)产生影响,它才能成为法律调整(指引、评价、约束或保护)的对象”[②]。要通过确认主观意图的不正当性认定滥用职权,就必须回到客观的行为状态上。现实中,对于违反目的、错误考虑等裁量瑕疵的主观性审查,往往极其困难。因为行政机关根本不会提供那些表明其行为动机、目的存在瑕疵的资料,原告方的主张很多也只是揣测,法官认定行政机关动机、目的存在瑕疵绝非易事。[③] 与此同时,一个行政决定的背后可能同时存在几个目的,只要其中一个目的合法,便足以使这个决定成立,法院在判定是否构成滥用职权时无需考虑其他目的,除非权力滥用是作出该决定的主要理由。[④]

实际上,由于长期受传统“规则中心主义”法理观念的禁锢,法官在司法审查中普遍固守严格规则的审查进路,总是希望找到一种具体明确的客观规则作为审查标准,以之代替或放弃“滥用职权”的主观性审查。如前文所述,由于“滥用职权”审查标准存在较强的主观性和模糊性,法院经常采取一种“转换型”审查策略,即在对行政裁量进行司法审查时,倾向于使用已经被法律制度具体化、客观化的外部形式合法性审查标准,如“主要证据不足”“适用法律、法规错误”“违反法定程序”“超越职权”等,以此代替“滥用职权”,寻求标准上的确定性。[⑤] 譬如,在“尹建庭不服株洲市教育局限制聘用案”中[⑥],株洲市教育局仅仅因为尹建庭言语失当,就要求所有学校都不得聘用尹建庭,明显违反比例原则,涉嫌“滥用职权”。但法院回避了“滥用职权”的审查路径,采用了“转换型”审查策略,即从教师聘任制度入手,审查被告教育局是否有权

---

① [奥]凯尔森:《法与国家的一般理论》,沈宗灵译,商务印书馆 2013 年版,第 29 页。

② 张文显主编:《法理学》(第 2 版),高等教育出版社、北京大学出版社 2003 年版,第 124 页。

③ [日]田村悦一:《自由裁量及其界限》,李哲范译,中国政法大学出版社 2016 年版,第 43 页。

④ 王名扬:《法国行政法》,中国政法大学出版社 1988 年版,第 694 页以下。

⑤ 沈岿:《行政诉讼确立“裁量明显不当”标准之议》,载《法商研究》2004 年第 4 期。

⑥ 罗晟海:《株洲中院判决市教育局“限制聘用一案”撤销违法决定》,载中国法院网 2002 年 8 月 25 日,https://www.chinacourt.org/article/detail/2002/08/id/10762.shtml。

干预,进而得出被告“超越职权”的结论。[①]

笔者认为,当前司法实践中的“转换型”审查策略,根本上体现的仍是一种典型的“规则中心主义”思维模式。即便是对裁量权进行司法审查,也试图通过适用法律规则实现对行政裁量的“规则之治”。主观取向的滥用职权审查标准对于行政裁量的司法控制,始终有非常重要的制衡价值。无论是对滥用职权标准的泛化适用,还是将之隐匿甚至弃而不用,最终都将掏空这项审查标准的实质内核。前者将滥用职权等同于违法,几乎否定了滥用职权标准的特殊性。而一旦被隐匿或弃而不用,这项审查标准就更加难以发挥应有功能。

2. 滥用职权标准的客观化审查技术。无论是“泛化适用”还是“弃之不用”,法院实际上都是在借助其他审查标准判案。滥用职权标准在司法实践中遭遇的困境,某种程度上也反映了,那种努力通过适用法律规则来限制和控制行政裁量权的“规则之治”,其效果是有限的。[②] 规则中心主义认为,“依照形式的、以来源为导向的标准来确定有效性的体制,远比依照模糊不清的、以内容为导向的标准来确定有效性的体制,诸如‘实质性正式程序’等,运作得更确定、更具有可预测性”[③]。但事实上,这种寄希望于要么适用要么不适用的规则模式,难以应对民众社会中多元化的利益诉求。斯图尔特曾强调,将政府权力控制在制定法规定的范围内,确保一种最低限度的形式正义,已不再是衡量行政行为合法有效与否的充分标准。“多元主义者对行政机关在自由裁量的政策选择过程中所出现的偏见的诊断,要求行政官员还必须广泛考虑各种各样相关的利益,这些利益会因为可能的不同政策选择而受到不同的影响。”[④]相反,如果我们能从规则中心主义模式中解脱出来,“我们也许能够去建立一种对我们错综复杂的实践更为真实

① 余凌云:《对行政机关滥用职权的司法审查——从若干判案看法院审理的偏好与问题》,载《中国法学》2008 年第 1 期。

② Keith Hawkins eds, *The Uses of Discretion*, Clarendon Press, 1992, p. 290.

③ [英]罗伯特·萨莫斯:《形式法治理论》,钱弘道译,载夏勇编:《公法》第 2 卷,法律出版社 2000 年版,第 110 页。

④ [美]理查德·B. 斯图尔特:《美国行政法的重构》,沈岿译,商务印书馆 2021 年版,第 138 页。

的模式”[①]。在当前这种追求矛盾的统一性而非斗争性,[②]以求实现利益均衡的时代中,行政裁量不仅是必要的,也有受到限制的必要。借助裁量技术,可以既满足法律的抽象性,又满足个案的适合性。因此,行政裁量既需要法律边界,也需要司法控制,[③]更需要选择一种相对于规则主义的功能主义立场。[④] 站在功能主义的立场上,为确保法律的灵活性,实现个案正义,法官应当熟练运用原则和功能性的解释方法。[⑤] 通过功能主义进路实现裁量权的司法制衡,需要从“规则之治”转向“原则之治”,从外部的法律控制转向内部的自我规制。对滥用职权的司法审查,尤其应当充分借助均衡性的法律原则审查技术与功能性的自我规制技术,以此寻求相对客观化的审查标准。

其一,均衡性的法律原则审查技术。与单纯解释和适用法律规则的审查技术不同,法律原则审查技术是将两相对立的利益对比衡量。前者注重法律的权威,关注法律规则的效力来源,将法律规则视为法律结论的全部。面对行政裁量的多样性与灵活性,规则审查技术惯于将裁量问题转换为事实问题或法律问题,以消除司法审查依据的不明确性。后者更看重不同理由之间的辩解,关注理由的说服力与不同利益间的均衡。即便是事实证据或法律依据,也只是论证理由的一个方面,而非全部。在法律原则的均衡审查技术看来,法官借助“转换型”策略,将裁量问题转换为事实或法律问题,的确可以获得较为明确的评判依据。尤其当法律对相关因素规定得很清晰、很明确时,从法律适用的角度进行审查是可以奏效的。但是,“对于默示的相关因素的审查,法律适用的审查技术却未必能够用得上”[⑥]。因为裁量问题与法律或事实问

---

① [美]罗纳德·德沃金:《认真对待权利》,信春鹰、吴玉章译,中国大百科全书出版社1998年版,第68页。

② 刘艳红:《实质刑法观》(第2版),中国人民大学出版社2019年版,第68页。

③ Martina Kunnecke, *Tradition and Change in Administrative Law: An Anglo—German Comparison*, Springer, 2007, p. 133.

④ [英]马丁·洛克林:《公法与政治理论》,郑戈译,商务印书馆2021年版,第86页。

⑤ Bartosz Wojciechowski & Marek Zirk-Sadowski, *Justification as the Limitation of the Discretionary Power of the Administrative Judge*, in Leszek Leszczynski & Adam Szot eds., Discretionary Power of Public Administration: its Scope and Control, Peter Lang Edition, 2017, p. 140.

⑥ 余凌云:《行政自由裁量论》,中国人民公安大学出版社2005年版,第109页。

题，并非互不相关，而系彼此相互指引、交相呼应。但只有经过这种彼此间往返交互的参照作用，才有可能探索或寻找出他们的具体内涵。[①]

在涉及裁量滥用的《最高人民法院公报》案例中，有两个案例，法院明显是以法律原则作为认定滥用职权的重要基准。在“崔龙书案”中，由于被告行政机关未履行行政允诺，法院径直认为其行为违反了“诚实信用原则”，构成对行政优益权的滥用。不过，法院借助法律原则，对行政裁量权的行使提出了更为细致、客观之要求的，则是“刘云务案”。在该案中，就如何适用2003年《道路交通安全法》第96条第2款“当事人提供相应的合法证明或者补办相应手续的，应当及时退还机动车”这一法律规定，一审、二审与再审法院站在了截然不同的裁判立场上。该案中原告刘云务提供了由山西吕梁东风汽车技术服务站出具的更换发动机缸体的相关证明。一审法院认为，刘云务提供的材料不符合规定要求，认定交警不退还机动车的行为不违法；二审法院认为，刘云务提供的相关证明虽然不符合规定，交警不退还机动车于法有据，但交警“一直没有调查，也未及时作出处理，行为不当”。针对同一情形，再审法院提出，“如认为刘云务已经提供相应的合法证明，则应及时返还机动车；如对刘云务所提供的机动车来历证明仍有疑问，则应尽快调查核实；如认为刘云务需要补办相应手续，也应依法明确告知补办手续的具体方式方法并依法提供必要的协助”。据此，在刘云务提供了相关证明材料后，即便该材料不符合规定，晋源交警一大队“既不调查核实又长期扣留涉案车辆”的行为也明显不合理，构成了滥用职权。再审法院之所以会作如此细致的考量，实际上是借助了比例原则，[②]“通过对决策者必须达到的平衡进行评估，而不仅仅审查决定的合理性”[③]。

其二，功能性的自我规制技术。如果说法律原则的均衡审查技术，在一定程度上软化了法律规则的绝对权威，将后者仅仅作为法律论证

① 赖恒盈：《行政裁量通说理论之检讨与行政裁量义务论》，载《月旦法学杂志》2013年第8期。

② 再审法院在裁判理由中强调：建设服务型政府，要求行政机关既要严格执法以维护社会管理秩序，“又要兼顾相对人实际情况”，“在足以实现行政目的的前提下，应尽量减少对相对人权益的损害”，“不能给当事人造成不必要的损失”等。

③ Martina Kunnecke, *Tradition and Change in Administrative Law: An Anglo—German Comparison*, Springer, 2007, p. 102.

的起点,甚至是各种法律理由中的一个,那么另一种以法律原则为效力载体,通过自我规制的方式控制裁量权的技术,所产生的裁量基准(基于行政权)与指导案例(基于司法权),也可以成为认定裁量滥用的客观基准。裁量基准与指导案例都是公权力机关通过内部进行自我约束的方式。行政机关通过裁量基准以规则化的形式制定出裁量权行使的具体判断选择标准,法院则通过发布有关裁量权审查方面的指导案例以"裁判要旨"的形式抽象出一套可以作为滥用职权审查标准的一般适用规则,以实现同等情况同等处理。借助平等原则、行政自我约束原则与信赖保护原则等宪法原则,裁量基准与指导案例获得了一种"应该适用"的法律效力。[①] 但这种效力仅仅表现为适用上的而非法律位阶上的效力。一方面,不同于法律规则,因不具备法律的直接授权,二者无法产生直接的法律约束力,一旦与法律规则相冲突,裁量基准与指导案例自始无效。另一方面,与个案裁判过程中的证据或事实理由不同,裁量基准与指导案例具有普遍性与典型性,二者的形成往往经过复杂的制定程序(类似立法程序),具备一定的制度性权威。在适用逻辑上,裁量基准或指导案例又产生了优先于法律规则的适用力。[②] 对裁量基准或指导案例的违反,只可能因为当事人的处境在事实上与制定该规定的人不同,才会被证明是正当的。[③] 因此,若行政机关或法院无正当理由不予适用,便有可能构成裁量滥用或违法。当然,同等情况同等对待,也意味着不同情况应不同对待。如果实践中出现了与裁量基准或指导案例不同的情况,行政机关或法院僵化适用裁量基准或指导案例,便是对裁量目的的违反。只不过,此时"个别情况对裁量基准的否定并非裁量基准效力的一般性否定,而只是表现为基于正当理由脱逸裁量基准

---

① 最高人民法院《关于案例指导工作的规定》(法发〔2010〕51 号)第 7 条规定:"最高人民法院发布的指导性案例,各级人民法院审判类似案例时应当参照。"最高人民法院《关于适用〈中华人民共和国行政诉讼法〉的解释》(法释〔2018〕1 号)第 149 条规定:"人民法院经审查认为行政行为所依据的规范性文件合法的,应当作为认定行政行为合法的依据……"

② 周佑勇、周乐军:《论裁量基准效力的相对性及其选择适用》,载《行政法学研究》2018 年第 2 期。

③ Note, *Violations by Agencies of Their Own Regulations*, 87 Harvard Law Review 633 (1974).

适用的例外情形”①。

裁量基准或指导案例,可以说是在抽象的法律规范与具体的个案事实间,架构起了一座沟通的桥梁。通过自我规制技术,它们把行政过程或裁判过程完整地呈现出来,如此一来,“复杂的、阶段性的行政过程整体的合法性全面成为诉讼焦点”②。传统意义上那种单纯适用法律规则的裁判技术,转变为确认裁量基准或指导案例是否合法、是否应该适用裁量基准或指导案例,以及如何适用裁量基准或指导案例的复杂裁判技术。自我规制技术对裁量权的控制,立基于公权力机关在对裁量基准或指导案例反复适用时所需的正当理由的信息概念——一种包含了对公权力机关所作决定以及在决定过程中所反映的动机进行评价的反馈机制。③ 因此,裁量权是否被滥用,尤其滥用职权所要求的主观动机,便可以通过审查裁量基准或指导案例适用的客观化过程表现出来,这在很大程度上弱化了主观动机认定难的困境。也可以说,裁量基准或指导案例本身就是一种对立法目的偏离进行认定的客观基准。正如在美国移民归化局诉杨岳绍案(INS v. Yang)中,美国最高法院一致意见强调的:

> 行政机关的裁量权在一开始并没有限制,如果它宣布并遵循——通过规则或者已经结案的裁量程序——调整其行使裁量权的一项规则,不合理地偏离这项政策(与公认的对该政策的变化正好相对),其行为就可能构成《行政程序法》规定意义上的“武断、恣意或者滥用裁量权”,从而必须被推翻。④

---

① 周佑勇:《裁量基准个别情况考量的司法审查》,载《安徽大学学报(哲学社会科学版)》2019 年第 5 期。

② [日]原田尚彦:《诉的利益》,石龙潭译,中国政法大学出版社 2014 年版,第 180 页。

③ Iwona Rzucidlo Grochowska, *The Role of Judicial Opinion in Controlling the Discretionary Power in Public Administration*, in Leszek Leszczynski & Adam Szot eds., Discretionary Power of Public Administration: Its Scope and Control, Peter Lang Edition, 2017, p. 157.

④ [美]理查德·J. 皮尔斯:《行政法》(第 5 版)(第 3 卷),苏苗罕译,中国人民大学出版社 2016 年版,第 1243 页。

(四)小结

在语义层面,“滥用职权”具有宽泛的适用疆域,但在法律体系与立法目的层面,滥用职权又有其独立的审查内容与严格的适用界限。如果说,“法律终止之处乃裁量起始之所,而裁量之运用既可能是仁行,亦可能是暴政”①,那么借助作为行政裁量司法审查标准的“滥用职权”,通过对行政机关及其执法人员的主观动机进行审查,可以极大促进仁行而抑制暴政。任何作出决定的过程中,一旦存在自由选择的余地,决定者主观动机的正当性乃至合法性,就必定会在该决定作出的过程以及结果上显现出来。因此,主观动机的正当性是行政裁量权合理行使的必要条件,“滥用职权”由此成为行政裁量司法审查的基本内容。不过,相较于其他客观取向的审查标准而言,主观取向的滥用职权审查标准因对主观动机认定的敏感性与隐蔽性,难以受到司法者的青睐。随着过程导向的功能主义审查技术的兴起,借助均衡性的法律原则与功能性的自我规制技术,“滥用职权”审查标准的主观性内容亦可客观化,从而提高“滥用职权”审查标准的司法适用性。

五、司法审查中的“明显不当”标准

在我国,针对法院应以何种审查标准来撤销或变更行政行为这一问题,相较于1989年《行政诉讼法》而言,2014年修正的《行政诉讼法》新增了一项行政行为“明显不当”的审查标准。从立法变迁上来观察,该项审查标准并非凭空产生。一方面,1989年《行政诉讼法》明确规定,行政处罚“显失公正”的,法院有权判决变更,而在2014年的《行政诉讼法》中,行政处罚“明显不当”的,法院同样有权判决变更,因此,基于法院变更权内涵的一致性,“明显不当”与“显失公正”之间具有可转化性;另一方面,1999年出台的《行政复议法》中,直接将“明显不当”作为行政行为可予以撤销或变更的独立审查标准,就其含义而言,实际上

① [美]肯尼斯·卡尔普·戴维斯:《裁量正义》,毕洪海译,商务印书馆2009年版,第1页。

与1989年《行政诉讼法》规定的“显失公正”基本相当。[①] 因此,2014年《行政诉讼法》以“明显不当”代替“显失公正”一词,也是符合两法之间的协同一致性的。只是,2014年《行政诉讼法》将“明显不当”增列为撤销与变更行政行为的一项独立的审查标准,因而其在审查范围上又明显超越了行政处罚“显失公正”的范围,而扩展到了所有可诉类型的行政行为。[②]

就“明显不当”这一审查标准的法律属性而言,尽管目前我国理论界和实务界在认识上仍然存在“合法性审查”与“合理性审查”的争论,但对于其适用对象的认知,却表现出了惊人的一致性,即认为“明显不当”审查标准仅适用于裁量性行政行为而非羁束性行政行为。对此,全国人民代表大会法律委员会(现为宪法和法律委员会)在《关于〈中华人民共和国行政诉讼法修正案(草案)〉修改情况的汇报》中明确指出,“明显不当”审查标准入法的理由,主要就是“对于行政机关明显不合理的行政行为,没有规定人民法院可以判决撤销,不利于解决行政争议”[③]。对于1989年《行政诉讼法》所规定的“显失公正”审查标准而言,其入法的理由同样是“目前有些法律、法规对行政处罚的幅度规定过宽或者没有限度,致使行政机关的自由裁量权过大,应有所制约”[④]。

然而,问题的关键是,行政机关的裁量行为究竟在何种情况下构成“明显不当”?从司法审判实践来看,判定“明显不当”或“显失公正”这一审查标准的适用与构成的方法,其实一直存在极大的模糊性。因为“不当”与“公正”本身就是一个内容非常模糊的概念,再加上“明显”与“显失”,则更显含混不清。[⑤] 更为重要的是,如前文所述,在我国,还有一项独立的行政裁量审查标准,就是“滥用职权”。那么,与之相比,“明显不当”又应当具有何种特殊的内涵,或者说,法院应该如何对这两项审查标准加以区分适用,以保证各项审查标准之间的独立性与严整性,

---

① 江必新主编:《新行政诉讼法专题讲座》,中国法制出版社2015年版,第264页。

② 梁凤云:《新行政诉讼法讲义》,人民法院出版社2015年版,第12页。

③ 全国人大常委会法制工作委员会行政法室编著:《行政诉讼法修改前后条文对照表》,人民法院出版社2014年版,第116页。

④ 胡康生:《〈行政诉讼法〉立法过程中的若干问题》,载最高人民法院《行政诉讼法》培训班主编:《行政诉讼法专题讲座》,人民法院出版社1989年版,第52页。

⑤ 袁明圣:《对滥用职权与显失公正行为的司法审查》,载《法律科学》1996年第6期。

这同样也是司法适用过程中所面对的一个急需解决的难题。在此，拟以最高人民法院发布的相关指导案例、公报案例及其他典型案例为观察对象，通过详细审视司法审查过程中的裁判逻辑和判定技术，以明确“明显不当”审查标准的具体内涵及其与“滥用职权”等其他审查标准之间的区别，从而增强该项审查标准的司法适用性。

（一）“明显不当”标准的司法判定技术

在学理上，对于行政机关裁量权的行使在何种情况下会构成“明显不当”或“显失公正”，一般从两个方面判定：其一，从语义本身的角度来看，无论是“明显”还是“显失”，其词义都代表了一种程度。如有观点认为，“显失公正的行政处罚，属于非常不合理的行政处罚”[①]，“明显不当，其主要特征是行政机关及其工作人员实施的行政行为虽然没有违反法律的禁止性规定，但却明显不合情理或不符合公正要求”[②]。其二，从行政裁量合理性要求的角度来看，不管是“不当”还是“公正”，均指裁量权的行使不符合法律授权的目的或要求。如有观点认为，评判“明显不当”或“显失公正”审查标准构成的内容主要有：没有考虑依法应当考虑的因素，或者相反，考虑了不应当考虑的因素，处理方式违反比例原则，没有正当理由的区别对待，重复处罚，同一地区不同标准或不同地区同一标准，以及违背业已形成的裁量准则等。[③]

显然，以上语义上的理解以“非常不合理”“明显不合情理”等概念来解释“明显不当”或“显失公正”，并不能消解这一审查标准在适用和构成上的模糊性。而基于裁量权行使的合理性要求，由于这些要求一般为法律所明确规定，法院在适用这些规定的时候，又会在“明显不当”审查标准与其他审查标准之间形成某种混淆。面对“明显不当”审查标准在司法判定上存在的模糊性难题，通过观察最高人民法院发布的相关指导案例、公报案例及其他典型案例，我们可以发现，经由我国法院

---

① 胡康生主编：《行政诉讼法释义》，北京师范学院出版社1989年版，第53页。

② 马怀德主编：《新编中华人民共和国行政诉讼法释义》，中国法制出版社2014年版，第331页。

③ 何海波：《论行政行为“明显不当”》，载《法学研究》2016年第3期；崔卓兰：《论显失公正行政处罚的不合法》，载《法学研究》1990年第6期。

裁判实践的发展，已经逐步形成了"同案对比"的事实审、"规则适用"的法律审以及"利益均衡"的原则审三种判定技术。

1."同案对比"的事实审。当"明显不当"审查标准还仅适用于行政处罚"显失公正"时，基于"公正"词义本身就代表着"不偏袒哪一方面"①的意义，因此"显失公正"通常被认为"是对争议的当事人适用法律不平等、不合理或明显偏私"②。其具体表现为，"违法行为人过错与其应受到的处罚极不相称，即轻错重罚，重错轻罚；在同一案件中，给予同样责任人的处罚差距很大；在同一案件中，轻者重处，重者轻处"③。这实际上就是通过判断行政机关是否存在偏袒一部分而歧视另一部分的行为，且导致处罚结果畸轻畸重，来确定行政处罚"显失公正"。如果这样，那么其前提必须是有一个"参照系"，即一个案子通常要与另一个案子相比较，或者一个当事人与另一个当事人相比较。④ 因而，从严格意义上来说，法院在认定行政处罚构成"显失公正"的过程中，其实并非在适用某项法律规范，或者解释某个法律概念，而是在确定两个案件之间的类同性，即基于另一个案件来确定当下案件中的行政处罚"显失公正"的构成。

比如，在"张小利诉北京市公安局丰台分局治安管理处罚裁决案"⑤（以下简称"张小利案"）中，第三人田杰因住房琐事与唐文从及张小利发生纠纷，并将张小利殴打成轻微伤，被告北京市公安局丰台分局对田杰违反治安管理的行为未及时作出处理，致使双方再次发生纠纷，唐文从又将田杰殴打成轻微伤。法院认为，被告在处理田杰殴打张小利、唐文从殴打田杰的两起违反治安管理行为的案件过程中，在情节、后果基本相同的情况下，对唐文从处以行政拘留7天的处罚，而对田杰则作出罚款200元的处罚，构成"显失公正"。就处罚决定的合法性来

① 中国社会科学院语言研究所词典编辑室编：《现代汉语词典》，商务印书馆1978年版，第379页。

② 傅国云：《行政处罚显失公正的内涵及其表现初探》，载《法商研究》1993年第1期。

③ 黄杰主编：《中华人民共和国行政诉讼法诠释》，人民法院出版社1994年版，第185页。

④ 江必新：《行政诉讼问题研究》，中国人民公安大学出版社1989年版，第272页。

⑤ 最高人民法院中国应用法学研究所编：《人民法院案例选·行政与国家赔偿卷》（第1卷），人民法院出版社2017年版，第36～38页。

说,该案中无论是7天的行政拘留还是200元的罚款,其实都在法律授予被告处罚裁量权的范围之内。但为确定该行政裁量决定的不合理性(实质违法性),法院基于被告在作出处罚决定的过程中存在未同等对待之事由,认定对田杰的行政处罚决定“显失公正”。尽管相同情况相同处理的“平等原则”内在地具有“人性尊严”与“正义”的客观价值,[①]但在适用逻辑上,“平等即是相同与不同的应予以有差异的且符合其本质的对待与处理。但其并未说明什么是平等或不平等以及如何相同或不同的对待处理”[②]。因此,平等原则首先表现为一种纯粹形式原则,法院只要确定两个案件之间存在相同或者不相同之事由即可。这种形式化的认定技术,虽然具有与适用法律规则一样的确定性,但其缺陷在于,在没有同案可予以对比的情况下,该项评判技术将无法发挥作用,由此使“明显不当”标准的适用范围受到极大的限制。而且,一旦出现另案决定不属于同一行政机关作出的情况,则法院直接以其他案件作类比,会陷入擅自介入其他案件正当性欠缺的困境。在“张小利案”中,尽管法院确定被告存在未平等对待的裁量瑕疵,但并没有说明为何是200元罚款相对于7天拘留的“显失公正”,或者7天拘留相对于200元罚款的“显失公正”,乃至于相对于其他处罚决定的“显失公正”等。法院只能确定二者之间存在不同对待的事实,进而认定裁量决定不合理。

由此可见,尽管我国行政诉讼法所规定的“明显不当”与“显失公正”之间具有相同的内涵,但如果将“明显不当”审查标准仅限于“公正”与否,并通过“同案对比”事实审的认定技术进行判断,事实上难以全面体现“明显不当”审查标准的实质内涵。换言之,虽然行政裁量决定是否“公正”本身也是行政裁量行使的基本要求,因此“同案对比”的事实审可以作为“明显不当”审查标准构成的认定技术,但并非全部。

2.“规则适用”的法律审。在现代法治理念中,行政裁量不再是游离于法律之外的绝对权力,而是应受行政合法性原则的拘束,行政裁量

---

① 邱基筠、邱铭堂:《论行政法上之平等原则》,载城仲模主编:《行政法之一般法律原则(二)》,台北,三民书局1997年版,第111~112页。

② [德]阿图尔·考夫曼:《法律哲学》(第2版),刘幸义等译,法律出版社2011年版,第178页。

必然是法律授予的裁量。因此,行政机关如果未按照法律规定的要求行使裁量权,自然也会构成裁量不当。而法院如果按照法律规定的条件来评判裁量权行使的合理性,在认定技术上则将表现为一种"规则适用"的法律审形态。

譬如,在"苏州鼎盛食品公司不服苏州市工商局商标侵权行政处罚案"①(以下简称"苏州鼎盛案")中,原告苏州鼎盛食品有限公司(以下简称鼎盛公司)因其对"I will 爱维尔"与"乐活 LOHAS"连用标识的使用系商标性使用,该标识与东华公司"乐活 LOHAS"注册商标构成近似,其行为侵害了东华公司注册商标专用权,被告苏州市工商局商标局据此对其处以 50 万元罚款。法院认为,被告苏州市工商局商标局具有处以罚款的裁量权,因为根据"我国《商标法》第五十三条规定,工商行政管理部门在处理侵犯注册商标专用权纠纷时,认定侵权行为成立的,责令立即停止侵权行为,并可处以罚款"。但是,应当根据《行政处罚法》第 5 条第 2 款确立的"过罚相当原则","综合考虑处罚相对人的主观过错程度、违法行为的情节、性质、后果及危害程度等因素,决定是否对相对人并处罚款"。而在本案中,被告苏州市工商局商标局并没有考虑原告鼎盛公司侵害他人商标的"主观恶意"、"侵权时间"、"损害后果"以及"侵权行为和情节显著轻微"等因素。据此,法院直接认定被告处以 50 万元的罚款"缺乏妥当性和必要性",属于"显失公正"的行政处罚。

与前文所述的"张小利案"相类似,法院在"苏州鼎盛案"中也对行政机关作出裁量决定的过程予以了细致的审查,但在处理技术上,却又完全有别于"张小利案"。在"苏州鼎盛案"中,法院并非以其他案件作参照类比,而是直接审查被告在裁量决定过程中,是否符合《行政处罚法》第 5 条的规定,并据此判断其存在未考虑某些法定因素的行为事实。尽管在本案中,法院认为,行政处罚显失公正,是因为"行政机关作出的行政处罚明显违背'过罚相当原则',使行政处罚结果与违法程度不相适应",甚至还提出了行政机关应"兼顾保护行政相对人的合法权益,行政处罚以达到行政执法目的和目标为限,并尽可能使相对人的权益遭受最小的损害"的要求。但对是否违背"过罚相当原则"的判断,法

---

① 《最高人民法院公报》2013 年第 10 期。

院在裁判说理中明确依据的是《行政处罚法》第5条第2款所规定的“设定和实施行政处罚必须以事实为依据,与违法行为的事实、性质、情节以及社会危害程度相当”这一法定内容。因此,与“张小利案”不同,在“苏州鼎盛案”中,法院并非仅仅只是实施事实层面的审查,而是直接依据法律条文的明确规定进行判定的。显然,法院在这里的裁判逻辑表现为一种纯粹的“规则适用”法律审查形态,即首先解释作为大前提的法律条文的具体内涵,其次确定行政机关作出的行政行为存在或不存在哪些法定事实情节,最后判定其与法律条文的符合性。

“规则适用”法律审的认定技术因存在可直接适用的法律依据,与“同案对比”的事实审一样,也会得出比较明确的审查结论。但其缺陷在于,该项认定技术往往容易将“明显不当”审查标准转换成其他类型的审查标准,从而“隐匿”了“明显不当”审查标准的适用形态。[①] 譬如,既然裁量决定未考量某些应考量的事项,不符合《行政处罚法》的规定,那么法院也可以直接认定行政机关“违反法律、法规的规定”;而如果没有相关证据证明行政机关考量了某些应考量的事项,法院还可以认定行政机关作出的裁量决定“证据不足”。同时,这种判定技术,仅适用于那些具备法律明确规定的情形,在法律规定缺位或者不明确的情况下,法院就难以适用。因为,“只依据应该考虑的因素没有得到考虑,并不足以宣布一个决定无效:只有当法律‘明确或者隐含地规定了应该考虑的因素,并把这作为政府当局的法律义务’,如果这些因素没有被考虑,这时候作出的决定才是无效的。因此,有些因素决策者可以考虑,但是不一定必须这样”[②]。此外,没有考虑法律所规定的因素,或者考虑法律所禁止的因素,可能因为不符合法律的规定而违法,但是否考虑了法律所规定的因素,以及未考虑法律所禁止的因素,就一定合法、合理呢?对此不无疑问。[③]

3.“利益均衡”的原则审。从司法审查的结果与过程来看,在“张小

---

① 郑春燕:《“隐匿”司法审查下的行政裁量观及其修正——以〈最高人民法院公报〉中的相关案例为样本的分析》,载《法商研究》2013年第1期。

② [英]A. W. 布拉德利、[英]K. D. 尤因:《宪法与行政法》(第14版)(下册),刘刚、江菁等译,商务印书馆2008年版,第686页。

③ 张越编著:《英国行政法》,中国政法大学出版社2004年版,第279页。

利案”和“苏州鼎盛案”中,尽管法院对行政机关裁量权的行使实施了实质性的审查,但在“明显不当”或“显失公正”审查标准构成的判定上,其实仍然遵循着一种形式化或规则化的处理技术:或基于同案对比,或严格适用法律规则。[①] 虽然,这些处理技术在很大程度上可以确保法院审查依据与裁判结论的明确性,但也正因如此,它们始终存在一定的适用局限性,仍未能全面体现“明显不当”或“显失公正”审查标准的应有内涵。而它们所欠缺的正是现代多元化社会所需要的一种“利益均衡”。“现如今,行政自由裁量权的行使无法避免地被认为在本质上是一个立法过程:对受行政政策影响的各种私人利益之间相互冲突的主张进行调节的过程”[②],它“要求行政机关在若干受影响之特定利益星云密布般充斥其间的某个特定事实情形中,必须重新衡量和协调隐藏在立法指令背后的模糊不清的或彼此冲突的政策”[③]。

譬如,在“陈超诉济南市城市公共客运管理服务中心客运管理行政处罚案”[④](以下简称“陈超案”)中,原告陈超从事“网约车”客运服务,被告济南市城市公共客运管理服务中心(以下简称济南客运管理中心)认定其行为构成未经许可擅自从事出租汽车客运经营,对其处以2万元罚款,没收违法所得。对此,法院经审理认定被告济南客运管理中心对原告陈超的行政处罚构成“明显不当”。在裁判逻辑上,尽管与“苏州鼎盛案”相类似,法院在本案中强调行政机关作出行政处罚“应当坚持以事实为根据,以法律为准绳,结合涉案行为的社会危害性、行政处罚程序的正当性和行政处罚的比例原则等问题进行综合考量判断”,但与之不同的是,法院并未继续适用《行政处罚法》第5条第2款的规定,而是直接采用了均衡性的“比例原则”作为认定技术。在本案中,法院首先明确指出,“当一项新技术或新商业模式出现时,基于竞争理念和公共政策的考虑,不能一概将其排斥于市场之外,否则经济发展就会渐渐

---

① Paul P. Craig, *Formal and Substantive Conceptions of the Rule of Law: An Analytical Framework*, Public Law, 1997, p. 467.

② [美]理查德·B.斯图尔特:《美国行政法的重构》,沈岿译,商务印书馆2002年版,第22页。

③ [美]理查德·B.斯图尔特:《美国行政法的重构》,沈岿译,商务印书馆2002年版,第23~24页。

④ 《最高人民法院公报》2018年第2期。

缓慢直至最后停滞不前。但是同样不容否认的是,网约车的运营需要有效的监管。网约车这种客运行为与传统出租汽车客运经营一样,同样关系到公众的生命财产安全,关系到政府对公共服务领域的有序管理,应当在法律、法规的框架内依法、有序进行"。据此,法院认定原告陈超采用"网约车"这种运营方式的违法性,也即承认了被告对原告作出的行政处罚的形式合法性。但是,在进一步确定该行政处罚实质违法的过程中,法院认为,"我们既要依据现行有效的法律规定审查被诉行政行为的合法性,以体现法律的权威性和严肃性,同时也要充分考虑科技进步激发的社会需求、市场创新等相关因素,作出既符合依法行政的当下要求,又为未来的社会发展和法律变化留有适度空间的司法判断",并直白而肯定地指出,"行政机关在依据现行法律法规对其进行处罚时,应当尽可能将对当事人的不利影响控制在最小范围和限度内,以达到实现行政管理目标和保护新生事物之间的平衡"。而在本案中,原告陈超通过"网约车"进行运营的行为社会危害性较小,符合一般社会认知,且被告并无证据证明车费是否已经结算完毕等具体的违法事实。据此,法院认定对原告陈超的行政处罚有违"比例原则",构成"明显不当"。

显然,在"陈超案"中,法院是在运用均衡性的"比例原则"认定行政裁量"明显不当",这既不是一种单纯的事实审,也非纯粹地适用某项明确的法律规定。在裁判技术上,"比例原则"通过对两相冲突的利益进行对比衡量,"以维护行政机关和相对人之间、公共利益和个人利益之间的平衡"①。这其实就是一种有别于"形式法治主义"的"实质法治主义",它并不满足于行政活动在形式上符合法律,而应当从符合人权保障的法律目的、内容出发,对行政形式提出相应的要求。② 因此,在实质上,行政机关作出的决定,应该是"一个'在有助于预定目标的可供选择的方案中作出选择'或者'对使决策者的价值最大化的可供选择的方案作出选择,在对可供选择的方案及其后果进行综合分析之后所作的

① 周佑勇:《行政裁量的均衡原则》,载《法学研究》2004 年第 4 期。

② 江利红:《行政过程论研究——行政法学理论的变革与重构》,中国政法大学出版社 2012 年版,第 85 页。

选择’的过程”[①]。如果说，“现行法律是一张由过去的立法决定和司法决定或习惯法的种种传统所构成的不透明网络的产物”[②]，那么，法律这种行为规范所具有的先天滞后性，往往无法为新出现的事物提供明确的行为指引。而“陈超案”所体现的“利益均衡”的原则审查方式，可以很好地解决那些法律规定不明确或者没有法律规定的情形。尽管在“利益均衡”的过程中，不可避免地会掺杂着法官的个人价值取向，进而产生瓦解“法治”而出现“人治”的风险，[③]但“比例原则”本身就是一种旨在保护个人宪法权利的分析工具和裁判工具，其立足于“限制公权力滥用”的理念。[④] 换言之，它允许价值进入司法裁判中，但却又通过利益权衡的过程与理由限制个人恣意。

由前述可见，经由我国法院裁判实践的发展，“明显不当”的审查标准在内涵上，不仅意味着行政裁量决定不能在“事实”上存在“偏私”，也意味着其在“规范”上要符合“法律的规定”，并在“价值”上还要“实质合理且利益均衡”。

(二)“明显不当”标准的适用范围

我们已经看到，从“同案对比”的事实审，到“规则适用”的法律审，再到“利益均衡”的原则审，法院在司法审判实践中通过不同的司法裁判技术，已使“明显不当”审查标准的内涵日益丰满。然而，核心的问题在于，2014 年《行政诉讼法》在增加了“明显不当”标准的同时，将其与“滥用职权”并列为行政裁量的两个独立审查标准。而在裁判技术上，这两者又存在诸多重合之处，极易相互混淆。譬如，在“刘云务案”[⑤]中，为确定被告对原告刘云务的车辆“既不调查核实又长期扣留涉案车辆是否构成滥用职权”，再审法院同样采用了利益均衡的“比例原则”进

---

① [英]卡罗尔·哈洛、[英]理查德·罗林斯：《法律与行政》(上卷)，杨伟东等译，商务印书馆 2004 年版，第 208 页。

② [德]哈贝马斯：《在事实与规范之间——关于法律和民主法治国的商谈理论》，童世骏译，生活·读书·新知三联书店 2003 年版，第 245 页。

③ 陈金钊：《对形式法治的辩解与坚守》，载《哈尔滨工业大学学报(社会科学版)》2013 年第 2 期。

④ 蔡宏伟：《作为限制公权力滥用的比例原则》，载《法制与社会发展》2019 年第 6 期。

⑤ 《最高人民法院公报》2017 年第 2 期。

行判定。那么，“明显不当”与“滥用职权”何以各自构成独立的审查标准呢？对此，有必要进一步加以相互区分，使其在适用范围上得以合理分工并相互衔接，以便发挥各自独立的审查功能，防止标准的交叉、重叠或者虚置。

1. 两项标准关系的学理之争。长期以来，“滥用职权”一直被认定为一个以审查“意图和目的”为主要内容的主观面向的审查标准，甚至只有主观上的故意才可构成“滥用职权”，而主观上的过失并不构成。[①]但是，可以确定的是，就行政行为而言，并非只有主观故意才会产生违法或不当的法律后果，行政机关在存在主观过失乃至于不具有任何主观过错的情况下，也有可能产生违法或不当的法律效果，这是依法行政以及公共利益要求的必然结果。因此，在我国 1989 年《行政诉讼法》中，“滥用职权”如果仅适用于审查那些存在主观故意的行政行为，那么那些不是由主观故意造成的不当行政行为，将无法得到法院的审查。即便“显失公正”可以作为“滥用职权”适用范畴之外的不当行政行为的审查标准，但囿于该项审查标准仅适用于行政处罚领域，行政处罚之外的非由故意引起的不当行政行为，将无法得到审查，由此而形成了行政行为合理性审查的空白。为消解这一困境，在“显失公正”审查标准仍停留在行政处罚变更领域的情况下，其唯一出路就只能是扩展“滥用职权”审查标准的内涵，即将其从“主观故意”扩张到“所有不合理”的行政行为，认为“滥用职权”是“发生在自由裁量权限范围内严重违反行政合理性原则的行为的总概念”[②]。而如果“滥用职权”既可以是客观上的，也可以是主观上的滥用权力，那么，行政处罚“显失公正”与“滥用职权”就不是并列关系，而是从属关系。换言之，行政处罚“显失公正”只是“滥用职权”或滥用行政裁量权的一种，[③]或者说只是对滥用职权

---

① 张尚鷟主编：《走出低谷的中国行政法学——中国行政法学综述与评价》，中国政法大学出版社 1991 年版，第 534 页；崔巍：《滥用职权违法形态探》，载《人民司法》1994 年第 7 期，第 34 页；等等。

② 朱新力：《司法审查的基准——探索行政诉讼的裁判技术》，法律出版社 2005 年版，第 354 页。

③ 李哲范：《“显失公正”之定位》，载《当代法学》2010 年第 4 期；段逸超：《行政滥用职权琐议》，载《河北法学》2004 年第 4 期。

的程度的修饰,属于"严重滥用职权"。[①]

随着"明显不当"审查标准在2014年《行政诉讼法》中的确立,这种通过扩大"滥用职权"审查标准的适用范畴来弥补行政行为合理性审查空白的方法必然需要发生改变。因为"明显不当"审查标准作为撤销与变更行政行为的一项独立的合理性审查标准,在不再受限于变更行政处罚"显失公正"的情况下,完全可以承担起审查狭义上的"滥用职权"适用范畴以外的不当行政行为这项任务,也即审查那些仅在客观上存在不当的行政行为,而让"滥用职权"审查标准继续回归到主观故意范畴。但是,无论是民事诉讼、刑事诉讼还是行政诉讼,法院审查的必定是那些客观存在的行为(包括不作为),而不能纯粹地苛求行为人的主观意志。因为在现代理性主义看来,"我的行为就是法律在处置我时所应依据的唯一的东西"[②]。尽管"滥用职权"审查标准仅适用于那些主观故意的行政行为,但这些行政行为在客观上必然也要存在"不当",而且这种不当还不能是一般的"不当",一定要达到明显不当的"不当",法院才可以审查,这是行政裁量审查中司法权介入行政权的根本界限所在。[③] "如果行政主体虽有不当,但尚未达到显失公正之结果,那么便不属于滥用职权违法,而是行政不当"[④]。因此,"滥用职权标准又是一个客观性的审查标准,法院要依据行政行为的客观表现来判断是否构成滥用职权"[⑤]。从这个角度来说,"明显不当"审查标准和"滥用职权"审查标准又将呈现为另外一种从属关系,即"滥用职权"审查标准从属于"明显不当"审查标准,成为一项次级标准,用于规制"明显不当"审查标准中的那些具有主观故意的不当行政行为。[⑥] 当然,也有学者认

---

① 孙笑侠:《法律对行政的控制——现代行政法的法理解释》,山东人民出版社1999年版,第288页。

② 《马克思恩格斯全集》(第1卷),马克思恩格斯列宁斯大林著作编译局编译,人民出版社2001年版,第121页。

③ [日]田村悦一:《自由裁量及其界限》,李哲范译,中国政法大学出版社2016年版,第147页。

④ 胡建淼主编:《行政违法问题探究》,法律出版社2000年版,第302页。

⑤ 马怀德主编:《新编中华人民共和国行政诉讼法释义》,中国法制出版社2014年版,第330页。

⑥ 高鸿、殷勤:《论明显不当标准对行政裁量权的控制》,载《人民司法(应用)》2017年第19期。

为,“显失公正有可能是因为行政机关工作人员故意所为,当然这同时属于滥用职权,滥用职权实施的行为一定是不公正的,但这种不公正不一定是明显的和构成显失公正,显失公正可能因滥用职权而造成,但却不都是因滥用职权造成的”[①]。按照这样的理解,则“明显不当”审查标准和“滥用职权”审查标准实际上变成了一种相互包容的交叉关系。

2. 适用范围上的逻辑分工:主观审查抑或客观审查。由前述可见,从我国《行政诉讼法》历来规定的情况以及法院审查对象的属性来看,“滥用职权”审查标准无论是扩张还是严守其主观面上的审查内涵,在与“明显不当”审查标准的关系上,始终存在范畴上的包容关系。正因如此,在《行政诉讼法》修改的过程中,有观点便提出,既然“明显不当”审查标准是“滥用职权”的情形之一,那么将二者并列规定就不合逻辑,建议将“滥用职权的”修改为“滥用裁量权的”,并删除“明显不当的”。[②]

然而,在2014年的《行政诉讼法》并未扩张“滥用职权”审查标准适用内涵且新增了“明显不当”审查标准的情况下,从体系的融贯性与逻辑的严谨性出发,就应当对这两项标准的适用范围作出明确的合理分工。据此,“滥用职权”只能作为一项主观面上的审查标准,而“明显不当”则作为行政裁量客观面上的审查标准,即审查“滥用职权”审查标准适用范畴以外的不当行政行为。尽管“滥用职权”在客观上必然是一个明显不当的行政行为,但如果由此而将其归入“明显不当”的次级审查标准,其实并没有准确而全面地体现出二者的实质内涵。因为,“滥用职权”是一项侧重于对行政机关本身运用权力的能力的评价标准,而包括“明显不当”在内的其他五种审查标准(主要证据不足、适用法律法规错误、违反法定程序、超越职权),则是对行政行为内容是否合法、合理的评价。[③]

详言之,在行政裁量合理性审查领域,“滥用职权”和“明显不当”分别代表了行政行为的“行为无价”和“结果无价”两个面向。前者以“行为”为中心,首先考虑的是行为人出于什么样的意图、实施了什么样

---

① 罗豪才、应松年主编:《行政诉讼法学》,中国政法大学出版社1990年版,第256页。

② 江必新主编:《中华人民共和国行政诉讼法理解适用与实务指南》,中国法制出版社2015年版,第324页。

③ 张春生主编:《中华人民共和国行政复议法释义》,法律出版社1999年版,第143页。

的行为，其次考虑该行为引起了什么样的结果；而后者则以“结果”为中心，行为之所以被评价为没有价值，是因为该行为在客观上引起了不好的结果，即结果恶才是违法性的根据。[①] “行为无价”强调的是行为人本身，比如行为人事实上意欲什么，主观上是否追求这个结果、容忍这个结果或仅仅是预见这个结果；而“结果无价”强调的则是行为的结果，比如该行为是否在客观上违反了法律规定，是否符合比例原则，是否平等对待等。[②] 也就是说，“滥用职权”之所以强调是主观审查而不是客观审查，是因为其“要判断的不仅仅是行为客观上是否引起了法所禁止出现的事态，而且要看这种法所禁止的事态是否为具体的行为人主观意志的表达，受到行为人故意的支配”[③]。因此，尽管“滥用职权”在客观上必然是明显不当的行政行为，但客观面向上的“明显不当”审查标准并不能全面体现行为人的主观情况。因为，“明显不当”审查标准常常代表的是“一个正常的理智的公民毫无争议地一眼就发现的不当”[④]，而非从行政机关本身出发的不当，它只是一种客观不当，而非主观不当。

不过，基于依法行政与保护公共利益的要求，对于“客观行政法必须予以贯彻执行，无论执行人员或者当事人的主观状态如何”[⑤]。在行政法中，一般否认了行政意思要素的存在，如果法律规定行政应为行为，行政执法人员就只能严格依照法律的规定行使行政权。[⑥] 因此，需要进一步释明的是，“滥用职权”何以能成为一项独立的主观面向上的审查标准，并与客观面向上的“明显不当”审查标准相并列以及相区分，其缘由就在于，裁量领域行政意思的存在。毋庸置疑，在羁束行政领

---

① 黎宏：《结果无价值论之展开》，载《法学研究》2008 年第 5 期。

② 周漾汐：《从客观转向主观：对于刑法上结果归责理论的反省与重构》，载《台大法学论丛》2014 年第 4 期。

③ 喻浩东：《论故意犯的结果归责：反思与重构》，载《比较法研究》2018 年第 6 期。

④ 张峰振：《论不当行政行为的司法救济——从我国〈行政诉讼法〉中的“明显不当行政行为”谈起》，载《政治与法律》2016 年第 1 期。

⑤ [德]汉斯·J. 沃尔夫、[德]奥托·巴霍夫、[德]罗尔夫·施托贝尔：《行政法》(第 1 卷)，高家伟译，商务印书馆 2002 年版，第 450 页。

⑥ 程明修：《行政法上之意思表示、法律行为与行政处分》，载《行政法之行为与法律关系理论》，台北，新学林出版股份有限公司 2005 年版，第 90 页。

域，法律的明确规定基本上消除了行政机关自由选择的余地，即便行政机关主观上存在意志，但该意志将完全隐匿在严格的依法行政之中。然而，在行政裁量领域，其实仍旧存在一定的意思自治空间。[①] 因为"裁量主要服务于个案正当性"[②]，它要求行政机关必须根据实际情况作出符合个案情形的合理决定，在这个过程中，行政机关是按照其自身的能力与条件进行判断的，因此，只要裁量决定在外界看来不具有明显的不合理性，审查机关就无权指涉——"两个合理的人可以对同一事件得出完全相反的结论，且不能指责这两个相反的结论有任何不合理"[③]。

与此同时，虽然行政裁量仍要以服务于公共利益为目的，而无"完全自由"的行政裁量，但裁量权的存在，说明行政机关并不是毫无意识的"执法机器"，而是具有相当自主性的行政主体，并且可将其独立意思渗透于行政行为之中。因此，行政裁量本质上就是行政法上的意思表示，裁量行为就是以发生行政法律效果为目的的意思表示行为。[④] 在行政裁量的过程中，如果行政机关的意思表示违背法律授权的目的，则构成裁量权的滥用。此时，法院审查的对象并非仅限于裁量决定在客观上是否符合法律的规定或者行政法基本原则的要求，而是在进一步探求行政机关裁量过程中的主观意志，审查裁量决定在客观上存在的不当是否由行政机关主观意志的滥用造成的，或者说客观上的不当是否是由行政机关主观意志支配造成的。因此，它确定的是行政裁量的"行为无价"而非"结果无价"。

3. 认定标准：主观故意抑或客观不当。既然在行政法中，裁量领域行政意思的存在，让主观归责与客观归责的分化同样适用于行政行为的司法审查，那么，作为主观过错的过失性行政行为，构成的仍然是"明显不当"而非"滥用职权"。因为对"过失"行为的归责，同样是一种客观审查。"过失不可避免地含有与个人无关的和不公平的关于责任和

① ［德］维尔纳·弗卢梅：《法律行为论》，迟颖译，法律出版社2013年版，第49页；田勇军：《论行政法上的意思表示——兼论行政行为构成中的意识要件》，法律出版社2017年版，第172页。

② ［德］哈特穆特·毛雷尔：《行政法学总论》，高家伟译，法律出版社2000年版，第127页。

③ ［英］威廉·韦德：《行政法》，徐炳等译，中国大百科全书出版社1997年版，第77页。

④ 王学辉：《行政法意思表示理论的建构》，载《当代法学》2018年第5期。

谴责的判断。对过失行为人的判决，不是以他实际上做了什么为基础，而是以行为人偏离一个合理的人的虚构的行为标准的程度为基础的。”[①]对过失行为的违法性判断，“重要的不是行为人的意志指向，而是行为本身偏离法规范所期待的理性人标准，从而在客观上给法益带来不容许的风险”[②]，即过失是一种违反客观结果回避义务而非主观预见义务的行为。[③] 因此，“明显不当”与“滥用职权”之间的区分标准，其实就在于如何认定行政机关在作出裁量决定的过程中是否存在主观故意，而并非主观过失乃至于客观不当。关于“主观故意”的认定，可以从如下三个层面展开：

首先，行政机关如果存有不正当乃至非法的目的或动机（意欲），当然构成故意。譬如，在“罗国平、李旺涛等与三都水族自治县人民政府三合街道办事处确认行政行为违法案”[④]中，为了迫使原告搬迁，被告致函三都县供电局，要求供电局对原告居住的房屋停止供电的行为，就是典型的目的不正当的“滥用职权”行为。当然，很多情况下，行政机关可能夹杂着多重目的，其中既有正当合法的目的，也有不正当乃至违法的目的。此时，审查机关就要根据不同目的所起的实际作用，以及它们与行政行为的关联性进行综合判定。如果主要目的不当，就可构成“滥用职权”。[⑤]

其次，虽然行政机关的主观动机无可非议，或者无法确定主观动机是否存在或是否正当，但只要行政机关对裁量权的不正当行使有明确的“认识”，仍可构成故意。[⑥] 从这个意义上说，目的的正当性是“滥用

---

① ［美］乔治·P. 弗莱彻：《刑法的基本概念》，蔡爱惠、陈巧燕、江溯译，中国政法大学出版社2004年版，第151页。

② 劳东燕：《过失犯中预见可能性理论的反思与重构》，载《中外法学》2018年第2期。

③ 刘艳红：《注意规范保护目的与交通过失犯的成立》，载《法学研究》2010年第4期。

④ 贵州省都匀市人民法院行政判决书，（2017）黔2701行初92号。

⑤ ［英］威廉·韦德：《行政法》，徐炳等译，中国大百科全书出版社1997年版，第83页；［英］彼得·莱兰、［英］戈登·安东尼：《英国行政法教科书》（第5版），杨伟东译，北京大学出版社2007年版，第306页。

⑥ 李世阳：《故意概念的再定位——中国语境下“盖然性说”的展开》，载《政治与法律》2018年第10期。

职权”审查标准构成的充分条件而非必要条件。[①] 譬如,在“定安城东案”[②]中,被告海南省定安县人民政府撤销原告定安城东建筑装修工程公司的《国有土地使用证》,其目的在于建设政府办公大楼。尽管该目的正当、合法,但法院仍然认为,“当初未填写土地用途,并非城东公司的原因所致,本可以补正方式解决,县政府却以此为由撤销城东公司合法持有的《国有土地使用证》,属于滥用行政职权”。

最后,对故意中“认识”内容的判定,其实并不要求行政机关对行为结束后的具体因果发展进程有明确的认识,只要行政执法人员对行为不当性的认识无误,则不论因果流程发生何种偏离,均不影响故意的成立。[③] 譬如,在“王丽萍案”[④]中,就被告对原告车辆予以暂扣的行政行为是否构成滥用职权,法院仅以行政机关在主观上认识到“在炎热的天气下,运输途中的生猪不宜受到挤压,更不宜在路上久留”这一事实,认定行政机关构成“滥用职权”,而没有要求行政机关认识到该行为与损害结果之间的因果关联性。

当然,与民法、刑法上主观故意的探求一样,行政法上主观故意的认定,同样会存在行政机关对意志的否认乃至于抗拒的情形。但无论行政机关如何否认自己的主观不当,审查机关都可以通过客观的事实证据来证明。换言之,法院不需要拘泥于所使用的词句与用语,而可以以过去事实及其他一切证据资料作为判断的标准,[⑤]尤其是可以通过行政行为作出的理由说明进行判断。[⑥]

综上而言,当我们再次对比“陈超案”与“刘云务案”,便可以发现,为何在两个案件中法院都采用了均衡性的“比例原则”来判定行政裁量的实质合理性,但“陈超案”构成的是“明显不当”,而“刘云务案”构成的是“滥用职权”。这是因为在“刘云务案”中,被告行政机关既不调查

---

① 姚建军:《对行政滥用职权的司法审查》,载《人民司法(应用)》2011 年第 7 期。

② 《最高人民法院公报》2015 年第 2 期。

③ 陈璇:《论主客观归责间的界限与因果流程的偏离》,载《法学家》2014 年第 6 期。

④ 《最高人民法院公报》2003 年第 3 期。

⑤ 李建良:《论行政法上之意思表示》,载《新世纪经济法制之建构与挑战——廖义男教授六秩诞辰祝寿论文集》,台北,元照出版公司 2002 年版,第 228 页。

⑥ 陈爱娥:《行政处分存否的认定标准与行政法院“适用”大法官解释的方式》,载《法令月刊》2000 年第 10 期。

核实车辆情况又长期扣留涉案车辆且“反复要求刘云务提供客观上已无法提供的其他合法来历证明”的行为已经明显地表明，行政机关存在裁量权不当行使的主观故意。法院在该案中对比例原则的适用，其实是在进一步确定行政机关主观上的恶意形成了客观上的不当。而在“陈超案”中，仅涉及裁量决定在客观上的不当。因为对于“网约车”这种新出现的经营方式，在现行法律规定不明确或没有规定的情况下，行政机关对其实施处罚难以表明其主观恶意的存在，相反，可能仅仅是出于依法行政的要求，严格执法而已。只不过，由于被告在执法过程中客观上违反了“比例原则”的均衡性要求，因而才被法院认定为“明显不当”。

（三）“明显不当”标准在程序裁量权中的适用

任何行政行为都是实体内容和程序形式的统一。行政机关实施行政行为，不仅要遵循实体法规范，同时还要遵循程序法规范，否则同样构成违法或不当行政行为。行政裁量也一样，就其表现形式而言，既包括行为方式、行为内容等方面的裁量，也包括行为程序裁量。虽然基于主观故意与客观不当的分化，“滥用职权”与“明显不当”各自成为独立的审查标准，但是这两者通常只被看作行政裁量实体内容方面的评价标准。那么，其能否作为评判行政程序违法性的标准呢？关于这一问题，在2017年最高人民法院指导案例第88号“张道文、陶仁等诉四川省简阳市人民政府侵犯客运人力三轮车经营权案”①（以下简称“张道文案”）中，得到了肯定的体现。在该指导案例中，行政机关因为未告知相对人行政许可期限，被法院认定为在程序上存在“明显不当”。基于最高人民法院发布的指导案例具有“应当参照”的法律效力，第88号指导案例的裁判要点足以表明：不仅行政机关应该明确告知行政许可的期限，而且“明显不当”还可以作为程序裁量权的审查标准。

1. “明显不当”在行政程序审查中的适用现状。作为行政裁量合理性审查标准的“明显不当”是否可以适用于行政程序，在理论与实务中并非没有争议，而是既有主张适用的，也有排斥适用的。

---

① 最高人民法院审判委员会讨论通过，于2017年11月15日发布。

从理论上来说,如果按照传统的形式合法性审查的要求,在依法行政原则的约束之下,不仅行政机关而且包括法院,其实都只是从客观上探求法律上的"唯一正确答案"。因此,行政诉讼所要审查的只不过是行政行为是否达到了已在根本上确定的那个结果,而无需审查行政程序,即行政程序被认为只是工具性的,它除了作为实现实体法的手段而有价值,本身没有任何意义。① 如此而言,法院审查行政程序也就无多大的必要,更不用说是否适用"明显不当"审查标准。当然,这种程序工具主义的观点在现代法治社会中已经逐渐消亡,程序具有其自身的独立性价值而应受到法院的审查。只是,在我国的行政诉讼法中,由于已经存在了"法定程序"审查标准,因此有观点认为,有关行政程序的合法性问题,都应该由"法定程序"审查标准负责,"明显不当"只是合理性审查之下的一个支流,没有必要流淌到行政程序审查的"河床"之中。②此外,实践中很多程序问题虽然没有为法律、法规、规章乃至规范性文件所规定,但"正当程序原则"同样起到了规范程序违法的作用。而在司法实践中,"法定程序"审查标准的内涵已经逐渐地包含正当程序的要求,这样它就完全可以承担起行政程序审查的所有问题,无需适用"明显不当"审查标准进行判断。③

然而,通过对司法判决的观察可知,在第 88 号指导案例发布之前,实践中就已经有案例将"明显不当"作为行政程序审查的适用标准。譬如,在"郑州市中原区豫星调味品厂与河南省郑州市人民政府行政处罚申诉案"④(以下简称"豫星调味品厂案")中,被告郑州市人民政府在对原告郑州市中原区豫星调味品厂作出"关于注销郑国用(1996)字第 3483 号国有土地使用证的决定"的过程中,存在"既未事前告知豫星调味品厂,亦未给予其陈述和申辩的机会"之行为,被法院认定为程序"明显不当"。就该案而言,未向相对人"告知"行政处罚决定,以及未给予

---

① 雷磊:《法律程序为什么重要?反思现代社会中程序与法治的关系》,载《中外法学》2014 年第 2 期。

② 余凌云:《行政诉讼上的显失公正与变更判决——对〈中华人民共和国行政诉讼法〉第 54 条第(4)项的批判性思考》,载《法商研究》2005 年第 5 期。

③ 何海波:《论行政行为"明显不当"》,载《法学研究》2016 年第 3 期。

④ 最高人民法院行政判决书,(2014)行提字第 21 号。

相对人“陈述”和“申辩”的机会,明显属于违反“法定程序”[①]或“正当程序原则”的行为。[②] 法院实际上是以“明显不当”审查标准取代了“法定程序”审查标准或“正当程序原则”。此外,实践中还存在本来属于行政程序的问题,却被法院以其他实体性的审查标准所代替的情形。譬如,在“张美华等五人诉天水市公安局麦积分局行政不作为赔偿案”[③]中,被告天水市公安局麦积分局因未及时出警,导致受害人失血过多而死亡,被法院认定为行政不作为。就该案而言,“未及时出警”只是未遵守法定期限(本案为紧急情况下的紧急期限)履行职责,严格来说应该属于程序违法问题。

2. 作为程序裁量权审查标准的“明显不当”。如果像“豫星调味品厂案”那样,将“明显不当”适用于违反“法定程序”的行政程序,其实并不符合法律体系的要求。这是因为,既然二者并列作为撤销行政行为的法定理由,它们就都是独立的审查标准,而不应该相互混淆适用。而如果否认“明显不当”审查标准适用于行政程序,或者以其他实体性的审查标准审查行政程序,则又意味着行政程序并不存在合理性问题,只有程序合法与程序正当的问题。

不过,在指导案例第 88 号“张道文案”中,行政程序违法并非因为行政机关未告知相对人行政许可决定,而是因为未告知行政许可期限。法院认定未告知行政许可期限的行为属于程序“瑕疵”,从而适用“明显不当”审查标准。在该指导案例看来,行政程序“瑕疵”如果达到明显不当的程度,就属于“法定程序”与“正当程序”适用范畴以外的程序违法类型。因为,如果行政诉讼法所规定的“法定程序”指的就是法律、法规和规章乃至规范性文件所规定的程序,那么在这些法律文件没有规定或者规定不明确的情况下,行政程序仍存在合理性问题,而需要继续受到法院的审查。譬如,《110 接处警工作规则》第 15 条规定:“110 报警服务台接到报警后,根据警情调派警力进行处置……”其中“根据警情调派警力”,就属于法定程序范畴内所存在的“出警裁量权”。可以确定

---

① 2009 年《行政处罚法》第 31、32 条(2021 年《行政处罚法》第 44、45 条)。

② 周佑勇:《行政法的正当程序原则》,载《中国社会科学》2004 年第 4 期。

③ 最高人民法院 2015 年 1 月 15 日发布的人民法院关于行政不作为十大案例。

的是,如果公安机关未"出警",当然构成对"法定程序"的违反。但如果公安机关出警了,只是未"根据警情调派警力",导致出警效果明显不合理,乃至没有起到任何作用,这种情况其实是"法定程序"审查标准难以评价的。与此同时,"正当程序原则"也非一项可以容纳所有程序违法类型的审查标准,它亦有其适用的局限性,即"只有在权利受到法律规则的实质性与强制性影响的情况下,正当程序原则才应发挥作用,如果仅涉及那些'可以'之类的裁量权,法院一般就不应该援引正当程序原则"①。因而,行政程序也存在裁量问题,"在法律和一般程序原则没有严格限制的领域,贯彻落实程序原则的关键是行政机关的程序裁量权"②。

行政程序裁量权的存在,意味着行政行为不仅在实体内容上应实质合理,而且在程序上同样要实质合理,而只有将"明显不当"以及"滥用职权"作为行政程序裁量的审查标准,才可以全面与彻底地将裁量权所要求的那种内在品格体现出来。但是,与行政裁量一样,行政程序裁量"瑕疵"应达到何种程度,才会构成"明显不当",从而属于程序违法呢?通过第 88 号指导案例可以看出,行政程序"明显不当"的构成,仍然与行政行为的实体内容或相对人的合法利益息息相关。因为,行政许可的期限是行政许可中的一个极为重要的方面,期限长短不同,所产生的利益大小就不同。在行政许可期限之内,行政相对人不仅有资格从事客运经营,而且无须再缴纳许可费用;而如果许可期限期满,则要么相对人的客运资格被取消,要么相对人需要继续缴纳费用以延续许可期限。很明显,行政许可期限是一项对行政相对人的利益影响巨大的事项,行政机关未告知许可决定与未告知相对人许可期限,其结果反差是极为明显的。

因此,尽管行政程序裁量涉及的是程序性事项,但在对其"明显不当"构成的判定内容与技术上,其实仍然与实体内容或利益的衡量有关。换言之,对于程序"瑕疵"的审查,法院不应提出可疑的程序补救办

---

① Tim Searchinger, *The Procedural Due Process Approach to Administrative Discretion: The Courts' Inverted Analysis*, The Yale Law Journal, Vol. 95, p. 1019 (1986).

② [德]汉斯·J. 沃尔夫、[德]奥托·巴霍夫、[德]罗尔夫·施托贝尔:《行政法》(第2卷),高家伟译,商务印书馆 2002 年版,第 203 页。

法,而应将其本身限于针对任何实质性缺陷的补救办法,[①]即法院同样“必须平衡各种目标和利益并最终解决问题”[②]。因而,如果行政程序仅产生诸如“告知、公告错误或不完善”“理由说明不完备”“未履行程序释明义务”“未就中间程序性决定出具或送达法律文书”“超过法定期限履行法定义务”“超过法定期限送达行政决定书”“行为方式不符合要求”“行政文书的技术性错误”等情况,因为这些“瑕疵”未对行政行为的实体内容或相对人的合法权益造成实质性的影响,那么,一般情况下仅构成程序“瑕疵”,而非程序“明显不当”。[③]

(四)小结

当裁量由法律和制定法所承认时,则裁量意味着有权自主判断,但为实现裁量的最佳决定,拥有裁量权的行为者需要“苦思冥想”。[④] 因为他不仅要在客观上公正行使权力,严格适用法律规则,并要实现利益均衡,而且还要在主观上克己自律,尽职尽责,严防权力滥用;他不仅要确保实体内容的实质合理,而且还要实现行政程序的实质合理。作为客观面向的“明显不当”审查标准的入法,不仅消除了“滥用职权”审查标准在行政裁量领域中的适用困境,而且还优化了撤销行政行为的各项法定标准之间的逻辑严整性,并将行政程序的合理性纳入司法审查的范围之中,从而对行政裁量权行使进行监督与制约,形成了全方位的评判内容与审查标准。

---

① Charles H. Koch Jr., *Judicial Review of Administrative Discretion*, The George Washington Law Review, Vol. 54, p. 494(1986).

② [德]弗里德赫尔穆·胡芬:《行政诉讼法》(第5版),莫光华译,法律出版社2003年版,第15页。

③ 杨登峰:《行政行为程序瑕疵的指正》,载《法学研究》2017年第1期。

④ [德]卡尔·恩吉施:《法律思维导论》,郑永流译,法律出版社2004年版,第145页。

参考文献

一、译著

《马克思恩格斯全集》(第1卷),中共中央马克思恩格斯列宁斯大林著作编译局编译,人民出版社2001年版。

[奥]凯尔森:《法与国家的一般理论》,沈宗灵译,商务印书馆2013年版。

[德]阿图尔·考夫曼:《法律哲学》(第2版),刘幸义等译,法律出版社2011年版。

[德]奥托·迈耶:《德国行政法》,刘飞译,商务印书馆2013年版。

[德]伯恩·魏德士:《法理学》,丁小春、吴越译,法律出版社2003年版。

[德]弗里德赫尔穆·胡芬:《行政诉讼法》(第5版),莫光华译,法律出版社2003年版。

[德]古斯塔夫·拉德布鲁赫:《法学导论》,米健、朱林译,中国大百科全书出版社1997年版。

[德]哈贝马斯:《在事实与规范之间——关于法律和民主法治国的商谈理论》,童世骏译,生活·读书·新知三联书店2003年版。

[德]哈特穆特·毛雷尔:《行政法学总论》,高家伟译,法律出版社2000年版。

[德]汉斯·J.沃尔夫、[德]奥托·巴霍夫、[德]罗

尔夫·施托贝尔：《行政法》(第1卷)，高家伟译，商务印书馆2002年版。

[德]卡尔·恩吉施：《法律思维导论》，郑永流译，法律出版社2004年版。

[德]卡尔·拉伦茨：《法学方法论》，陈爱娥译，商务印书馆2003年版。

[德]阿图尔·考夫曼：《后现代法哲学》，米健译，法律出版社2000年版。

[德]平特纳：《德国普通行政法》，朱林译，中国政法大学出版社1999年版。

[德]维尔纳·弗卢梅：《法律行为论》，迟颖译，法律出版社2013年版。

[法]古斯塔夫·佩泽尔：《法国行政法》(第19版)，廖坤明、周洁译，国家行政学院出版社2002年版。

[法]孟德斯鸠：《论法的精神》(下册)，张雁深译，商务印书馆1963年版。

[法]让·里韦罗、[法]让·瓦利纳：《法国行政法》，鲁仁译，商务印书馆2008年版。

[加]A.布来顿等：《理解民主——经济的与政治的视角》，毛丹等译，学林出版社2000年版。

[美]C.格鲁特尔特、[美]T.范·贝斯特纳尔编：《社会资本在发展中的作用》，黄载曦、杜卓君、黄治康译，西南财经大学出版社2004年版。

[美]丹尼斯·C.缪勒：《公共选择理论》，杨春学等译，中国社会科学出版社1999年版。

[美]E.博登海默：《法理学：法律哲学与法律方法》(修订版)，邓正来译，中国政法大学出版社2004年版。

[美]鲍叶：《美国行政法和行政程序》，崔卓兰等译，吉林大学出版社1990年版。

[美]伯纳德·施瓦茨：《行政法》，徐炳译，群众出版社1986年版。

[美]伯纳德·施瓦茨：《美国法律史》，王军等译，中国政法大学出

版社 1990 年版。

[美]汉密尔顿、[美]杰伊、[美]麦迪逊:《联邦党人文集》,程逢如、在汉、舒逊译,商务印书馆 1980 年版。

[美]杰罗姆·巴伦、[美]托马斯·迪恩斯:《美国宪法概论》(第 2 版),刘瑞祥等译,中国社会科学出版社 1995 年版。

[美]肯尼斯·卡尔普·戴维斯:《裁量正义》,毕洪海译,商务印书馆 2009 年版。

[美]理查德·B. 斯图尔特:《美国行政法的重构》,沈岿译,商务印书馆 2021 年版。

[美]理查德·J. 皮尔斯:《行政法》(第 5 版)(第 3 卷),苏苗罕译,中国人民大学出版社 2016 年版。

[美]林南:《社会资本:关于社会结构与行动的理论》,张磊译,上海人民出版社 2005 年版。

[美]罗·庞德:《通过法律的社会控制·法律的任务》,沈宗灵、董世忠译,商务印书馆 1984 年版。

[美]罗纳德·德沃金:《法律帝国》,李常青译,中国大百科全书出版社 1996 年版。

[美]罗纳德·德沃金:《认真对待权利》,信春鹰、吴玉章译,中国大百科全书出版社 1998 年版。

[美]欧内斯特·盖尔霍恩、[美]罗纳德·M. 利文:《行政法和行政程序概要》,黄列译,中国社会科学出版社 1996 年版。

[美]史蒂文·J. 卡恩:《行政法:原理与案例》,张梦中等译,中山大学出版社 2004 年版。

[南非]毛里西奥·帕瑟林·登特里维斯主编:《作为公共协商的民主:新的视角》,王英津等译,中央编译出版社 2006 年版。

[葡]苏乐治:《行政法》,冯文庄译,法律出版社 2014 年版。

[日]室井力、[日]芝池义一:《日本行政程序法逐条注释》,朱芒译,上海三联书店 2009 年版。

[日]室井力主编:《日本现代行政法》,吴微译,中国政法大学出版社 1995 年版。

[日]田村悦一:《自由裁量及其界限》,李哲范译,中国政法大学出

版社 2016 年版。

［日］盐野宏：《行政法》，杨建顺译，法律出版社 1999 年版。

［日］盐野宏：《行政法总论》，杨建顺译，北京大学出版社 2008 年版。

［印］M. P. 赛夫：《德国行政法——普通法的分析》，周伟译，山东人民出版社 2006 年版。

［英］W. Ivor. 詹宁斯：《法与宪法》，龚祥瑞、侯健译，生活 · 读书 · 新知三联书店 1997 年版。

［英］A. R. 拉德克利夫 – 布朗：《原始社会的结构与功能》，丁国勇译，中国社会科学出版社 2009 年版。

［英］A. W. 布拉德利、［英］K. D. 尤因：《宪法与行政法》（第 14 版下册），刘刚、江菁等译，商务印书馆 2008 年版。

［英］彼得 · 莱兰、［英］戈登 · 安东尼：《英国行政法教科书》（第 5 版），杨伟东译，北京大学出版社 2007 年版。

［英］戴雪：《英宪精义》，雷宾南译，中国法制出版社 2017 年版。

［英］弗里德利希 · 冯 · 哈耶克：《法律、立法与自由》（第一卷：规则与秩序），邓正来等译，中国大百科全书出版社 2000 年版。

［英］弗里德利希 · 冯 · 哈耶克：《自由秩序原理》（上），邓正来译，生活 · 读书 · 新知三联书店 1997 年版。

［英］哈特：《法律的概念》，张文显等译，中国大百科全书出版社 1996 年版。

［英］卡罗尔 · 哈洛、［英］理查德 · 罗林斯：《法律与行政》（上卷），杨伟东等译，商务印书馆 2004 年版。

［英］洛克：《政府论：论政府的真正起源、范围和目的》（下篇），叶启芳、瞿菊农译，商务印书馆 1964 年版。

［英］马丁 · 洛克林：《公法与政治理论》，郑戈译，商务印书馆 2021 年版。

［英］梅因：《古代法》，沈景一译，商务印书馆 1996 年版。

［英］米切尔 · 黑尧：《现代国家的政策过程》，赵成根译，中国青年出版社 2004 年版。

［英］特伦斯 · 丹提斯、［英］阿兰 · 佩兹：《宪制中的行政机关——

结构、自治与内部控制》,刘刚、江菁、轲翀译,高等教育出版社 2006 年版。

[英]威廉·韦德:《行政法》,徐炳等译,中国大百科全书出版社 1997 年版。

[英]约翰·密尔:《论自由》,程崇华译,商务印书馆 1959 年版。

二、中文著作

陈敏:《行政法总论》(第 2 版),台北,三民书局 1999 年版。

陈清秀:《行政诉讼法》(第 5 版),台北,元照出版公司 2012 年版。

陈新民:《公法学札记》,台北,三民书局 1993 年版。

陈新民:《行政法学总论》,台北,三民书局 1997 年版。

陈新民:《德国公法学基础理论》,山东人民出版社 2001 年版。

陈振明主编:《公共管理学——一种不同于传统行政学的研究途径》(第 2 版),中国人民大学出版社 2003 年版。

城仲模主编:《行政法之一般法律原则(二)》,台北,三民书局 1997 年版。

程燎原、王人博:《权利及其救济》(第 2 版),山东人民出版社 1998 年版。

邓世豹:《授权立法的法理思考》,中国人民公安大学出版社 2002 年版。

范愉:《非诉讼纠纷解决机制研究》,中国人民大学出版社 2000 年版。

费孝通:《乡土中国》,上海人民出版社 2006 年版。

傅思明:《中国司法审查制度》,中国民主法制出版社 2002 年版。

高宣扬:《鲁曼社会系统理论与现代性》,中国人民大学出版社 2005 年版。

关保英:《行政法的价值定位:效率、程序及其和谐》,中国政法大学出版社 1997 年版。

管欧:《现代行政学》,永新书局 1978 年版。

胡建淼:《行政法学》(第 4 版),法律出版社 2015 年版。

胡建森主编:《外国行政法规与案例评述》,中国法制出版社 1997 年版。

黄舒芃:《行政命令》,台北,三民书局 2011 年版。

黄異:《行政法总论》(增订版),台北,三民书局 1996 年版。

季卫东:《法治秩序的建构》(增补版),商务印书馆 2019 年版。

江必新:《行政诉讼问题研究》,中国人民公安大学出版社 1989 年版。

江必新主编:《中华人民共和国行政诉讼法理解适用与实务指南》,中国法制出版社 2015 年版。

江利红:《行政过程论研究——行政法学理论的变革与重构》,中国政法大学出版社 2012 年版。

姜明安:《行政法》,北京大学出版社 2017 年版。

姜明安主编:《行政法与行政诉讼法》,北京大学出版社、高等教育出版社 1999 年版。

孔祥俊:《法律解释方法与判解研究:法律解释 · 法律适用 · 裁判风格》,人民法院出版社 2004 年版。

李艳玲:《量刑方法论研究》,中国人民公安大学出版社 2007 年版。

梁凤云:《新行政诉讼法讲义》,人民法院出版社 2015 年版。

梁慧星:《民法解释学》,中国政法大学出版社 1995 年版。

林端:《儒家伦理与法律文化:社会学观点的探索》,中国政法大学出版社 2002 年版。

刘鑫桢:《论裁量处分与不确定法律概念》(第 2 版),台北,五南图书出版公司 2005 年版。

刘艳红:《实质刑法观》(第 2 版),中国人民大学出版社 2019 年版。

罗传贤:《美国行政程序法论》,台北,五南图书出版公司 1985 年版。

罗豪才主编:《行政法学》,北京大学出版社 1996 年版。

罗豪才主编:《中国司法审查制度》,北京大学出版社 1993 年版。

马怀德主编:《新编中华人民共和国行政诉讼法释义》,中国法制出版社 2014 年版。

马克昌主编:《刑罚通论》(第 2 版),武汉大学出版社 1999 年版。

马克昌主编:《中国刑事政策学》,武汉大学出版社 1992 年版。

孙笑侠:《法律对行政的控制——现代行政法的法理解释》,山东人民出版社 1999 年版。

谭炜杰:《行政诉讼和解研究》,中国政法大学出版社 2012 年版。

田勇军:《论行政法上的意思表示——兼论行政行为构成中的意识要件》,法律出版社 2017 年版。

王贵松:《行政裁量的构造与审查》,中国人民大学出版社 2016 年版。

王和雄:《论行政不作为之权利保护》,台北,三民书局 1994 年版。

王珉灿主编:《行政法概要》,法律出版社 1983 年版。

王名扬:《法国行政法》,中国政法大学出版社 1988 年版。

王名扬:《美国行政法》(第 2 版),中国法制出版社 2005 年版。

王名扬:《英国行政法》,中国政法大学出版社 1987 年版。

王泽鉴:《民法概要》,中国政法大学出版社 2003 年版。

翁岳生:《行政法与现代法治国家》,台北,三民书局 2015 年版。

翁岳生编:《行政法(2000)》,中国法制出版社 2002 年版。

吴庚:《行政法之理论与实用》(增订 8 版),中国人民大学出版社 2005 年版。

伍启元:《公共政策》,商务印书馆(香港)公司 1989 年版。

谢晖:《法学范畴的矛盾辨思》,法律出版社 2017 年版。

徐晨:《权力竞争:控制行政裁量权的制度选择》,中国人民大学出版社 2007 年版。

徐国栋:《民法基本原则解释——成文法局限性之克服》,中国政法大学出版社 1992 年版。

徐瑞晃:《行政诉讼法》,台北,五南图书出版公司 2009 年版。

徐亚文:《程序正义论》,山东人民出版社 2004 年版。

许宗力:《法与国家权力》,台北,月旦出版股份有限公司 1995 年版。

杨海坤:《中国行政法基本理论》,南京大学出版社 1992 年版。

杨解君:《走向法治的缺失言说——法理、行政法的思考》,法律出版社 2001 年版。

杨仁寿:《法学方法论》,中国政法大学出版社 1999 年版。

杨伟东:《行政行为司法审查强度研究——行政审判权纵向范围分析》,中国人民大学出版社 2003 年版。

叶必丰、周佑勇:《行政规范研究》,法律出版社 2002 年版。

叶必丰:《行政法的人文精神》,北京大学出版社 2005 年版。

叶必丰:《行政法与行政诉讼法》(第 3 版),高等教育出版社 2015 年版。

叶必丰:《行政行为的效力研究》,中国人民大学出版社 2002 年版。

殷守革:《行政和解法治论》,山西人民出版社 2020 年版。

应松年主编:《行政法学新论》(第 3 版),中国方正出版社 2004 年版。

应松年主编:《行政法与行政诉讼法学》,法律出版社 2005 年版。

应松年主编:《外国行政程序法汇编》,中国法制出版社 1999 年版。

余凌云:《行政契约论》(第 3 版),清华大学出版社 2022 年版。

余凌云:《行政自由裁量论》,中国人民公安大学出版社 2005 年版。

喻伟主编:《量刑通论》,武汉大学出版社 1993 年版。

袁曙宏:《行政处罚的创设、实施和救济》,中国法制出版社 1994 年版。

张根大:《法律效力论》,法律出版社 1999 年版。

张尚鷟主编:《走出低谷的中国行政法学——中国行政法学综述与评价》,中国政法大学出版社 1991 年版。

张文显:《二十世纪西方法哲学思潮研究》,法律出版社 1996 年版。

张文显:《法学基本范畴研究》,中国政法大学出版社 1993 年版。

张文显主编:《法理学》(第 2 版),高等教育出版社、北京大学出版社 2003 年版。

张兴祥:《行政法合法预期保护原则研究》,北京大学出版社 2006 年版。

张越编著:《英国行政法》,中国政法大学出版社 2004 年版。

张载宇:《行政法要论》,台北,汉林出版社 1977 年版。

章剑生:《现代行政法基本理论》(第 2 版),法律出版社 2014 年版。

赵廷光:《量刑公正实证研究》,武汉大学出版社 2005 年版。

周伟:《宪法基本权利司法救济研究》,中国人民公安大学出版社2003年版。

周佑勇:《行政不作为判解》,武汉大学出版社2000年版。

周佑勇:《行政裁量基准研究》,中国人民大学出版社2015年版。

周佑勇:《行政法基本原则研究》(第2版),法律出版社2019年版。

周佑勇:《行政法原论》(第3版),北京大学出版社2018年版。

朱新力主编:《法治社会与行政裁量的基本准则研究》,法律出版社2007年版。

朱新力:《司法审查的基准——探索行政诉讼的裁判技术》,法律出版社2005年版。

三、论文

[美]L. B. 斯图尔特:《二十一世纪的行政法》,苏苗罕译,载《环球法律评论》2004年第2期。

[美]Alfredc Aman, Jr.:《面向新世纪的行政法(上)》,袁曙宏译,载《行政法学研究》2000年第3期。

[美]托马斯·福特·布朗:《社会资本理论综述》,木子西编译,载《马克思主义与现实》2000年第2期。

[日]南博方:《行政诉讼中和解的法理(上)》,杨建顺译,载《环球法律评论》2001年第1期。

蔡宏伟:《作为限制公权力滥用的比例原则》,载《法制与社会发展》2019年第6期。

蔡维专:《对行政诉讼法中明显不当标准的思考》,载《人民司法》2016年第16期。

曹伊清、崔小峰:《和解契约的行政法建构》,载《江西社会科学》2017年第8期。

常怡、黄娟:《司法裁判供给中的利益衡量:一种诉的利益观》,载《中国法学》2003年第4期。

陈敏:《租税法之解释函令》,载《政大法学评论》1997年第57期。

陈瑞华:《论企业合规在行政和解中的适用问题》,载《国家检察官学院学报》2022 年第 1 期。

崔卓兰:《论显失公正行政处罚的不合法》,载《法学研究》1990 年第 6 期。

董灵:《公序良俗原则与法制现代化》,载《法律科学》1994 年第 5 期。

段立文、陈殿福:《近年来标准化量刑研究概览》,载《政法论坛》1991 年第 5 期。

方洁:《参与行政的意义——对行政程序内核的法理解析》,载《行政法学研究》2001 年第 1 期。

方世荣、白云锋:《行政执法和解的模式及其运用》,载《法学研究》2019 年第 5 期。

方世荣:《“执行协议”:行政强制执行制度的一种变革》,载《江苏社会科学》2012 年第 4 期。

傅国云:《行政处罚显失公正的内涵及其表现初探》,载《法商研究》1993 年第 1 期。

高鸿、殷勤:《论明显不当标准对行政裁量权的控制》,载《人民司法(应用)》2017 年第 19 期。

高家伟:《论德国行政法的基本观念》,载《比较法研究》1997 年第 3 期。

高若敏:《谈行政规章以下行政规范性文件的效力》,载《法学研究》1993 年第 3 期。

关保英:《论行政滥用职权》,载《中国法学》2005 年第 2 期。

郭润生、宋功德:《论行政自由裁量权》,载《山西大学学报(哲学社会科学版)》1997 年第 3 期。

郝心茹:《证券执法和解制度的困境与出路》,载任妍姣主编:《中财法律评论》第 13 卷,中国法制出版社 2022 年版。

何柏生:《数学对法律文化的影响》,载《法律科学》2000 年第 6 期。

何海波:《论行政行为“明显不当”》,载《法学研究》2016 年第 3 期。

何海波:《通过判决发展法律:评田永案件中行政法原则的运用》,载罗豪才主编:《行政法论丛》第 3 卷,法律出版社 2000 年版。

胡建淼:《有关行政滥用职权的内涵及其表现的学理探讨》,载《法学研究》1992 年第 3 期。

季卫东:《法律程序的意义——对中国法制建设的另一种思考》,载《中国社会科学》1993 年第 1 期。

姜明安:《论行政自由裁量权及其法律控制》,载《法学研究》1993 年第 1 期。

金伟峰:《论行政超越职权及其确认和处理》,载《行政法学研究》1996 年第 4 期。

李可:《原则和规则的若干问题》,载《法学研究》2001 年第 5 期。

李林:《依法治国与推进国家治理现代化》,载《法学研究》2014 年第 5 期。

李培林:《再论"另一只看不见的手"》,载《社会学研究》1994 年第 1 期。

李哲范:《"显失公正"之定位》,载《当代法学》2010 年第 4 期。

李哲范:《论行政裁量权的司法控制——〈行政诉讼法〉第 5 条、第 54 条之解读》,载《法制与社会发展》2012 年第 6 期。

梁上上:《利益的层次结构与利益衡量的展开——兼评加藤一郎的利益衡量论》,载《法学研究》2002 年第 1 期。

刘艳红:《注意规范保护目的与交通过失犯的成立》,载《法学研究》2010 年第 4 期。

沈岿:《行政诉讼确立"裁量明显不当"标准之议》,载《法商研究》2004 年第 4 期。

盛子龙:《行政法上不确定法律概念具体化之司法审查密度》,台湾大学法律学研究所 1998 届博士学位论文。

施建辉:《行政执法中的协商与和解》,载《行政法学研究》2006 年第 3 期。

施立栋:《被滥用的"滥用职权"——行政判决中滥用职权审查标准的语义扩张及其成因》,载《政治与法律》2015 年第 1 期。

王炳:《反垄断执法和解的制度机理》,载《安徽大学学报(哲学社会科学版)》2010 年第 2 期。

王东伟:《行政裁量行为的合理性审查研究》,载《北京理工大学学报(社会科学版)》2018 年第 6 期。

王贵松：《行政裁量的内在构造》，载《法学家》2009 年第 2 期。

王贵松：《行政裁量基准的设定与适用》，载《华东政法大学学报》2016 年第 3 期。

王天华：《案例指导制度的行政法意义》，载《清华法学》2016 年第 4 期。

王天华：《裁量标准基本理论问题刍议》，载《浙江学刊》2006 年第 6 期。

王天华：《从裁量二元论到裁量一元论》，载《行政法学研究》2006 年第 1 期。

王锡锌：《公共决策中的大众、专家与政府——以中国价格决策听证制度为个案的研究视角》，载《中外法学》2006 年第 4 期。

王锡锌：《规则、合意与治理——行政过程中 ADR 适用的可能性与妥当性研究》，载《法商研究》2003 年第 5 期。

王锡锌：《自由裁量权基准：技术的创新还是误用》，载《法学研究》2008 年第 5 期。

王学辉：《行政法意思表示理论的建构》，载《当代法学》2018 年第 5 期。

王志强：《论裁量基准的司法审查》，台湾东吴大学法学院 2005 届硕士学位论文。

熊樟林：《论裁量基准中的逸脱条款》，载《法商研究》2019 年第 3 期。

闫国智、周杰：《论行政自由裁量权的泛化及其立法防范》，载《政法论丛》2000 年第 5 期。

杨登峰：《行政行为程序瑕疵的指正》，载《法学研究》2017 年第 1 期。

杨建顺：《行政裁量的运作及其监督》，载《法学研究》2004 年第 1 期。

杨建顺：《行政强制中的和解——三环家具城案的启示》，载《南通师范学院学报（哲学社会科学版）》2002 年第 1 期。

杨建顺：《论行政裁量与司法审查——兼及行政自我拘束原则的理论根据》，载《法商研究》2003 年第 1 期。

杨解君:《从多维视角看契约理念在行政法中确立的正当性》,载《江海学刊》2003 年第 2 期。

杨解君:《论契约在行政法中的引入》,载《中国法学》2002 年第 2 期。

姚建军:《对行政滥用职权的司法审查》,载《人民司法(应用)》2011 年第 7 期。

姚锐敏:《关于行政滥用职权的范围和性质的探讨》,载《华中师范大学学报(人文社会科学版)》2000 年第 5 期。

叶必丰:《行政和解和调解:基于公众参与和诚实信用》,载《政治与法律》2008 年第 5 期。

应松年、何海波:《我国行政法的渊源:反思与重述》,载胡建淼主编:《公法研究》第 2 辑,商务印书馆 2004 年版。

游振辉:《论行政执法中的自由裁量权》,载《中国法学》1990 年第 5 期。

于绍元、傅国云:《论行政自由裁量权的合理运行》,载《政法论坛》1994 年第 3 期。

余凌云:《对行政机关滥用职权的司法审查——从若干判案看法院审理的偏好与问题》,载《中国法学》2008 年第 1 期。

余凌云:《对行政自由裁量概念的再思考》,载《法制与社会发展》2002 年第 4 期。

余凌云:《现代行政法上的指南、手册和裁量基准》,载《中国法学》2012 年第 4 期。

余凌云:《游走在规范与僵化之间——对金华行政裁量基准实践的思考》,载《清华法学》2008 年第 3 期。

袁明圣:《对滥用职权与显失公正行为的司法审查》,载《法律科学》1996 年第 6 期。

展鹏贺:《行政裁量治理模式的变迁:以裁量基准为视角》,载《求索》2010 年第 5 期。

张峰振:《论不当行政行为的司法救济——从我国〈行政诉讼法〉中的“明显不当行政行为”谈起》,载《政治与法律》2016 年第 1 期。

张文显:《法治与国家治理现代化》,载《中国法学》2014 年第 4 期。

张文显：《规则 · 原则 · 概念——论法的模式》，载《现代法学》1989 年第 3 期。

章剑生：《论行政程序法上的行政公开原则》，载《浙江大学学报(人文社会科学版)》2000 年第 6 期。

赵银翠：《行政执法和解制度探讨》，载杨建顺主编：《比较行政法——方法、规制与程序》，中国人民大学出版社 2007 年版。

郑成良：《权利本位说》，载《政治与法律》1989 年第 4 期。

郑春燕：《"隐匿"司法审查下的行政裁量观及其修正——以〈最高人民法院公报〉中的相关案例为样本的分析》，载《法商研究》2013 年第 1 期。

郑春燕：《论"行政裁量理由明显不当"标准——走出行政裁量主观性审查的困境》，载《国家行政学院学报》2007 年第 4 期。

郑春燕：《取决于行政任务的不确定法律概念定性——再问行政裁量概念的界定》，载《浙江大学学报(人文社会科学版)》2007 年第 3 期。

郑琳琳：《张成银不服房屋登记行政复议决定一案评析》，载最高人民法院行政审判庭编：《行政执法与行政审判》第 13 集，法律出版社 2005 年版。

郑雅方：《行政裁量基准创制模式研究》，载《当代法学》2014 年第 2 期。

周道鸾：《中国案例制度的历史发展》，载《法律适用》2004 年第 5 期。

周佑勇、邓小兵：《行政裁量概念的比较观察》，载《环球法律评论》2006 年第 4 期。

周佑勇、李俊：《论行政裁量中的和解——以德国法和美国法为观察》，载《行政法学研究》2007 年第 1 期。

周佑勇、尹建国：《论个人社会资本对行政裁量正义的影响》，载《华东政法大学学报》2007 年第 3 期。

周佑勇：《裁量基准的正当性问题研究》，载《中国法学》2007 年第 6 期。

周佑勇：《裁量基准司法审查研究》，载《中国法学》2012 年第 6 期。

周佑勇：《行政裁量的治理》，载《法学研究》2007 年第 2 期。

周佑勇:《行政处罚裁量基准的法治化及其限度——评新修订的〈行政处罚法〉第 34 条》,载《法律科学》2021 年第 5 期。

周佑勇:《行政法的正当程序原则》,载《中国社会科学》2004 年第 4 期。

周佑勇:《司法判决对正当程序原则的发展》,载《中国法学》2019 年第 3 期。

周佑勇:《中国行政法学学术体系的构造》,载《中国社会科学》2022 年第 5 期。

周佑勇:《作为过渡措施的案例指导制度——以“行政[2005]004 号案例”为观察对象》,载《法学评论》2006 年第 3 期。

朱林:《德国行政行为撤销的理论及其立法评介》,载《法律科学》1993 年第 3 期。

朱芒:《论行政规定的性质——从行政规范体系角度的定位》,载《中国法学》2003 年第 1 期。

朱芒:《日本〈行政程序法〉中的裁量基准制度——作为程序正当性保障装置的内在构成》,载《华东政法学院学报》2006 年第 1 期。

朱思懿:《“滥用职权”的行政法释义建构》,载《政治与法律》2017 年第 5 期。

朱新力、骆梅英:《论裁量基准的制约因素及建构路径》,载《法学论坛》2009 年第 4 期。

朱新力:《论行政法的不成文法源》,载《行政法学研究》2002 年第 1 期。

四、外文论著

[美]托马斯 · R. 戴伊:《理解公共政策》(英文版第 10 版),中国人民大学出版社 2004 年版。

A. V. Dicey, *Introduction to the Study of the Law of the Constitution*, 10th ed., Macmillan Education Limited, 1959.

B. Schwartz & H. W. R. Wade, *Legal Control of Government: Administrative Law in Britain and the United States*, Oxford: Clarendon

Press,1972.

Black's Law Dictionary, West Publishing Company, 1983.

Charles H. Koch, *Judicial Review of Administrative Discretion*, The George Washington Law Review, Vol. 54(1986).

D. J. Galligan, *Discretionary Powers: A Legal Study of Official Discretion*, Clarendon Press, 1986.

Daniel J. Gifford, *Decisions, Decisional Referents, and Administrative Justice*, Law & Contemporary Problems, Vol. 37(1972).

De Smith & Rodney, *Constitutional and Administrative Law*, 8th ed., Penguin Books Limited, 1998.

F. A. Hayek, *The Constitution of Liberty*, University of Chicago Press, 1960.

F. A. Hayek, *The Road to Serfdom*, University of Chicago Press, 1944.

Foster H. Sherwood, *Judicial Control of Administrative Discretion 1932 – 1952*, The Western Political Quarterly(1953).

Francis Bennion, *Distinguishing Judgment and Discretion*, Public Law, Sweet & Maxwell and Constributors, 2000.

G. D. S. Taylor, *Judicial Review of Improper Purpose and Irrelevant Considerations*, Cambridge Law Journal, Vol. 35(1976).

H. W. R. Wade & C. F. Frosyth, *Administrative Law*, 9th ed., Oxford University Press, 2004.

Handler, *Controlling Official Behavior in Welfare*, California Law Review, Vol. 54(1966).

J. D. B. Mitchell, *Constitutional Law*, 2nd ed., Edinburgh Press, 1968.

Jean-Marie Auby, *The Abuse of Power in French Administrative Law*, The American Journal of Comparative Law, Vol. 18(1970).

K. C. Davis, *Discretionary Justice: A Preliminary Inquiry*, University of Illinois Press, 1971.

Keith Hawkins, *The Uses of Discretion*, Clarendon Press, 1992.

Kingsley Davis, *The Myth of Functional Analysis as a Special Method in Sociology and Anthropology*, American Sociological Review, Vol. 24 (1959).

Kischel, *Delegation of Legislative Power to Agencies: A Comparative Analysis of United States and German Law*, Administrative Law Review, Vol. 46(1994).

Leszek Leszczynski & Adam Szot eds., *Discretionary Power of Public Administration: Its Scope and Control*, Peter Lang Edition, 2017.

Lord Pearce, Beatson & M. H. Matthews, *Administrative Law: Cases and Materials*, 2nd ed., Clarendon Press, 1989.

Lorne Sossin & Charles W. Smith, *Hard Choices and Soft Law: Ethical Codes, Policy Guidelines and the Role of the Courts in Regulating Government*, Alberta Law Review, Vol. 40(2003).

Mark Van Hoecke, *Law as Communication*, Hart Publishing, 2002.

Martina Kunnecke, *Tradition and Change in Administrative Law: An Anglo—German Comparison*, Berlin: Springer, 2007.

Michael Asimow, *Nonlegislative Rulemaking and Regulatory Reform*, Duke Law Journal, Vol. 2(1985).

Michael D. Bayles, *Principles of Law*, Reidel Publishing Company, 1978.

Milbrath L. W., *Citizen surveys as citizen participation mechanisms*, Journal of Applied Behavioral Science, Vol. 17(1981).

Note, *Violations by Agencies of Their Own Regulations*, Harvard Law Review, Vol. 87(1974).

Paul Craig, *Administrative Law*, 3nd ed., Sweet & Maxwell, 1994.

P. Craig, *Formal and Substantive Conceptions of the Rule of Law: an Analytical Framework*, The Rule of Law and the Separation of Powers (2017).

Phillip J. Cooper, *Public Law and Public Administration*, 2nd ed., Prentice Hall, 1988.

Richard J. Pierce, *Distinguishing Legislative Rules from Interpretative Rules*, Administrative Law Review, Vol. 52(2000).

Russell L. Weaver, *An APA Provision on Non-legislative Rules*, Administrative Law Review, Vol. 56(2004).

Stephen G. Breyer et al. ,*Administrative Law and Regulatory Policy*: *Problems*,*Tex*,*and Cases*,5th ed. ,Aspen Publisher,2002.

Tim Searchinger, *The Procedural Due Process Approach to Administrative Discretion*: *The Courts' Inverted Analysis*, The Yale Law Journal, Vol. 95 (1986).